历史洞鉴

主编◎刘昌平

吉林文史出版社

图书在版编目 (CIP) 数据

历史·洞鉴 / 刘昌平主编． —— 长春：吉林文史出版社，2021.1

ISBN 978-7-5472-7597-9

Ⅰ．①历… Ⅱ．①刘… Ⅲ．①中学历史课 – 教学研究 – 高中 – 文集 Ⅳ．① G633.512-53

中国版本图书馆 CIP 数据核字 (2021) 第 024973 号

LISHI DONGJIAN

书　名　**历史·洞鉴**

主　　编　刘昌平
出版策划　陈　涌
责任编辑　王丽环
特约编辑　姚良俊
封面设计　双安文化·向加明
出版发行　吉林文史出版社
地　　址　长春市福祉大路 5788 号　　邮编：130118
网　　址　http://www.jlws.com.cn
印　　刷　重庆市开源印务有限公司
开　　本　787mm×1092mm　1/16
印　　张　31.75
字　　数　488 千字
版　　次　2021 年 1 月第 1 版　2021 年 1 月第 1 次印刷
书　　号　ISBN 978-7-5472-7597-9
定　　价　98.00 元

《历史·洞鉴》编写委员会

（以姓氏笔画为序）

主　编　刘昌平
副主编　张茂芹　李恩泉　夏银春
委　员　王一安　邓晓鹏　邓　波　刘卫华
　　　　张志勇　庞友海　周刘波　曾永江

《历史·洞鉴》学术指导委员会

（以姓氏笔画为序）

于友西　马培高　李常明　沈双一　汪　荣
余朝元　杨光奇　项　军　常云平　龚奇柱
黄开红　喻学忠

序 言

任何一个人的成长发展都离不开特有的历史底蕴，但如何使它转化为文化认同、国家认同？历史教育正是这一环节的关键所在！习近平总书记指出："历史是最好的教科书。学习党史、国史，是坚持和发展中国特色社会主义、把党和国家各项事业继续推向前进的必修课。这门功课不仅必修，而且必须修好。"

如何修好中学历史课程？从上古先民口耳相传的历史传颂，到莘莘学子诵读史籍经传，再到如今的线上教学，历史教育理论、历史教育教学方法等不断推陈出新。当前，我们已逐步迈入历史教育教学的"新时代"，2017年高中历史新课程标准颁布，高中历史学科核心素养成为教学根本目标，给予中学历史教育教学以新的导向，"新时代"呼唤更多的优质中学历史课程资源和教育教学方法诞生。

重庆市字水中学作为"重庆市高中历史课程创新基地"之一，以"洞鉴历史"为主题进行高中历史课程创新基地建设。在建设中，践行"以教促改，以改促教"理念。在首都师范大学、重庆市教育科学研究院、重庆师范大学历史与社会学院诸位专家指导下，充分发挥历史教育教学校本特色，大力加强校本课程资源建设，推出了"洞鉴历史系列丛书"，建设了"洞鉴历史展示长廊"，开辟了历史文物复制品展厅和学生历史体验学习空间，形成了宝贵的中学历史教育教学特色校本课程资源。

为了不懈地深入研究新修订的高中历史课程标准，落实立德树人的根本任务，搭建研究共同体探索核心素养落地路径，重庆市八个高中历史课程创新基地彼此加强了广泛而深入的交流。通过三年多的努力，又形成了丰硕的物化成果。其中，参与基地建设者量多质优的教育教学论文成为重要成果标志。现已汇编成册，形成了《历史·洞鉴》高中历史课程创新基地论文集。"夫尽小者大，积微成著"，本论文集共收录了重庆市八个历史课程创新基地以及辐射的学校多名历史教师有关中学历史教育教学的论文，反映了致力于"基地"建设中的有志者们教改探索道路上的点点滴滴，总结了数年来"基地"在教育教学改革实践中的经验，字字句句都凝聚着厚重深沉的探索步履，为重庆市历史教育教学的发展贡献了智慧和力量。期待本论文集的出版，能在更大范围发挥其价值。是为序！

于友西

2020 年 9 月

（本序言作者为首都师范大学历史学院教授，原全国历史教学研究会副会长兼秘书长）

出版说明

2015年重庆市启动了普通高中课程创新基地建设，这是重庆市落实国家中长期教育改革和发展规划纲要精神，进一步深化基础教育改革的重要举措。本书即是依托"重庆市高中发展促进计划"所建立的高中历史课程创新基地建设而产生的科研成果。目前重庆市有八个高中历史课程创新基地，发展各有特色，各有丰富的创新成果，且正在发挥专业引领和辐射作用。本书收集的是八个创新基地的介绍和主要以八个基地的历史教师以及辐射的区县历史教师针对历史教育教学和基地建设的论文、教学设计，具有强烈的时代感和较为前沿的科研水平，对推进历史教学改革具有一定的指导意义。

本书在编写的过程中，得到了重庆市八个高中历史课程创新基地负责人和教师的大力支持，并积极撰稿报送稿件。首都师范大学于友西教授、重庆师范大学历史与社会学院常云平院长、沈双一教授、喻学忠教授、汪荣教授，重庆市教育科学研究院龚奇柱研究员、项军研究员、李常明研究员、历史教研员黄开红研究员、余朝元研究员，重庆市江北区教师进修学院张茂芹教研员，重庆市大渡口区教师进修学院李恩泉教研员在编写的过程中提出了宝贵的意见并给予大力的支持。同时也得到重庆师范大学2019年教育教学改革研究项目"基于基础教育的高师历史学专业的中华传统文化课程群改革研究"课题组的指导。重庆市字水中学历史组夏银春老师、邓波老师、邓斌老师，重庆师范大学古佳根老师，重庆市巴南中学校陈忠卿老师，重庆市梁平区红旗中学校胡男老师，四川省达州市第一中学校王沐老师参与有关工作，在此一并深表谢意。

编　者

2020年9月

目　录

第二单元　历史教育论文

第三单元　历史教学设计

第一单元

基地介绍

课程的张力　课堂的活力

——中学"实证"历史课程创新基地建设与实践

重庆市江津中学校　张志勇

江津中学历史课程创新基地是 2015 年重庆首批学科基地之一，2019 年底通过了验收，获评为优秀。能够有所得所获，首先要感谢重庆市中学历史学界的认同、关心和支持，感谢这些年来为学校传经送宝的各位专家、各基地学校、各协作单位。也特别感谢学校历史教研团队和一直在帮助我们的单位、领导和个人。

这些年来，历史课程创新基地团队一直在努力，一直在探索，一直在逐梦，我们的梦想是：把简单的事做得不简单，把小事做成大事，把小课堂做成大课堂！

历史课程创新基地建设，我们始终不忘初心，一以贯之。全过程沉浸式的工作体验，让我们对课程建设有了更多理解和感悟，积累了一些收获与分享。

一、课程建设需要三方发力

三方发力，即你、我、他引领和助推，即基地负责人、学校历史教研团队、重庆历史学科同人要有为有位。

作为一个好基地负责人，必备四点：要有事业理想与情怀（态度）；要有课程领导力和执行力（专业）；要有研究力与创新力（能力）；要有合作力与协调力（生存）。如此才会有始有终，有获有乐！

作为一个好教研组团队，必备四点：共同愿景，教学主张；全体参与，共建共享；学习研修，个体发展；团队文化，精神灵魂。

作为一个好历史同行，必备三点：必须参与进来，不能旁观；相互学习，寻找合作交流的机会；相互借势借力，建立历史学科教学命运共同体。

二、课程建设紧扣四个关键词

即"历史、课程、创新、基地"四个关键词，在方案、制度、目标、内容、过程措施、成果总结方面，都要紧扣主题，一以贯之。当然也要有侧重有突破，总体尽可能平衡不能偏差。

历史——课堂，核心素养。这是一切工作的源点。

课程——改革，人有我优。这是一切工作的基点。

创新——智慧，人无我有。这是一切工作的起点。

基地——开放，示范分享。这是一切工作的质点。

三、课程建设围绕五个重心

1.顶层设计 微观研究

大而全，小而精，创而特！江津中学历史课程基地建设在宏观上，始终有三个建构的维度。一是"三课"：课程、课堂、课题；二是"三空间"：教室、校园、社会；三是"三名"：名师、名科、名校（因历史而名）。关注课程、教材、教学顶层设计和微观研究，难在学校层面，易在自主课堂、易在历史教研组、易在个人讲台、易在小范围内进行规划与合作研发。因此今后应集中在教学过程中发现的小问题作为课程建设切口，多开展小项目、微课程研究。从需要理论出发，更容易开发课程资源，更符合自身实际。

2.专注课程资源开发

形成基于历史学科核心素养的课程结构体系，进一步加强课程体系的系统化结构化特色化建设，实现教与学方式方法的深度变革、运行机制的系统建构。后期重点是完全建立历史专用课程教学管理系统和软件资源平台，在应用上进行研究和竞争，力争创新出彩。

3.加强名师培养力度

打造互动学习交流平台，加强队伍建设，推动中青年教师快速成长，培养几位校内有分量的历史学科课程理论、建构与应用专家，为基地建设加注持续动力。

4. 生本思维 "学"力至上

这是在建设过程中，反思教与学诸多问题后，认知到的一个学习效率提升瓶颈。课程教材与课堂教学，都换位学生和学的角度，以学生为主体，以唤醒或指引自主学习能力为指导，以实证主张展示历史学科能力，能取得更多不一样的成果。

5. 基地协作 共建共享

目前各基地项目团队实际上更多在独立战斗，一个学校团队的人才与智慧是有限的，引领者的领导力与决策力会直接影响到课程建设的质量水平甚至成败，责任压力很大。需要建立学科基地联盟，与西南师大、重师等大学深度合作，与其他省类似基地平台交流研讨（教科院搭桥），与专家顾问团协作专业指导（顶层设计、过程指导）。而且要抱团发展，共同进退，求同存异，优势互补，推进重庆历史课程建设。

四、课程建设做到十个重视

重规划：结合学科项目主题，且有自己的校情和特色。

重建构：落实方案，立即行动，条件自己找，不要等待。

重行动：执行力与决策力一样重要，边建边用，只有行动起来才有自信。

重应用：确定项目的可行性、适用性，注重最新成果应用。

重教师：关注老师素养与技能，尊重和调动教师，多提供学习培训参与机会。

重项目：项目是课程建设的流程解析，一切项目均以课程建设方式设计推进。

重合作：全方位多层次全开放合作，合作建立在交流与学习基础上。

重技术：学科教学技术与学科融合；4.0时代智慧教育是机遇和新选项。

重课题：从问题出发，找问题、提问题、解问题，课程研究要有课题引领。

重基地：基地本身是领雁式工作，要有代表性、示范性和参考意义。

五、课程建设思考九个问题

课程建设中出现的困难与问题涉及很多因素，有自身的眼界视野和课程领导力不足，有学科建设与学校整体融合还不到位等。还有以下几个具体问题：

1. 指导问题。上级专家领导的专业指导较少，希望能够形成专家指导团队，多进入基地现场指导，及时研究解决建设进程中的困难与问题，充分发挥专业支持和引领作用，推动基地建设水平跃上新台阶。

2. 学培问题。专题对口培训项目内容少，时间与机会都比较少。与重庆市外交流还较少，缺乏经验可资借鉴。建议重庆市教委组织全市所有学科基地进行专项高端培训，分成综合性指导者培训和学科成员专业培训。

3. 样板问题。即课程建设质量问题，目前只能在市内互相参照。希望能够引进全国范围内最好的学科样板基地，借鉴优秀设计、方案、示范、成果，大致有一个基础标准，在此基础上再有特色突破。虽然大家都在互学，但样板的示范与推广也有认可难度，现实中的保守性与封闭性、排它性是实际存在的。

4. 建模问题。这一直是个难点，也是课程建设的实践智慧。这个"模"是多元的，历史课程研发之模？课堂教学之模？课堂学习之模？项目研修研学之模？基地之模？课程资源之模？师生成长之模？（津中7个建模探究仅供参考，希望有所启迪）

5. 人才问题。这是在课程开发中发现的问题，专业要求很高，质量难以保证。课程不是几节课就组合出来的，而是要有科学严谨的编审，这方面人才不足。

6. 技术问题。今后的课程是离不开技术的，技术应用会大大影响历史课程与课堂。未来的课堂是有技术的思想与有思想的技术深度融合的课堂。试问哪个学校真正启动了智慧课堂？目前是什么程度？疫情期间是如何展示的？效果如何？

7. 特色问题。大家在努力，但是力不从心。特色是需要科学而专业的打造和提炼。同样，我们在策划打造每个历史教师的特长风格时，虽然很有意义，但难度非常大。

8. 时间问题。课程建设是一个系统工程，3年时间太短，真不能停留在课题研究的认知层面来搞这个建设。需要大量的组织、建设和应用。而且应用才是关键。首批基地大家有一个共同点，过程开展时间不够，调研验证时间不够，验收准备时间不够，成果物化展示时间不够（包括专著出版周期长等），推广应用时间更不够。

9. 资金问题。地方财政与配套资金没有完全及时到位，直接影响基地建设的推进，有些预案和规划不能即时建设到位，没有预付资金，影响到培训研修、学科管理系统与软件与资源应用，这些前置的工作只能延后再做了。

六、江津中学历史课程建设 8 个创新案例

开源节流，用好一切可利用资源，用最少的钱做最大的事。通过"准、实、融、创"，弥补不足，在自己的一亩三分地上营造出原生态的历史学科样态。

1. 明确提出"实证历史"教学主张

源自于学科、素养、做人做事做学问。这个主张是在基地建设和名师工作室推进过程中逐渐共识形成，受到全国部分名师室的启发影响，在2016 - 2017年撰写、发表，宣传，指导，融入整体建设中。

2. 精心做好个性鲜明的文案

在申报方案、中期总结和验收报告《课程的张力 课堂的活力》中都有个性的体现。虽然这些方案一般都有标准或要求，但不是一成不变的。感谢市教委市教科院并没有在框架格式表述上固化思维。感谢黄开红老师、余朝元老师的及时指导和精准定位。因此给了我们一些自由发挥的机会，海纳百川。这3个主方案报告都是我亲笔撰写，从个人的理解和思路出发，融入自己的判断和行事风格。从结果回看，都取得了出人意料的好评和好结果（成功立项、市教委代表发言、验收获优等）。方案一定要有本校本历史组的特点、本学校校情、历史学科特点、历史老师特点、学生特点与实际需要；一定要将专家指导的建议要求及时融入进去；一切思维和工作都从"课程"出发去策划组织。突出课程规划、课程开发、课程模式、课程应用（发力点）、课程资源等。

3. 群策群力积极主动的工作模式

创造性地将整个历史教研组分成了9个"部"，分工协调基地工作。有

课程部、教学部、培训部、教研部、课题部、学社部、网宣部、技术部、保障部，全组30余人各有对应部门，落实到具体人员和工作职责，统筹兼顾。在这9个部门的统领下，大家目标清楚，忙而不乱，专项推进，各方努力，初见成效。

学校将历史课程基地与其他高中发展促进计划项目同步推进（都有历史学科项目）；与历史市区级历史专家名师室同步推进；与学校校史文化建设同步推进（参与文物场馆、校园历史元素改造布设及校史建设）；与区域历史协作研究等。合众连横，呈现多源头，多渠道，多领域，多单位联动工作模式。

4. 课程教材资源有校本区位优势

特别注重三类课程统筹建设，即国家课程辅助性学习类（教辅类），历史知能课堂拓展类（项目研修主题类创客、ＳＴＥＭ等）、历史区域校本类（资源平台院馆、本地本校发掘创作）。总体上校本化是特点亮点，微课程是发力点。

5. 学生是历史课程建设的一道亮丽风景

基地建设考虑到了新时代、新课改、新技术、新学习形态，将"学"作为整体课程教材教法设计与实践的出发点。学生社团、学生研学、学习课堂、学案设计、学习模式、自主学习要素与指南。这方面还有配套的市级课题，学生征文，学生思维导图和历史漫画等。

6. 开放式激励学习凝聚团队合力与活力

学校没有专门的课程专家，一切都在学。几乎是如饥似渴，学校分批派出历史教师参加各类主题学习、交流或培训。同时有目的邀请专家、名师互动学习、交流，获得指导帮助。也派出多位历史教师承担指导讲座，交流课程建设经验、体会和教学主张，宣传基地成果，逐步展示自己的工作价值。学校还配套了重奖制度，有激励机制。组织多、活动广、项目足、投入大、见效好、成长快！（如历史教师到教育部挂职、审读全国历史统编新教材、参编全国《义务教育学校管理标准案例式解读》等）。学校历史教师专业发展中心办得好，形成了良好历史课程文化精神。

7. 用理工科的思维和技术工具填补文科空白

这主要是指我们在创建过程中引入了全程调研，引入了创客工作坊，开展了ＳＴＥＭ学习，推进了历史思维导图、弓箭射艺术、考古与文物修补、３Ｄ打印、无人机与ＡＲ实景体验等，完全可以与历史学科进行融创，提升质效。

8．特立独行的历史课程环境生态

江津中学仅校内就有专用或通用历史多功能教室（六合一成果、教室、文物、陶艺、书吧、会议）1间、历史智慧教室1间、历史古书房2间、历史教研活动室1间、历史图书资料室1间、历史农耕文化陈列室1间、名师办公室会议室3间、历史"射艺"弓箭馆1间、汉服饰馆1间。我们充分挖掘和占用了学校的可用资源和场地，以改造为主，自力更生，用钱不多，投资少，见效多。

总体上，江津中学的历史课程基地是摸着石头过河，但这条路走得比较扎实和自信。我们不求最好，但求更好！没有"大家"，只有大家！没有名人，只有名气！八个重庆市普通高中历史课程基地各具特色，各有优势，大家结成联盟携手前行，重庆市中学历史课堂一定会有崭新的面貌。

历史照亮未来　征程未有穷期

——西南大学附属中学"求真·求证·求智"高中历史课程创新基地介绍

重庆市西南大学附属中学　邓晓鹏

西南大学附属中学是西南地区教育部唯一的直属师范大学附中，基于"立人·新民"的办学理念，走科学发展、内涵发展的道路，注重学生综合素质与能力的培养，素质教育成效显著。被称为"重庆素质教育的领头雁"，"嘉陵江畔一颗璀璨的明珠"。

2016年成功申报重庆市历史课程创新基地以来，按照设定目标，在硬件与软件方面进行系统建设。课程基地建筑面积约350平方米，分为历史功能室形象墙，历史教学模型展示区，抗战文化展示区，学生活动区，教学区、教师研讨区等区域。同时围绕历史课程核心内容，建设开放、互通的学生自主学习平台，开发兼具信息化特色与历史学科文化特色的课程资源，使基地成为了学生创新学习和教师专业发展的中心。

课程基地拥有一支师德高尚、业务精湛、结构合理、团结奋进的教师团队。其中正高级教师2人，国家级历史骨干教师1人，市区级学科带头人和骨干教师7人，高校兼职导师11人，硕士研究生15人，全国及重庆市优质课大赛一等奖获得者22人次。14位老师参与国家新课标川教版历史教科书、教师用书、教学案例的编写。17位教师主持、主研全国教育科学"八五"规划国家教委重点课题，重庆市社会科学"九五"重点课题，全国教育科学"九五"规划课题,重庆市高中促进计划教育教学改革重大课题等。课题成果获得重庆市人民政府教学成果奖一等奖、全国教学成果奖二等奖。

在《历史教学》《西南大学学报》《历史教学问题》《中学历史教学参考》等刊物上发表论文近百篇，并有数篇文章被《人大复印资料》全文转载。

课程基地一直致力于探索历史教学改革与创新，立足立德树人的根本目标，围绕历史学科核心素养，提出了具有代表性的历史教学模型。邓晓鹏老师总结创立的历史"三步教学法"和"单元教学法"成为西大附中历史教学中主要的一种教学模型并在全市介绍并推广。同时多次聘请知名历史教育专家龚奇柱、叶小兵、李惠军、李稚勇等来校开设系列讲座。作为C20慕课联盟学校，推广实施"翻转课堂""智慧共生课堂"，承办中国教育学会历史教学专委会2019年学术年会，引领历史教学模式的变革。

2020年以来，课程基地积极响应教育部"强基计划"号召，与西南大学历史文化学院联合成立了"西南大学人文强基实验中心"，探索大学、中学拔尖人才培养的融会贯通新机制，开设了一系列人文强基课程，服务国家重大战略需求。

基地建成以来，重庆市副市长屈谦、教育部基础教育司司长吕玉刚、西南大学党委书记李旭峰、重庆历史学会会长潘洵教授等领导先后到基地指导工作。

在领导的关怀下，在同仁们的支持下，西南大学附中历史学人将继续行走在"求真·求证·求智"的历史教育征程上，未有穷期。

会通古今贯微显

——重庆市万州二中"会通"历史课程创新基地建设简介

重庆市万州第二高级中学　刘卫华

重庆市万州第二高级中学（以下简称万州二中）创办于 1939 年，系原四川省首批办好、重庆市直辖后首批确认的重点中学。学校先后获得重庆市教育科研实验基地、重庆市高中新课程实验样板学校、重庆市科技教育特色学校等荣誉称号。学校师资力量雄厚，科研实力突出，课改成绩显著，教学设施完备。

2016 年，为深入发展课程改革，全面实施素质教育，全面提高学校教育教学质量，促进教师专业化发展和学生综合素质提升，学校结合教育改革实际，决定开展重庆市普通高中历史课程创新基地创建工作。万州二中历史教研组根据上级文件要求和学校部署，结合自身条件积极参与申报，于 2016 年 7 月申报成功。

万州二中高中历史课程创新基地命名为"会通"，释义如下："会通"是中国古代史学的优良传统之一。会，聚合也；通，达也。"会通"一方面指对古今历史发展的贯通，另一方面还强调广泛地汇集历史文献，从而使历史撰述的内容充实、丰富。"会通"在中国古代史学发展中集中体现为历代会要、会典的编纂以及通史思想的巨大影响。西汉司马迁首创纪传体通史，自言《史记》"究天人之际，通古今之变，成一家之言"。唐代杜佑《通典》有"统括史志，会通古今，卓然成一创作"之美誉。宋神宗奖谕司马光《资治通鉴》"博学多闻，贯穿今古"。南宋郑樵更是在《通志·总序》中开宗明义指出："百川异趋，必会于海，然后九州无浸淫之患；万国殊途，必通诸夏，然后八荒无壅滞之忧，会通之义大矣哉。"其后元代马端临《文献通考》也强调"变通张弛之故，非融会错综、原始要综而推寻之，固未易言也。"落脚到中学历史教学层面，"古今贯通，中外关联"，已成为近年来新课程背景下高考历史学科命题的重要趋势，也成为学生在历史学科复习备考中的重点方向。在此背景下，以"会通"作为新时代中学教师、学生培养的指导思想，对其提升历史学科核心素养及建立大文科思维，具有重要的现实意义。本课程创新基地愿意以中国传统历史中最具民族性的优秀思想去哺育当代中学生，使其终生发展受到传统史学的滋养。

岁月不居，时节如流，四年来，在学校的大力支持和教研组的不懈努力与创新下，基地的发展日新月盛，取得的成就令人瞩目。

一、明确的立德树人理念

万州二中普通高中历史课程创新基地建设认真贯彻党的精神和要求，围绕立德树人根本任务进行普通高中历史课程创新基地的建设工作。紧紧围绕适应时代发展需要、适应社会需求的多样化和学生全面而有个性的发展，创设有利于建立新型学习方式的课程实施环境，建立与新课程相配套的督导与评价机制，充分应用学校合理而充分的课程自主权等目标进行建设。基地根据"史家四长"——"才、学、识、德"这一治史素养，将"求学、明识、立德、树人"确立为教育教学理念，培养新时代中国特色社会主义事业的接班人。

课程创新基地是以创设新型学习环境为特征，以改进课程内容实施方式为重

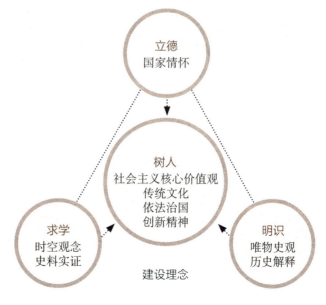

建设理念

点，以增强实践认知和学习能力为主线，以提高综合素质为目标，促进学生在自主、合作、探究中提高学习效能，发掘潜能特长的综合性教学平台。课程创新基地建设着力于改变长期以来普通高中应试导向、千校一面的现象，引导学校将工作重点集中到强化教学环节、提高教育质量上来，减轻学生过重的学业负担；注意纠正重课内轻课外、重知识轻能力、重书本轻实践的现象，以多样化学习来激发学生学习兴趣，挖掘学生实践潜能和创造潜能，办人民满意的教育。

二、雄厚的师资力量

本基地以万州二中为依托，具体以历史教研组为实施单位组建基地建设的教师队伍。历史教研组教师年龄搭配合理，师资力量雄厚，现有教师27人。高中历史课程创新基地核心成员拥有中学正高级教师1人，中学高级教师7人，重庆市名师1人，重庆市高层次人才特殊支持计划教学名师1人，中学特级教师1人，重庆市"三峡之光"访问学者1人，重庆市市级骨干教

基地成员赴重庆市江津中学考察

基地成员赴江苏省吴县中学考察

基地成员赴浙江省镇海中学考察

基地成员赴浙江省慈溪中学考察

师3人，重庆市三峡学院客座教授2人，重庆市三峡学院兼职硕士生导师1人，成都师范学院客座教授1人，重庆市重点中学中青年教师优质课大赛历史科指导教师2人，重庆市五一劳动奖章获得者1人，重庆市优秀班主任1人，重庆市师德先进个人1人，全日制硕士研究生3人，研究生课程班结业2人，重庆市高考命题专家2人，重庆市高考阅卷指导专家1人，重庆市中小学教师高级专业技术资格评审委员会委员1人，万州区学术技术带头人1人，万州区平湖英才1人，万州骨干教师5人，万州区学术和技术优秀青年人才2人，万州区高中教育先进个人30余人次。

万州二中历史教研组长期坚持走出去的传统，近年来先后赴北京、上海、天津、江苏、山东、河北、湖北、四川等地考察学习，借鉴其他地区的优秀经验，取得了良好的效果。

三、创新的历史教学模式

本基地在借鉴和吸收各地经验的基础上，根据已有的教学模式，转变教师传统观念，创造性地提出了"自主学习——自主探讨——自主合作——自主归纳——体验感悟"的"四自一体"教学总模式。此模式能充分发挥教师的主导作用和学生的主体作用，将"一言堂"变成"多言堂"，学生的主动性明显增强，课堂焕发勃勃生机，大大提高学生的创新能力和学校的教学质量。在"四自一体"教学总模式之下进一步优化历史课堂教学新模式，如情景式教学模式等。通过充分利用图表及课文专栏文献资料、创造和利用模型以创设物具情境、利用影视资料来创设影视教学情境、创设现场和模拟角色，注重围绕高中历史的核心概念及"四自一体"的教育思想方法的"顺序和层次"、学生学习的

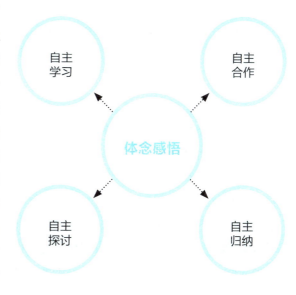

"困难和障碍"和"教学设计"三方面，建设信息化资源（包括多媒体积件、课件和多媒体资料等），将历史课程内容特别是重、难点内容以直观体验、动态生成的形态呈现给学生，增强学生对抽象教学内容的形象理解和现实感悟，向高效课堂、翻转课堂靠拢。

同时，根据学科特点，坚持价值性、开放性、生活性、趣味性、学科性和时代性原则。

四、丰富的教育教学资源

本基地教学资源主要围绕校外实践基地的搭建和校本课程的开发进行。

校外实践基地类别丰富：一是浓厚的乡土历史文化资源。万州二中背靠太白岩，与万县九五惨案纪念馆、三峡移民纪念馆、库里申科烈士陵园、西山碑、流杯池、西山钟楼等毗邻，同时万州还有何其芳故居、天生城抗元遗址、罗田古镇、甘宁故居、悦君山寨堡、下川东革命摇篮（原四川省立第四师范学校亢家湾校址旧貌）、朱德住万旧址、国民革命军第二十军军事政治学校旧址、中共万县县委旧址、下川东抗大旧址、地下党万县特支活动地、江竹筠住万旧址、川鄂边游击队、万县大轰炸、抗日阵亡将士纪念碑、《大公报》印刷厂旧址等历史文化古迹，通过搭建校外实践基地使学生能近距离感知万州红色文化、万州革命文化、万州地方历史文化、三峡文化、移民文化以及万州的变迁，培养学生热爱祖国、热爱家乡的情感。二是携手友好学校，加强国际交流。万州二中与美国明尼苏达州南高中学、澳大利亚艾文豪精英学校、乌克兰切尔卡塞市第一中学长期保持合作交流。尤其是我校青少年友好交流代表团曾回访乌克兰切尔卡塞市，先后参观了大中小学、课外活动中心等，走访了学生家庭，拜访了库里申科的故乡、亲友，体验了乌克兰的风土人情。依托国际交流学校的系列活动，拓宽我校的办学视野，培养学生的国际意识。

丰富的校本课程有利于提高学生的历史学习兴趣，培养人文素养。一是我们目前正在极力构建创新基地历史教学"四课程"新体系：历史专题研习课程、普通历史基础课程、历史反思评价课程、网络自主学习课程。历史专题研习课程可开设多个板块供学生选择，学生既能通过这些专题，清晰地看到人类社会在政治、经济、文化思想等领域中的发展全貌，又能凭借自己的兴趣爱好和能力选择这些具有内在逻辑联系的专题学习，有助于学生综合分析问题能力的培养和提高；普通历史基础课程旨在夯实基础，构建知识体系，实现三维目标，形成有效的教学案例加以推广；历史反思评价课程注重提高学生的思辨能力，并养成通过别人的眼光评价事物的习惯，通过反思、评价，学生能够更好地了解自己，尤其有助于培养彼此宽容、相互尊重的涵养和文明的精神；网络自主学习课程即构建网络历史学习园地，达到资源共享的目的。通过"四课程"新体系的展开，着重培养学生既相对独立又互相联系的五类历史思考能力：按照年代顺序思考问题的能力；历史的理解能力；历史的分析和解释能力；历史研究的能力；历史的问题分析和决策能力，进而提高教学质量，建构有效的课程教学模式。二是基地还积极开发具有地方特色的历史校本课程，除继续推广具有地方特色的历史校本课程《巴渝文化》（在2015年被确定为重庆市普通高中精品选修课）外，还以三峡库区乡土人文历史为依托，开发更丰富全面的校本课程教材，使之应用于日常教学。如《三峡库区乡土人文历史系列丛书》之《三峡乡土人文历史——沿革篇》《三峡乡土人文历史——民俗篇》《三峡乡土人文历史——名胜篇》《三峡乡土人文历史——名人篇》《三峡乡土人文历史——红色文化篇》等。三是打造我校历史微课在线学习平台（网络自主学习平台、师生互动平台、学生成果展示平台、资源共享平台），实现人机互动、师生互动、生生互动，将信息技术创新与教学创新相融合，满足学生个性化学习需求，拓宽知识视野。对教师而言，"微课"将革新传统的教学与教研方式，突破教师传统的听评课模式，教师的电子备课、课堂教学和课后反思的资源应用将更具针对性和实效性。四是其他物化课程资源。以"刘卫华名师工作室"为核心，将工作室研修历史教师的优秀教学成果，诸如教案、学案、课件、微课、精品录像课等形成课程资源包，供万州其他中学、三峡名校联盟乃至市内外其他学校师生共享。

五、泛阔的辐射引领作用

基地建设的一个重要功能就是辐射带动、合作交流。我校是原四川省首批办好、重庆市直辖后首批确认的重点中学。2012年，以万州第二高级中学为核心，组建了包括涪陵实验中学、云阳中学、忠县中学、巫山中学的三峡名校联盟。四年来万州二中秉持着开放的心态，欢迎的态度，加强了重庆地区各区县兄弟学校之间的学术交流，带动了各校快速发展，扩大了我校在本市教育领域的影响力。

将高中历史课程创新基地建设成为创新教育课程示范基地与交流中心，为万州其他学校、三峡名校联盟及重庆市各学校历史教学活动的开展提供有益经验。通过开展本校跨学科教研活动、开展区域内跨校教研活动、开展本学科跨区域教研活动、承办国家级和市级教研活动、开展对外教育教学交流活动、建立与市外名牌中学的战略合作关系等，努力构建历史学科教研新模式，创新教研机制，在保持渝东北高中历史教育核心支撑地位的同时，使本历史课程创新基地"库区著名、重庆驰名、全国闻名、国际知名"，为基础教育历史学科的发展做出贡献。

承办首届重庆市普通高中
历史课程创新基地联盟会议

承办重庆市普通高中历史课程创新
基地联盟暨渝东北片区历史教学研讨会

思接千里　视通万里

——重庆市字水中学"洞鉴"历史高中课程创新基地简介

重庆市字水中学　刘昌平

重庆市字水中学是重庆市级重点中学，学校历史悠久，文化底蕴深厚，办学成绩突出。学校积极申报重庆市"普通高中促进计划"中的高中历史学科课程创新基地，于2016年批准立项。

一、本基地名称的由来和秉持的理念

1. 基地名称的由来

基地名称：重庆市字水中学"洞鉴"历史高中课程创新基地。"洞鉴"一词出自《旧唐书·王及善等传论》"苟非洞鉴古今，深识王霸，何由立其高论哉"，宋朝钱世昭在《钱氏私志·蔡鲁公》中有"公高明远识，洞鉴古今，知国家之事，必至于斯乎"的阐述，两处"洞鉴"均意为深入透彻地了解。我基地取"洞鉴"一词，释义为"鉴古通今，以文化人"。

在此基础上设计的洞鉴 LOGO 是外镶飞腾的红山文化玉龙，内嵌圆形方孔古钱。玉龙象征龙的传人——腾飞的中华民族；古钱寄寓天圆地方的哲学思想，运用传统浮雕艺术手法，镌刻洞鉴历史四个隶书字。其形亦犹如理性智慧之眼，深邃透彻地洞察历史与当今世事。此寓为：字水中学洞鉴历史创新基地以深厚的人文底蕴，弘扬和传承泱泱华夏博大精深之传统，不忘教育使命，以文

化人，开拓创新，砥砺前行！

2. 基地秉持的理念

基地秉持的理念："包容、卓越""鉴古通今""以文化人"。"包容、卓越"是字水校园文化特色，也蕴含基地资源广泛，包罗古今，容纳中外、基地人员包容团结，追求卓越，它是基础；"鉴古通今"体现"明鉴所以照形，古事所以知今"的历史学科特点，体现习近平总书记讲话精神。回顾历史，是为了总结历史经验、把握历史规律，增强开拓前进的勇气和力量，它是方法；"以文化人"体现基地以继承和弘扬优秀中华传统文化为载体，教化学生，它是目标。

二、打造基地硬件优良环境

学校拥有现代化、标准化的各类功能室和各类场馆，已建成了数字化校园，为基地建设创设了良好的大环境。基地启动以来，完成了"历史长廊"建设，包括"盘溪记忆""江北印象""重庆足迹""中国通史""世界通史"，体现了对学生家国情怀的培养。已初步建成"历史专用教室"，建成了文物复制品展厅，正在建设"学生历史活动学习空间"。

三、建设基地特色课程资源

基地课程资源建设突出学科特色、区域特色、联动特色。

1. 开发了丰富的育德历史校本课程：《孝本》《信典》《国学中的传统美德教育》等，其中《国学中的传统美德教育》入选2015年重庆市普通高中精品选修课程。

2. 开发了地方历史文化课程：《抗战时期的重庆》《江北城简史》《重庆民俗简本》《重庆名人简编》等。

3. 开发了与国家课程配套的校本课程：《高中历史精品选修十讲》《高中中外通史复习指南—中国历史部分》，《高中中外通史复习指南—世界历史部分》等。

4. 编写了基地内部刊物——"洞鉴"历史（2017年版、2018年版、2019年版）。

5. 编写了与《重庆名人简编》《重庆民俗简本》《江北城简史》《高中历

史精品选修十讲》配套的教学设计、案例和课件。这些资源，较好地助推了对学生历史核心素养的培养。

6. 编写了《历史长廊画册》《文物复制品画册》。

7. 由吉林文史出版社编辑的《中学生博物馆学简明读本》已出版，现正筹划出版《历史·洞鉴》和《史·思·悟》等专著。

四、深化课程教学改革与研究

基地成员坚持不懈地探索以培养学生核心素养为目标、以立德树人为根本任务的高中历史课堂教学改革，积极开展具有校本特色的教育教学研究活动。一是广泛开展主题式校本研修。把主题研修贯穿到精品课、讲座、联合教研等活动之中。二是实施名师培养工程开展项目培训、参与式培训、现场观摩培训、教学经验交流、青年教师论坛等，进一步提高基地成员的素养。三是邀请知名专家引领指导。先后邀请了教育部考试中心命题中心主任刘芃教授，教育部考试中心历史学科命题组长吴伟教授，国家历史课标修订组组长、首都师大徐蓝教授，教育部基础教育课程教材发展中心何成刚教授，华东师大附一中老师王晓莹来学校（基地）作报告或讲学，邀请龚奇柱专家和市区级教研员来校指导创基地工作。

五、发挥良好的辐射带动作用

2012 年以来，我校成为重庆师范大学历史与社会学院实习基地，每年承担了大批实习生的实习指导工作。先后开展了国培计划（历史）学员与重庆师范大学学生实习基地跨区联合教研等活动，为他们步入历史教育的殿堂奠定了基础。这些工作主要由基地成员承担。

基地成员还充分利用区级教研平台，开展江北区、渝北区高三教师联合教研；西北狼教育联盟联合教研；与江津中学、西南大学附中等校广泛交流。还派出基地成员担任《国培计划（历史）——乡村教师访名校特岗教师培训活动》的导师，深受广泛好评。

六、后期建设的着力点

1. 突出"洞鉴"历史主题，在"以史为鉴，照亮未来"方面思考完善的路径。

2.进一步建立和完善基地的相关管理制度。

3.创新师资队伍建设模式，促进教师成长。

4.完善有关硬件建设。

5.加强与其他学校的交流，学习他校经验和发挥本基地的辐射作用。

6.在市教科院专家的指导下，分解验收细目，落实工作人员，撰写和准备相关资料，迎接验收。

"三化"理念提素养 "人文" 内涵促课改

——重庆市黔江中学 "人文" 历史课程创新基地简介

重庆市黔江中学　庞友海

重庆市黔江中学 "人文" 历史课程基地，2018 年 10 月市教委批复后正式启动。课程基地由黔江中学历史教师、中学正高级教师、重庆名师庞友海主持，课程基地核心成员有正高级职称教师 1 人、副高级职称教师 3 人、中学一级职称教师 3 人。基地建设以重庆市首届教学专家庞友海工作室为依托，以课堂教学为主阵地、课题研究为载体、课程建设为主要内容，以 "三化" 理念为行动指南，强化 "人文" 内涵建设，以实现师生健康和谐发展，从而推动学校的可持续发展。

一、坚持 "三化" 理念，师生善学善思

重庆市黔江中学 "人文" 历史创新基地以重庆市教学专家庞友海工作室为依托，将 "三化" 理念贯穿于生活、学习和工作之中。所谓 "三化"，即读书习惯化、思考理性化、学习个性化。

"读书习惯化"，即要求师生能读书、爱读书、多读书、会读书、读好书，让读书成为一种生活习惯、一种生活方式。历史是一门综合性较强的学科，它涉及古今中外，也涉及自然学科和社会学科，内容庞杂、涉及面广，唯有多读书，不断充电，不断拓展自己的视野，开阔眼界，才会适应学科发展的需要。为了有效推进师生读好书，课程基地用专家工作室的专用经费给教师买了 3 万多元的书籍，包括中外通史、各种名著、心理学教育学专著等，

以便师生随时借阅。同时，每学期统一给课程基地成员和名师工作室成员每人订阅学科专业杂志 2 本。为了促进师生读有所获，课程基地主持人庞友海老师经常邀请市内外专家给师生们开讲座、组织读书沙龙、读书分享会等活动，要求课程基地教师每读一篇文章、每读一本专著必记笔记、必写读后感并交给他审阅。在庞友海老师的要求下，课程基地和名师工作室成员基本做到了"读书习惯化"。"思考理性化"，即提倡师生能思考、会思考、能理性的看待和处理问题，杜绝感情用事和处事不明。就历史学科而言，"史由证来，证史一致；论从史出，史论结合"本就是历史学科最主要的特点。师生确实应遵循历史与现实、史论与史实相结合的原则，重视思维与逻辑的严密性。"学习个性化"，即希望师生在坚持学习的同时能保持个人的人格和思想独立，不人云亦云，形成个性化的学习方式。

"读书习惯化、思考理性化、学习个性化"三者紧密相连，又环环相扣、层层推进。这"三化"既是黔江中学"人文"历史课程基地的理念，又是指引黔中师生建设课程基地的行动指南。

二、深化"人文"内涵，促进课程改革

在历史课程创新基地建设的过程中，我们根据国家对新时期历史教育的要求，社会对人才培养的需要，围绕历史学科的学科特点，结合黔江本地人文历史资源和黔江中学师生的实际情况，总结提炼出了五个"人文"，并以"人文"为黔江中学历史课程创新基地的名字。具体而言，"人文"包括"人文精神、人文素养、人文环境、人文关怀、人文情怀"五个方面。

历史是人类在特定时空环境中留下的"足迹"，历史又是一个连续不断、继往开来的过程。因而丰厚的"人文"特性和深刻的"理性"都是历史课程创新基地建设过程中的应有之义。为此，我们紧紧围绕"人文"内涵推进学科的课程改革。

三、优化做实环节，全面提升能力

一直以来，我们坚持"学——思——研——写——传"（学生为"学——思——写——展"四环节。本文主要介绍教师方面，后不赘述）五环节扎实推进课程基地建设。

"学"即利用"线上线下"两端进行学习和交流。线上学习是充分利用"互联网＋"，通过"两群一号"（1个QQ群、1个微信群、1个微信公众号）和全国各地的进行广泛的线上线下交流讨论。迄今为止，基地成员在线上给全国历史同仁做讲座3次；在群组云平台积累了历史教学教研资料包；微信公众号发表发表基地工作简报100多期、原创文章100多篇、转发文章100多篇，在市内外有一定的影响力。

线下则分为本地学习交流和外出学习交流两种。本地学习交流即教师们除了平时广泛阅读专业杂志和书籍外，课程基地坚持每周集中听评课、集中教研。外出学习即给教师们创造条件参加各级各类高质量的学术讨论会、年会。从课程基地申报至今，基地教师赴北京、西安、成都、宜昌、吴江、北碚参加全国性的历史年会7次，参加省市级历史学术年会5次，成员外出学习考察20多次。

"思"，即坚持多思考、多反思，取"愚者千虑必有一得"之意。"研"即"研教结合、以教促研、以研拓教"，通过课题研究促进能力提升。在庞友海老师的带领下，基地成员人人有课题、人人会做课题。目前，有市级重点课题3个，其中1项结题，2项在研。市级精品立项课程1项，已结题并被评为优秀。我们认为，一个优秀的教师，不仅应当会教学，还应有问题意识和教研意识，会教研并能把研究的成果写出来。因此课程基地用各种办法调动教师们"研"和"写"的热情。当前，工作室和课程基地通过正规出版社出版专著5部，在省市级公开刊物发表文章100多篇，其中中文核心期刊10多篇；师生征文获国家、省级以上一、二、三等奖30多项。

"传"即"传播、帮扶、带动"。我们认为，建设好黔江中学历史课程基地，服务黔江中学全体师生是我们应有的责任；同时我们还应该以己之力，尽可能促进和推动全区历史教学，尤其是帮扶薄弱的乡村学校。因此，我们课程基地对集团学校和定点帮扶基地学校2个，从课堂教学、教研、原创试卷、课题研究、学生活动等多方面进行帮扶。

总体来说，我们目前已初步形成"研修的平台、成长的驿站、辐射的中心"，惠及师生15000余人。两年来，课程基地在软件建设方面成效显著，硬件建设正在完善之中。春风化雨泽润万物，黔江中学"人文"历史课程创新基地在推动学校历史教育教学改革和教师专业发展的道路上正在不断前进。

固历史本真　培家国情怀

——涪陵五中高中历史学科创新基地简介

重庆市涪陵五中　王一安

重庆市涪陵第五中学校高中历史学科创新基地于 2017 年批准立项，是重庆市"普通高中促进计划"的项目之一。

本基地主题是"固历史本真，培家国情怀——以涪陵区域特色历史文化为载体的高中历史学科创新基地"，核心是"本真·情怀"。

我们之所以提出"固历史本真"，将追随历史"本真"提炼为学科创新基地建设的核心理念之组成部分，首先，是遵循历史学的价值追求。《普通高中历史课程标准》（2017 年版，2020 年修订）中"历史学是在一定历史观指导下叙述和阐释人类历史进程及其规律的学科。探寻历史真相，总结历史经验，认识历史规律，顺应历史发展趋势，是历史学的重要社会功能"之"探寻历史真相"便是就探寻历史"本真"而言。其次，我们追寻历史"本真"是基于对教育的价值追求。教育"求真"是众多教育人的理想与追求，"求真"意即"崇尚科学，追求真知"，就是要求我们要认识世界，探索规律，崇尚科学，坚持真理，追求真、善、美。追寻历史"本真"意在要求师生不断追求和探索真知，勇于质疑和善于质疑，这正是历史学科核心素养的价值追求。其三，我们追寻历史"本真"是基于对学校办学理念的落实。"尚美求真"是涪陵五中的办学理念。我们认为，美既不是单纯的自然，也不是纯粹的主观意识，美是显现在感性形式中的人的本质力量，是真善的统一体，即人在实践中合目的性与合规律性的统一体。人类的实践活动，是一种求真向善的活动。求真，即合规律性的活动；向善，即合目的性的活动。美是皮肉，善是筋络，真是骨骼。真即是真实，在真、善、美中，真最难做到，因为真完全在内心中。而真又是最重要的，没有真，善即虚伪，美即做作。

"本真"既是教育的起点，又是最终归宿，把自然人所固有的或潜在的素质，自内而外引发出来，培养学生核心素养，让受教育者健康成长成才。德国哲学家卡尔提出："人类的将来，取决于本真教育的能否成功。"我们正在追求。

培家国情怀。"情怀"是什么？"情怀"很神秘很宽泛，它是一种模糊的、难以具象的但又能让人在瞬间产生豪迈激情的原动力。它是一种看不见摸不着，但能触及心灵的高尚的心境、情趣和胸怀的个人感受。历史学科创新基地建设的关注点在"家国情怀"。在历史学科五大核心素养中，家国情怀地位超然，是学习历史和认识历史在思想、观念、情感、态度等方面的重要体现，是实现历史教育育人功能的重要标志，是历史学科核心素养的起点也是终点。

涪陵被誉为千里乌江第一城，是一座悠久的历史文化古城，具有丰富的文化积淀：小田溪巴王陵、小溪巴王洞等古巴国文化遗迹，是世人了解巴人文化的历史典籍；清脆悦耳的编钟、独具特色的虎纹戈，展现了古代巴人"歌舞以凌殷人"的英雄气概，铸就了涪陵人不甘人后的精神风貌。"北宋五子"周敦颐、邵雍、张载、程颢、程颐创建的理学在涪陵薪火相传、绵延久远；相思寺、普静禅院的香火，尔朱仙人、蓝冲虚、白石渔人、王帽仙等的得道飞升，点易洞、钩深堂、北岩书院，儒、佛、道三家融合，记录下程朱理学创立的执着与艰辛，同时也记录下涪陵这座文化古城尊师重教的民风。人类最古老的江河水文站——水下碑林"白鹤梁"，被公认为世界文化之瑰宝，更彰显了涪陵得天独厚的人文积淀和对自然奥秘的孜孜探索。作为世界三大腌菜之一的涪陵榨菜，飘香百年，积淀独具特色的榨菜地域文化。弋阳农民协会、土地坡暴动、四川二路红军游击队的英雄事迹，蕴涵了涪陵人民大无畏的革命精神。

李泽厚在《历史本体论》中说，"我所谓的'历史本体论'便只是强调以人与自然（外在自然与内在自然）的历史总体行程来作为一切现象包括'我活着'这一体己现象的最后实在。它丝毫不意味脱离开每个'我活着'。如果离开每个'我活着'，又还有什么人类学历史'本体'之可言。所以，所谓'历史本体'或'人类学历史本体'并不是某种抽象物体，不是理式、观念、绝对精神、意识形态等，它只是每个活生生的人（个体）的日常生活本身。但这个活生生的个体的人总是出生、生活、生存在一定时空条件的群体之中，总是'活在世上''与他人同在'。由此涉及'唯物史观'的理论。"我们将"固历史本真，培家国情怀——以涪陵区域特色历史文化为载体的高中历史学科创新基地"确定为历史学科创新基地的主题，便是想通过我们的努力，将世世代代的涪陵人和和流寓涪陵区域的"外地人""活在世上""与他人同在"的"日常生活本身"的点点滴滴进行条分缕析的基础上，力求弄清其文化内涵，明白其对今日中华文化的影响。

多年来，我们和中学历史教育教学界先辈、同仁一样，在校本课程开发、建设、运用中，就如何发挥乡土历史文化资源在中学历史教学中的育人功效进行了有益的探索，积累了一些经验，取得了一定的成果，但就总体而言，还处于零散的无系统的状态。涪陵五中历史学科创新基地以"固历史本真，培家国情怀——以涪陵区域特色历史文化为载体的高中历史学科创新基地"为主题，意欲建设涪陵历史文化资源课程体系，以小见大、见树木以达森林，利用涪陵地方历史文化资源，挖掘典型事例，培育学生爱国主义情感，进行社会主义核心价值观教育，增进学生爱家、爱乡、爱国的家国情怀。

本基地活动阵地约 400 平方米，由序厅、历史专用教室、教室工作室、历史教学模型展示区、涪陵历史资料查阅室、学生操作体验区几个部分组成，预计 2020 年底建成，迎接 2021 年验收。

重庆市"智慧·情怀"历史课程创新基地介绍

重庆巴蜀中学　周刘波

重庆市"智慧·情怀"历史课程创新基地以"传承历史智慧，培育家国情怀"为基本理念，通过创新课程育人环境、优化统编教材实施、开发"智慧·情怀"校本课程、搭建教师发展平台等路径，全方位推进课程开发、教学研究、深度教改、教师发展和环境设施等方面建设，实现先进教育理念引领、优质教育资源共享、课程改革典型示范三大功能，构建具有示范性、辐射性的中西部历史教学研究与课程改革高地。

创建"情境历史课程创新基地"的实践与思考

——重庆市实验中学校情境历史课程创新基地简介

重庆市实验中学校　曾永江

一、情境历史课程创新基地的源起与优势

（一）源起

2015 年重庆市启动了普通高中课程创新基地建设，这是重庆市落实国家中长期教育改革和发展规划纲要精神，进一步深化基础教育改革的重要举措。课程创新基地要求以立德树人为根本任务，通过创新学习环境，改进教学方式，促进学生在自主、合作探究中提高学习效能，以更好落实国家课程，提升学生学科核心素养。

2019 年中共中央国务院《关于新时代普通高中育人方式改革指导意见》指出普通高中要"按照教学计划循序渐进开展教学，提高课堂教学效率，培养学生学习能力，促进学生系统掌握各学科基础知识、基本技能、基本方法，培养适应终身发展和社会发展需要的正确价值观念、必备品格和关键能力。积极探索基于情境、问题导向的互动式、启发式、探究式、体验式等课堂教学……"。在此背景下，我校基于文化积淀、办学特色和比较优势，积极申报了重庆市普通高中课程创新基地创建项目，申报课程基地的名称是：

情境历史课程创新基地。

（二）学校的办学特色和比较优势

1.学校悠久的历史和深厚的红色基因

学校历史悠久，人文荟萃，凝聚着厚重的巴渝文化，有着光荣的革命传统，在近代民主革命中，先后有童庸生、漆南熏、周贡植、周国仪、彭立人、刘德惠、何敬平、唐慕陶、陈鼎华等多位校友为革命捐躯；有邓中夏、吴玉章、恽代英、肖楚女、杨闇公等革命先辈在校任教或讲学，传播革命火种。读书报国，团结奉献，熏染了一代又一代的实验学子。

2.人文立魂、科技强能

"用优秀传统文化做学生生命底色"是我校德育总纲，我们主张充分挖掘中华优秀传统文化资源，使学生的世界观、人生观、价值观统一于真善美的境界。同时科技教育是我校办学特色，基于我校科技优势，2015年，成为重庆市首批通用技术学科创新基地。历史课程创新基地建设，能更好彰显"人文立魂，科技强能"价值追求。

3.学校良好的学科基础和经验丰富的教科研团队

人文学科是我校传统优势学科，历史教研组在新课程改革指导要求下，强调问题情境教学，与新课改、新高考紧密衔接。学校现有历史教师中，有正高级教师2人，多人曾在全国及重庆市教育教学论文评比及优质课大赛中荣获一等奖。为更好的落实国家课程，厚植爱国主义情怀，全面发展素质教育，历史教研组形成了较为成熟的校本选修课程体系。

二、课程基地建设的任务和内容

情境是指一个人在进行某种行动中所处的社会环境，是人们社会行为产生的具体条件。"情境学习是有关人类知识本质的一种理论，它是研究人类知识如何在活动过程中发展的，特别是人们如何去创造和解释他们正在做什么的表征；知识不是一件事情或一组表征，也不是事实和规则的云集，知识是一种动态的建构与组织，知识还应该是人类协调一系列行为的能力，去适应动态变化发展的环境的能力。"情境是学习发生的必要条件，在学校教学中，我们必须构建有意义的丰富的"情境场"，使教学具有情境特色，支持学生的自主探究学习，让学生去理解和解释知识背后的逻辑。

情境历史课程创新基地基于情境认知理论与教学模式,依据区域特色与学校优势,最终使情境化历史课程创新基地具备四大功能:教师提升功能、学生情境体验功能、课程成果展示功能、课程资源集成功能。基地建设具体从以下方面入手:

(一)创建具有鲜明主题的校园环境

"情境历史课程创新基地"的建设着眼于营造历史学科"情境场",凸显历史专业特色,形成充分展现历史思维,方法手段的历史课程教学环境。

具体包括:两室、三区

1. 历史数字化教室

虚拟现实技术利用计算机图形系统、各种控制接口设备,生成可交互的三维仿真环境,提供沉浸式学习情境。虚拟现实技术通过其强大的三维图形表现力,可以将文物立体地呈现在学习者面前,学生既可以通过头戴设备进行物体图像虚拟、重建历史文物,也可以 VR/AR 结合增加触觉感受。学习者戴上特殊的头盔、数据手套等传感设备,或利用键盘、鼠标等输入设备,便可以进入虚拟空间,成为虚拟环境的一员,进行实时交互,感知、参与虚拟世界中的各种历史现象,从而获得身临其境的感受和体会,形成深刻的印象与认知。

2. 校史陈列室

我校历史悠久,尤其是红色资源丰富。我们要用好红色资源,校史陈列室将是创设革命历史情境的重点。在校史陈列室设计时以"百年校史及革命传统"为叙事主题,以"革命校友"为线索,拟分为"历史沿革区""革命文化展示区""校友风貌区""展望未来区"让学生了解我校历史沿革,继承革命传统,弘扬革命精神,营造奋发向上的育人情境。

3. 传统文化之书法体验区

"用优秀传统文化做学生生命底色"是我校德育理念,书法是优秀传统文化之一,在书法领域,我校有一名优秀校友。吴守昕,笔名愚人、冬生,字怡之,号雪翁。出生于 1937 年 12 月 15 日,祖籍安徽,系我校(原老巴中)高 55 级乙班校友。现为中国书画家联谊会、加拿大中国书法协会、中国老年书画研究会会员、中国书画研究院理事、中国国家书画院副院长、中国书画学会名誉主席等职。吴老毕业后对母校的感情难以割舍,为表达对母校的拳拳深情与感恩之心，先后向学校捐赠了上百幅书法作品。我们将吴老作品统规整理展示，并在此区域内让学生动笔感受，让学生沉浸在书法艺术情境中，以更好的感悟优秀传统文化。

4. 天文认知发展展示区

科学技术是第一生产力，"人文立魂、科技强能"是我校价值追求，我校科技馆拥有丰厚的科技文化，2012 年，成为重庆市重大科普项目"重庆市青少年科技探究中心"，2015 年，成为重庆市首批通用技术学科创新基地，尤其在天文设备方面，学生可以借助天文望远镜观察星空，我们将在科技馆内建设天文认知发展展示区，让学生更好了解科技发展历程。

5. 学生作品展示区

学生作品展示区是学生展示研究性学习成果的最好途径，我们可以利用墙壁、展示柜等展示学生的作品：可以是历史小论文、历史手抄报、陶器作品，还可是 3D 打印制作的文物复制品。同伴间的相互启迪，分享将会是最好的学习方式。

（二）建构基于 PBL 的历史单元教学模式

《普通高中课程方案（2017 年版）》明确了进一步提升学生综合素质，着力发展学生核心素养，各学科课程标准凝练了学科核心素养、更新了教学内容、研制了学业质量标准。以学科核心素养为导向的学科课程标准强调以学科大概念为核心，使课程内容结构化；以主题为引领，使课程内容情境化。单元教学设计从单元整体视角出发，重新建立单元内各教学内容之间的纵横联系，既有对整个教学内容的宏观统筹，又有对每课内容的微观取舍，使得每一课时不再是孤立的存在，而是整个单元核心素养目标系统上的链条。单元教学设计既可以进一步彰显"课程意识"，也能促使教师理解和把握学科核心素养，让教师从"懂"走向"通"，以提高教学有效性。

"任何一种教学方法的实施，都在一定程度上与问题的提出和解决有十分密切的关系。因此教师在分析教学内容的基础上，要以问题为引领作为展开教学的切入点，结合教学内容的逻辑层次，设置需要在教学过程中解决的问题。"那何为问题教学？ Problem － Based Learning 即 PBL 教学模式，中文解释为"以问题为导向的教学方法"或者"基于问题的学习方法""以问题为本的学习"。这种教学模式强调将传统的教师讲授为主的模式，转变成一种问题情境的设置，让学生在问题情境中通过小组合作、探究理解、掌握问题背后的知识体系和理论观点，从而既掌握了课程内容的知识，也在合作中形成了自主学习的能力。在教学过程中，首先教师创设真实而复杂的问题情境，能够激发学生兴趣；其次由教师或学生从问题情境中提出"核心问题"，教师引导学生主动提出问题并将复杂的问题解析成若干小问题，这样能够调动学生内部学习动机和积极性；之后学生以小组为单位针对相应的小问题收集资料和信息，再进行分析问题、归纳总结、灵活运用学科知识确定解决方案，并进行小组汇报；最后采用的多样评价方式和评价手段，进行反思评价。这种教学模式能够培养学生自主学习能力、知识构建能力、合作学习、问题解决能力和创新能力等。完整的教学流程是：创设情境、提出问题、小组讨论合作、小组汇报、问题解决、评价反思。

通过PBL+单元教学，聚焦于国家课程，围绕历史教学中备课、上课、作业这三大环节中的关键，梳理、提炼、落实这些关键环节如何实现情境化的一般路径、方法和流程，以改善"教""学"现状，改进知识的表达方式，落实国家课程，提高学习效率和学习效能，并最终形成优秀案例进行推广。

（三）开发丰富的情境化课程资源

"课程资源是课程设计、实施和评价等整个课程编制过程中可资利用的一切人力、物力以及自然资源的总和。"历史课程资源，是指有利于历史课程目标实现的能够服务于历史课程的一切可资利用的物质和非物质的总和。这些资源包括历史教科书、学校图书馆，包括校外的历史遗迹、历史遗址、博物馆、纪念馆、展览馆、档案馆、爱国主义教育基地等，包括乡土教材和社区资源、家庭资源，包括关于历史题材的视频资料，包括网络信息资源，还包括教师、学生等资源。

对历史课程资源的积极开发与充分利用，是历史教学顺利进行的基础条件。在历史课程创新基地建设中，我们将因地制宜开发和合理利用情境化历史课程资源。

1. 以教材为中心的情境化资源开发：包括文物插图、教材史料、教辅资料等。

2. 因地制宜的情境化资源开发：包括校园红色资源，区域革命资源，历史遗迹，历史博物馆等。

3．网络情境化资源开发：包括历史教育网站、历史资源库、网上图书馆等。

4．充分开发和利用教师资源和学生等人力资源。

（四）情境化校本选修课程建设

历史选修课程是对学校课程管理的完善，也是践行素质教育的要求，更是国务院关于"加强学校特色课程建设"要求的践行。我们历史教研组将以学校历史、区域发展、学生学情为基础，开设项目式历史校本选修课程，突出历史课程的价值引领作用。在建设中，将全组齐动，甚至还可以跨学科联动，开设"校史类""区域历史类""民俗文化类"三类课程。

（五）搭建平台助力教师专业成长

教师队伍的好坏决定学校的未来发展，较强教育与科研能力的教师队伍是课程创新基地建设的重要保障，基地建设将助推教师专业成长，促进教师队伍的共同进步。

1．提高教研组的教研水平。在课题的驱动下，在课堂实践中，通过专家引领，教研研讨，示范教学，案例总结等方式，建成经验的集散地，成为区域内引领教师专业成长的发源地。

2．提升教师专业素养。在基地建设中，我们要加大历史教师专业培训，引进来和走出去。请进相关领域的专家、教授，同时组织本组教师在市内、市外示范基地考察、学习。

（六）形成学生实践活动的有效途径

中共中央国务院《关于新时代普通高中育人方式改革指导意见》要求"拓宽综合实践渠道。建设一批稳定的学生社会实践基地。充分发挥爱国主义、优秀传统文化等方面资源的重要育人作用"。通过实践活动深刻学生对历史的认知，这将是提高学生历史学科核心素养的有效途径。

1．校内活动实践。如:历史舞台剧表演、制作历史地图、历史论文竞赛等。

2．校外研学实践。充分利用区域资源组织学生校外研学，如参观巴南区历史博物馆，杨沧白故居等。

3．课题实践研究。鼓励学生体验探究新知，学生可以在老师的指导下成立课题小组，进行实践研究。

三、课程创新基地建设的愿景与思考

创设情境历史课程创新基地旨在落实国家课程基础上，拓宽历史课程的外延、深刻历史学科内涵，创新历史学习环境，改进历史课程实施方式，培养学生历史学科核心素养，提高学习效能。在建设中，学校将在硬件上加大投入，使得课程创新基地实体化；强化历史课程资源的开发与利用，使得课程创新基地智慧化；注重课堂教学的建模，使得课程创新基地示范化；利用区域资源打造选修课程，使得选修课程精品化。让教师、学生获得长足发展，让学校办学品质进一步提升。"课程创新基地"的关键在"课程创新"，落实在"基地"教和学的新型模式上，那么情境历史课程创新基地一定要体现情境性，但"情境"是一大概念，并不为历史学科所独有，所以在基地建设中我们要注意一下几点：

（一）**历史学科性**。在课程创新基地建设中，要最大限度彰显历史学科特质，区分历史与其他学科情境化的不同路径，以达到历史课程创新基地效益最大化。但是也不能等同于课程基地的建设是单科的，多学科的联动与互动也能突出历史的学科性。

（二）**师生互动性**。在基地建设中，我们将紧扣课程内容，努力营造情境化历史环境，进行情境化教学与研学实践等，但要把这种单向的教学与活动变成双向的交流，这样才能更好的帮助学生理解教材，提高学生历史核心素养。

（三）**辐射示范性**。如今课程创新基地建设并未全面铺开，在巴南区只有我校一所历史课程创新基地，因此在建设中，我们将秉持开放、共享理念，辐射带动周边学校历史课程发展建设，同时注重总结典型性、可持续性、高效性课程建设案例，让其他学校可以复制、模仿。

参考文献：

[1] 夏征农主编．辞海 [M]．上海：上海辞书出版社，1989(980)。

[2]Clancey,W.J（1995）A.tutorial on Situatel Learning 转引自王文静．基于情境认知与学习的教学模式研究 [D],2002 年，华东师范大学。

[3] 中华人民共和国教育部制定 . 普通高中历史课程标准（2017 年版）[M]. 北京：人民教育出版社 ,2017:50,68。

[4] 徐继存，段兆兵，陈琼 . 论课程资源极其开发与利用 [J]. 学科教育 ,2002(2)。

[5] 中华人民共和国教育部制定 . 普通高中历史课程标准（2017 年版）[M]. 北京：人民教育出版社 ,2017:50,68。

[6] 中华人民共和国教育部制定 , 义务教育历史课程标准（2011 年版）[M]. 北京；北京师范大学出版社 ,2012(30)。

历史教育论文

中学"实证历史"教学主张

重庆市江津中学校　张志勇

【摘　要】人类社会的演变过程称之为历史,而丰富的史料就是实证大数据。实证历史教学主张"论从史出、史由证来"这一历史教学原则,研究求证,大胆思考,谨慎解读,用科学方法和严谨态度进行历史教学。"实证"是历史学科教育教学的核心素养之一,是指导师生在历史学科课堂教学中养成良好态度、理念、策略、方法的准则,也是学习、研究和应用历史的最高"品格"。实证是"历史性"时代话题,是历史的本质,是历史的核心思维,是历史学"史论证据链",是历史主体架构,是历史教师专业态度精神,是历史教学的主体内涵。历史源于"实",研于"证",用于"思"。这就是历史学与历史教学的价值。

【关键词】实证历史　实证内涵　课堂教学

人类社会的演变过程称之为历史,而丰富的史料就是实证大数据。实证历史教学主张即遵从"论从史出、史由证来"教学原则,客观求证,严谨解读,科学施教。历史源于"实",研于"证",用于"思"。实证是历史学科所尊崇的教学态度,也是学习、研究和应用历史的最高"品格"与价值所在。

一、实证是"历史性"时代话题

历史"实证"是历史学永恒的常态,历史性是指在任何时代、阶段、朝代,它都是客观真实的存在,是任何时代都需要遵循的客观规律。

1. 实证是历史的本质

实证历史是历史学科独有印记,"实证"成就了历史的科学性,而科学"证实"又证明了历史的社会实用价值。首先,历史表象是客观真实的存在。历史是史料的堆集和记忆的碎片,但消逝的历史仍然可视可听可闻可读可触,其真实的存在、丰富的史料、生动的细节、宝贵的经验和泛在的社会价值,都是历史学科特有的知识内涵。因此历史教学要遵循客观规律、史论结合、让证据说话。我们不需要去创造历史,只需要去发现或挖掘创造历史的过程、历史的本质、历史的精彩。其次,历史学注重"史论证据链"。它要求在史实证据与论据之间进行真实互证和解析,必须建立在客观真实的史实证据基础上,准确揭示历史事物活动过程中的各种因素、规律和特点,并得出科学准确的认识结论。历史学的科学性也突出体现在研究的样本要真而实,证据与方法也要证而准,得出的结论才会更可靠,因此对"史论证据链"进行实证本身就是一种科学定义。再次,历史教学用"实证"说理论道。摆事实讲道理,就是朴素的辩证、历史唯物主义史观。大量一手史料是实证历史教学的源点,这些史料如同一块璞玉,师生共同去观赏、了解、分析、研究、发现、打磨、反思、体会等,并在这一过程中学会使用有效的学习工具与方法,并确保这个学习过程的真实、严谨与科学性。

2. 实证符合教育改革发展新要求

从国家课程到校本课程,历史学科也在不断改革创新并催生了很多务实、创新、成功的"实证"教育教学案例。有关历史教材、教参资料的最新修订和完善,也随着新的考古发现和研究成果在实事求是地"精准调节",例如八年抗战改为"十四年抗战"大大增强了史学的真实性和信度。2012年国家对历史、语文、道德与法治三科教材实行统编、统审、统用,并在2017年9月全国投入使用,历史学科之所以受到如此高的重视度,一是它所承载的中华民族优秀传统文化内涵博大精深,历史的"实证"价值是大国崛起迫切需要的。二是历史教材利于更好地强化国家意志、贯彻党的教育方针、落实社会主义核心价值观，具有极其重要的立德树人功能。三是进一步提高教育质量的需要，每一次编撰修订都在进一步科学优化，更突显历史学科教材教参的实证性、准确性、科学性、系统性和适宜性。

3. 实证源于历史学科课程创新驱动

作为首个重庆市普通高中历史学科课程创新基地，我们首次提出实证历史教学主张，重点推进课程设置、课堂教学方法、历史学科文化、历史学习案例建设。实证历史教学规划设计与实施方案涉及历史学科课堂教学、历史学科文化、学习环境、软硬件条件、学习资源与技术支撑、传统教学与新课改融合、历史学业评价、项目研究团队等，依托该项目扎实推进"实证历史"在学校生根、开花、结果。

二、实证历史的核心思维

1. 历史学科核心素养强调实证价值

历史学科核心素养是指学生通过历史学习养成具有历史学科特性的品质和能力，它包括唯物史观、时空观念、史料实证、历史解释、家国情怀，凸显了历史学科的唯物之"实"与史料之"证"。就实证历史教学而言，"唯物史观"即确立以"实证历史"认识论与方法论为指导思想，实事求是，严谨治学；"时空观念"是立足于客观存在的历史时空定位，一切教学研究才有史实依托和实证意义；"史料实证"是依据充分的历史材料，找到准确有效的说理证据，最后获得严谨科学的观点结论；"历史解释"是建立在史料实证基础上的客观理解和科学解读，有理有据，令人信服；"家国情怀"是历史学习的情感态度价值观，历史真实地记录和还原一系列正能量优秀事例，有着重要的人生价值和社会意义。

"史料实证"是历史学科核心素养的主体架构，它使历史学成为一门较为严谨的学问。从中西史学发展角度看，史料实证教学理念是史学界共识。西方史学从19世纪德国兰克学派强调"据事直书"到20世纪法国年鉴学派倡导"新史学"，中国史学从傅斯年的"史学即是史料学"、胡适"有几分证据说几分话"到陈寅恪提出以诗证史，史料实证已越来越得到历史学家和历史教师们的重视，是历史研究和历史教学不可或缺的重要方法和依据。从教育发展趋势看，大数据时代倡导实证精神。网络媒体发展迅速，众多纷杂繁复的信息充斥各种传播平台。如果缺乏相应的历史实证能力，历史往往会受到网络、影视作品和演义小说之类的"戏说"影响，造成历史观认知变异或偏差。因此必须将以历史教材为载体的"史料实证"落到实处，精准求证，还历史真相，重振历史学科的"实证"精神。

2. 历史教学"五求"的实证要义

历史课堂求真、求证、求智、求善、求用的教学思维，能够较全面表达实证历史教学主张的本质特征。"求真"即求真之实，此乃历史之史实与证据。一切以客观存在为前提，坚持唯物史观，尊重历史发展规律。"求证"即求证之法，此乃历史之论辩与方法。在教学中尊重史实、史料证据，学会收集证据、辨别证据、证明论断。"求智"即求智之慧，此乃历史之生成与智慧。学会历史，融会贯通，使"读史使人明智"得以体现。"求善"即求善之德，此乃历史之育德与励志。弘扬史实中大量积极向上的正能量事例及思想精神，倡导正确价值观，立德树人。"求用"即求鉴之用，此乃历史之应用与价值。善于在学习中发现新问题，获得新启发，形成新认知，并最终内化为新的应用与创新。

三、实证历史教学的主体内涵

影响实证历史教学的因素很多，其主体内涵决定了实证历史的多元、多维、多样性，具体解读为十二教学立意。

1. 实证历史需要"证据"，即史实选择。强调有针对性选择史实，发现与它直接相关的要件，凭借充分的史实证据得出自己的新观点，分享教学成果。"摆事实，讲证据"是融入历史血脉的常态思维。

2. 实证历史需要"证实"，即论证过程。无论先有材料再得出结论，还是先提出观点再找材料证明，都是科学可行的实证教学方法。这两种方法都要求在史论之间的互证上，必须经过缜密的逻辑思维推断，然后进行研究，用研究结论"证实"它们。

3. 实证历史需要"发现"，即问题探究。历史课堂学习的最高境界并不是答对问题或获得准确的答案，而是能够"发现"问题。特别是从大量教材文字中、从大量史料中、从简单易懂的文字表述中、从众多已知的结论答案中，能够找出老问题，发现新问题，提出自己的问题。不断的挖掘，发现，研究，探索，再发现，是实证历史思维中不可忽略的一部分。

4. 实证历史需要"体验"，即参与感受。历史难以在现实中经历、展现、触摸，因此让学生参与、体验和协作感受也是实证历史教学的重要方式。体验方式可以通过图片、漫画、视频、VR 等媒介来重现历史片段；可以组织参观展览馆或博物馆；可以组织户外实地考查"故地重游"；可以创设历史情景活动让学生参与其中等。

5. 实证历史需要"课堂"，即教学环境。"史论结合，相互印证，互为依据"是历史课堂最出彩的环节。历史最佳课堂不是老师的一言堂，而是将史实"呈堂证供"，师生在课堂上互动研讨求证的过程呈现历史学科独有魅力。实证历史课堂教学没有固定的模式或约束，除了课标不变，什么都可以变。

6. 实证历史需要"学堂"，即学习空间。"学堂"以学生为主体，以"学"为特征，是学习活动，且很多提法都有新变化，如备课称为备学，教案称为导学案，教法称为学法。历史实证教学其实类似于理化生学科"实验教学"，实验的对象是由大量信息与数据构成的史实材料，学生作为实验者亲自收集分析这些史料信息，去粗取精，去伪存真。在这个专业性强的"学堂"亲身经历学习过程，会有更强的记忆、理解和不一样的感悟。教师的作用更多表现为"导学"和"助学"，重点是授人以渔。要大胆将时间、空间和实证问题的机会"让"给学生，这样的"学堂"才是大家期待、学生幸福、预期有效的。

7. 实证历史需要"建模"，即学习设计。历史课堂教学模型有教、学区分，有单独模块，也有整课建模，是一种建立在实证主义基础上的学习设计与课堂学习模式，体现了皮亚杰所代表的以"学"为中心的建构主义理论。它立足于对课情、生情进行调研分析，对学习生成进行预测与调控，最后形成实施方案。教学建模要求立足于历史课标知识体系，对课程或课堂进行量身构建，包含策划设计、认知结构、教学环节、学习模型、思维导图等。

8. 实证历史需要"个性"，即个性风格。实证历史尊重教师个性化教学风格，真实即个性。通常教学风格是指比较成熟、稳定、有效、学生欢迎、教学质量好的个人教学模式。这类教师多数都拥有丰富教学经验，并通过长期教学实践和反思，不断更新完善的结果。他们都有较鲜明的共性，即善于学习、善于反思、善于研究、善于实践。每一位成功走过来的教师，一路上的风景都是他用"实证"之笔挥洒出来的。

9. 实证历史需要"研究"，即学习思考。实证思维主要针对实证问题、实证能力、实证应用进行思考与研究，对教师的知识力、执教力、研究力要求很高。研究内容包含实证历史本身、教师实证能力、实证应用和教师专业发展。学习需求要实，培训内容要实，专家指导要实，自主学习要实。历史学科充满实证哲理，做人做事做学问必须脚踏实地，名师之路没有捷径可走。

10. 实证历史需要"STEAM"，即学科互助。STEAM 新学习形态是科学、技术、工程、艺术、数学的缩写，揭示了多学科交叉融合新趋势。实证历史也需要多学科"陪伴"：地理为历史文化打开了空间叙述，语文为历史材料做出了细节描述，数学为历史数据进行精密的推断和计算等，而历史则为其他学科的发展提供了指导思想。笔者有两个 STEAM 历史实证案例，一例"历史学科专用教室"，以"内六外八"的建构应用方式，整合了多学科、多领域、多项目协作互联，围绕实证历史教学核心提供有效服务。二例"实证历史"创客工作坊，是一个具有理工科特点的文科创客空间，其中有文物实体、虚拟 VR、陶艺制作、文物考古与修补等，它将历史与语文、地理、政治、网络技术、通用技术、化学、物理、劳技、美术等学科创造性结合，构建出一种典型的基于创客空间、跨学科、混合教育新常态，这也是今后实证学习的大趋势。

11. 实证历史需要"技术"，即信息力量。教育信息技术从电教时代 1.0 到互联网＋人工智能时代 3.0，智慧校园让"泛在学习"已具刍形。未来的课堂，一定是有技术的思想和有思想的技术深度融合的课堂。未来历史教室将会是桌面云、智能终端普遍应用；无线网络像空气一样存在；海量历史资料将实现数字化和数据化；全国各大网络历史博物馆给学生带来丰富的视觉盛宴。全新的技术会超越时间、空间和师资不足的限制，让历史学习无处不在！让历史资源随处可证！信息技术将作为实证历史学习的强大工具，做好学科与技术融合，做出具有个性特色的历史教学品质，用智慧教育成就历史智慧。

12. 实证历史需要"创新"，即"保粹开新"。历史学习绝对不是"记忆答案的教育"，而是"创造答案的教育"。实证历史创意无限，历史教学方法与手段可以是多样而新颖的。历史课堂的立意、设计、过程实施都可以同课异构；历史课堂因人而异，因学生而异，因目标内容而异；历史教学可以生活化，可以角色换位，也可模拟场景还原；历史可以让学生讲给老师听，也可以营建师生"答记者问"；历史可以让师生回归主体或主题，"我的地盘我做主"历史还可以带领学生从诗歌、语言、风俗等许多角度还原历史和印证历史；历史还可以帮助学生建构章节思维导图和历史漫画等。前面例举的历史专用教室建设、实证历史创客工作坊等案例，都得益于很多创新设计。

实证历史是中学历史教学中教师和学生应该具备的基本素养和关键能力，也是历史研究的必备品质。对一名合格、负责的历史老师来说，是否抱有实证性史学态度和精神，是衡量历史学科教学业态品格的重要标准。实证历史源于历史学科专业，植根于学科素养，是我们教育教学的构建策略与前行方向。

参考文献：

[1] 陈超 . 历史学科核心素养的构成与培养 [J]. 福建教育学院学报 ,2016,17(1):111-11。

[2] 叶小兵 . 整合设计：中学历史课程新走向 [J]. 教育科学论坛 ,2012(11):11-15。

[3] 田耕 . 通过史料实证增进历史理解——以"军机处"微格教学为例 [J]. 历史教学月刊 ,2015(12):56-59。

[4] 徐凭跃 . "史料实证"历史学科素养的培养 [J]. 中国教师 ,2016(6):34-36。

[5] 蒋存贤 . 史料实证意识在历史教学中的有效运用 [J]. 文理导航 ,2017(2):62-63。

[6] 庄忠正 . 历史唯物主义何以可能——作为"真正的实证科学"的历史唯物主义 [J]. 信阳师范学院学报（哲学社会科学版）2013,33(4):17-21。

本文发表于《中学历史教学参考》2019 年 7 月，总第 464 期

家国情怀素养培育路径分析

重庆市江津第八中学校　冯瑛

家国情怀培育是增强国民对国家认同的重要手段，是中国优秀传统文化传承的重要方式。历史教学对于家国情怀素养培育具有天然的优势。将高中历史教学与家国情怀教育结合，是历史学科教育本质的体现，是国家国民素质战略的需求。将中国梦与个人理想相结合，是提高学生历史人文素养的有效途径。

一、历史教学家国情怀素养培育的优势

现代社会对家国情怀的定义是从国家与家庭的共同利益出发，认为集体应关注个体的发展，家庭的兴旺为国家发展助力。国家兴衰与家庭存亡相依共存是古今不变的规律。因此，个体应树立建设祖国的责任意识。

从历史发展中我们可以看到，民族与国家之间关系密切，各民族的团结为国家发展提供良好的社会环境。党的十八大提出社会主义核心价值观，其深刻内涵体现了家国情怀与国家发展的密切关系。社会主义核心价值观与历史学科核心素养中的家国情怀相辅相成。两者在内容上具有共通点。家国情怀在历史的发展中不断更新，将核心价值观作为促进公民国家认同的中心具有重要意义。

高中历史教学要实现学生具备历史价值观的教育目标，将家国情怀的养成作为历史教学目标，是体现育人为本的教育理念。历史教育通过使学

生形成朴素情感，发展家国情怀。个人价值观的形成是循序渐进的，家国情怀教育中，人的成长过程是感受到国家带来的归属感，系统全面了解认同国家文化制度，指引其价值判断。

二、高中历史教学培育家国情怀素养的措施

1. 提升专业素养

历史教师的阅读决定其知识储备，也是其进行家国情怀教育的重要素材来源。历史学科知识的广博性要求教师博览群书。对历史事件有独到的认识，对学生学习情况有深入了解才能设计更好的教学方案，更好地发挥历史教学之于家国情怀素养的作用。

历史事件中的家国情怀，是历史人物用自身经历书写的史诗。其精神为生命赋予了意义。历史人物是家国情怀教育中的良好素材。近代史是进行家国情怀教育的重要部分，如"戊戌变法"一课中，教师可选用康有为等人物，介绍历史背景，让学生了解中华民族当时面临的危机，借助多媒体教学手段，为学生的家国情怀教育渲染氛围。

教师可通过讲述历史人物爱国事迹进行家国情怀教育，激起学生的爱国情怀。康有为公车上书，清政府积极改革。但终究未改变灭国的命运。谭嗣同认为中国改革不够彻底，希望以牺牲唤醒中国，拒绝逃亡。教师可借他的爱国事迹，激发学生树立报效祖国的理想信念。

2. 深挖教育资源

随着信息技术发展，学生接受信息的渠道更加多元，接触到的课外知识更加丰富。历史教师必须不断拓宽自身的阅读领域，掌握历史研究动向，并将其及时转化为培育学生思维能力与价值观念的有效设计。文学作品中有很多的爱国人士用自己的行为书写家国情怀。故事散文都可作为历史教学素材。教师要提升教学语言的组织能力与感染力，提升家国情怀教育效果。历史教师要博古通今，不断提升自身教学水平，更好地促进学生知识的学习。

3. 创新教学形式

历史博物馆是国家历史的见证。文物藏品蕴含着丰富的历史故事。国家博物馆记载国家文化的辉煌，是历史教学的重要阵地。通过展品讲述历史事件，可使学生感受到祖国文化的厚重，加强文化认同。《国家宝藏》是

中央电视台推出的全新文物教育节目，自开播以来受到了社会各界的广泛关注。此节目一改往日博物馆讲解的形式，通过邀请影视明星介绍文物的历史背景，以历史剧的形式介绍文物的历史故事，增强了知识性节目的趣味性，使人们对历史文物有了更深的了解。节目将传统文化与当代文化结合，使观众感受到了中华文化的魅力。创新出受青年人欢迎的节目形式，使节目更加深入人心。

历史教学可借鉴《国家宝藏》的成功经验，创新课堂形式。如丰富历史作业形式，让学生观看《国家宝藏》，从文物中介绍相关历史，使学生了解中国传统文化的博大精深，激发对历史的学习兴趣，增强文化自信，唤起对学生文物的保护意识，培养其家国情怀。

论问题解决式教学设计在高中历史学科的运用

重庆市江津中学校　　刘理衡

【摘　要】高中历史教学可以以问题解决式教学设计有效结合传统课程和新课程，培养学生核心能力，是教学目标和教学动力的核心因素，高中问题解决式教学设计具有问题教师设疑和学生质疑相统一、问题设置与解决相统一、问题解决和教学效果相统一的特征。问题解决式教学设计在高中历史教学上的大致包括知识传授型、规律探究型、情感渲染型三种类型，与新课程改革的目标相统一。问题解决式教学设计在高中历史教学上的的程序包括情境激活、方案构建、百家争鸣和方案优化四程序。

【关键词】高中历史；问题解决式；教学设计

　　巴尔扎克说："打开一切科学的钥匙都毫无疑问是问号"，高中历史课程的教学设计的实质就是基于问题解决的教学设计，不管是传统课程还是新课程改革，高中历史教学设计的核心都应该围绕着问题的解决，而教学过程实质上的核心是问题解决的过程，问题的设计和有效解决关系到课程的成败和对学生学习能力的培养。在高中历史教学上，长期存在着为传授知识而讲授，为解题而解题，为应用而应用的误区，即使新课程改革推行过程中，也存在着为了追求花样而浅显讲课，为单纯追求学生兴趣而忽视学生思考能力的培养等误区。因此，高中历史教学设计应该基于问题的有效解决的设计，从而进一步体现新课程的三维目标。

一、问题解决式教学设计在高中历史教学上的的特征

教学设计是一项复杂的工程，它涉及教学目标、教学方法、教学内容和教学反思的等多项设计，教学目标以问题解决来触动，教学方法以问题解决为导向，教学内容以问题解决为核心，教学反思以问题解决来检验，问题解决式教学设计可以有效地带动教学课程的顺利推进。高中历史通过问题解决式教学设计和实践可以促进学生科学思维模式的培养与强化，可以有效的推进学生的成长和教学效果的提升。

（一）教师设疑和学生质疑的统一

问题解决式教学设计在高中历史教学上的不是单纯的设计教师的提问，还包括了学生的有可能的提问点，两者的结合点就是教师设疑后引起学生对知识的质疑，通过把握两方面的统一并形成一个流程，让学生知道问题解决具有一定的程式，并信服这个程式可以提高问题解决的效果。在历史教学过程中，把教师设疑和学生质疑的有效统一，将有利于培养学生认真思考的习惯和科学思维模式的形成。

（二）问题设置与问题解决的统一

问题设置与问题解决的统一，实际上就是按照维果茨基的最近发展区理论，确定学生已经达到的发展水平和可能达到的发展水平。把握问题的难度，层层设置问题，层层分解问题以推动问题的解决。太难或者太易的问题都不太可能促使学生自主解决问题，更不太可能引发学生的探究意识。

（三）问题解决策略和教学效果的统一

每个教师都有自己的教学特色，学生也都有各自的学习特色，这些差异性就需要教师注重问题解决的策略，因为这关系到学生的学习水平和教师的教学水平。

教学效果跟教师在教学策略直接相关，需要教师提高自身的素质，首先要不断加深学科知识基础和专业能力。其次，明确历史课程上"教师主导、学生主体"的观念，改变"一言堂"的做法，深入思考问题设置的策略，

推动问题解决的质量和教学过程的质量。

二、问题解决式教学设计在高中历史教学上的的类型

问题解决式教学设计可以有效的带动教学课程的顺利推进，问题解决式教学设计在高中历史教学上的的类型，取决于课程目标的要求和教师的教学方式，按照问题解决的角度，学生问题解决学习方式分为三种：知识理解型、规律探究型、情感渲染型，三种类型没有好坏之分，并且能够在一节课时中共存。

（一）知识理解型

只是理解型教学设计的目的是将课标知识引导给学生，使学生有兴趣地、理解的接受，与新课程标准中知识与技能的目标一致。在问题式知识理解型的教学设计中，一般可以使用两种方法：点睛法和运用法。

点睛法就是指在教学过程中通过设置历史问题的关键字，把问题说得更透彻，更仔细，更深刻。如在学习分封制的影响时，举例今天山东大地称之为"齐鲁"大地,山西简称为晋,这些简称的来源最近可以追溯到何时？是什么制度的体现？通过齐、鲁、晋的关键字点拨，相信学生很快就会把分封制的影响这一知识点理解接受。在学习分封制和郡县制的区别是时引用柳宗元所说的:"周之失，失之于制，不在于政;秦之失，在于政，不在制"。锁定关键字"制"和"政"。通过引导学生分析，让学生得出郡县制取代分封制是历史的进步的知识结论。

运用法是指按照教材的情境，从知识运用用角度把历史事件和历史人物放到具体的历史条件下去分析，有利于学生历史唯物主义史观的培养。如在三省六部制的讲解过程中，举例假如唐太宗要修一项工程，需要怎样一个程序，让学生深入到历史条件下去分析，并理解知识。

知识理解型设计适用于讲授新课程，目的在于使学生在思考中启迪，并能把启示运用到其他的问题解决中。

（二）规律探究型

规律探究型教学设计是指教师引导学生创造性地自主解决问题，在教师引导下，学生把握住问题主线，在不断思考中发现规律。这种设计强调的是学生的思考过程，弱化问题解决的结果；强调的是问题解决的质量，弱

化的是问题解决的数量；强调的是学生对问题解决的学习，弱化的是教师对知识的讲传。

在规律探究性设计中经常使用的方法为联系法和比较法。通过联系法，把知识起因和结果通过问题设置予以贯穿，并形成一条主线，围绕着主线不断的解决问题，概括出趋势和特点，如在讲解雅典的民主政治不断发展时，在知晓雅典民主政治不断走向鼎盛的结果后，首先和学生一起分析雅典民主政治起步的背景，并引导学生把背景概括成两对矛盾：贵族与工商业者的矛盾、贵族与平民的矛盾。在问题解决过程中三次改革的开展与效果就围绕着这两对矛盾展开探究，索伦改革带有中立色彩，没有彻底解决问题，克里斯提尼大刀阔斧，带领公民参与政治，雅典民主政治确立，伯利克里深化改革，发展到鼎盛。

规律探究型的设计根本意图是通过问题的解决充分发挥学生的自主思考意识和能力，培养高中生独立解决问题的能力，并可以带动学生情感态度价值观的培养，如激发学生对改革的兴趣，获得学习知识之外的效果。

（三）情感渲染型

情感渲染型是指将学生带入一定的历史情境，在情境中通过问题激发学生思考，激发学生的情感的流露，这种情感包括爱国主义、集体主义、刚正正义、誓死不屈等情怀。情感渲染型问题是历史教学的优势，"忘记过去就意味着背叛"，历史教学也应该肩负爱国主义等情感价值观的教育。

爱国主义教育尤其体现在中国近代史的教程上，在教学中，让学生了解知识是必须的，如能巧妙的设置一些激发学生情感的问题，将会深化问题，使学生形成共鸣。在讲解《商鞅变法》时设置问题如商鞅难倒就不怕死吗？突显信仰的作用。

三、问题解决式教学设计在高中历史教学上的程序

问题解决式教学的设计有一定的程式性，不同领域的专家对问题解决的程序有不同的描述，但具体讲有大致的共同点：首先创设情境激活学生兴趣，其次在教学过程中鼓励尊重学生形成自己的认识，让学生思维碰撞，最后形成共同优化的方案。这个程序的出发点就是充分尊重学生的自主能力，体现了问题设置和问题解决相统一、教学策略和教学效果相统一的特征。

（一）创设情境，激活兴趣

高中历史问题的解决不是突兀的或者鼓励的，是纵横横联系的，这就需要课程的主导者——教师在课程的导入和问题解决前创设情境吸引学生的兴趣，让学生自主的参与问题的解决，调动学生的思维。如在《罗马法的起源与发展》这节课时以法学家耶林格的话导入"罗马曾经三次征服世界，第一次是以武力，第二次是以宗教，而第三次是以法律，而第三次也许是其中最为平和、最为持久的征服。"接着教师提问，为何耶林格如此肯定罗马法？罗马法对当时的罗马有什么影响？从而以此情境导入新课。

高中教学上，教师在主导教学，这也要求教师要热情的对待每一个问题情境，不断地激活学生思维，让学生顺着老师的引导不断深入。

（二）鼓励尊重，形成方案

在问题解决过程中，教师要充分尊重学生的发言权，引导学生积极主动的探讨并控制好发言者使之点到为止。这一程序中，师生应当那个处于平等的对话关系，并做一位聆听者，激发学生的发散性思维。

如英国君主立宪制和美国民主共和制度的比较，有同学从国家元首角度，有的从政府首脑角度，有的还从议会与首脑的关系以及国家权力中心的角度来分析，教师要鼓励学生去大胆的分析比较，哪怕不是非常重要的一点。

（三）引导推动，思维碰撞

教师在引导问题解决过程中推动学生思维碰撞，应属于学生自主思考、合作交流和自我证明阶段，教师有效的推动学生的自主与合作且不公布参考答案，只有如此，在学生思维过程中产生的火花才是学生主体性充分发挥的璀璨。

在这一过程中，教师应该肯定认同学生的思维成果，使学生自信能够不断提高自己的分析思考能力，从而肯定自己在参与教学上问题解决是的表现和成功。教师应以伯乐和园丁的态度欣赏学生的成长，并把握其正确性。

（四）答案优化，学生择评

这一程序实质上就是问题解决过程高中生自主选择最佳答案的阶段，通过教师的引导和广泛的发言，教师可以有效引导学生科学的将思维碰撞的结果梳理归类并修正，引发学生对问题解决的自主参与。在这一过程中，教师应该有条件的尊重学生之间的互评，然后再展示参考答案供学生思考，以改良自己的思维习惯，品味在问题解决过程中的收获和成长，进一步体现在课程中教学相长达到教学策略和教学效果的相统一。

参考文献

[1] 杨雪春 . 浅谈新课程教学的问题教学法 [J]. 教师教育 ,2010,(22)。

[2] 杨腾隆 . 谈"问题式"教学法 [J]. 吉林教育 ， 2009，(3)。

[3] 韦慕蓉 . 谈问题教学法的三种模式 [J]. 基础教育研究 ,2010，(10b)：32。

[4] 朱德全 . 数学问题解决教学设计类型与程序 [J]. 中国教育学刊，2010,01。

[5] 张离平 . "问题教学法"的实践探新 [J]. 湛江师范学院学报 ，2009,(4)。

地图在高中历史教学中的运用与思考

重庆市江津中学校　黄童超

【摘　要】随着新课改的深入，历史教学的理念也发生了改变，强调对学生学习能力的培养，注重学生学习方法的掌握。在此情况之下，作为学生学习能力目标的重要部分，通过对历史地图的分析，能够从中提取有效的信息，并用以解释历史现象，总结历史规律，成为学生必须掌握的一项技能。本文根据笔者的调查研究和教学实践，简要探索如何将历史地图运用于实际教学，以提高学生学习兴趣，培养学生历史空间思维能力，改进历史课堂教学。

【关键词】地图；高中历史教学；运用；思考

　　历史地图是承载自古至今人类政治、经济、文化、军事等活动的载体，它以职官、形象的方式将人类漫长的历史呈现出来，它以静止的平面形式反映人类社会漫长历史时期中的各种活动以及人类的发展进程。新版高中历史教材采用专题式的编排体例，理论性强、知识跨度大，从而加大了历史教学的难度。在教学的过程中，无论是教师还是学生都会遇到一些文字无法描述，或仅靠文字无法让人理解记忆的知识，这时若能佐之以地图，那么学习效果必定能事半功倍！

人们常说按图索骥，事实上在历史教学中善于充分使用历史地图、历史插图去理解和掌握知识，这已成为学好历史的一个必要手段。古人读书强调"左图右史"，梁启超也曾说"读史不明地理则空间概念不确定，譬诸筑屋而拔其础也"，足见历史地图的重视性。在《普通高中历史课程标准》中也要求"在掌握基本历史知识的过程中，进一步提高阅读和通过多种途径获取历史信息的能力；通过对历史事实的分析、综合、比较、归纳、概括等认知活动，培养历史思维和解决问题的能力"。历史地图的使用就是一个获取历史信息很好的途径。而且，在近几年的高考题中，也多次出现利用地图考查学生对知识点的掌握和分析问题的能力。比如说，2011年重庆高考卷文综历史部分第19题利用地图考查了中共红色根据地的知识点；2012年重庆高考卷文综历史部分第17题利用地图考查了国民大革命期间有关北伐的知识点。这两道题目都是对教材知识点细节上的考查，难度相对较低。但2013年全国高考卷文综第41题利用东汉时期的行政区划图和唐朝时期的行政区划图考查中国古代政治制度史中地方行政区划的变迁及其相关因素，题目灵活，难度偏大。因此，我们在教学中应该要注意对历史地图的使用，结合地图，引导学生观察，然后引起分析、综合等心理活动，从中获得科学的历史认识，并通过图画的现象进一步认识历史事件的内在本质联系，帮助学生识记一些难记的知识点。

令人遗憾的是，尽管我们都很清楚历史地图在教学中的重要性，但是在具体的教学实施过程中，仍然忽视了对历史地图的使用。笔者所在的学校是重庆市一所知名中学，师资力量雄厚。但据笔者了解，在历史教学过程中，只有极少数的教师使用了历史地图。舍近求远是课程资源的浪费，也是新课程的一个误区。很显然，我们教师们忽略了历史地图在教学中的地位，忽略了教学过程与方法的研究，忽略了对教材中结论性的东西情景化，忽略了对学生历史素养和学习能力的关注。这些确实值得我们要进一步反思。笔者还利用学校的资源，做过一个调查问卷的研究。在问卷的设计中，我问到"知不知道高中历史教材配有地图册？"高一的学生由于才入学发了新书，他们普遍知道，但是高二、高三的学生，随着年级越高，知道的人越少，高三学生不到10%的学生还记得有地图册的存在。也就是说，学生随着学习的深入，逐渐陷入了传统学习的困境中，局限于从教材中获取知识，而忽视了从其他途径获取历史信息的能力培养。当然，也从侧面反映了教师在教学过程中对历史地图使用率是如何的低。此外，笔者在调查问卷中还问到"高中历史教学有没有必要使用地图册？"高一的学生由于还未完全适应高中历史的学习，所以他们多数回答"不知道"。但是高二、高三的学生在文理分科后，已经对教材上相对枯燥的知识点的记忆感受很深，大约有 90% 的学生都希望能有更加直观的、更加形象的工具帮助他们去理解、记忆知识点。因此，学生的需求也是我们教师在教学过程和目标中需要关注的重要方面。在实际教学中，老师应当积极鼓励学生多运用历史地图这一形象、直观的表达工具去认知和学习。因为任何历史事件必有其赖以存在的时间、空间位置，而最能表现历史空间位置的重要手段便是地图。历史地图作为一种符号式的直观教具，可以加深对教科书内容的补充说明，有助于学生形成正确的空间概念，从而有助于加深记忆和认识史实的本质。

目前，各版本高中历史教材均配有相关的地图册，而且在《历史图册》前沿中也提到"图文内容围绕教学重点、难点，以图释文，采用多种直观、形象、生动的表现形式，并配有'读图指要'，以培养学生的读图用图能力、科学素养和人文精神，拓展学生的知识面，提高学生的学习兴趣"。但是，目前无论是教材还是地图册上的地图都存在着一些问题。笔者结合教学实践，试举两例。

古希腊城邦分布示意图

第一，平面地图居多，少有 3D 立体图。在人教版教材第五课古代希腊民主政治中，有一副古代希腊城邦分布示意图。（见图一）

试问，这幅图如何体现教材中所言"希腊式多山地形"呢？于是，我采用了另一张图片（见图二）。

古希腊地形图

很显然，这张图片给学生更加直观的感受，更加形象的让学生体会到希腊多山的地形。第二，教材和历史地图册只能提供静态地图。在人教版教材第十五课国共的十年对峙中，讲授红军长征过程的时候，教材上和地图册上均有红军长征的路线图，教师完全可以结合地图讲解红军长征的史实，但是有些特别精彩的地方，教材和地图册上的地图就没有办法提供帮助了。比如说，长征过程在地图上看的不是很清晰，路线画的比较乱，学生感受不到这一战役的奇妙之处。笔者在讲授本课的时候，在网上下载了红军长征的动态路线图，再加上笔者配有音乐和带有感情的语言表达，学生的情绪完全被调动起来，深深的被红军的英勇气概所打动。当然，笔者所举两例不一定准确，不一定能反映问题。笔者的意思是指在使用地图的时候可以采取一些更多的手段和技术，在教学的过程中要培养图文并茂的意识。下面，笔者简要谈一下对于使用地图教学的一些思考。

一、在新授课时要重视据史读图。即把教材文字叙述中涉及地理空间分布的内容落实到地图上，从而准确地再认再现其空间位置。例如在学习人民版教材必修一专题三《左宗棠收复新疆》一目时，只有通过地图，学生才能认识新疆北可控南的地形特点及周边的外围形势，才能充分理解左宗棠采用"先易后难，先北后南"军事战略的正确性和重要性；只有在地图上认清阿古柏"哲得沙尔国"的侵略图和沙皇俄国侵占伊犁地区的地图形势，才能区分左宗棠收复新疆过程中两类不同性质的斗争和特点，从而对课程内容有更深的了解和掌握。再如，学习人民版教材必修一专题一《秦的统一》"六王毕，四海一"一目时，我们只有让学生认真研究当时秦的统一形势图，才能使学生更直观地认识当时天下归一的形势和局势；只有通过地图，才能使学生准确掌握韩、赵、魏、楚、燕、齐六国的位置以及秦始皇北方大修长城和南方统一越族的雄才大略。

二、复习课时要重视据图说史。即根据历史地图复习教材内容，借此检查历史基础知识的掌握情况，加深对历史知识的巩固记忆。这种办法经常用来复习和总结整理知识。1.根据地图，按照历史概念的结构要素全面回顾材料内容。以必修一专题五《蔚蓝色的希腊》地形图为例，既可据图复述古希腊的地理位置，由此回顾希腊地理环境对古希腊先民的生活方式及民主政治产生的深远影响，又可以对比我国古代《西周分封图》分析东西方两种文明产生的不同自然环境、社会环境以及城邦政治和帝国政治的不同特点，达到从宏观角度复习掌握专题知识的能力。2. 根据地图，把历史知识系统化。例如，通过对必修二《第一个五年计划工业交通建设主要成就分布示意图》《1957–1966年工业交通建设主要成就分布示意图》《1966–1976年主要建设成就示意图》《1978–1999年工业建设部分重要工程示意图》四幅图的对比分析，学生就能掌握各个时期建设的主要特征，形成完整的体系。3. 根据地图，对相关历史知识进行分析对比。例如，学习必修一新民主主义革命这部分内容时，可以把《革命根据地示意图》和《抗日根据地示意图》进行对比，这样学生可以很清晰地把握中共不同时期工作中心，斗争方向的变化以及新民主主义革命主要矛盾的变化特点等知识。

三、利用科技，将多媒体技术引入历史地图。与传统的挂图式或普通课件相比，多媒体历史地图无论在表现手法上，还是对历史地图背后的隐性知识的挖掘上，都有着明显的优势，可以更大程度地发挥历史地图的教学功能。1. 多媒体历史地图通过调动学生多种感官吸引学生注意力，激发学生学习兴趣。2. 多媒体技术可以方便地串接相互关联的多张历史地图，更便于学生全面把握历史知识。3. 将多媒体技术运用于历史地图，更易于多幅历史地图之间比较。4. 多媒体历史地图为进行读图练习创设了更便利的条件。本文前面提到的红军长征一课的教学案例，就是引入多媒体技术的一个代表，它的优势显而易见。

综上所述，历史地图与抽象、枯燥的文字叙述比起来，具有形象、直观的特点。在教学中，教师应当明确历史地图的教学功能，重视对历史地图的教学，积极鼓励学生多运用历史地图。运用历史地图进行教学、学习、考查，有利于教学方法的转变，有利于教师创造性地探索新的教学途径，改进教学方法和教学手段，有利于学习方式的转变，有利于激发学生的学习兴趣，培养学生运用所学知识进行独立思考的习惯，培养学生的空间概念，也有助于学生全面认识和思考人类自身发展与自然环境间的关系。

参考文献：

[1] 杨晓慧．历史地图在高中历史教学中的运用．华中师范大学 2014 年硕士论文。

[2] 李静茹．论历史地图在高中历史教学中的运用及策略．华中师范大学 2014 年硕士论文。

[3] 冯尔康．史学著作的图文配合与构建视觉史料学 [J]．学术月刊 .2006 年第 4 期。

[4] 苏智良．上海市中学历史新教材的理念与构想 [J]．历史教学研究通讯 .2002 年第 2 期。

[5] 李要刚．历史地图在高中历史教学中的运用 [J]．现代教学科学：中学教师 .2013 年第 1 期。

[6] 刘小玉．多媒体技术在高中历史地图教学中的运用 [J]．黑龙江教育学院学报 .2010 年第 8 期。

[7] 徐金华．浅谈历史地图的魅力——高中历史教学中历史地图运用的策略 [J]．新课程：教师 .2010 年 06 期。

[8] 张文燕．浅谈高中学生识认运用地图能力的培养 [J]．历史教学 .2001 年第 5 期。

[9] 邵石林．地图在高中历史教学中的运用 [J]．新校园：理论版 .2010 年第 12 期。

[10] 邢晓凤．历史地图与历史教学 [J]．历史教学 .2001 年第 7 期。

史料探究式教学下的"史料实证"素养提升途径

西南大学附属中学校　肖鹏程

【摘　要】"史料实证"素养是指学生对获取的史料进行辨析，并运用可信的史料努力重现历史真实的态度与方法。同时，它也是学习历史和认识历史所特有的思维品质，理解和解释历史的关键能力与方法。"史料探究式教学"中学生通过发现并提出问题、制定和选择方案、收集处理和运用史料、成果交流分享和自我反思等环节，切实培养自身的"史料实证"素养，能有效地体会和践行"实证精神"。

【关键词】史料实证 探究式教学 核心素养 教学策略

进入 21 世纪，在世界各国教育改革方兴未艾的大背景下，为顺应国际教育改革趋势，增强国家核心竞争力，提升我国人才培养的质量，我国教育部于 2014 年 3 月印发了关于"全面深化课程改革,落实立德树人根本任务"的意见，明确提出将"发展学生核心素养体系"的研制与构建作为推进课程改革深化发展的关键环节，以此助力教育改革，推动教育发展，核心素养这一概念呼之欲出。什么是核心素养？历史学科核心素养包括哪些内容？学生如何提升自身的核心素养？这是学界和众多一线老师争先讨论的问题。

作为教育的初学者，笔者联系有限的教学实践，结合前人研究成果，就史料探究式教学下的"史料实证"素养提升途径提出一点粗陋的看法。

一、"史料实证"素养的提出

新修订的《普通高中历史课程标准》（2017 年版 2020 年修订）指出，学科核心素养是学科育人价值的集中体现，是学生通过学科学习而逐步形成的正确价值观、必备品格和关键能力，是对知识与能力、过程与方法、情感态度和价值观的整合与提炼。具体到历史学科而言，历史学科核心素养是指学生在学习历史过程中逐步形成的具有历史学科特征的必备品格和关键能力，是历史知识、能力和方法、情感态度和价值观等方面的综合表现，包括唯物史观、时空观念、史料实证、历史解释和家国情怀五个方面。笔者今天论述的"史料实证"素养是指对获取的史料进行辨析，并运用可信的史料努力重现历史真实的态度与方法。其具体要求包括四个层次：

一是史料的认识和搜集：知道史料是通向历史认识的桥梁，了解史料的多种类型，掌握搜集史料的途径与方法；

二是史料的辨析和判断：能够通过对史料的辨析和对史料作者意图的认知，判断史料的真伪和价值，并在此过程中增强实证意识；

三是史料的处理和运用：能够从史料中提取有效信息，作为历史叙述的可靠证据，并据此提出自己的历史认识；

四是实证精神：能够以实证精神对待历史与现实问题。

在历史学科五大核心素养中，"史料实证"是学习历史和认识历史所特有的思维品质，是理解和解释历史的关键能力与方法，其地位和作用不言而喻。通过对"史料实证"素养的分析，我们不难看出，"史料实证"素养不仅涵盖基础的历史知识，也是一种历史学习方法，更是一种历史思维，是传统的历史知识、能力和方法、情感态度和价值观的综合表现。

二、"史料实证"素养培养中的两个问题

在初步分析"史料实证"素养内涵和外延的基础之上，反观当前的教学实际，我们不难发现"史料实证"素养培养的过程中存在诸多问题，其中比较突出有以下两点。

（一）部分教师对"史料实证"素养的认识和培养问题。这一问题是由主客观两方面的原因造成的。主观上来说，部分教师由于教育思想、教学观念和能力水平等原因的影响，对"史料实证"这一概念认识不足，重视不够。客观上来说，无论是"学生核心素养"还是"历史学科核心素养"都还处于研究和实践的初级阶段，加之各项其他客观条件的限制，对教师的认识和践行造成了一定的困扰。此外，在现实情况下，信息通畅、教育发达地区的教育工作者，对包括"史料实证"在内的五大历史学科核心素养接受和理解程度相对较高，对其重要性和革命性意义也有深刻的认识。但由于教学任务等原因，对核心素养的培养依然停留在口头宣传层面，缺乏配套的、富有操作性的培养途径和策略。

（二）"史料实证"素养与传统史料教学的关系问题。所谓的"史料教学"没有权威的定义，但联系学界研究和教学实际我们可以简单地将之表述为"在教师的指导和监控下，学生通过对史料的阅读、阐释、评价、理解，从材料中获得历史有效信息，形成相应能力，并利用取得的能力和信息对历史进行研究的教学模式。"将"史料教学"与"史料实证"两个概念进行对比，我们发现二者有联系也有区别。就联系而言，史料教学和"史料实证"都强调以"史料"为手段并通过对史料的阅读、辨析、运用来解读和探究历史，同时这一过程中伴随着各项能力的生成。就区别而言，史料教学偏向于教师主导，强调方法指导，"史料实证"偏向于学生主体，强调自主探究。同时，前者仅仅是一种教学或学习方法，而后者是历史知识、学习方法和历史思维的综合体现，同时还带有浓厚的实证精神。在一定程度上，我们可以认为"史料教学"包含于"史料实证"，厘清二者的关系对我们的进一步论述至关重要。

三、史料探究式教学下的"史料实证"素养提升途径

上文中，笔者对"史料实证"素养的定义和要求作了简单介绍，并对"史料实证"素养培养过程中的突出问题做了简要分析，但我们始终无法回避的是"学生如何提升'史料实证'素养？"这一关键问题。"史料实证"不是口号，也不是空中楼阁，必须在一定的教学实践活动中得以培养和提升。那么，哪一种教学模式适合承载"史料实证"这一历史知识、能力和方法、

情感态度和价值观的综合体呢？通过分析各种现行教学模式的特点和利弊，笔者发现探究式教学和传统的史料教学相结合，可以较为完美的承载和体现"史料实证"素养。

首先，"史料实证"素养的基本要求包括史料的认识和搜集、史料的辨析和判断、史料的处理和运用和实证精神四个方面，探究式教学的一般步骤为发现并提出问题——收集合组织材料——解释和分析问题——评估和得出结论——交流分享，二者的主要思路和步骤基本相同。其次，无论是探究式教学还是史料教学都强调"史料"的作用和求证意识，这与"史料实证"强调的"实证精神"一脉相承。最后，探究式教学所特有的自主性、合作性、过程性和开放性的特点，既有利于发挥学生的主体作用，尊重了学生的主体地位，又有利于其他核心素养的培养和提升。笔者暂且将这种融合探究式教学和传统史料教学双重优点，能有效提升历史学科"史料实证"素养的教学模式称之为"史料探究式教学"，其大致分为以下七个步骤：

1. 发现并提出问题。"发现问题比解决问题更重要"。"史料探究式教学"中发现并提出的问题可以多种多样，究其来源而言，既可以是教师提出的，也可以是学生发现的；既可以是历史上经过多次讨论的问题，也可以是现实生活中的热点问题。就其内容而言，它可以是教材中的问题特别是教学重难点问题，也可以是学生在学习过程中发现的特别是历史阅读中发现的有价值的问题。在这一过程中，要充分调动学生的主观能动性，同时，教师应对学生就问题的范围、难度提供一定的指导。

2. 制定和选择方案。发现和提出问题后就直接试图解决问题，这是当下中学生的习惯性做法。"工欲善其事，必先利其器"，计划和准备对问题的解决至关重要，要更好的解决问题，我们有必要制定和选择合适的方案。这一环节需要考虑的问题包括两个方面，一是问题本身，如问题的预期成果、重要性分析、问题的细化和分解等；二是技术性问题，如团队组建、时间安排以及方法（如访谈法、文献法、田野调查等）与工具（网络搜索、图书馆、档案馆、专业数据库等）的选择等。

3. 收集史料。收集史料是我们接触史料的第一步，也是整个问题得以解决的基础。除了我们上一点中强调的方法和工具选择之外，我们更应关注史料本身，即史料的真实性、全面性、多样性和可操作性等。史料来源可靠、覆盖面广、类型多样使我们收集史料的基本要求。学生在这一过程中应该知道史料是通向历史认识的桥梁，了解史料的多种类型，掌握搜集史料的途径与方法

4. 处理史料。处理史料是史料探究式教学最难或者说是技术性最强的环节，"史料实证"素养的具体来求是"能够通过对史料的辨析和对史料作者意图的认知，判断史料的真伪和价值，并在此过程中体会实证精神。"除了对史料进行基础性的筛选、分类、整合和辨析外，学生必须学会对史料自身的时代背景、作者的创作意图以及传统的史学传统和规范有一定了解，同时学会用各种技术性手段判断史料的真伪并进一步挖掘史料的价值，做到"一分证据说一分话"，体会并养成"实证精神"。这一过程对学生的要求较高，需要教师全面的辅助与引导。

5. 运用史料。运用史料即"能够从史料中提取有效信息，作为历史叙述的可靠证据，并据此提出自己的历史认识。"通过搜集和处理，学生学会利用真实有效的史料并从中提取有效信息来解决问题、佐证观点并提出自己的历史认识。史料的运用需要借助一定的方法和途径，特别是史观的指导，教师在此应特别强调"唯物史观"的重要地位和指导作用，并适度地介绍其他史观。

6. 成果交流分享。成果交流分享不是"史料实证"素养的要求，但它是探究式教学的必要环节。学生个人或团体通过自己的努力，付出了时间和精力才取得了相应的成果。交流分享不仅是一个展示自我、肯定自我的平台，也是学生相互交流，取长补短的珍贵机会，同时还是检验和修正成果的试金石。做好这一环节可以增强学生学习信心，进一步激发其学习探究兴趣。

7. 自我反思。"学会学习"中国学生发展六大核心素养之一，自我反思是学会学习的重要体现。史料探究式教学活动的最后环节应是学生个人或团队的自我反思。通过回顾史料探究过程和成果交流中的所得所思，学生再次经历"史料实证"的过程，体会"实证精神"。

通过以上发现并提出问题、制定和选择方案、收集处理和运用史料、成果交流分享和自我反思等环节，学生学会"对获取的史料进行辨析，并运用可信的史料努力重现历史真实的态度与方法"，切实培养了"史料实证"

素养，体会和践行了"实证精神"，这就是笔者所说的"史料探究式教学"。"史料探究式教学"有效的发挥了探究式教学的优点，完成了传统史料教学中教师"用史料教"到学生"学史料""用史料学"的转变，是一项历史学科"史料实证"素养的有效提升途径。

需要指出的是，由于探究式教学的特殊性和史料教学的严谨性，笔者在"史料探究式教学"过程中特别强调了团队协作和"实证精神"；同时，在整个教学过程中，学生始终居于主体地位，但我们必须看到教师在部分环节的主导作用。总的来说，笔者认为，"史料探究式教学"糅合了探究式教学和史料教学的长处，以培养学生的"史料实证"素养为中心，是一种切实可行的教学方法。同时，由于时间和篇幅限制，本文对教学实践涉及不足，未能结合具体课例进行具体分析，对于"史料探究式教学"的实践论证有待进一步完善。

参考文献：

[1] 中华人民共和国教育部.《普通高中历史课程标准》（2017 年版 2020 年修订）[S] .2020。

[2] 徐蓝，朱汉国《＜普通高中历史课程标准＞（2017 年版）解读》[M].高等教育出版社 .2018.06。

[3] 蒂姆·洛马斯，叶小兵.论史料教学 [J]. 历史教学 ,1998,(02):22—24。

[4] 叶小兵.中学历史教学中史料教学的探讨 [J]. 北京师范学院学报（社会科学版),1992,(03):31—38+43。

[5] 李稚勇.论史料教学的价值——兼论中学历史教学发展趋势 [J]. 课程 . 教材 . 教法 ,2006,(09):61—66.。

[6] 陈超.历史学科核心素养的构成与培养 [J]. 福建教育学院报 ,2016,(01):111—115+128。

[7] 蔡权.在历史课堂教学中培育学生的"史料实证"素养——以探究课《王安石变法的失败原因》为例 [J]. 江苏教育研究 ,2017,(02):54—57。

[8] 王梅.中学历史教学培养学生史料实证意识的实践——川教版七年级上册《东汉的兴衰》教学反思 [J]. 科学咨询（教育科研),2016,(12):101。

[9] 王巧琴 . 历史学科"史料实证"素养的培养 [J]. 学周刊 ,2016,(29):62–64。

[10] 杨伟 . 新课改环境下中学历史探究式教学特征与实践研究 [J]. 教育观察 ,2012,(10):81–84。

图像史料在初中历史教学中的价值与运用方法初探

——以川教版八年级下册《朋友遍天下》一课为例

西南大学附属中学 杨波

【摘 要】史料实证是历史学科核心素养之一，图像史料作为史料的重要形式，在初中历史教学中具有重要运用价值。以川教版八年级下册第16课《朋友遍天下》为例，探讨图片史料的使用价值和运用方法，为提升历史教学质量，实现学科素养培养目标提供有益的借鉴和思考。

【关键词】图像史料 初中历史教学 教学价值 运用方法

史料是研究、学习历史的基础。图像史料，亦可称为可视史料或影像史料，主要是指适用于历史教学与研究的视觉图像，一般指地图、图片等传媒对象。但如果把视野再放开一点，那么图像史料的指向就更广泛了，它还包括珍藏于博物馆的大量文物、遗址遗迹、碑刻、建筑、图画等实物和摄影照片以及影视片、纪实片等能够提供图像、呈现或传达某种历史理念、产生视觉感知的对象。本文中主要讨论的图像史料主要是图片史料和影像史料两大类。

教育部 2011 年版《义务教育阶段初中历史课程标准》中明确提出，了解多种历史呈现方式，包括文献材料、图片、图表、实物、遗址、影像、口述以及历史文学作品等，提高历史的阅读能力和观察能力，形成符合当时历史条件的一定的历史情景想象。以川教版初中历史教科书为例，我们的教材本身就拥有丰富的历史照片、图画、地图、图表等图像史料；而伴随多媒体技术的发展，初中历史教师越来越多的在课堂教学中运用图像史料。下面就以川教版初中历史八年级下册第 16 课《朋友遍天下》为例，探讨图像史料在教学实践中的运用。

一、图像史料的教学价值

1. 运用图像史料培养学生历史学习兴趣

兴趣是激发学生学习的最好动力，初中阶段的学生求知欲强，思维方式正处于从形象思维到抽象思维的转变时期。如何抓住学生的兴趣点，将其转化为学习历史的热情和积极性是历史教师必须要做的。本课的课标要求如下：了解中国恢复在联合国的合法席位和中美建交等史实，知道中国独立自主的和平外交政策。由于初二学生历史知识水平仅限于中国古代史和近代史，对外交知识都是平时通过电视了解一些外交新闻，对现代世界史也了解较少，因此在教学《朋友遍天下》这节课之前，我首先利用一节课时间播放了《周恩来外交风云》纪录片的片段。这部纪录片是由中央新闻纪录电影片厂 1998 年制作，浓缩了新中国外交史上的重大事件和重要人物，其史料价值不在一般文献资料之下；同时，本片的视听元素、叙事结构和恰当的节奏依然能够吸引学生。从观看后的反馈来看，学生对片中提到的一些外交事件，如乒乓外交、尼克松访华产生了较大兴趣，为课堂教学营造了良好氛围。

2. 利用图像史料提升史料实证能力

史料实证是历史学科核心素养之一，图像史料教学有助于培养学生的观察、思维和理解能力。学生在观察图片或影像后，可以进一步想象照片或影像背后所发生的状况，发掘背后隐藏的历史信息。根据初二学生的心理特点，他们对政治、经济、外交等方面的重大问题的理解分析能力是很有限的，教师必须引导学生对历史事件的顺序与逻辑关系进行有效的梳理。比如在学习"中美建交"知识点时，我使用了一些图片史料来了解中美建交的历史进程。

周恩来说："你们这次应邀来访打开了两国人民友好往来的大门。"

教材对于中美关系的改善过程是以简单的史实叙述，学生对中美关系正常化过程的经过印象不深，也很难理解中美关系的重要性。这组图片以时间顺序排列，选择的是 70 年代中美关系具有代表性图片集中展示，可以说一下子就吸引学生的眼球，并且把这一时期主要的历史事件呈现在学生面前，有助于学生梳理中美关系正常化的历史脉络和理解改善中美关系的重要性，体会到中美关系改善的微妙与曲折。

3. 充分发挥图像史料的情感教育功能

历史事件中少不了历史人物，杰出的历史人物对于历史的发展有推动作用。图像史料是既是历史事件的真实再现，又能鲜活的展现杰出历史人物的卓越风采。敬爱的周恩来总理为新中国的外交事业呕心沥血，新中国一系列外交突破都离不开周总理高超的外交才能和极强的个人魅力。本课教材中多幅历史图片都展示了周总理极佳的外交形象，我在教学中引导学生观察其中细节，补充相关史料说明:周恩来会见外国政要时，即使在盛夏，他也总是身着得体而朴素的中山装。周恩来这一着装特点清晰而深刻的反映了新中国庄重和平等的外交理念。在学习尼克松访华这一历史性时刻时，我截取了《周恩来外交风云》中第 81 分 23 秒周恩来在尼克松访华欢迎宴上的讲话片段。同期声是珍贵的声音史料，结合历史画面使得历史氛围真切丰富，有助于带领学生进入历史情境，也让周恩来的形象变得更丰满。通过图像史料的恰当运用，把政治家高尚的情操、卓越的才能展现给学生，激发学生的国家责任感，养成奋发图强、为祖国奋斗的精神品质。

二、图像史料在教学中的运用技巧

随着互联网技术的不断发展，图像史料的获取越来越容易，但是在图像史料运用过程有一些问题是需要注意的。比如:图像史料运用得过多过滥，一课的 PPT 课件就是图片的浏览，学生走马观花，眼花缭乱却收获极少；对图像史料的选取不够严谨和细致，来源不明、不加甄别的全盘使用、甚至运用一些错误的史料；对于原始史料进行过度的修改、编辑，添加文字解释不够准确，或是与教材内容搭配不当等等。教师是课堂的组织者和引导者，在课堂教学中，图像史料的选择和使用权主要是在教师手中，正确使用与否，决定了是授之以渔还是误人子弟。

教师在运用图像史料时，引导学生对史料的观察、思考和分析，从而提升学生历史学习的能力。个人认为，将图像史料运用于初中历史教学需要注意技巧。

1. 图像史料定位是为教学服务

任何图像史料的使用，最终目的都是为教学目标的实现，随意采用史料是不可取的，要在充分研究课程标准的前提下，合理选择。例如在学习"我国在联合国合法席位的恢复"子目时，教材选用了下面这幅著名照片。

出席第 26 届联合国大会
中国代表开怀大笑

这张照片是曾获美国普利策新闻摄影奖"乔的笑"，属于图片史料。我们首先要确立观察目的，图片背后反映中国在联合国合法席位恢复这一重大历史事件。照片的传神在于观众似乎能听到乔冠华的笑声，进而体会这一事件的重大意义，引发对于中国能够恢复合法席位原因的思考。教材选取图片的高明之处就在于与教学目标紧密契合。

2. 图像史料的选择要关注学生的层次

学生是课堂的主体，初二学生的感性认识仍然占主体，发散性思维强，看问题注重个体，更注意形象化的事物。对于初二学生来说，生动形象的历史故事和栩栩如生的人物更能吸引他们的注意力，要选择与学生生活的实际相联系，容易理解的。

对比我们发现，纪录片的史料真实性权威性优于电影，但由于技术和时间原因，画面效果相对粗糙，声音效果不佳，削弱了其一手史料的感染力；而电影片段由于艺术加工和演员的表演更为生动。针对初二学生的认知特点，我最终选择了电影片段。当然在实际教学中，我们也要注意学生存在个体差异性，选择图像史料时，一定要做到难易结合，适合不同学生的能力要求。

3.图像史料要有相应的语言、文字说明

南宋历史学家郑樵在《通志·图谱略》中说"左图右史""索象于图，索理于书"，图像史料需要有文字史料的辅助。

在学习"中美建交"问题时使用图片，配以这样的文字："1979年1月1日中美正式建交。1979年2月2日，正在美国访问的邓小平在休斯敦观看马术竞技表演时向观众招手致意。""中国的大门对一切朋友都是敞开的。"如果没有这样的文字资料，学生观察图片会是一头雾水，对图像史料所反映的历史信息往往把握不准。

4.图像史料的选择要关注数量和质量

首先，图片数量不宜过多，每一张图片都应该有其使用目的，不能简单重复的堆砌，让学生厌倦。教材本身提供了大量插图应充分利用，适当补充一些有较高历史价值的图片，比如地图、图表有利于提升学生对空间认识和分析比较能力；珍贵稀有的历史照片、视频有利于调动学生的求知欲。

其次，影视史料的使用要注意把握时间和质量。初中历史课时有限，课堂教学不应长时间用来放映影片。根据个人的观察，如果长时间放映影片，学生注意力更多的是影片的娱乐性，往往被一些感官刺激强烈，娱乐效果佳的内容所吸引，影响教学效果。教师可根据教学内容进行必要的剪辑处理，把握好时间长度，但注意不要破坏其内容的真实性避免产生误解。影视作品主观性强，艺术加工演绎色彩重，个人认为教学中尽量不采用影视剧作品，部分严肃质量上乘的影视剧可作为渲染课堂气氛，增强情感渗透的版块使用。建议多选取如《周恩来外交风云》这样严肃严谨的文献记录片，更贴近历史真实，更接近第一手史料，这对于培养学生历史的求真态度是必要的。播放前，先向学生明确观看目的，必要时对影视作品的创作背景进行介绍，也可以放映前先提出问题；播放中，教师应引导学生来了解影片的表现形式或表演手法，画面表达不清楚的配以必要的语言说明；观看后，通过讨论、提问等方式加深对问题的理解，不能把历史课变成简单的影视欣赏课。

三、图像史料在教学运用中的思考

但是图像史料在实际运用中，也存在一些问题需要解决。我们对图像史料的运用更多的是在课堂教学范围内，其实可以走出课堂，在课外开展图像史料教学。开展主题探究活动，充分利用历史博物馆、革命纪念馆、历史遗迹等公共资源。如西大附中 2017 年上半年开展将开展"我与重庆共成长"主题活动，展示重庆的发展变化。让学生利用寒假期间寻访与重庆历史有关的名胜古迹，以视频、照片、文字的形式记录下来；与父母一起收集家中的老照片，有纪念或历史价值的物品（如粮票、钱币、旧物件）等，写下与它有关的故事。这让学生在活动中开阔视野，增长见识，促使其更加认真地学习历史知识。运用史料的人是教师，当前历史影视资料众多但良莠不齐，很多时候只是影视作品的欣赏。影视史料的使用可作为学校选修课出现，需要我们去认真选择，需要我们的专业知识和一定的艺术审美。要把单纯的影视观赏转变为主题式的历史影视鉴赏，开展问题讨论、史实鉴别、观后感悟等活动，在同时历史知识的同时，也提升学生的审美水平和人文素养。

陈寅恪先生在《陈垣敦煌劫余录序》中言，"一代之学术，必有新材料与新问题。取用此新材料，以研求问题，则为此时代之新潮流。"在互联网时代的今天，人类的科技创新已进入一个崭新的时代。人们越来越习惯于读图、浏览视频，在快节奏生活中以最短时间获取更多的信息。图像史料正是新潮流的体现，色彩丰富，形式多样，直观富于视觉冲击力，更容易吸引学生的目光；图像比文字传递信息时间更短，效率更高，更能在学生脑海中留下记忆。当前的初中历史学科，相当一部分学生漠视，历史学科的地位稍显尴尬。学生拿到教材时，更愿意从图像中获取信息愉悦心理而不是从文字中去揣摩深意，这跟他们从小接受信息的途径和社会环境有直接关系。因此，图像史料作为历史教学的重要资源，值得我们去充分利用。

参考文献：

[1] 沈敏华，《历史教学中的图像史料及其运用》《历史教学问题》，2005年第 5 期，P109

[2] 沈敏华，《历史教学中的图像史料及其运用》《历史教学问题》，2005年第 5 期，P109

[3]《义务教育历史课程标准》2011 年版，北京师范大学出版社，P23

[4] 沈敏华，《历史教学中的图像史料及其运用》《历史教学问题》，2005年第 5 期。

[5] 范光明，《史料教学浅谈》《中学历史教学参考》，2004 年第 7 期。

[6] 曹寄奴，《影视史学的科学性和艺术性》[J]，江西社会料字，2003年 7 月。

[7] 赵惠，影像时代的历史课堂教学 [J]，现代教育论丛，2009(1)，P21-25。

[8] 吴琼 . 从文献到影像记录——以《周恩来外交风云》为例看文献纪录片的史料价值 [A]. 史学史研究，2015 年第 1 期，P57-62。

灵魂的建构

——历史课堂教学立意实施路径初探

西南大学附属中学校　徐川

【摘　要】历史教学不应只传授基本史实，更应传达积极的人生观、世界观、价值观。教学立意是立足学情、追求史实、紧扣课标而确定的课堂教学的核心理念与情感升华，若无教学立意，课堂则会失去生机，教学目标无法实现，教育主题无法升华。确立最佳的教学立意，不仅帮助教师实现预设教学目标、升华教学主题，也能帮助学生提高历史素养、人文素养，真正做到以史为鉴。如何有效的确立教学立意？笔者结合教研阅读和自身教学实践，以《从"师夷长技"到维新变法》一课为例，从解读课程标准、研读课文标题、挖掘教学内容以及关注学术动态几方面谈谈自己的看法，以求教方家。

【关键词】灵魂构建　教学立意　实施路径

一、把握方向，准确解读课程标准

课程的教学目标与内容要求在高中历史课程标准中有所规定，因为，每课的学生掌握程度及教学内容在课标中均有体现，这也就暗含了该课文教学的基本立意。

以《从"师夷长技"到维新变法》一课为例，课程标准有两个层次的要求：

一是识记层次，了解鸦片战争后中国人学习西方、寻求变革的思想历程；二是理解层次，理解维新变法思想在近代中国社会发展进程中所起的作用。根据课标，学生应理解近代中国不同历史阶段的思想演变的历程及作用，这是课标明示的要求。鸦片战争后，中国大门被野蛮打开的同时，带来了日益加深的中西政治、经济、文化间的冲突与交流。经济交流的深入带动人们对外界认识的深入。在这个过程中，新旧思想争锋不可避免，其对后世思想发展的影响也不应忽视，这便是课标中暗藏的隐性信息。这实际也是本课应重点解决的问题，也正是本课教学立意可着力的"点"。

可见，在确立教学立意时，应当准确解读课标的每个层次（识记层次、理解层次和应用层次），分析提炼其中的显性信息与隐性信息。显性信息中提炼出的关键内容是教学需关注的的主要史学观点；隐性信息则暗含了有关教学立意的相关提示，为教学立意的确立提供了方向。解读课标要求教师准确把握涉及的基本史实及史实间的深层联系，并结合历史发展趋势加以整合与充实。

二、抓住关键，充分研读课文标题

相对准确解读课程标准而言，研读课文标题是更为直接方便的教学立意途径。课文标题是内容的浓缩与精华，极能体现课文主旨。因此，教师在实际教学中可从充分研读课文标题从中寻找确立教学立意的依据。

课文标题《从"师夷长技"到维新变法》直接点明了近代思想的演进的一个动态变化过程。如：从"技"到"法"，学习的内容在扩展；从"师"到"变"，学习的程度在递进。课标题清晰地展示了随着时代的变迁，先进中国人向西方学习思想的变迁历程。显然，课标题已为确立本课教学立意提供了方向。

总之，课文标题是一课内容的核心所在，确立教学立意时需认真研读课文标题。如：《明清之际活跃的儒家思想》一课应紧紧抓住"活跃"及"儒家思想"确立教学立意；《从蒸汽机到互联网》一课则应抓住"蒸汽机"与"互联网"之间的联系与不同来探究确立教学立意。当然，课文标题分为多种形式，如：价值判断型、史实描述型等。前面提及的标题多为价值判断型，此类标题略加挖掘便可为教学立意的确立提供方向；而史实描述型标题（如：

鸦片战争、太平天国运动等）则需要结合具体史实等深入挖掘，再行确立教学立意。但无论何种类型的标题，均需要从标题中找到关键历史信息，分析其中的联系与区别，并结合教师自身的专业素养与学生的实际情况，进行挖掘，从而确立最佳教学立意。

三、关注细节，深度挖掘教材内容

教师备课与授课需要紧紧围绕教材内容，在教学过程中也最应关注教材内容。深度挖掘教材内容，有助于把握知识间的深层次联系，从而有助于教学立意的确立。教师通过这个方法确立教学立意，不仅要求教师熟知基本史实，更要求教师思考史实间的区别与联系，并从中抽象出最一般的规律，为教学立意的确立提供依据。

在《从"师夷长技"到维新变法》一课中，课文讲述了中国社会进入近代后国人的思想演变过程。这一时代的人们，从最初戴着有色眼镜看待西方的个别人士到以救亡图存为己任、积极向西方学习的社会群体，其不仅体现了时人在遭遇重大变故后的奋发图强，也体现了国人对西学的认识是由浅入深的过程。课文在第一子目简述林则徐、魏源"开眼看世界"，此时的"看世界"只是个别人士，为什么只是个别人士？为什么只仅仅看到西方的器物比此时的中国先进？为什么没有看到其他方面？这些问题课文没有进行深入解释，需要教师进一步挖掘。本课第二子目讲述洋务派以"中体西用"为指导思想，但并未解释为什么要采用"中体西用"？"中体西用"的特点是什么？这也需要教师进行进一步思考。课文在最后一部分介绍早期维新思想以及维新思想及其代表人物，并简单介绍维新思想采取"托古改制"的方法进行宣传，而对"为什么要采用这种方法？效果怎么样？"这些内容只是简单概括，没有详细解释，因此教师需要进一步探究。从器物到制度，从个别人士到士人群体，均体现了人们对西学的认识不断深入。在这个过程中，人们对西学的观念在不断改变，然而对传统事物的观念仍在坚持。这就使近代思想呈现出新旧交错糅合、变与不变争锋并存的态势。为什么在中国是不断深入的？为什么不能像日本一样进行彻底地变革？而这也是本课所要挖掘的深层次问题。

由此观之，应在深入挖掘教材内容后确立教学立意。教材展示的是最基本的史实与现象，对这些现象出现的背景、结果及影响常常只有简单讲述；史实与史实间的横向、纵向联系一般没有明确说明，这都需要教师在自身储备的专业知识基础上积极思考，主动挖掘。挖掘这些内容，有助于理清史实间的深入联系，将各个历史事件串联成一条线索，明确教学内容在某段历史时期中的作用以及在历史长河中的作用，进而形成"大历史观"，帮助教学立意的确立及实施。

四、与时俱进，积极关注学术动态

关注学术动态是科学理解课程内容的有效方法，同时也是确立有深度的教学立意的有效途径。关注学术动态能使教师用最新的观点看待课文中的历史，从学术层面理解课文内容，从而提高教师的专业素养，增强教学立意的前沿性。

随着新材料的发现和认识角度的拓展，对历史课程中相关历史的认识会有所改变。如，关于林则徐的认识最初只停留于虎门销烟，"开眼看世界"。然而通过阅读鸦片战争最新的学术成果知道，林则徐的"开眼看世界"是有限的，他的"开眼看世界"是不事声张的，在当时其思想并不能被众人所理解；他的新观念中夹杂着传统观念，对西学态度有所转变的同时，传统观念并未改变。这对本课教学立意的设置有一定的帮助。

因此，积极关注学术动态、把握最新的学术信息是确立教学立意的又一重要方面。在历史研究中，历史观点及结论更会随着学者研究的深入而不断变化，即不同时代历史事实、历史观点、历史结论等都可能有所不同。这就需要教师及时关注各种学术期刊、专著以及大型学术性会议，追踪史学前沿，更新史学观念，掌握最新史料，并运用于课堂教学。这也是教师不断提高自身专业素养的需要。此外，关注高考命题方向、把握最新考试动态也是确立教学立意的一个方法。时时关注高考最新动态是高中历史教师应有的意识。这些都是确立最佳教学立意的向导，从而使教学立意的确立更具有可操作性。

参考文献：

[1] 聂幼犁，於以传．中学历史课堂教学育人价值的理解与评价——立意、目标、逻辑、方法和策略[J]．历史教学（中学版），2011，(07)。

[2] 支玉良．如何提升教学立意[J]．历史教学（中学版），2011，(02)。

[3] 黄恩铭．高中历史课堂教学立意研究[J]．山西青年，2016，(19)。

[4] 周明．历史课堂"教学立意"不可或缺——以"发达的古代农业"一课为例[J]．历史教学（中学版），2012，(08)。

[5] 纪凤．"教学立意"：让学生拥有多维历史视角[J]．江苏教育，2016，(43)。

[6] 秦娟．把握"六度"科学立意——高中历史课教学立意撼谈[J]．中国校外教育，2014，(22)。

[7] 周明．挖掘教学立意应注意的几个问题——以人教版《现代中国的对外关系》单元教学为例[J]．历史教学（中学版），2013，(03)。

[8] 任世江．2011年高考新课程卷第41题的立意及对教学的启示[J]．历史教学（中学版），2011，(17)。

[9] 袁从秀．主题立意：历史微课设计的关键——以《第一次工业革命》的微课设计为例[J]．历史教学（中学版），2015，(02)。

随心潜入课 育人细无声

——浅议初中世界史教学对学生现代公民意识的培养

西南大学附属中学　赵敏岩

【摘　要】"立德树人"是新时期教育的根本任务,历史课堂是对学生进行"立德"与"树人"的重要阵地。特别是初三世界历史的教学,对于即将升入高中的学生而言,是培养其在具备国际视野的前提下以宽容的心态对待、学习世界各国不同文明,成为具有历史使命感和社会责任感的现代公民的最佳时机。因此在平时的世界史教学中,笔者注意通过适当的教学设计对学生进行现代公民意识的树立与培养,本文为笔者的总结与反思。

【关键词】"立德树人"　敬畏　责任　理性　现代公民

党的十八大报告明确指出,"把立德树人作为教育的根本任务,培养德智体美全面发展的社会主义建设者和接班人"。"立德"为我国古代所谓"三不朽"之一,《左传》载有"太上有立德,其次有立功,其次有立言,虽久不废,此之谓不朽"。 意思是,人生最高的境界是立德有德、实现道德理想,其次是事业追求、建功立业,再次是有知识有思想、著书立说。这三者是人生不朽的表现。把"立德"摆在第一位,是因为万事从做人开始。

"立德树人"的教育任务其实是与西南大学附中"立人新民"的办学理念有异曲同工之妙,共同的追求都是培养德才兼备的创新型人才。而要将

"立德树人"的教育任务落实到实践中，首先当然是学校德育应该发挥重要的作用，但依托西南大学附中提出的"3D 熏论"德育模式——即时间育德、空间育德、全员育德，学科课堂同样是"立德树人"的重要阵地。而历史课堂则以其独特的人文性更是在"立德树人"这一任务的达成中起到不可或缺的作用。

那么具体到初三历史教学即世界历史教学中,如何真正做到"立德树人"呢？世界历史教学又应该"立什么样的德、树什么样的人"呢？

《义务教育历史课程标准》(实验版)和《义务教育历史课程标准》(2011年版)中对世界史部分的目标要求大同小异，具体内容大致如下：

世界古代史	世界近代史	世界现代史
通过学习，知道世界古代史上重要的历史人物、历史事件和历史现象，了解世界古代史发展的基本线索；辩证地看待人类社会不断发展和进步的总体趋势；感悟人类文明的多元性、共容性和发展的不平衡性；认识到世界各地区、各民族共同推动了人类文明的进步，他们创造的文明成就是人类的共同财富；树立正确的国际意识，培养理解、尊重和吸收其他民族文化精华的开放态度。	通过学习，了解世界近代史的重要历史人物、历史事件、历史现象和历史发展的基本线索；运用科学的历史观，分析资本主义社会制度的历史进步性、野蛮性、贪婪性和扩张性；认识马克思主义诞生的重大历史意义；理解殖民地人民反抗资本主义侵略与扩张斗争的正义性和合理性；初步形成历史进步意识、历史正义感、热爱和平的观念和以人为本的价值观。	通过学习，了解世界现代史的重要历史人物、历史事件和历史现象，了解世界现代史发展的基本进程和总趋势；以实事求是的科学态度理解和分析历史与现实问题；增强国际意识，以开阔的视野、开放的心态看待世界，吸纳人类共同创造的文明成果；了解当代世界的多样性、多元性和复杂性，树立忧患意识，增强历史使命感和社会责任感，立志为促进人类进步事业奉献自己的力量。

通过对历史课程标准中有关世界史部分目标的分析，不难看出，世界历史教学的重要目标之一便是培养学生在具备国际视野的前提下以宽容的心态对待、学习世界各国不同文明，成为具有历史使命感和社会责任感的现代公民。

在世界历史的日常教学中，如何真正培养学生成为具有历史责任感和社会责任感的现代公民，是笔者考虑的主要问题，加之西南大学附中在育人目标上也提出要"培养现代国家公民，锻铸未来国家精英"的重要理念，因此笔者在教学中，正是以这样的课程目标和学校育人目标作为教学的根本依据和准则，力图在课堂中通过对课程目标进行分解，通过具体的教学设计，能够真正做到"立德树人"。

一、培育敬畏之心

现代社会很多问题的出现其实都是由于人们缺乏一颗敬畏之心而致，尤其是对历史、对自然、对社会。而对于学生历史责任感和社会责任感的培养也不应该是喊口号，使其成为无源之水，无本之木。现代公民的锻铸和培养必须要让学生懂得敬畏之心的重要性。

例如七年级上册第 1 课《中国境内早期人类》一课，新课讲授时对人类一步步的进化和人类社会的发展做了介绍和讲解，新课讲授完毕以后，我与学生分享了自己在备课过程中的一些感悟和认识：

自从有了人，也就有了人类的历史，它好比一条长河，奔流到海，永不停息。也正如一条长河一样，我们总是赞美它穿过崇山峻岭时的惊涛拍岸、感叹它与海相汇时的大气磅礴，但我们却往往忽视了它发源时的涓涓细流、它初成时的平淡无奇……

而当我们今天追溯人类历史的源头时，我们会发现人类其实每向前一步都显得那么艰难，却又那么不可思议，这也许就是人类的伟大之处。因此，我们需要学会——敬畏生命，尊重历史。

在很多班分享完这段话以后，学生们热情鼓掌，我知道他们已经与我心领神会，他们感受到了生命的来之不易，历史的那一份厚重，这样的生命值得我们敬畏，这样的历史值得我们尊重。这样的分享远比说教效果更好，更能激发学生敬畏之心和对历史、对社会的责任意识。

又如在讲到第 11 课《古代宗教》时，最后在对佛教、基督教、伊斯兰教等三大世界宗教进行总结时，除了对知识点进行总结以外，我还说到，宗教其实都运用到了人们对于未来和神灵的一种畏惧心理，我们国家实行宗教信仰自由，你可以选择信奉宗教，也可以选择不信奉宗教，但我认为宗教里面有一些元素是值得我们学习和借鉴的，比如就是对自然、对社会应该心存一份敬畏之心，因为正如著名作家王开岭所说：

害怕，有时候是美丽的。

怕久了，入了骨，便成爱。

上苍佑之，必使之有所忌、有所敬、有所自缚和不为，如此，其身心才是安全、舒适的，像一盘有序、有逻辑和对手的棋。

上苍弃之，则使之无所畏，狂妄僭越，手舞足蹈，那样，其灵魂即时时于混乱、激酣中，距癫痫和毁灭即不远了。

每个人只有在这样对自然和社会心存敬畏的情况下，每一步才能走得更加的踏实和稳固，同学们若有所思的点点头。

二、树立责任之魂

世界历史舞台中，有很多个性鲜明，对历史产生过重大影响的人物，这些历史人物往往也是学生最感兴趣的。教学过程中，对一些历史人物的介绍和评价往往也成为历史教学一个重要的环节，而这样一些历史人物也往往成为对学生产生重大影响的人物，其作用不言而喻。在世界史教学中，这样的人物太多，如果对人物环节的教学处理得当，那么学生所能得到的，不仅仅是一些历史知识，历史故事，更重要的是这些历史人物身上所散发出的人性光辉和人格魅力。比如华盛顿、拿破仑、林肯、罗斯福……

在《美国独立战争》一课中，我就重点对于华盛顿这一重要的历史人物做了介绍和讲解。对于华盛顿的讲解，主要采取了以其身份变化作为线索的方式，有所侧重地进行介绍，华盛顿一生经历了"布衣——将军——布衣——总统——布衣"角色变化，重点讲他在由布衣当上北美大陆军总司令以后，驰骋沙场，而当北美独立战争独立战争一结束，华盛顿便交出军权，因为在他看来，军权是人民赋予的，现在战争结束了，军队就没有存在下去的必要，军权就必须交出来，华盛顿没有拥兵自重，解甲归田。而同时那些跟华盛顿一样响应国家号召而参军的士兵们，此时也到了应该说再见的时候，然而很多士兵在战争中受了伤，落下了残疾，还有很多士兵，为了北美的独立事业奉献出了自己的青春，甚至是生命。华盛顿饱含着泪水对他们讲，国家现在没有钱，你们得不到从国家那里发下来的抚恤金，希望大家体谅，现在希望大家能够回到自己的故乡，为国家继续贡献自己的力量。

在讲解过程中，学生听得津津有味，所以再向学生出示教材上的材料：一位参加过独立战争的老兵的话：华盛顿是"战争中的第一人，和平中的第一人，他的同胞心中的第一人"。学生就能很好地理解这句话的含义了。也更能让学生感受华盛顿作为美国和世界杰出的资产阶级革命家的独特魅力，特别是他身上所展现出的为国效力却不为权力所动的精神，对学生是一个巨大的精神冲击，对于他们的人生观和价值观也会形成较大的冲击，正如有的同学在课后的"心得与疑问"中写到：我深深地被华盛顿伟大的人格魅力所折服，他一生所经历的各种身份的转换，显得那么从容与伟岸，而这一切，都取决于他对美国这个新生国家无尽的热爱与自身崇高的精神品质，这是一份如何了不起的社会和历史责任感？我内心充满着激动与感慨。

由此可以看出，华盛顿的精神魅力已经深入到学生的心中，尤其是华盛顿对国家、对社会所表现出的那样一份强烈的责任感，更是深深地烙在学生的心灵之中，这样的教学案例远比空洞的说教效果更好。我想，这正是世界历史教学中，重要历史人物所能起到的应有的作用，他们能以伟岸的灵魂激发学生心中那股潜在的巨大精神力量。这正如德国著名哲学家雅斯贝斯所说："教育就是一棵树摇动另一棵树，一朵云推动另一朵云，一个灵魂唤醒另一个灵魂。"巧妙地利用世界史重要历史人物进行教学，这样的作用的确得以显现。

三、获取理性之思

作为新时期的中学生，必须要通过对人类历史的纵深认识来深刻理解人类发展的轨迹、世界主要国家发展的轨迹以及这些国家的发展与中国的对比、联系，甚至是与个人的联系，在此基础上获得理性的认识，才能让学生获得思想上的启迪，而中学历史课堂特别是世界历史教学的课堂则提供了这样一个很好的平台。

例如在讲《文艺复兴与新航路的开辟》一课时，首先让学生理解什么是"人文主义"，我出示了以下几则材料：

材料一：上帝是世界万物的创造者和主宰者，人生下来就是有罪的，人类深重的苦难和罪孽只有依靠上帝才能拯救。人们只有虔诚的崇拜上帝，忍受现世苦难，死后灵魂才能升入天堂。

——基督教教义

材料二："人是能够随心所欲改造自己的。"

——文艺复兴时期作家亚尔伯蒂

"我创造了我自己。"

——文艺复兴时期作家彭塔诺

请学生思考：材料一和材料二中的"人"有何不一样？

学生经过分析,指出二者的不同主要体现在"人"的地位和生活态度上,材料一中的人从属于神，而且是一种消极地对待现世生活，以求来世解脱；材料二中的人从属于自己，而且对于现世生活是很积极乐观地面对。由此进一步引导学生指出人文主义的含义就是"以人为本，肯定人性，肯定现世生活，为创造现世幸福而奋斗的乐观进取精神。"紧接着，以文艺复兴时期的代表人物但丁的《神曲》和达·芬奇的《蒙娜丽莎》为例，对文艺复兴时期艺术家们的作品所表现出的对于人性美的刻画，对于封建神学的冲击进行了展示和讲解，进一步得出文艺复兴的作用在于促进人们思想的解放，这样的解放是人类历史上的大事儿。我讲到：人类在历史发展的长河中，完成了两次"站立"。第一次：猿进化为人，开始直立行走，身体站立；第二次：文艺复兴，发现人的自我价值，思想站立。这是人类历史上最为激动人心的两次转变！

经过这样的分析，学生明白了人类对自我价值的认识经历了漫长的过程，而这样的自我认识是十分有必要的，因为只有认识到自我的价值，人类才会更加自信地彰显自我的价值，所以在近代西方资产阶级革命过程中，我们才看到拿起武器向封建专制制度发出挑战的英国人、法国人他们深层次的力量源泉在哪里，他们在革命中所展现出来的不正是肯定现世生活，并且为这样的现世幸福而奋斗的人文主义吗？

因此，在讲到《法国大革命》时，在课后的追问和反思环节，我与学生一道反思了这样一个问题："1789 年，巴黎人民攻占了巴士底狱，然后制定了追求自由、平等的《人权宣言》,这一年,中国正处乾隆 54 年,在那个'皇恩浩荡'的'康乾盛世',中国普通民众在干什么呢？不过是盛世之下的'精神奴隶'而已，他们与至高无上的皇帝有在制度上讨价还价的可能吗？（学生：没有。）所以中国在近代的落后已成为必然！从这个角度看，中国近代的落后是什么方面的落后？（学生：人的思想和意识。）所以由此可以看出，人在思想上的解放、人在思想上的站立显得无比重要。因此，文艺复兴和启蒙运动功不可没！"

通过这样的教学设计，学生首先对于文艺复兴运动在人类发展史上的重要作用有了更加直观和理性地认知，从而更进一步地对人类历史上思想解放运动的作用有了全新的认识；其次，通过各国资产阶级革命中人民所展现出来的巨大力量，学生对于之前文艺复兴运动的历史意义中"孕育了近现代资产阶级文化，为资产阶级革命准备了思想文化条件"才会具有更加深刻的理解和认识，这体现出历史教学的纵深感；再次，通过老师对中西同时期的对比，学生对于同时期中国落后的原因也可以透过全新的视角来看待，同时结合中国历史所学可以进行更加理性的分析，进而引起学生更深层次的反思。这样具有纵向联系和横向联系的历史教学设计，才能够使得学生对历史问题进行更加全面和理性的分析，对于培养学生的理性历史思维能力具有巨大作用。

总之，世界史教学中有太多的资源能够让我们在对学生进行"立德树人"的教育上游刃有余地进行取舍，世界史教学中每一课教学目标中的"情感态度价值观"目标都是以"立德树人"作为终极目标，立什么样的德？树什么样的人？值得我们每一位中学历史教师更加深入地研究和探讨，只有这样，我们的历史课堂才能发挥好"育德阵地"的作用，真正让"立德树人"这一目标"随心潜入课，育人细无声。"

运用乡土历史文化培育家国情怀

重庆市万州第二高级中学　刘卫华

【摘　要】家国情怀是历史学科核心素养的主要内容，乡土历史文化蕴藏着丰富的家国情怀教育资源。在中学历史教学中充分运用乡土历史文化，可以有效地培育学生的家国情怀。历史教师可以通过历史课堂教学、组织学生历史社团、开展历史研学实践活动等途径充分挖掘乡土历史课程资源，通过追寻乡土记忆以培育学生的家国情怀，提升学生人文素养。

【关键词】乡土历史文化　培育　家国情怀

养育我们的乡土是我们的根，是我们的灵魂，是我们的精神家园。古诗歌曰："少小离家老大回，乡音无改鬓毛衰。""离别家乡岁月多，近来人事半消磨。惟有门前镜湖水，春风不改旧时波。"。乡情乡音乡恋乡愁乡魂，蕴涵着浓浓的家国情怀的文化细胞和中华民族的文化基因。追寻乡土记忆，就是要体验乡情的魅力，回味乡音的韵味，感受乡恋的情怀，唤醒乡愁的思念，追寻乡魂的影子。追寻乡土记忆，可以拓展学生对乡土历史文化认知的深度和广度，能够增强学生的民族自信、文化自觉和历史自认的力量，构建家国情怀教育的文化细胞，培育学生的家国情怀。

在历史教学中运用乡土历史文化，开发历史课程资源，让历史教学贴近学生的现实社会生活，能够有效改变课程结构单一的现状并为历史教学提供丰富的教学素材，能够提升学生的自我情感体验和乡土历史情结，在教师的引导下可以逐渐升华为家国情怀。乡土历史中的历史人物、历史故事、历史遗迹等可以让学生受到家国情怀的强烈熏陶。在此以重庆市万州区为例，来说明如何运用乡土历史文化培育学生的家国情怀。

一、挖掘乡土历史文化，开发历史课程资源

重庆市万州区位于长江上游地区、重庆东北部，处三峡库区腹心，因"万川毕汇"而得名，因"万商云集"而闻名。全区幅员面积 3457 平方公里，辖 52 个镇乡街道，总人口 175 万，城区人口 100 万人，2019 年城市建成区面积 103 平方公里，是全市管理单元最多、人口最多、城市体量最大的区县，为重庆第二大城市。

（一）悠久的历史文化名城

万州历史悠久，自东汉建安二十一年（公元 216 年）始设羊渠县至今已有 1800 年建城历史。唐贞观八年（公元 634 年）始称万州，明洪武六年（公元 1373 年）改名万县。1902 年对外开埠，1917 年设立海关。抗战时期和解放初期，因有长江黄金水道之利，客商云集，商贸活跃，列四川第三大城市，有"成渝万"之称。中华人民共和国成立后，置四川省万县地区行署，辖九县一市。1992 年设立地级万县市，辖八县三区。1997 年重庆直辖后，设立万州移民开发区和万州区。2005 年 4 月，撤销龙宝、天城、五桥移民开发区，由万州区直接管辖镇乡街道。

（二）厚重的万州历史文化

早在新石器时期，在万州的聚鱼沱、密溪沟、棺木溪一带就有先民辛勤劳作，繁衍生息，共同创造三峡地区的"大溪文化"。巴渝文化、三峡文化和外来文化交汇于此，李白、黄庭坚等历史名人在这里存留遗迹，朱德、陈毅在这里领导和推动了万县"九五"惨案后的抗英爱国运动，川东游击队在这里为民族解放事业进行了英勇的斗争，江姐、彭咏梧等革命先烈在这里留下了战斗的足迹。万州辖区内现有高等院校 7 所，文化馆 1 个，专业文艺团体 5 个，公共图书馆 1 个，博物馆 2 个，万县"九五"惨案纪念馆，何其芳纪念馆，库里申科烈士陵园等历史文化教育资源。

万州乡土历史资源荟萃，充分挖掘万州区的乡土历史文化，可以开发历史课程资源。归纳起来万州的乡土历史文化应该包括以下内容：历史悠久的巴渝文化、地域特色的三峡文化、革命斗争的红色文化、家园情怀的移民文化、艰苦卓绝的抗战文化、底蕴深厚的诗教文化、丰富多彩的民俗文化、五彩缤纷的餐饮文化等。

二、追寻乡土记忆，培育家国情怀

乡土历史蕴藏着丰富的家国情怀教育资源，历史教师可以通过历史课堂教学、组织学生历史社团、开展历史研学实践活动等途径充分挖掘乡土历史课程资源，通过追寻乡土记忆以培育学生的家国情怀，提升学生人文素养。正如苏霍姆林斯基所说："学生爱祖国的感情是从爱家乡、爱学校、爱集体农庄、爱工厂、爱祖国语言形成的"。万州二中历史组教师充分利用万州地区的乡土历史文化，开展历史学科研学实践活动，形成了丰富的历史课程资源。历史学科研学实践活动的主题为："追寻乡土记忆，培育家国情怀"。

（一）历史学科研学实践活动一：寻找诗人的足迹——李白在万州

万州自古以来就成为长江三峡文明大通道的重要节点，成为三峡经济社会文化中心和人文荟萃之地。李白、杜甫、白居易、郑谷、苏轼、黄庭坚、陆游、杨慎等一大批文人墨客在此吟诗留迹。带着浓浓的人文气息，万州从数千年悠久文化中走来，从历代诗人的吟咏中走来，在青山绿水间凝结为太白岩上奇绝雄伟的岩石，清泉叮咚的洞窟，宛如云梯的台阶，摇曳多姿的诗文题刻，还有那文脉悠长的白岩书院，都给我们提供了诗意遐想的空间和永远向上的高度。此指导学生收集诗人李白在万州的有关史实，登顶万州太白岩风景区，寻找诗人的足迹，追述历史时期的古万州，以培育学生的家国情怀。

在中国悠久的历史长河中，李白无论在文学史或是文化史上都是极具代表性的人物。作为冠绝古今诗坛的千古奇才、举世公认的文化名人，其影响力以及世人对其的喜爱和崇拜，即使千年之后也未曾衰减。25 岁时，唐代大诗人李白"仗剑去国，辞亲远游"，从家乡出发，借道重庆出川，提笔写了首著名的《峨眉山月歌》："峨眉山月半轮秋，影入平羌江水流。　夜发清溪向三峡，思君不见下渝州。"李白于开元十二年（公元 724)秋沿江出峡,于乾元二年(759)春长流夜郎溯江直至渝州,在渝州遇赦后迅疾沿江下峡,三次到万县,其地均称万州南浦县。万州的古迹太白岩十分有名。当年李白曾在这原名西岩的山里读书、饮酒下棋,住了很长时间,传说有天晚上,李白喝酒的时候,飞来一只五彩金凤,诗人喝完酒后仰天大笑跨上金凤飘然而去……据此西岩被后人称为太白岩。还有人还写下了"谪仙醉乘金凤去,大醉西岩一局棋"的诗句。诗人李白在万州留下了《春于南浦与诸公送陈郎将归衡岳并序》《赋得白鹭送宋少府入三峡》两首唐诗,在诗人的笔下,古万州的美丽风光、风土人情被定格在诗歌中,让人回味无穷。

(二)历史学科研学实践活动二:中华民族的屈辱——万县惨案

国民大革命北伐战争期间帝国主义干涉中国革命,期间在四川万县(今重庆市万州区)发生了著名的万县惨案。在此指导学生收集万县惨案的有关史实,教育学生牢记"九五"、勿忘国耻,圆梦中华。在此将国家课程与乡土历史知识有机结合,以培养学生的家国情怀。

万县惨案,又称"九五惨案"。1926年8月29日,英国太古公司"万流"号商轮在四川云阳江面故意疾驶,浪沉杨森部载运军饷的木船3艘。杨森当时刚就任吴佩孚委任的四川省省长职,对此事感到奇耻大辱,即找中共派到杨部工作的朱德、陈毅计议,朱德、陈毅力说杨森反对帝国主义的暴行。8月30日,英国太古公司"万通""万县"两轮由重庆驶抵万县,杨森派兵予以扣留。次日,万县各人民团体和学校联合发出快邮代电,揭露英帝国主义的暴行,要求全国声援。9月2日,中共万县组织以《万县日报》社名义发表通电。9月5日,英国帝国主义军舰炮轰四川万县县城,屠杀中国军民,居民死亡604人,伤398人,被毁民房千余间,财产损失约2000万元。

(三)历史学科研学实践活动三:伟大的国际主义战士——格里戈里·库里申科

抗日战争时期,发生在万县的一段英雄的故事:苏联援华空军飞行大队长库里申科,为了中国人民的反法西斯解放战争,最后牺牲在四川万县(今重庆市万州区)。在此指导学生收集伟大的国际主义战士库里申科的相关史实,以强化学生的家国情怀和国际主义教育。

格里戈里·库里申科,1939年10月14日出击日军某军事基地,指挥机群对敌机展开攻势,击落六架敌机,然而他的飞机遭到重创,单机冲出重围，到达万县上空时，机身失去平衡，强行降落在江心，无情的江水吞没了他年轻的生命。库里申科的遗体安葬在风景秀丽的万州区西山公园，2009 年他被评为 100 位为新中国成立做出突出贡献的英雄模范之一。2013 年国家主席习近平在莫斯科国际关系学院演讲中，盛赞了抗日战争时期在中国牺牲的苏联飞行大队长库里申科。一对普通的中国母子已为他守陵半个多世纪。

（四）历史学科研学实践活动四：碧血丹心——下川东革命英烈

抗日战争时期，中共曾于 1938 年 5 月在万县建立过县委，1939 年 1 月为适应抗日救亡运动需要，县委升格为万县中心县委，中心县委代管万县县委工作，万县县委便不复存在。解放战争时期，下川东地区中共地方组织经历发展壮大、遭受严重挫折、恢复发展的曲折历程。在此指导学生收集下川东革命英烈的相关史实，以教育学生缅怀革命先烈，努力学习，报效祖国。

处于下川东地区的万县，在中国共产党的领导下，涌现出了一大批革命英烈，进行了不屈不挠的斗争。大革命时期，朱德、陈毅、刘伯承、杨闇公等老一辈无产阶级革命家创立了中共万县地方组织，使万县成为下川东革命的策源地；肖楚女、恽代英等中共早期革命家在省四师（今重庆幼儿师范高等专科学校的前身）开展"反帝反军阀"的革命活动，使省四师成为下川东革命摇篮，培养了彭咏梧、蓝蒂裕等一大批下川东地区的革命骨干。土地革命时期，下川东特委建立，万县成为下川东及川北 17 县武装斗争的指挥部。抗日战争时期，欧阳克明、李聚奎、刘孟伉等共产党人，恢复重建中共万县中心县委，领导下川东党组织，推动下川东地区抗日民族统一战线的形成，开展抗日救亡活动，万县成为下川东抗日救亡运动的中心，为支援全国抗战、夺取抗战胜利做出了巨大贡献；解放战争时期，下川东区工委、下川东地工委发动群众开展反内战、反饥饿、反迫害和"吃大户"斗争，组建川东民主联军下川东纵队和川鄂边游击队，转战下川东和川鄂边区，有力地配合了人民解放军正面战场的作战。一大批革命先烈前仆后继、英勇斗争，使万县这座具有悠久历史的文化名城，成为一座富有光荣革命传统的英雄城市。

（五）历史学科研学实践活动五：国家级"非物质文化遗产"——川东竹琴

　　川东竹琴是渝东北地区老百姓喜闻乐见的一种民间艺术，它的道具是由一根长约 2.5 至 2.8 尺的竹筒和一对竹板组成，筒为竹琴，板为简板。竹琴做工十分讲究，尺寸用料均有严格的要求。竹筒上或刻有花草作为装饰，筒的一端蒙上猪的小肠膜和猪的护心油皮，手指敲着肠皮能发出"磅磅磅"的声响，称为琴筒声。另外还有一对长约二尺五，由简版和竹筒组成的竹琴，宽约五分余的竹板，称为简板，是用来撑握节奏的，子母板上下挤压发出"尺"的声响。因其最原始的音响为"尺"（简板挤压声）"磅"（琴筒击打声），故民间俗称"尺磅磅"。 在此教师指导学生收集川东竹琴的相关史实，聘请重庆市三峡曲艺团的专家指导学生开展竹琴现场表演活动，了解地方民俗文化以培养学生的家国情怀。

　　清朝光绪年间，竹琴艺术在川东一带开花结果，演唱遍及全地区，以万县为中心，辐射县市湖北的利川、巴东、秭归以及原四川的云阳、奉节、巫山、开县、梁平、城口、忠县、石柱等。演唱者从道人变为在俗人为主，他们在剑板上挂有碰玲，由街道进入烟茶馆。演唱内容多为戏文，有《东周列国志》及《三国演义》上的故事，如《百里认妻》《借东风》《华容道》等节目。

　　民国初年，始有专门的竹琴艺人坐堂卖艺。1927 年，在梁山（今梁平）召开了有 1000 余人参加的四川竹琴大会，参加的人员来自四川省辖区各区县。抗战期间就涌现了许多反帝抗日的竹琴节目。如《民族英雄施国男》《九美图》等，风靡一时，起到了教育、宣传、鼓动民众的作用。解放后，在党和政府的关怀下，曲艺事业取得了长足健康的发展。60 年代末期，曲艺团广大演职、创编人员对竹琴实行了大胆的艺术创新与改革，改传统坐唱为站唱和走唱，加入乐队伴奏，在唱腔上也进行了调整，使演员能在舞台上尽情地利用形体动作进行表演，更加形象具体，生动传神。竹琴所表现的内容也随之更加丰富，涌现了一大批优秀的作品，如《雷锋参军》《情深似海》《双枪老太婆》《华子良传奇》《十唱三峡好风光》等。长篇评书《华子良传奇》1988 年在四川人民广播电台播出后，在社会各界引起了强烈反响，好评如潮，受到了广大听众和权威专家的首肯，获得了多项大奖，其中 5 个唱段被《中国民族音乐集成》收录。1995 年中央电视台《东方时空》栏目组专门赴万州拍摄了专题节目《奇绝大观——竹琴》，播出后，竹琴作为一种民间艺术，走向全国。2007 年，四川竹琴被重庆市列入重庆市级非物质文化遗产名录，2008 年 6 月被国务院列为国家级非物质文化遗产名录项目。2018 年 10 月三峡曲艺团团长、四川竹琴传承人何菊芳荣获第十届中国曲艺牡丹奖表演奖。

（六）历史学科研学实践活动六：乡愁的记忆——万州古红橘

长江碧树百里，三峡橘香满溢。万州红橘传承古老良种，吸纳山川灵气，滋养一方百姓。红橘是万州最具特色、最古老的柑橘品种，是优良的柑橘砧木种质资源，也是世界唯一仅存的数万亩千年古红橘种群和优质基因库，这种古老水果已成为长江水土留给人们的一份珍贵礼物。在此教师指导学生收集万州古红橘的相关史实，现场考察万州古红橘公园，以培养学生的家国情怀。

繁盛的古红橘林。每到初冬时节，长江两岸一片墨绿，点缀着繁星股的橘红，橘香四溢，成为万州一道独特的风景线。万州是全国种植红橘历史最久远、面积和产量最大的地区之一。其红橘种植面积达 15 万亩，占全国红橘种植总面积的 1/3，年产量 13 万吨，占全国总产量 1/2。万州红橘产区属暖湿亚热带季风气候带，气候温和，四季分明，雨量充沛，无霜期长，具有春早、夏长、秋绵、冬暖的立体气候特点。万州山高坡陡，土地资源垂直分布明显，土壤多为沙溪组紫色页岩发育而成的灰棕紫泥土，深厚肥沃。得天独厚的自然条件和古老悠久的种植历史使万州红橘品质极佳，形味俱全，在国内外水果市场享有极高的知名度和美誉度。

万州古红橘，形如灯笼，色如明焰，清香诱人，酸甜可口，又兼有生津止渴、清胃利肠、止咳止痢、疏肝解郁等多种药用价值。在古红橘的发源地之一万州太龙镇，至今流传着一则民谣："大禹治水苦，巨仞斧凿痕。神女赐红橘，奖赏三峡人。福星碧树挂，惠泽千万年。"当地民间传说，红橘是天上的星星所变的，是神女赐给三峡人民的仙果。因此，历代的文人墨客，都爱用"福星"形容红橘。褪去神话色彩，三峡地区种植红橘的历史可以追溯到 4000 年前，《巴县志》载："又西为铜罐驿……地饶橘柚，家家种之，如种稻也。"《史记·货殖列传》记载："蜀汉江陵千树橘……此其人皆与千户侯等。""蜀汉江陵"即指如今的万州三峡一带。到西汉时期,万州红橘"已产甚丰",成为皇家的贡品,红橘贸易鼎盛,朝廷在万州专设"橘官"一职,收管橘税。民国《万县乡土志》记载:"汉时橘正丰,故朐忍(辖万县)设橘官,后代无闻,清末渐兴。1926年境内约有30万株,以沱口为最多,或以糖蜜之作,橘饼色味较资内尤佳。"

(七)历史学科研学实践活动七:三峡大移民——家国情怀

三峡浩大的移民工程,世界水利史上亘古未有。三峡蓄水至175米水位时,整个三峡移民达131万人,这相当于一个欧洲中等国家的人口,是此前世界最大的水利工程伊泰普电站移民的28倍。 三峡工程成败关键在移民,破解这道世界级难题的金钥匙就是三峡库区人民的家国情怀。万州移民26.3万人,是移民人数最多的区县。教师组织学生参观三峡移民纪念馆并收集三峡大移民的相关史实,感悟"舍小家、顾大家、为国家"的三峡移民精神。

三峡水库淹没涉及湖北、重庆两省市20个区市县的277个乡镇、1680个村、6301个组,有2座城市、11座县城、116个集镇需要全部或部分重建。全淹或基本全淹的县城有8座:湖北省秭归县归州镇,兴山县高阳镇,巴东县信陵镇;重庆市巫山县巫峡镇,奉节县永安镇,万州区沙河镇,开县汉丰镇,丰都县名山镇。大部分淹没的县城1座:重庆市云阳县云阳镇。部分淹没的市区和县城4座:重庆市万州区、涪陵区、忠县忠州镇、长寿区城关镇。

重庆市万州区地处三峡库区腹心地带,是三峡库区最大的移民区县。三峡工程竣工后,全区将动迁各类移民25万人,占三峡重庆库区移民总数的1/4、三峡移民总量的1/5。

三峡工程主要淹没实物指标,根据长委1991 - 1992年淹没实物指标调查,淹没线以下人口84.75万人,其中城镇人口55.93万人,农村人口28.82万人。淹没耕园地38.95万亩,其中耕地25.26万亩。淹没房屋3473.15万平方米,淹没工矿企业1549个。

培育家国情怀是历史课程标准的要求,是中学历史教学的目的之一。乡土历史因其独特的亲近力、地域性和具体性,吸引着中学生的学习兴趣。基于这一特性,教师通过开展历史研学实践活动来渗透乡土历史文化,最终可以引导学生形成学生爱家、爱故乡、爱祖国的家国情怀。家国情怀聚焦于立德树人的教育本意，旨在培养学生的高尚情怀和人文素养。学生是未来国家发展、社会进步的重要人才资源，家国情怀能够引导学生对家庭产生责任心，建立民族自信心，对国家形成自豪感，进而努力学习为民族复兴而奋斗。

参考文献：

[1] 徐蓝、朱汉国主编：《普通高中历史课程标准（2017 年版）解读》，北京，高等教育出版社，2018 年 6 月第 1 版。

[2] 郑林等著：《基于学生核心素养的历史学科能力研究》，北京，北京师范大学出版社，2017 年 11 月第 1 版。

[3] 重庆市万州区地方志编纂委员会编纂：《重庆市万州区志》，重庆，西南师范大学出版社，2013 年 12 月第 1 版。

[4]《中国共产党万州地方组织志》编写组：《中国共产党万州地方组织志》，2019 年 5 月。

[5] 王永湘主编：《历代诗词咏万州》，武汉，长江出版社，2013 年 3 月第 1 版。

浅谈中学历史教学观念的转变

重庆市万州第二高级中学　赵伟

【摘　要】当前，我国基础教育的新课改正在如火如荼地进行，基础教育也正在经历着由"应试教育"向"素质教育"的转变。因此，对中学历史教育教学也提出了新的历史任务。在新课改的条件下，中学历史教师在教育教学过程中必须不断转变教育观念，只有在实践中不断反思、学习和总结，创新自己的教学理念和教学思路以及创新自己的教学手段等，才能适应时代发展的需要，才不会被时代淘汰。

【关键词】新课改　中学历史　教学　教育观念　转变

当前，我国的基础教育正在经历着由"应试教育"向"素质教育"转变，而且新课改也在如火如荼地进行。相对于传统教学，新课改对于历史学科的要求也越来越高，而且历史教师在教育教学中需要更多的转变。笔者认为目前中学历史教师尤其如此，最为重要的也就是教学观念的转变。教学观念是教学过程的灵魂，它不仅在宏观上制约着教育方针的贯彻和学科任务的全面完成，而且在微观上也影响着教师教案的构思、教法的设计和教案程序的实施。新课改要求教师和学生在课堂教学过程中观念、行为角色都要随之发生变化。因此，要做好中学历史学科的教学工作，必然要求中学历史教师在教育教学过程中改变落后观念，进行大胆创新。

笔者认为在新课改条件下历史教学观念的创新主要包含教师角色转变、教育理念的创新等方面。

一、角色转变

新课程改革要求，教师要由原来单一的知识传授者，转变为学生学习的组织者、引导者和合作者，因而在主体性教育教学过程中，学生就成了教学中的"主角"，教师则成为教学中的"导演"，教师的角色由"台前"转向了"台后"。而教师要当好这个"导演"远比在课堂上给学生直接灌输知识、学生直接储存知识的教学要困难得多、费力得多，因此教师只有不怕困难、善于探索、刻苦钻研、勇于创新，才能当好这个"导演"，才能充分调动学生学习的积极性，使学生在课堂内外发挥主体作用、大胆发言、主动质疑，从而在愉快、活跃的课堂气氛内主动参与学习知识。

然而，在新课改的过程中发现对于部分历史教师来说，由于习惯了以往那种"满堂灌"的老的教学模式，在新课程改革中，他们不能恰当地领悟新课程改革的教学理念，从而不能很好地贯彻新课程改革所倡导的教育教学理念。一堂好的历史课，学生学习起来应该是高兴的，积极主动的，学生理应是课堂的主角而不是被主角。对此，笔者认为教师在教学过程中应时刻牢记一个中心，即以学生为中心，时刻了解和掌握学生的学习情况，重视学生的经验和需要，重视学生的学习过程，要全程对学生进行适当的引导和监视，并注重培养学生的创新精神和实践能力，要认识到每一个学生都是有潜力的，并根据不同的学生因材施教。因此，新的教学模式就给中学历史教学提出了新的挑战，只有教师在教学实践中不断转变角色，才能够实现这一目标。为了实现这一目标，在当下的中学历史教学中，作为教师——教学活动的组织者，应当体现出学生的主体地位，牢记"一切为了学生的发展，为了一切学生发展"这一教育教学理念。

在新课改条件下，教师应当不断学习新的教育理念，在教学过程中不断转变和更新自己的角色，定位好自己的角色，做到充分信任学生的学习能力，营造一个轻松的课堂气氛。作为教师，特别是中学历史教师，不仅要关注学生的当前，更要关注学生的未来，因而只有真诚地面对学生，才能得到他们的信任与爱戴，才能够扮演好自己的角色，才能获得成功的教学。

二、教育理念的创新

提到理念，何为理念？《新现代汉语词典》将"理念"注解为"观念；同时《语言大典》将"理念"作"宇宙的心理本质或精神本质，它与物质世界之间的关系，就像人的灵魂与肉体之间的关系一样"。关于教育理念，王翼生在其著作《现代大学的教育理念》中解释为"教育理念则是人们追求的教育理想，它是建立在教育规律的基础之上的……科学的教育理念是一种'远见卓识'，它能正确地反映教育的本质和时代的特征，科学地指明前进方向"，当然，"教育理念并不就是教育现实，实现教育理念是一个长期奋斗的过程……"

首先，教师在教学过程中首先应当树立起全面发展的教育理念。

现代教育的宗旨就是促进学生的自由全面发展，因此现在教育教学中更加关注和在乎的是学生发展的完整性、全面性。其主要表现在两个方面，宏观上，它是面向全体公民的国民性教育，注重民族整体的全面发展，以大力提高和发展全民族的思想道德素质和科学文化素质，提高民族的知识创新和技术创新能力，从而增强包括民族凝聚力在内的综合国力为根本目标。因此，历史作为人文社科类学科和基础学科，教师在教学过程中不仅仅关注的是学生的学习成绩，而更为重要的是培养学生如何做人，做什么样的人，如何做一个对国家、对民族有用的人；培养学生的能力，如独立思考的能力，自己动手的能力，独立自主的能力等，在此基础上培养创新型人才、适用型人才。在微观上，全面发展的理念表现为教师要以促进每一个学生在德、智、体、美、劳等方面的全面发展与完善，造就全面发展的人才为己任，这就要求历史教师在教育观念上要实现由过去的精英教育向大众教育、由专业性教育向通识性教育的转变，而在教育方法上则要采取德、智、体、美、劳等多种方法并举、整体育人的教育方略。

其次，应当树立开放性的教育理念。

众所周知，当今时代是信息化时代，信息获取方法多种多样。科学技术的发展日新月异，信息越来越网络化和公开化，并且受经济全球化的影响，世界日益成为一个联系非常紧密的有机整体。这种条件下，传统的封闭式教育格局和模式被打破，取而代之的是一种全方位开放式的新型教育理念。所谓开放教育，是针对过去老式的、封闭的、僵化的、教条的、缺乏活力的教育模式和方法而提出的，它以开放式的教育活动和课堂教学为途径，以达到教育效果最优作为最终归宿，它提倡以生为本，发展学生多元智能，和多种能力，面向学生终身，其根本目的在于促进每一个学生更好的发展，使学生主体性生成、创新潜能得到充分发挥，形成实践能力。传统的教学观认为，教材的内容就是教学内容，且教学即是为了应试，因此教学过程中强调和看重的是教师的教学要"源于教材""忠于教材"，不能"脱离教材"、更不能"超出教材"，因而，经常出现教师在教学过程中不断"炒剩饭"的现象。要适应新形势，历史教学也应与时俱进，教学不能仅仅局限于教材，应当有开放的教学内容，教育教学内容突破教材的局限，从而向教材以外的方面拓宽是十分必要的。中学历史教师要在教学中"跟上形势"就必须全方位、多渠道增加知识涵养，使历史教学能够在教师这一"导演"的导演下，实现教与学的"双边共时性""灵活结构性""动态生成性"和"综合渗透性"等内容，从而使学生能够从教师的教育教学中充分汲取营养。

再次，教育教学手段不断创新。

新课改条件下，历史学科在教学过程中使用良好的教学手段能够起到辅助教师教学的作用，使学生能够很快、很容易掌握很直观的知识。特别是新世纪以来，随着信息技术越来越发达和普及，现代教学手段已发生了巨大的转变，当下中学历史教学如何才能把科技和实践相结合，这也是历史教育工作者必须思考和亟待解决的问题。

在历史教学过程中应当抛弃传统的粉笔加黑板的教学模式，要充分利用新科技革命的成果，比如在教学中充分利用课件、多媒体、网络等教学手段，能使学生直观了解到历史事件的全貌，同时在教学过程中充分调动学生的积极性，让学生自己动手，主动去查找和解释历史问题，从而让学生成为课堂的主宰者，去感悟历史，走进历史事件去体味历史，只有这样学生的理解和掌握才是最牢固的。也唯有如此，我们的历史课堂才不会是抽象而空洞的，才能充分激发学生的学习积极性。

综上所述，在新课改和素质教育的大背景下，作为新时期的中学历史教师，只有在实践中不断反思、学习和总结；创新自己的教学理念和教学思路，创新自己的教学手段，与时俱进，才能不被时代所淘汰。

参考文献：

[1] 王同亿主编．新现代汉语词典 [M]．海南出版社，1992.984。

[2] 王同亿主编．语言大典（上册）[M]．三环出版社，1990.2123。

[3] 王冀生．现代大学的教育理念 [J].辽宁高等教育研究,1999（1）.18。

高中历史新课程标准在教学中的落实路径

——以"历史解释"的落实路径为例

【摘　要】2017 年《课程标准》已经开始正式施行，但是在一线教学中新课标落地仍然存在很大挑战。重庆在 2018 年开始实施新高考政策，2020 年才正式使用新教材。即目前高 2018 届和高 2019 届使用的是旧教材，新课标。高中历史教学的现状是要么忽视课标要求，要么无法落实新课标。

【关键词】高中新课标　历史解释　学科素养

近年来，高考历史试题已经越来越注重对学生能力与素养的考查。深入理解新课标，探索高中历史课程标准在教学中的落实路径，是一线教师们不得不思考和解决的问题。在落实新课标的教学过程中，我认为对高中阶段的学生来说，能够对历史作出合理的解释，是一个比较重要的学习方法和学科素养。本文拟将对历史解释这一素养的落实路径做一些浅析。

一、2017 年版《课程标准》基本特征

在实际的教学案例中，我认为历史解释这一素养是高中生学习历史的基础能力。学生能够用自己的语言将一些重大的历史现象、历史事件描述出来，这考验了学生多方面的能力。这其实与大学期末考试中常常出现的

名词解释这一题型相类似。分析历年来的高考题目，我们可以发现很多题目转换语句，就是回到了最初的问题是什么。对于高中生来说，就是一种历史解释的能力，从历史表象中发现问题，解释历史事物之间的因果关系，客观论述历史事件、历史人物和历史现象，有理有据地表达自己的看法，形成叙述历史的能力以及以客观、辩证的眼光看待和评判历史事件、历史人物和历史现象，这是构建历史认知的基本途径之一。在执教过程中，教师要创设情境，解释原因，提供史料，基于此让学生进行情感迁移，获得感同身受的理解。而要对历史进行合理的解释，就必须要以问题为本，以史料为基础，以及在这两者基础上的历史表达。而如何落地，便可以体现在日常的教学设计和高考题目分析当中了。

二、《课程标准》落实路径

历史解释素养是 2017 年版《课程标准》中重要的一部分，它应该如何落地？从教学角度来讲，必须要求教师树立课标观念、重视教学目标设计、多维度评价教学效果。

（一）树立课标意识

从宏观上讲，教师在教学中要有课标意识。在教学一线，新课标并没有完全发挥出应有的作用。在教学实践活动中，大量存在不关注课标或者直接使用旧课标的情况。有的老师不关注课标，习惯性按照已有经验教学。此外，大部分老师仍然在使用之前的课标。主要有以下几个因素，大部分中学仍旧在使用旧教材，新课标无法一一落实，落实新课标还需要补充相关内容，这无疑加大了教师的工作量；新的课标意味着新的教学目标，教学设计，教学评价，而新课标使用仍在探索之中，尚未形成相对成熟的、完善的课件、教辅资料等；另一方面，一线教师尤其是县级教师对课标仍旧很陌生。在这些综合因素之下，多数老师干脆抛开课标，或者顶多把新课标在课件中展示。因此，教师在教学中缺乏真正的课标意识。

那么，如何树立教师的课标意识呢？这需要老师转变观念——课标是教学的旗帜，教学目标的设置以课标为准绳。教师教什么是根据课标、根据教学目标来建构选择相应的内容，而不是教材有什么教什么；其次，以知识传授为主转变为以培养核心素养为主。新课标之下，重点不在于学生记住了多少知识点，而是学生能够通过所掌握的技能去解决陌生的问题。

其次，要对一线教师进行专门的课标培训。一线教师是新课程改革的具体实践者，也是新的课程标准的落实者。因此，一线教师本身应该了解并理解新的课程标准。从数量来看，新课标只发生了四个方面的变化，而具体到内容，并不是那么简单。比如，关于五大历史核心素养：历史学科核心素养是什么？如何理解唯物史观、时空观念、史料实证、历史解释、家国情怀？怎样将历史学科核心素养融入到教学之中，试题之中？

笔者认为，新课标的培训不能仅靠一次视频观看来解决，也不是只一次讲座可以明了。笔者认为，新课标的培训可以采取多种形式进行。一、相关部门在省（市）组织专家讲座与教学观摩，各个学校安排各个学科各个年级代表去学习。在学习的人中，最好老少兼顾。在一般的县城，任何学习活动都是年老的有资历的老师去参加，年轻人没有多少机会出去学习。而新课标的学习，年轻人更具有优势，尤其刚毕业不久的老师。年轻的老师，教学模式与教学思维都还没有固化，接受新的东西更为容易。对于年老的教师而言，就算我按老方法来，从分数来看，差别也不大，所以何必折腾；二、支持县级中学分批次到新高考、新课标落实相对比较成熟的学校进行学习观摩；三、加强团队合作。新课标细化以及与教材的结合确实存在一定的难度，对教学内容的构建也需要大量时间与精力，因此要发挥本校教研组的团队作用。在教学中，以教研组为单位，以集体备课的形式共同研究细化课标，将课标具体到每一课教学目标；四、以活动形式检验和促进老师的进一步学习，如定期举行高考题研究竞赛。每月研究一张高考试卷或一道试题，教师首先在试卷规范作答，然后写试题研究心得，如命题意图、考查角度、命题预测、教学建议等。此项活动容易操作，具有实效性。

（二）重视教学目标设计

在新课标指导之下，教学目标设计要依据课程目标，从发展学生核心素养的角度出发，设计教学目标。我们设计教学目标，一方面参考课程标准的要求，另一方面亦可关注课程标准要求在试题中的体现。笔者以2019年高考全国卷Ⅲ选择题第25题"儒家思想发展"为例，进行简要分析。

（2019年全国卷Ⅲ）25．在今新疆和甘肃地区保存的佛教早期造像很多衣衫单薄，甚至裸身，面部表情生动；时代较晚的洛阳龙门石窟中，造像

大都表情庄严，服饰亦趋整齐。引起这一变化的主要因素是（　　）

A．经济发展水平　　　B．绘画技术进步

C．政治权力干预　　　D．儒家思想影响

答案：D

解析：本题考查的是学业质量水平2，重点还是在考查历史解释。佛像造型在早期和较晚时期不一样，发生了变化。早期衣衫单薄，甚至裸身，面部表情生动，后期表情庄严，服饰亦趋整齐。那么为什么会有这样的变化？佛教是从外面传入中国，所以早期带有传入地思想文化的特点，教晚时期表情庄严，服饰亦趋整齐，应该是受到了儒家思想的影响。学生能够对此作出解释，可以达到历史解释学业水平2；同时本题也考查了时空观念，本题也涉及了时间与空间，考查学生时空观念，学生能够理解空间和环境对认识历史具有重要作用；经济发展水平是根本原因，经济决定文化，而问的是主要原因。根本原因可能是主要原因，但主要原因不一定就是根本原因，A项错误。在这里，学生能够理解这一点，那么也就是初步理解了经济基础与上层建筑的辩证关系，达到唯物史观水平2；材料讲的是佛像，是属于雕塑，看不出绘画技术进步与否，B错误；材料没有涉及政治权力，无法得出造型变化是政治干预的结果，C错误。

在本题中既有对学生核心素养能力的综合考查，同时也有价值引领。本题"通过佛教传播过程中造像服饰、表情的区域差异，反映中外文化的交流与融合，引导考生增强对历史上各国、各民族文化传统的理解和尊重，树立正确的文化观"。因此，我们在教学设计中也应该有这样的理念。我们在具体的教学中，应当"注重对某一方面学科核心素养的培养，也要注重学科核心素养的综合培养"。此外，考查能力的基础，重视对学生价值的引导。

纵观整个教学目标，基本是以达到学生能够讲述，能够解释为目标，以培养学生历史核心素养为出发点和落脚点，当然，我们也不能只关注素养问题。在教学目标设计时，还应当注意以下问题："一是以问题解决的水平程度作为教学目标的核心内容，避免将核心素养的五个方面机械地分离。"在上面的教学设计中，整体上以学业水平2为标准，同时也有水平3，如结合社会现实，探究宗法制的深远影响；"二是所制定的教学目标要结合教学内容和学生的实际水平，使教学目标具有可操作性。"本课教学设计，参考笔者所带班级的学情设计，且笔者使用旧教材，故并未完全按照新课标来设计，否则需要补充大量的材料，可操作性不强；"三是教学目标要有可检测性，能够衡量出学生通过学习所表现出来的进步程度"。本课的教学设计，都可以通过课堂评价、测验评价检测学生的学习效果。当然教学目标设计只是指明方向，具体落实需要在教学过程中实现。在设计教学过程中主要注意创设历史情境，以问题引领，开展基于史料研习的教学活动。

学生在理解和应用知识基础上，有明确的价值取向。通过了解甲骨文、青铜器、二里头遗址等，感受中华文明源远流长，培养学生对中华文明的认同感。

理解为先，方得解释。理解历史的过程就是构建历史的过程。在高中历史教学中，教师通过呈现有限的史料，学生阅读史料，师生共同提取史料的信息，理解并思考历史事件、历史人物和历史现象，最终得以形成历史认识和历史解释，构成历史叙述。这种创造性的历史叙述，使得历史理解与历史解释得以表达。在新课标的实施过程中，让学生做名词解释应该是最容易落实的标准了。希望通过分析高考题目，通过在教学中的能力锻炼，能够让学生习得这一素养，并像真正的历史学家一样思考，成为有批判意识和批判能力的学生。

参考文献：

[1] 陈志刚、杜芳，新版高中历史课程标准带来的挑战，历史教学，历史教学社，2018 年第 13 期。

[2] 朱汉国，普通高中历史课程标准的修订及主要变化，历史教学，历史教学社，2018 年第 03 期。

[3] 苗颖、刘晓兵，从高考考查时间观念素养的教学分解，历史教学，历史教学社，2018 年第 11 期。

浅谈历史教学体现民族精神和时代精神的几个路径

重庆市字水中学　　刘昌平

【摘　要】历史是人文学科。中学历史教学承担着对学生进行德育教育的重任。本文探讨了中学历史教学中如何体现以爱国主义为核心的民族精神和以改革创新为核心的时代精神的几个路径。

【关键词】爱国主义；改革创新；教学路径

《初中历史课程标准》（2011年版）指出：义务教育阶段的历史课程，是在唯物史观的指导下，弘扬以爱国主义为核心的民族精神和以改革创新为核心的时代精神，传承人类文明的优秀传统，使学生了解和认识人类社会的发展历程，更好地认识当代中国和当今世界。著名教育学家赫尔巴特曾经说过："教学最高、最后的目的包含在这一概念之中——德行。"也就是说，一切教育的最终目的是为了让学生成才，而德是学生成才的根本。历史学科是人文学科的核心之一，蕴含着丰富的德育资源，在对学生进行德育教育、体现时代精神方面有着无可替代的地位和得天独厚的优势。本文拟就历史教学如何体现民族精神和时代精神的路径作如下肤浅的探讨，以求教于方家：

一、民族精神和时代精神的主要涵义

1. 弘扬以爱国主义为核心的民族精神

爱国主义是中华民族精神的核心，是实现中华民族伟大复兴的思想武器，是社会主义核心价值体系的重要组成部分。历史课堂是爱国主义教育的主阵地，著名史学家、哲学家任继愈先生说："历史课应该是爱国主义教育的一个切入点。"历史教学应该承担爱国主义教育的重任。而中学历史教学进行爱国主义教育应该着力于以下几个方面：

（1）进行优秀文化传统教育。中学生正处于人生观、价值观形成的关键时期，更需要了解和认识中华民族的历史，从而产生强烈的爱国之心。中国是一个有着悠久历史的国度，是世界上最早进入文明的国家之一。中华文明博大精深、璀璨夺目，从文学艺术到科学技术，从政治家到军事家、文学家、艺术家、思想家、教育家等，所有的经典著作、文物史迹，都是中华民族优秀的文化遗产，是中华民族宝贵的精神财富，也是对中学生进行爱国主义教育最宝贵的资源。通过对祖国优秀文化传统的教育，让学生认识到中华民族的勤劳与智慧，认识到中华民族对世界文明做出的伟大贡献，进而激发其爱国之情。

（2）进行优秀历史人物的教育。在中华民族的历史发展长河中，有无数仁人志士，为了国家独立富强与民族繁荣昌盛而奋斗，甚至流血牺牲。例抗倭英雄戚继光、禁烟英雄林则徐、抗日名将吉鸿昌、杨靖宇。科学家钱学森、华罗庚放弃重金聘用也要回国等数不胜数的优秀人物，老师要以各种方式，让学生以他们为榜样，学习他们的爱国之举，从而立自己的爱国之志。

（3）进行革命传统教育。尤其是要注重近代史的教育。在中华民族最危难的时刻，从太平天国运动到义和团运动、从洋务运动到辛亥革命，无数仁人志士不断奋斗。自从有了中国共产党，中国革命的面貌才焕然一新。中国共产党人领导并依靠广大人民群众，不断探索、不断抗争，结束了外来侵略和压迫，实现了民族解放和独立，使中国走上社会主义的光明大道。这些都将激励青年学生扬起爱国主义的风帆，为实现中华民族的伟大复兴、为实现全中国人民的伟大梦想，而努力拼搏。

2. 弘扬以改革创新为核心的时代精神

弘扬以改革创新为核心的时代精神是中学历史新课标的要求，也是社会主义核心价值体系的又一个重要组成部分。江泽民曾说"创新是一个民族进步的灵魂，是国家兴旺发达的不竭动力。一个没有创新能力的民族难以屹立于世界民族之林"。实现中华民族伟大复兴的中国梦，没有改革创新的时代精神是不可能的。中学历史教材中关于改革创新的内容很多，包括制度上的改革创新、科技上改革创新、思想上的改革创新等。每一次改革都是社会的巨变，每一次成功的创新都推动了历史前进的步伐。这些史实告诉学生，改革创新有利于社会的发展，改革创新推动人类的进步，不进行改革创新的民族是没有希望和出路的。

二、历史教学体现民族精神和时代精神的路径探讨

1. 加强教师人文修养。作为新时期的历史教师，应该加强学习。要努力学习专业知识，扩宽专业知识面。作为历史教师，应该让中国及世界各民族漫长历史中积淀的爱国主义和改革创新的精髓潜移默化为学生的思想和道德情操。历史教师更应以身作则，以行育人，才能以德树人。优秀的历史教师要追求学识的博大精深。只有教师自身充满人文气息，品德高尚，才能培养出具有良好人文素养，高品质的学生，才能真正在历史教学中体现民族精神和时代精神。

2. 挖掘课堂教学立意。教学立意，就是指课堂教学的中心，是课堂教学的灵魂。历史作为一门人文学科，就是要大力培养学生的和时代精神。要体现爱国主义和改革创新的时代精神就必须在课堂上明确教学的立意。教学立意直接影响着历史学科人文教育的有效性。有位教师在讲川教版七年级下册"唐诗与宋词"这一课时，先仔细研读了课程标准对这部分内容的要求，即"以唐诗、宋词为例，了解中国古代的文学成就"；"理解并热爱中华民族的优秀文化传统，形成对祖国历史与文化的认同感。"，就把本课的教学立意确定为：通过本课教学既要使学生了解唐宋时期的文学成就，更要使其感受中华民族的优秀文化传统，激发民族自豪感，从而加深对祖国历史文化的认同感。在教学实践上，为了切实实现本课的教学立意，让学生在情感上得到升华，在结尾部分设计了一段动心动情、情理交融的话：

通过今天的学习，我们感受到了潇洒豪放的李白，看到了忧国忧民的杜甫和一心报国的辛弃疾。在唐诗宋词中有"大江东去"的豪放，怒发冲冠的报国志，也有"窗前明月"的故乡情，这些构成了中国人最基本的情感认同。所以王蒙才说"唐诗宋词充实了中国人的心"，走近唐诗宋词，不由让人赞叹中华文化的博大精深和中华民族的伟大。我们的民族曾经创造出灿烂的文明，也一定能创造出更加辉煌的未来！让我们每一个人，怀着一颗中国心，为了中国梦，加油！

话音落地，一阵静默之后，同学们以热烈的掌声回报。情不自禁的掌声可以说表达了他们此时的内心情感体验，相信以唐诗宋词为代表的中国优秀传统文化已潜移默化的融入他们的"中国心"。

3. 挖掘教材中的历史素材。中学历史教科书本身就是一部鲜活的爱国主义教材。在中学历史教学中要让学生明白，中国是一个有着悠久历史的国度，我国的文明史已有五千多年，是世界上最早进入文明的国家之一。中华文明博大精深。在中华民族的历史发展长河中，有无数仁人志士，为了国家独立富强与民族繁荣昌盛而奋斗，甚至流血牺牲。要对学生进行革命传统教育，扬起学生爱国之帆。中外历史上有着制度上的改革创新，从商鞅变法到孝文帝改革、从大化改新到明治维新、从苏俄新经济政策到美国罗斯福新政、再到1978年中国的改革开放。尤其是1978年开始的中国的改革开放，给中国带来了翻天覆地的变化，解放了社会生产力，促进了中国社会全面发展，再次增强了中国人民的民族自尊心和自信心。我们必须坚决拥护党的十八届三中全会做出的全面深化改革的决策，紧跟时代的步伐，为实现中华民族伟大复兴这一时代赋予我们崇高使命而开拓进取。

4. 在历史教学中力求方法的创新。课程改革提倡把课堂还给学生，把方法教给学生。按照新课标要求，历史教师要充分发挥学生的主体作用，让学生由"要我学"转变为"我要学""我能学"，用各种有效方式，激发学生创造能力和创新思维。我们在教学中要培养学生自主学习和合作学习，使学生在课堂上真正动起来。鼓励学生大胆置疑，培养学生创新精神。这样才能适应时代对人才的需要，真正培养创新人才，适应时代对教学的要求。

参考文献：

[1] 赵国忠 . 《课堂教学新变化》. 南京大学出版社，2012.4。

[2] 义务教育历史课程标准 . 中华人民共和国教育部制定，2011 版。

[3] 聂幼犁，於以传 . 中学历史课堂教学育人价值的理解与评价 . 历史教学，2011（13）。

[4] 中华人民共和国教育部制定 . 全日制义务教育历史课程标准（实验稿）. 北京：北京师范大学出版社，2011 年版。

[5] 叶小兵等 . 历史教育学 [M] . 北京：高等教育出版社，2004 年版。

例举历史教学"立意"的几个依据

重庆市字水中学　刘昌平

【摘　要】教学立意，就是提炼和确立教学内容的主题，就是把握教学的统帅、灵魂，它是决定一堂课品质的高低、价值大小的重要依据。历史学科是"立德树人"方面具有独特优势，这更需要历史教学用立意来统领课堂。本文就新课程改革背景下历史教学立意的几个依据做一些肤浅的探讨。

【关键词】历史教学；立意依据

历史教育是国民教育的基础。学生进入中学阶段是一个人人生道路上第一次接受有关民族和国家历史的正规教育，具有原教性质。因此，历史教学要有效，历史教学的"立意"就必须加以足够的重视。历史学科是"立德树人"方面具有独特优势，这更需要历史教学用立意来统领课堂。对于新课改理念下的历史教学，有专家认为："评价一节历史课，首先看的就是教育立意。"教学立意是课堂教学的灵魂，它能体现教师对课程标准、教科书及新课程理念的理解与把握，决定着课堂教学的效能。本文就历史教学立意的依据试作以下一些探讨：

一、以德育为先为依据——历史教学立意的支撑点

新课程改革特别指出，在实施全面实施素质的过程中，必须坚持德育为先，突出德育的时代特征。这体现在各学科把落实科学发展观、社会主义核心价值体系与学科内容进行有机渗透，进一步突出了中华民族优秀文化传统教育，在历史增加了传统戏剧等反映我国传统文化的内容。进一步增强了民族团结教育的针对性和时代性。在原有民族团结教育内容中更加突出了"民族交往、交流、交融"和"共同发展"的内涵，强化了法制教育的内容。

历史学科在德育方面具有得天独厚的优势，历史教学的德育因素也是历史教学立意的重要支撑点，有了这些德育因素，才能让历史立意高远，也才能真正让历史学科发挥它的育人功能。笔者认为，历史教学就是要通过历史课程的学习，使学生总结历史经验教训，继承优秀的文化遗产，弘扬民族精神；学会用马克思主义科学的历史观分析问题、解决问题；学习从历史的角度去关注中华民族以及全人类的历史命运。同时，通过历史课程的学习，培养学生健全的人格，促进个性的健康发展。为此，历史教学的立意就必须合乎德育为先的总体要求，将教学立意落实在德育要求上来，这样才能使历史教学起到实际的德育效果。

二、以课程标准为依据——历史教学立意的基本点

课程标准是教学的依据，也是教科书编写的依据，是对学生理应形成的学科知识、技能和态度及其相应的教学内容、学业水平的规定。它是国家制定的对学生的共同的、统一的基本要求，体现了国家意志，必须严格执行。理所当然，历史教学立意必须以课程标准为依据，将研读和领会课程标准作为历史教学立意的基本点。

从新制定的历史课程标准看，它提出了历史教学要使学生"具有爱国主义、集体主义精神，热爱社会主义，继承和发扬中华民族的优秀传统和革命传统；具有社会主义民主法制意识，遵守国家法律和社会公德；逐步形成正确的世界观、人生观、价值观；具有社会责任感，努力为人民服务；具有初步的创新精神、实践能力、科学和人文素养以及环境意识；具有适应

终身学习的基础知识、基本技能和方法；具有健壮的体魄和良好的心理素质，养成健康的审美情趣和生活方式，成为有理想、有道德、有文化、有纪律的一代新人。"

很明显，上述课程目标从生命整体发展的角度出发，较好地体现了社会、个人、自然三者的有机结合，彰显了历史学科的教育功能，确定了历史教育的本质含义，也体现了历史教学立意的基本要求。对此，首都师范大学赵亚夫教授的阐释是：为什么要学习历史？为了学会做人！为什么要在学校进行历史教育？为了学会做人！前者可谓"自养"，亦可言及群体的互动。后者无疑在引导群体的共知，求得群体的共识，"自然"做人的标准及价值趋向不是"自以为是"的，而是"公利""公德"至上的。所以近代以来历史教育之功能，做功于有智识之公民，育人民之"公心"。

下面一个案例就突出地体现了历史教学立意以课程标准为基本点这一依据。

案例一：重庆市第 94 中学罗杰老师对川教版《中国历史》七年级下册第 18 课《唐诗与宋词》一课（本课获重庆市"卓越课堂"建设历史优质录象课大赛一等奖、中国教育学会历史教学专业委员会组织的 2013 年全国历史优质课评比一等奖）的教学立意是：

《全日制义务教育历史课程标准（实验稿）》与《义务教育历史课程标准（2011 年版）》都提到要通过中国古代史的学习"激发民族自豪感，树立民族自信心和自尊心，加深对祖国历史文化的认同感。"因此，本课教学既要使学生了解唐宋时期的文学成就，更要使其感受中华民族的优秀文化传统，激发民族自豪感，从而加深对祖国历史文化的认同感。

三、以历史教材为依据——历史教学立意的出发点

教材是教师教学和学生学习的主要教学资源。历史教学的功能主要是需要通过以教材为载体来实现，历史教学的立意更应当以历史教材为依据。教师在历史教学立意时要认真研究历史教材，领会教材编者的意图，对教

材的结构和内容要充分思考，在研究了历史教材之后，充分发挥历史教科书的作用，准确把握教科书的基本要求，精简和补充教材，明确重点、确定难点。历史教师还需要深入思考和理解教材知识与课标的关系，这对教学立意的确立十分重要，也就是在明确课标要求的前提下钻研教材、领会教材主题思想，弄清本课教材的内容构成及相互关系，把握教学重点，找准本课教学主题。

案例二：川教版初中七年级的第一课"中国境内的早期人类"这一课，旧课标的要求是"以元谋人、北京人等早期人类为例，了解中国境内原始人类的文化遗存"。新课标的精神是，除了掌握具体的知识点外，还要"知道化石是研究人类起源的主要证据，考古发现是了解史前社会历史的重要依据"，体现了历史教学的价值与功用，强调了历史学习与学生生活和生命感悟的关系，所以，老师们在进行立意设计时，要突出了解历史、认识历史的方法与途径，比如知道化石是研究人类起源的主要证据，考古发现是了解史前社会历史的重要依据等。

四、以教学目标为依据——历史教学立意的着力点

教学目标指为了实现这堂课的宏观立意，学生通过本课学习应当达到的具体的、可操作、可观察的思想和行为变化，应当预设，也应当随堂生成。课程目标在课程标准中具有重要作用，一方面，它决定了本课程的价值取向和目标定位，同时，它作为课程的出发点和归宿，也直接影响教学内容、教学方式方法等重要问题。课改以来，从学生的发展需要出发，提出的"知识与能力""过程与方法""情感态度与价值观"的目标，实现课程目标也是历史教学立意的依据之一，更是立意思考的着力点。

案例三：西安的著名特级教师李树全老师说，在岳麓版必修I第13课《鸦片战争》教学中，我们要认真思考：对鸦片战争这段历史，高中生究竟渴望获得什么？怎样的历史教学对高中学生

的思想、发展更有意义？即通过知识学习，深化学生对这段历史的认识，深度思考这段历史，获得新的思想认识和价值观。应该说，这是一个高位的教学要求和目标，而高位的教学要求当然需要以高标准定位教学主题。只有高标准的教学主题，才会有高层次的教学价值。基于这样的思考，可以将《鸦片战争》一课教学立意确定为"国家封闭、观念落后是中国在鸦片战争中失败的重要原因"，从思想角度挖掘本课教学的价值，认识国家开放、思想解放对一个民族的重要性。

五、以学生实际为依据——历史教学立意的落脚点

历史教育最终目的是用价值引领来服务学生的人生——满足学习者健康成长、进步和发展的内在需要。因此，作为历史教师来说，应该要常追问自己的一句话，那就是"这节课我到底要干什么"？我这节课的灵魂和主线是什么，它的教学价值到底是什么？在备课的过程中，要先寻找一课的价值中心，在价值中心的引导下再整合教学内容。要适合学生的实际情况，这里包括两层意思：一是基于学生的原有水准，二是基于学生的兴趣需要。历史课程目标体现国家的意志，是针对全体学生提出来的最低要求，只要是合格的中学生就都应该达到这个标准。每个教师面对的学生都不同，教师要在综合分析学习者特征和教学内容之后来确定教学目标。因此，即使是同一内容，不同教师制定的目标也不会一样。教学活动要在特定的时间和地点，由特定的主体（中学生）完成。历史教学目标的大小、深浅、多寡，要根据学生的实际情况来定。

案例四：初中生学情分析——北师大版《秦帝国的兴亡》一课的教学立意

初中生好动，思维活跃，对新生事物感兴趣，对一些社会热点问题也会给予一定的关注，但七年级学生知识的积累还较少，刚接触较系统正规的历史学习，同时，对国家兴亡的概念还比较模糊，对秦始皇的评价也有一定难度。因此本课的教学立意是：

初一学生在学习方法方面有待提高，在教学中，应当留意学生兴趣点的诱导与激发。

下面笔者以上海外国语大学附属外国语学校林镇国老师对华东师大版初中历史教材（苏智良主编）八年级第一学期第15课《新航路的开辟》一课的教学立意为蓝本，为各位读者提供一个可资借鉴的案例，共大家参考：

案例五：上海外国语大学附属外国语学校林镇国老师对华东师大版初中历史教材（苏智良主编）八年级第一学期第15课《新航路的开辟》一课的教学设计（说明：该教材编写的依据是《上海市中学历史课程标准（试行稿）》，《上海市中学历史课程标准（试行稿）》把"新航路开辟"纳入"欧洲区域文明的变革与拓展"这个单元，在"内容与要求"部分，指出：新航路开辟之后，西欧国家加快对外殖民扩张，打破了世界各文明区域和国家相对封闭的状态；资本主义在欧洲蓬勃兴起，商品货币关系迅速发展。学习这段历史，有助于认识地理大发现对欧洲区域文明和其他文明区域的影响。）

《新航路的开辟》

一、本课的立意与目标：

1. 本课立意

《新航路开辟》一课的立意是什么？仅仅是"地理大发现"吗？过去我们一味强调殖民主义的残酷掠夺；现在不少同行又偏好航海探险的大无畏气概。我以为一堂课的立意不仅取决于本课的历史内容，更取决于这段内容在历史长河中的位置、作用和影响。史学界一般将新航路的开辟作为世界近代史的重要前奏之一。因此,这堂课的立意应当是人类文明从"区域史"走向"世界史"的起点，是资本主义从西欧向全球殖民扩张的开端。

2. 教学目标

大致知道:迪亚士、达伽马、哥伦布、麦哲伦开辟新航路的概况和特征，以及与新航路开辟的时代背景，历史影响相关的典型史实。

初步理解：新航路开辟最重要的动因是西欧商品经济的发展；它不仅仅在地理上将世界"联成一体"，更是西方强势文明向全球殖民扩张的探险。它发现了改变欧洲之路，打开了重整世界之帆。

略有感悟：当黄金、白银成为各国通用货币和财富的标志之后，商品、利润之"恶的杠杆"大大撬动了西欧人铤而走险的财富追求，全球化的孕育是以"悲剧"实现的"喜剧"。

为了达到以上立意和目标：

本课重点：新航路开辟的背景与原因。无论从史实联系还是从认知逻辑上看，只有理解了背景与原因，才可能正确认识为何其时开始了新航路开辟？为何有极端的艰苦卓绝、残酷的血肉罪恶和空前的财富效应等过程与特征，并为以后资本主义工业文明史的学习做好铺垫；

本课难点：八年级学生非常有限的历史知识、社会经验和兴趣指向，使他们在理解黄金、货币、利润、财富等经济概念及其与社会变化、世界格局之间的关系，以及历史人物的行为上有很大的障碍。应尽可能选择生动、直观、典型的史实才有可能有效达到预设目标。

分析：写文章讲求立意，教学也是如此，每节课都应该要有立意。立意就是提炼和确立教学内容的主题。教学立意是一堂课的灵魂，教学目标的确定、教学素材的选择、教学方法策略的运用，都必须根据立意的需要。立意的高下直接关乎课堂品质的优劣，好课必须要有好的立意。林老师在进行教学设计之前，根据本课内容在历史长河中的位置、作用和影响，进行了立意，并在此立意的基础上，确定了教学目标、重难点。他的立意站得高，视野宽广，体现了历史知识的内在联系。作为初中教学来说，深"入"还需浅"出"，所以教师在遵循历史逻辑的基础上，对课程内容进行了合理的处理，以西欧人"为什么开辟新航路？""怎样开辟新航路？""新航路新在哪里？"三个问题，取代了"背景和原因""过程和特点""作用和影响"的学术结构。这样的设计，更符合学生的认知水平和心理特点。

二、教学过程：（略）

历史教学需要有核心价值引领。有位学者说："教育的全部价值尊严，恰恰在于用价值'服务人生'——满足学习者健康成长、进步和发展的内在需要。人是根本，人是目的，其他一切全都是手段。"还有人说，如果知识背后没有方法，知识就只能是一种沉重的负担；如果方法背后没有思想，方法只不过是一种笨拙的工具；如果思想没有明确的目标，思想就是一只没有航向的小船。所以确定教学立意,对于我们准确地把握课堂教学的灵魂，从而提高历史教学的质量，达到历史教育的功能，具有重要的意义。但是，现实的是，我们很多教师关注了课程标准、教学目标、教学内容、教学方法、教学手段和教学评价，但是恰恰缺少了对主宰教学灵魂的立意的足够重视，这也是笔者迫切想提出来解决的问题，更希望能够对历史教学把握好历史教学立意具有积极的现实意义。

参考文献：

[1] 秦娟：把握"六度"科学立意——高中历史课教学立意撷谈 [J]. 中国校外教育 2014 年第 22 期。

[2]《义务教育历史课程标准(2011 年版)》[M]. 人民教育出版社 2011 年版。

[3] 教育部基础教育司组织编写. 全日制义务教育历史课程标准(实验稿)解读 [M]. 北京：北京师范大学出版社。

[4] 赵亚夫：从历史课程标准追寻历史教育的本真 [J]. 中学历史教学参考 2004 年 1-2 期。

[5] 袁从秀主编：《中学历史教学设计与案例研究》[M]. 科学出版社 2013 年版。

[6] 林镇国：初中八年级《新航路的开辟》教学设计与说明 [J]. 历史教学，2011（13）. 16 ～ 18 页。

[7] 袁从秀主编：《中学历史教学设计与案例研究》[M]. 科学出版社 2013 年版。

[8] 任鹏杰：服务人生：历史教育的终极取向——从根本上追问什么是有效的历史教学 [J]. 中学历史教学参考，2007（3）封二。

历史智慧教学立意在初中历史教学中的实践探析

重庆市字水中学　刘昌平　徐敏

【摘　要】以历史智慧为教学立意，统领教学设计和实施，是发挥学科育人功能，实现立德树人教育目的的基本路径。通过这样的教学实践，能在落实知识技能的同时，使历史的智慧内化为学生自己的意识和素养，并以此指导自己的人生。本文以《法国大革命》的教学设计与实施为例，对初中历史教学实践历史智慧教学立意这一主题进行探讨。

【关键词】智慧、历史智慧教学立意、初中历史教学、实践探析

一、对几个重要概念的理解

（一）智慧

"智慧"，《辞海》的解释是："对事物认识、辨析、判断处理和发明创造的能力。"西北师范大学课程与教学论专家王鉴教授进一步综合英文《韦氏大学词典》（Webster's Collegiate Dictionary）和世界著名教育学专家马克斯·范梅南对"智慧"的描述，认为智慧"是人在活动过程中，在与人的交往过程中所表示出来的应对社会、自然和人生的一种综合能力系统……

是个体在一定的社会文化心理的基础上形成的安身立命、直面人生、应对生活的一种最高境界的品质和状态。"而"历史是前人的实践和智慧之书"，是人类精神文明的重要成果，可提供今人理解过去和作为未来行事的参考依据。其本身就是充满智慧的。

（二）历史智慧教学立意

教学立意，指"预设的通过这堂课的学习……学生在课堂上获得的不仅能统摄、贯通该课，而且能与其之前和以后的学习相通的核心概念"。它包括教师的教学意图和教学内容结构的构思、设想等，作为一节课的主题思想，其"重要性不言而喻，它是对教学目标的整合与凝练。"

历史智慧教学立意，主要包括两个方面，一是教师通过认真研究课标要求和教学内容，以正确的史观，进入历史的时空，了解历史、理解历史，在此基础上深入思考其中人与人、人与社会、人与自然的关系，并联系时代和学生特点，得出有益于指导、启迪学生人生发展的智慧性认识，以此作为课堂教学的灵魂。教师紧扣教学立意和教学内容，搜集选取具有权威性、说服力的历史材料，设计恰当的教学方式和教学活动，适当铺陈、导学、助学，用史实说话，让历史发言；二是教师以"历史的智慧是无穷无尽的"为理念，在教学过程中以一颗智慧的心灵去激活更多的智慧心灵，师生之间、生生之间平等探讨、共同思考，鼓励学生慎思明辨、推陈出新，生成智慧、分享智慧，在潜移默化中内化为学生自己的意识和素养，并以此指导自己的人生。

（三）历史学科核心素养与初中历史教学目标的关系

教学立意统领教学目标，历史学科的教学目标在高中和初中阶段有不同的表述，但其核心是一致的：服务于人，立德树人。

教育部新颁布的《普通高中历史课程标准》（2017年版）指出，历史学科核心素养包括唯物史观、时空观念、史料实证、历史解释、家国情怀五个方面。通过对它们的综合培育，帮助学生建构正确的历史认识，认识落实立德树人的任务。

义务教育历史课程标准（2011版）明确提出："学生通过历史课程的学习，初步学会从历史的角度观察和思考社会与人生，从历史中汲取智慧，提高综合素质，使学生得到全面发展。"这与高中学科核心素养的培育目标完全一致，也在立德树人。

二、历史智慧教学立意在初中历史课堂的实践

基于以上理解，我们认为，在初中历史教学中实践历史智慧教学立意是非常必要的。在符合初中学生认知水平、学习能力的基础上，以唯物史观为指导，让学生走进特定的历史时空，通过对相关史料的正确辨析，并据此对历史事物进行理性分析和客观评判，深入思考人与人、人与社会、人与自然之间的关系，提升人文素养，培养家国情怀，生成历史智慧，促进人生发展。

下面以义务教育川教版世界历史九年级（上）第二单元欧美资产阶级革命第17课《法国大革命》的教学设计、实践为例，谈一谈如何在初中历史教学中实践历史智慧教学立意。

（一）把握历史之魂，巧设教学环节，以智慧立意贯穿全课

法国大革命作为世界近代史中资产阶级早期革命的重要组成部分，体现了资产阶级早期革命时代的历史共性和独特个性，学习它有助学生理解资本主义发展的历史进步性和局限性，初步形成历史进步意识、历史正义感和以人为本的价值观。本课具体的课标要求为：通过法国大革命，初步理解法国革命的历史意义。课前我们围绕"法国大革命"这一教学内容进行大量阅读，在认真分析课标、教材，充分掌握专业论著对法国大革命的论述的基础上，逐渐明晰贯穿法国革命始终的时代精神与价值观念：对自由、平等的向往与追求。正是在对它的追求实践中，法国革命不断发展进步，取得重大成果并深刻影响当时乃至后世的世界。"自由""平等"更是成为一种共同的价值追求。这也正是本课内容的灵魂所在。基于此，我们将本课的教学立意确定为"追求自由、平等的不懈努力"。遵循从感知历史到感悟历史的顺序，设计如下教学环节：

1. 与旧制度决裂——攻占巴士底狱

（1）旧制度下的法国（革命爆发的背景）

（2）攻占巴士底狱（革命开始的标志）

2. 建新社会秩序——通过《人权宣言》、共和国的诞生

（1）通过《人权宣言》绘制蓝图

（2）共和国诞生实践新设想

3．品大革命遗产——我理解的法兰西精神

全课由一个主旨统领,逻辑清晰、浑然一体。是本课教学设计、材料选取、开展教学活动的指导。

(二) 精选教学之术,完善教学过程,在学习中生成历史智慧

教学之"术",一般指为实现教学意图而采用的策略、技巧、方法等。结合学科核心素养的培育要求和初中学段的实际,采用材料教学的方式是有效的。借助丰富详实的历史材料,创设情境、辨析理解、设问导学、质疑反思……既培养学生学习的兴趣,保存、激活学生学习的欲望,挖掘学习的潜能;也教会学生去辨别历史知识、懂得如何学习、思考历史。既积累知识、锻造技能,又生成感悟、树立正确价值取向,才能实践以历史智慧打动人的育人意图。这样的课堂,才真实有效。

1．以历史材料重构情境,生动具体再现历史,发展学生历史思维

在本课教学中,我们深入挖掘教材丰富材料,有选择地补充引入自制视频、绘画作品、史料、历史地图、《大国崛起》视频片段等教学材料,全方位创设历史情境,还原历史现场,帮助学生身临其境、感受法国大革命的波澜壮阔。同时以新的视角看待法国大革命的进程及重大历史事件、重要历史人物,引发思考、加深对历史的理解,在法国当时独特的社会环境中去认识体会革命的价值与精神追求。这不单是激发学生兴趣,更是对学生历史思维的培育,是形成历史智慧必备的学习品质。

例:在导入部分,播放自制的融汇法国历史与现实元素的自制视频,在吸引学生注意,引起学生对法国关注的同时,定格在法国政府标识上,以它引发学生思考:为什么法国政府标识是法国国旗与法兰西共和国象征的组合?法国国旗与法兰西共和国象征是怎样产生的?"自由、平等、博爱"为什么被写入法国政府标识?它们与法国大革命的关系是什么?它们如何引领法国走向近代社会?等等。带着这样的疑问,学生会自然产生探究欲望,特别是对其蕴涵的时代精神追求的思索。类似的情境创设在本课贯穿始终,不但使学生保有持续的求知欲,更使学生在良好的思维环境中自觉探究法国的追求是什么,为什么要追求"自由""平等",又是怎样艰难探索的。可以说,良好的情境创设带来的是有质量、有思维品质的学习过程,这样的创设才是真实而有效的。

2. 用史料搭建"学习支架"，在对话中理解历史，促成有意义的学习

教师搭建有意义的"学习支架"，可以引领学生"把新知识嵌入旧认知结构，弥补旧认知结构中存在的缺口或不足，使旧认知结构完善并发展新的认知结构"。这符合学习发展的规律，能真正有利于学生发展，因此得到学界的一致肯定。当学生的独立学习及与同伴合作学习都不能建构新的认知结构，就需要教师向其提供有意义的"学习支架"帮助学生学习。历史学习因其学习对象具有的过去性、不可再现等特点，借助史料搭建"学习支架"是切实有效的方式。

以本课为例，教材对法国大革命的叙述简明扼要，虽线索清晰进程流畅，重要历史事件、人物都着力突出。但对大革命爆发的背景、性质、意义等的表述大都是陈述或结论性语言，并不利于学生理解并上升到追求"自由平等"、深刻影响法国乃至欧洲历史进程的认知。所以适当补充史料，帮助学生全面审视法国当时的社会状况，弄清法国为什么要做出这样的历史选择？过程中经历了哪些艰难？如何步步深入、解决问题？产生怎样的影响？在客观历史现象中体会历史演进的必然，既是掌握知识、提升能力、学会方法的需要，更是生成历史智慧，形成价值认同的必需。因此对背景和意义的学习，我们采用补充适当史料、问题导学的方式进行学习。

在"旧制度下的法国"（即背景）一目，补充《18世纪初生产挂毯的手工工场》画作、刘宗绪《世界近代史》关于经济发展的叙述、从路易十四到路易十六三代国王的专制"名言"、依据文字史料绘制的《法国封建等级制度的示意图》、吴于廑·齐世荣《世界史·近代史编》中专制政府经济压榨的表现、十八世纪的木版画《但愿这场游戏很快结束》等图文材料（主要是史料）并结合教材内容，设置问题引导学生解读、分析，进行师生、生生对话，全面了解大革命爆发前的法国社会，理解专制制度的束缚成为法国资本主义发展的严重障碍，专制压迫引发社会广泛不满，人们渴望推翻封建专制的呼声日益高涨。从唯物史观的角度认识理解大革命的爆发是历史的必然，人们以"自由平等"反对"专制特权"也是历史的选择与进步。

在对大革命意义学习的环节中，我们针对性选用了恩格斯、列宁对法国大革命的评述，《世界文明史》中对革命以来法国资本主义经济明显发展的史料，引导学生仔细阅读逐一分析，从对法国、世界的不同层面找现象、

明道理，加以概括，自然得出教材陈述的结论，也进一步感知正是在不断追求"自由平等"的过程中，法国大革命取得重大成就，影响着法国、欧洲乃至世界的历史进程。同时使"自由平等"等观念广为传播，成为共同的时代精神与价值追求。

从以上步骤看，通过引入史料的学习，学生很好地建构了完整的认知结构，并始终跟随本课的灵魂、主旨，实现了价值观念的内化。

3. 以多种方法展开学习，在活动中认识历史，学会方法深化认识

实现教学目标、形成智慧认识，需以灵活多样的学习方法处理学习材料、展开学习活动。我以材料教学、问题导学为主，采用比较、图示、列表格、绘时间轴、进行归纳概括等多种方法实现本课教学。

以本课重点内容《人权宣言》为例，教材只概述其内容、意义等要点。如何更好地体现《人权宣言》传递的"自由、平等、法制"等进步思想、为新社会绘下的美好蓝图和实践路径，我们结合本课学习方法指导的要求，设计表格，以"旧社会下的法国""新秩序下的法国"为题，要求学生用比较的学习方法梳理《人权宣言》主张，得出"破旧立新"的历史认识，再追问深入，体现其反封建专制、主张创建"自由、平等、法制"的新社会秩序的进步性。再如对法国大革命进程这一重点内容，以绘制时间轴、解读历史地图等的方法进行前后呼应的学习，在掌握知识形成时空观念同时，对其波澜壮阔、不断深入的特点加深理解。

4. 引细节生动历史课堂，微观角度描述历史，形成完整价值认知

"历史细节作为历史构成的零部件，其重要性不言而喻；历史教学中没有历史细节就没有生动的历史课堂。"在教学中，引入历史人物的言论、剪辑的纪录片《大国崛起》片段、数据、场景描绘等细节材料，从微观视角看法国大革命，使课堂生动丰满，充满"历史味"。此外，我们还在能引发深层次思考、理解历史多元性、实现价值引领的内容中以细节材料实现教学意图。

关于雅各宾派专政，教材侧重以它展现革命进程不断发展上升、达到高潮，体现大革命彻底性的特点上着力。但这只一面，不是历史全貌。为帮助学生全面多元认识雅各宾派专政和法国大革命，我选用了历史情境画《断头台下的罗伯斯比尔》和房龙《人类的故事》中对罗伯斯比尔被处死时

人们持续鼓掌的细节，以反问、追问引发学生思考，是谁推翻了挽救大革命危局的雅各宾派、处死罗伯斯比尔？为什么？再展示《大国崛起》解说词中对恐怖政策下处死的"嫌疑犯"的数据和文字描述、吴于廑、齐世荣主编的《世界史·近代史编》记载的被处死者的身份统计等历史细节，引导学生思考得出：在特殊环境下，雅各宾派"以革命的恐怖对付反革命的恐怖"，虽"力挽狂澜"拯救法国大革命，但其缺乏理性、违背"自由、法制"，不"人性"的偏激行为恰恰是对大革命追求的"自由平等博爱"精神的公开违背，也与资产阶级致力于创建稳定社会新秩序的目标背道而驰。因此雅各宾派被颠覆也就是历史的必然。这一认知过程的建构是充满批判和反思的，它体现了历史学习有效性的特征，在帮助学生多元认识历史的同时，更对本课的价值追求有了更深入的理解。

有了以上环节的实施，学生对本课体现的历史智慧的感知已经比较深入了，在"品大革命遗产——我理解的法兰西精神"环节的学习活动中能畅所欲言，既有对"自由""平等""博爱"的充分肯定，也能从"理性""法制""秩序"等角度客观认知。本课的价值观念已真正成为了学生自己的智慧，本课的育人目标得以实现。

回顾本课的教学设计与实施，我们充分体会到智慧立意对初中历史教学的重要性。以智慧立意塑造教学灵魂，在具体设计中选取、整合各种教学材料，通过创设情境、再建历史现场，带领学生走进具体的历史时空，在辨析材料的过程中，理清法国大革命的历史进程，深刻体会法国人民反对封建专制的坚决、追求自由平等的执着、探索新社会秩序的艰难。不但使知识的落地和能力的提升顺利实现，也能使历史智慧的生成自然顺畅。这样的教学，才能实现立德树人的目标。

参考文献：

[1] 聂幼犁、於以传：《中学历史课堂教学育人价值的理解与评价——立意、目标、逻辑、方法和策略》.《历史教学》，2011 年第 7 期。

[2] 王德民、赵玉洁：《教学立意的概念辨正及其操作性解读》.《历史教学》（上半月刊），2016 年第 2 期。

[3] 教育部义务教育历史课程标准（2011 年版）. 北京师范大学出版社，2011 年。

[4] 袁香：《认知结构与支架式教学》. 载《辽宁教育行政学院学报》，2004（3）。

[5] 夏辉辉：《追求历史教学价值 探寻课堂教学本质——关于"一节好的历史课"的思考》. 载《历史教学》中学版，2013 年 11 期。

[6] 雨果：《九三年·译序》. 2 页，罗国林译，北京：北京燕山出版社，2001 年。

画外的声音：中外名画与高中历史教学

重庆市字水中学　姚晓燕　华中师范大学　潘泓佛

【摘　要】高中历史教学课时有限，内容繁多，如何调动学生学习历史的积极性，让他们走近历史，拓展他们的视野、感知历史的魅力，是值得我们一线教师思考的一个话题。美术史同时也是政治史、社会史、风俗史，很多内容与高中历史课程有密切的联系，因此笔者认为：结合高中历史教学的实际需要，有选择地引入中外名画作为教学素材，丰富历史教学的内容，让学生在历史和美学的共同熏陶下，更好地实现教书和育人的目的。

【关键词】中外名画　高中历史教学

一、把中外名画融入高中历史教学的实践基础和理论依据

（一）实践基础

1. 高中历史教材涉及大量的美术作品

如果说历史是作古的前人先事，是一个个年代和名字，那么美术作品便是时光长河里迸发而出的一团团耀眼的火花，很多画家倾其一生才学，只为留下一个时刻的定格。高中历史教材本身就涉及大量的中外名画，它们有鲜明的历史性，所反应的历史知识涵盖了古今中外，广泛分布在政治、经济、

文化史等方面，这些美术作品，是高中历史教学过程中不可忽略的一部分，在教室多媒体设备日益普及的今天，尤其有充分的利用价值。

2．美术作品一定程度上能还原和再现历史

在中外历史数千年的发展过程中，不同时代的许多画家创造了不胜枚举的传世名画，这些画作在极大地丰富世界艺术宝库的同时，很多也记载了一些重要历史人物或重大历史事件，比较真实地还原了历史。

油画《开国大典》描绘了毛泽东主席在天安门城楼上宣布新中国成立的场景，通过明亮的色调和宏大的构图，反映了新中国诞生时中国人民意气风发的豪情，展现了泱泱大国的气度和鲜明的民族特色。在讲授必修一"新中国初期的政治建设"一课时，结合油画《开国大典》，更能直观地反映历史事件，加深学生对于新中国成立的背景、意义的理解，增强学生对祖国的认同感和强烈的民族自信心。

在学习"近代西方民主政治的确立与发展"这一专题时，可以结合大卫创作的油画《拿破仑加冕礼》。该画创作时适逢拿破仑建立法兰西帝国，实现了法国由民主共和制向军事独裁制的转变，美术注定要受到政治的强烈影响，大卫认为拿破仑是法国大革命的继承者和法国混乱的终结者，因此，作为资产阶级革命党人的大卫也不免通过艺术作品为法国大革命摇旗呐喊，大卫的绘画理念与拿破仑急于突出皇权的高大形象，以新古典主义的崇高典雅来装饰自己的诉求吻合，《拿破仑加冕礼》就应运而生。

上述两幅作品均以具有时代意义的重大历史事件为创作蓝本，定格了历史上的经典瞬间，蕴含着丰富的历史性。

3．美术和历史有着相互促进的关系

由于历史的复杂性和理论的抽象性，对于历史事件及其时代背景的理解往往成为教学的一大难点，而美术作品化抽象为生动具体，有利于调动学生学习的积极性，加强对课程知识的掌握。

高中生对于美术作品有一定的欣赏和理解能力，将名画有效融入高中历史课堂，与画作相关的丰富的历史知识有助于学生更好地理解挖掘美术作品的内涵，提升他们的鉴赏能力，在艺术熏陶的同时学生对美术作品会产生自己独特的感悟，更加准确地理解和丰富学生的历史知识，这对学生无论是历史还是美术的学科素养的培养都有极大的帮助。

（二）理论依据

1．丰富课堂教学资源，创新教学模式

随着时代的发展，历史学科教学中单纯"照本宣科"的方式已经不能满足需要。王国维提出的"二重证据法"认为历史研究应同时注重传统文献和出土文献；"形象史学"也意在运用"传世的岩画、造像等一切事物，作为证据，结合文献来考察史实"；以皮亚杰为先驱的建构主义理论强调学习者的主动性，强调"教师要积极创设情境，鼓励学生进行协作与会话"，这些研究都极大地丰富了历史材料类型的运用，创新了历史教学模式。

中外名画是对一定历史时期或者是某一特定历史事件的反映，通过对名画的探究，不但能感受到画作反映的历史事件，也能对作者所处年代的时代特征进行探讨。因此教师在课前可以有针对性地布置学生了解一幅名画，然后在课堂教学过程中组织学生进行相关介绍和讨论，培养学生基本的搜集、解释史料的学科素养，加深学生对"论从史出、史论统一"这一基本原则的理解，丰富了教学资源，学生在讨论中也能产生思维的碰撞，更有助于提高他们对课堂的参与度，真正实现教学相长。

2．提高学生综合素质，实践新课程

历史学科教学改革以来，历史教材的综合性大大增强，对教师的教学方式和学生的学习能力也提出了新的挑战。把中外名画和历史教学相融合，有利于提高学生通过不同角度思考认识问题的能力，增加课堂的综合性。如果说历史学科的专业知识与学习方法是学生"智育"的培养，那么将名画融入高中历史课堂便是在"美育"上的加强。学生在历史课堂上通过美术作品学到历史知识的同时，也开拓了自身眼界，升华了历史情感，提高了欣赏"美"、认识"美"的能力，让学生带有感情、带有温度地去看待历史。

二、把中外名画引入高中历史教学的主要作用

（一）帮助学生更全面地理解历史知识

历史课本上对于历史人物或事件的描述常常受制于教材篇幅以及核心内容的限制，角度比较单一。绘画作品作为画家个人情感的表达，常常能够反映一些史书上不易见到的细节和不同的角度，从而带来更立体更全面的解释。

德拉克洛瓦创作的《自由引导人民》反映了法国七月革命期间的一场战役。现行教材对于"法国大革命"这一事件缺乏系统完整的介绍，因而很多学生并不能理解子目"震荡中的法国"的具体内涵。但在画家笔下，自由的主题、强烈的激情、色与光的融合对比潇洒奔放，共同赋予了作品以生命，使人感受到革命期间人民内心的正义感，是语言表述难以达到的效果。

美术作品作为一大类型的史料，是对历史的直观反映，在理解画作的同时也是在理解当时的历史。学生通过对诸多名画的解读能够培养史料意识，知道历史绝不仅仅是古板文字，也有绘画等生动形象的表达方式。

（二）培养学生观察能力，提高学习兴趣

名画往往有卓越的艺术成就、深远的影响力和极大的艺术感染力，容易激发学生了解探究的浓厚的兴趣。我们可以通过让学生了解名画的时代背景，作品主题，人物故事等方面，把学生对名画的兴趣转化为学习历史的动力。

在讲授"'一国两制'的伟大构想及其实践"一课时，可用"《富春山居图》的合璧展出"这一事件进行导入。对于台湾问题，教师若是以从政治角度出发难免略有老生常谈。但以《富春山居图》的经历为线索，无疑为之找到了一个艺术载体。

（三）情感态度价值观的引导

历史课本上的绝大部分内容与今天学生之间的距离非常遥远，这使得他们完全能够不带任何感情色彩地去面对历史事件。艺术地阐释历史，起到了其他手段不能替代的激发情感的作用。历史是结论下的理性，而艺术却是人本主义的主观情感表达。

《格尔尼卡》既是 20 世纪现代主义抽象画派的名作，更是画家对法西斯罪行的控诉和对和平的呼唤。第二次世界大战已经过去了 75 年，当年的生灵涂炭早已成为了一座座纪念碑供后人凭吊。历史记载上的数字或许会给人对于战争规模宏大的震撼，但当这样一幅支离破碎、充满着怪诞苦难的画作展现在面前时，才能真正给人以视觉上的冲击，感受到这场战争给全球数亿无辜人民带来的灾难。

三、把中外名画引入高中历史教学需注意的几个原则

（一）适当性原则

要把握尺度，处理好美术和历史的关系。毕竟是历史课堂，时间的分配上应该以历史教学为主，避免美术部分内容过多，模糊了历史课的主体性。将名画引入高中历史教学需要达到的教学效果，是使学生对于名画所反映的时代和事件有更深层次的理解，进而形成完整的人类文化发展史的线索结构。因此，将名画引入高中历史教学受限于历史课程的学科特性，应将其作为连接学生与历史的桥梁，而非历史课程的主角。

（二）实用性原则

要注意角度，美术是一个丰富全面的体系，而我们要选择的是从历史的角度对我们教学有所帮助的部分，切入点不应当是手法、技巧，而应该是该画作的历史元素。在教学过程中引入名画必须要斟酌画作与课程内容上的适应性，切不可仅仅是为了丰富教学内容而造成本末倒置。同时，要注重美术知识与学生知识水平的契合，考虑学生对美术作品的鉴赏能力。在介绍美术知识时，既要反对"走马观花"式的梳理性介绍，也要避免使用大量美术专业术语，从而忽视了学生的理解和接受能力。

（三）准确性原则

要善于考证，对艺术作品的解读虽然有多元化的趋势，但是与结论的科学性并不产生冲突。教师作为知识的传播者，一定要保证其教学内容的准确性与科学性。因此，在查阅参考资料的过程中，必须确保资料来源的权威性。在选择作品的过程中，也不应当选择过于抽象、晦涩难懂的作品，同时应当关注画作反映历史的真实性。

四、结语

本文简要梳理了把名画引入高中历史教学的理论依据、现实需要、积极作用和注意原则，从而论证了在高中历史教学中实现美术与历史跨学科运用的必要性和可行性。总之，我们相信，只要运用恰当，中外名画就能够作为行之有效的教学辅助手段，帮助我们完成课堂教学任务，也帮助学生更深入全面地理解和掌握了历史知识，实现史学人文情怀的塑造。在教

材愈发综合化、教育愈发强调学生综合素养的今天，重视和发掘相关美术知识，把名画融入高中历史教学不失为一个有益的尝试，让我们欣赏名画，了解历史，聆听画外的声音。

参考文献：

[1] 人民教育出版社，课程教材研究所，历史课程教材研究开发中心．普通高中课程标准实验教科书 历史必修 3[M]，人民教育出版社，2007。

[2] 朱汉国主编．普通高中课程标准实验教科书 历史必修 1-3 册 [M]．人民出版社，2009。

[3] 吴于廑 齐世荣主编．世界史·近代史编 上卷 [M]．高等教育出版社，2011.276。

[4] 陈美渝．美术概论 [M]．中国轻工业出版社，2007.42。

[5] 中国社会科学院历史研究所文化史研究室编．形象史学研究 2011[M]．人民出版社，2012.1。

[6] 聂幼犁．历史课程与教学论 [M]．浙江教育出版社，2003.68。

[7] 中华人民共和国教育部．普通高中历史课程标准 2017 年版 [M]．人民教育出版社，2017。

[8] 张岩．把艺术史讲出艺术美和历史感——高中历史必修课艺术史部分的教学价值与讲法 [J]．历史教学，2015，9：26-29。

[9] 刘萍．美术知识在历史跨学科教学中的应用研究 ——以高中历史为例 [D]．陕西师范大学历史文化学院，2017.27-30。

[10] 周昊．浅析油画作品《拿破仑加冕礼》的特点及意义 [J]．大众文艺，2011，24：51。

[11] 毛帅．《自由引导人民》：一幅名画与一场革命——"美术的辉煌"一课教学设计与实施 [J]．中学历史教学参考，2016，9：64-66。

学本视域下的高三历史材料教学适切性初探

重庆市字水中学　夏银春

【摘　要】本论文立足学本视域理论，结合课题研究与教学实践，针对高考历史全国卷的要求，从转变教学观念，秉承学本理念；精准把握材料教学的适切性；师生协作，精制策略等方面对高三历史材料教学适切性做了一些探索。

【关键词】学本视域；材料教学；适切性

从 2016 年起，重庆市全国普通高校招生统一考试使用全国卷。这一消息犹如一巨石，在重庆教育界激起千层浪，尤其在我们高三历史教学领域掀起了惊天波澜。全国卷已从过去的考查历史知识为主，转向考查历史学科思维能力和方法，并进而向考查历史学科核心素养过渡，注重考查史料实证、发展意识、多元联系、历史理解、历史评判等素养。与重庆卷相比，其难度陡增。特别是 41 题（开放性试题），它是横在高三一线教师面前的一道触目惊心的坎。它的开放性和对思维层次的明晰考查，使得"丑媳妇难免要见公婆"。教师包不了，学生避不了。这一切对材料教学提出了新的严峻挑战。笔者立足学本视域，结合课题研究和教学实践，针对高考历史全国卷的要求，对高三历史材料教学适切性作了一些探索，以就教于方家。

一、转变教学观念，秉承学本理念

理念，是精神的"原子弹"，是行动的向导。没有正确的教育理念，就不会有先进的教育行动。学本教育是由广西桂平市南木镇中心小学陈庆创立的一种现代教育理念和教育教学方法，是一种立足于现代先进教育理念和素质教育宗旨，坚持以人为本的教育思想，尊重学生的生命本体，坚持以学生为本、以学生的主体性学习为本、以学生的学习能力为本，并以促进学生的终身可持续和谐发展为归宿的教育理念和教育教学方法。中国教育科学研究院副研究员韩立福博士积极倡导创建学本课堂。它是教师和学生协同合作，共同围绕着核心问题开展自主性的探究学习，在单位时间内解决问题，实现学习目标，促进教师和学生共同成长的学习活动。通过学本课堂学习，最终目的是让每位学习者生命得到精彩绽放。"学本"区别于"师本""生本""教本"。"师本"课堂是以教师为本位的课堂，其本质特点是学生围绕教师转；"生本"课堂是以学生为本位的课堂，其本质特点是教师围绕学生转。"教本"课堂是以教师教为本位的课堂，其本质特点是学跟着教走——学由教定；"学本"课堂是以学生学为本位的课堂，其本质特点是教跟着学走——因学定教。国家新课程标准要求引导学生确立终身学习的理想。要实现这一目标，作为高三一线的我们，必须让学生在掌握了后续学习的知识基础上，学会学习、乐于学习。我们在材料教学中秉承学本理念，正是致力于为学生奠定终身学习的知识基础、学习能力与学习品质。苏格拉底曾言："教育不是灌输，而是点燃火焰"。所以，我们教师需要对自身的角色进行重新定位，努力做到四个转变。一是由课程规范的复制者转变成新课程的创造者、设计者和评价者；二是由传统的知识传授者转变为新课程条件下的知识促进者；三是由"单一学科型"教师转变为"跨学科型"教师；四是由"知识的搬运工"转变为"充满实践智慧的专业人员"。在教育教学的过程中，教师给予学生的不仅是"鱼"，也不仅是"渔"，更应该是"欲"，即学习的欲望。因此教师的新角色应该是课程资源的建构者，学生学习的促进者，学生发展的引导者，学生对等的交流者，课堂教学的研究者。

二、精准把握材料教学的适切性

著名史学家周谷城说："离开史料，不能讲历史……离开史料固不能有历史"。我们在高三的历史教学中更应树立"无史料不教学"的观念。恰当选取史料，培养学生获取和解读材料信息的能力、调动和运用知识的能力，学会"史由证来，证史一致，论从史出，史论结合"的方法，形成史料实证、多重证据意识。什么是材料教学，它的适切性含义是什么，这是我们必须精准把握的东西。

首先，材料与史料有区别，有联系。材料的外延大于史料，材料可以包括现实的信息资料，而狭义的史料是指史籍，"研究历史和编撰史书所用的资料"，属原始资料。材料教学是指在中学历史教学中，教师引导学生通过搜集、整理、分析、解读材料去提取信息，还原历史"本来面目"，印证或联系历史，思考或提出问题，分析、论证和说明历史，培养史论结合、论从史出的思维品质，培养言而有据的自由自主表达精神，提高历史认知水平的一种教学组织形式。其次，适切性指什么呢？适，恰好；切，切合、符合。从其一般含义上看，适切性是指某事物与其所处环境中诸多因素的相关程度，通常表现为适当、恰当或适合需要等方面的特征。适切性的判断，既与主观价值有关，但最重要的是对一定社会条件下事物客观情况的把握。历史材料教学适切性原则就是要求选择的内容要符合学生的年龄特征、心智发展水平，材料容量、难易、实施方式都要适当。适切性的另一个含义是提出的目标要切合当今的教育、教学实际，既要符合学生个体发展需要，也要符合社会发展要求。总之，适切性是基于学本的历史材料内容选择的适切性、材料教学组织实施的适切性。

三、师生协作，精制策略，提升材料教学的适切性

（一）立足学本，挖掘新颖教学模式，增加材料的适切性

在教学实践中，我常用发现探究式、问题导学式教学法、情境教学法等。改变材料的呈现方式，增加材料的适切性，使材料更新颖生动更具吸引力，更能引起学生的兴趣。使教学更具针对性，有效性。倘若仍是以往的一言堂模式，填鸭式教学，既束缚了学生的手脚，又阻碍了学生的视界，更压

抑了学生的激情与灵感，使学生的主观能动性根本无法发挥，这样的结果是很悲摧的。久而久之，教师的教如嚼蜡，长期自言自语；学生的学索然无味，思维游走，课堂没有温度，没有深度。这样的状况必须改变。例如"经济的全球化"一课。笔者先以四大区域组织的图片导入，分析图片反映的世界经济出现的趋势，进而以问题为切入点，分析还出现了哪一趋势，这样轻松入题。接着分析经济全球化的含义，用两段文字材料引导学生不同角度展示引起全球化的原因，突出科技发展、生产力水平提高，交通通讯等手段的促进作用。再以设问"经济全球化"还与哪些原因相关，导入图示法全解七大原因；接下来，政治学科与历史学科整合，并引入"苹果"案例分析其三大表现：即生产、资本、贸易的全球化；分析全球化的历程时，用软件升级作类比，图示全球化从 1.0 到 4.0 时代；评价全球化影响时，加入"狼来了"的文字材料，让学生学会评述，讲到中国与全球化时，还引入"中国制造"的广告视频等，让学生耳目一新，兴趣盎然。改变以师为核心的教学模式，开始以学本教学模式，势在必行。教师应牢固树立"两把"意识，即把时间还给学生；把方法教给学生，磨砺教法，从而为学生学力的可持续性发展奠下坚实的基础。

（二）分组收猎时事热点，进行主题式材料教学

秉承课标要求，贴近时事，贴近学生生活实际，以周年纪念，重大时事，进行主题式材料教学。这是二轮复习必不可少的。案例：一带一路，把视频资料，文字资料，时事点评集为一体，把历史考点融入。让历史知识贴近现实，让现实大事联展历史画卷。古为今用，洋为中用，充分体现历史的史鉴功能。

（三）课前"今日论坛"，让学生动起来

这种形式，学生很感兴趣。他们自己收集的材料新颖、典型、接地气。如"今天又双十""习马握手久""美联储加息的利与弊"等。学生自己康慨激昂地演说，入耳、入脑、走心。以此种形式，将培养学生史论结合逻辑论证能力的内涵，潜移默化地作用其中，不仅突出学生为本，更突出以学生的成长为本。这是学生难得的人生经历。试想几十年后，或许他们中间有人就是更大论坛上的耀眼明星。

（四）课后生生分组，小先生辅导

课后，应是材料教学的自然延伸，是开发学生材料解析能力的沃土。

我在教学中，利用课余时间，生生分组，小先生辅导。充分挖掘课本教学资源材料，配套教辅资料，进行材料的改良，升级。生生互动，相互借鉴，取长补短，内化为学生的素养。如学生分章节，自绘知识结构图，章节联系树等，这些都是难得的二手材料，凝聚了学生的心智。高三教学，铁打的基础，过硬的能力，这两块缺一不可。通过小先生辅导，既解决了基础知识的积累，又解决了对材料的理解及应用，还锻炼了学生的归纳概括能力和口头表达能力，增强了课堂教学的有效性，可谓作用巨大。

（五）师生共建临界生材料库，增强材料教学的适切性

临界生，简而言之指的是有希望考上一本，但现在与一本线有一定差距的学生。他们有一定的基础知识和能力，但在知识能力上有欠缺，答题方法、书法规范等方面有瑕疵，还未有十足把握达到一本线。针对这部分学生应花大力气，增强材料教学的适切性。具体操作上应是师生互动，教学相长，建立全面有效的培养体系。教师切实进行高考真题研究，使全国历史高考的方向目标，能力要求，内容，特点，趋势等了然于胸。针对临界生的情况仔细筛选试题。同步复习专题时配新题，周考月考跟踪人头档案，鼓励学生力争上游贵在行动；推动临界生内聚力的疯狂爆发，让他们每次考试后列出自己的问题未过手的知识点，未过关的能力，分类归纳，错题建档上本，绝不在同一地方或相似地方摔倒。学生自发做高考真题，并使同类试题发散，模拟全国卷常见问题设置方式，恰当设置问题运用历史材料改题，仿题，编题，以培养学生历史思维能力、表达能力等，训练学生适应全国卷。自觉运用唯物史观、文明史观、现代化史观、整体史观、社会史观、生态史观等，从历史理论层面理解、阐释、评价和认识具体历史现象。还网建狼牙特训群，共建全国高考题型训练资料库。如：单选题、论述题、人物选修题、改革题、战争类题等。从试题呈现方式分图片、表格、地图、数理统计图，如柱状图、扇形图，折线图等。个人力量是有限的，全员力量是无穷的。万众一心其力断金。此群分栏征集，专员管理，全员共建，全员共享。让学生明白每次的任务，体会每次的收获，使教师很敏锐地掌握学生的情况，真正实现因材施教，不悱不启，不愤不发。当然，这是一项系统的工程，不可能一蹴而就，师生应有打持久战的准备，共建临界生材料库，增强材料教学的适切性，提高教学有效性。

总之，在紧张的高三历史教学中，以历史全国高考卷的要求为导向，立足学本，以材料教学为载体，循序渐进地训练，建立能力培养体系，培养历史核心素养，以求实现历史材料教学适切性的有效突破，切实达到育人目标。这既是我们的追求，更是我们的实践。"道虽迩，不行不至；事虽小，不做不成"。我相信，只要我们，励精图治，循序渐进，步步去实践，把时间还给学生，把方法教给学生，定会把高三历史材料教学迈上新台阶，定会为学生的终身发展奠下坚实基础。

参考文献：

[1] 周谷城 .《中国通史》，上海人民出版社，1957 年版。

[2] 何成刚 .《智慧课堂：史料教学中的方法与策略》，北京师范大学出版社，2010 年版。

[3]《普通高中历史课程标准（实验）》，人民教育出版社，2003 年版。

[4] 韩立福 .《学本课堂：让每个生命精彩绽放》。

高中新课程教材处理的"该"与"不该"

——重庆高中新课改的初步反思

重庆市字水中学　张启国

【摘　要】新课改四年，成败反思，有利于课改的深入推动，本文从六个方面"该不该游离教材""该不该重塑教材""该不该精读教材""该不该重视线索教学""该不该重形式，轻落实""该不该由学生主导课堂"进行一定的反思，希望起到抛砖引玉的效果。

【关键词】新课程　教材处理　"该"与"不该"

课改步入新阶段，针对第一阶段课改在教材处理上的得与失，进行一定反思。

一、该不该游离教材

一般高考考完，老师感觉自己讲得太多，学生觉得自己做了太多无用功。2014 年高考历史试题为例：

第一题选《离骚》好像语文好就行，第二题"张骞通西域"第三题"经济重心南移"人民版教材没有提及，需要初中基础或者教师的扩展，第四题"民俗"、五题"造纸"六题"重庆通商"十二题"日本谋求政治大国"读材料考学生提取有效信息加以分析的能力，七题"光绪改革"读懂材料，抓住"割地输平,遂引新进小臣,锐志更张"等信息就可解决,八题《百鸽图》,九题"工业基础"十题"索伦改革"是基础题,和教材基础相关。十一题"启蒙运动"需要对有效信息进行完整、准确、合理的解读。

分析完选择题,感觉教材基础题很少,教师难免有些困惑,我们在日常教学中多教材处理还需要下多大功夫?基础该将讲多少?初中教材需要重讲吗?高中教材几个版本需要做"加法"了吗?现在教材是拿来教的吗?

"用教材教,而不是教教材",新课标提倡教学既要立足教材,又要超越教材。那么要求教师是要求引领学生科学地补充教材,不拘泥于教材的结论,让教材成为学生思维发展的资源。这要求我们教师在处理教材上有高超技术,"游"而不离教材,对相关历史知识解读需要一个度的把握。教学中以课标为出发点,以高考考纲中"四大项十二小项"为出发点有针对性的教学。

二、该不该重塑教材

我们现行教材是建立在初中教材基础之上的,教材编写者是这样说的,我们教师也是这样认为的。但是初中及教学水平如何,历史三维目标落实到位了吗?通史把握好了吗?现实是——初中教材的编写也是专题为主编写的。

现行教材,知识重复的地方多,例:十一届三种全会,中共八大必修一二都讲只是侧重点不同,戊戌变法必修三选修改革专题也讲,辛亥革命在必修一《辛亥革命》必修三《走向共和》《三民主义》讲,"南方讲话"在必修一和必修三重复;梭伦改革在必修一和选修中重复;宗教改革在必修三和选修中重复;工业革命在必修二和必修三重复;

太多重复要求老师的整合教材能力更强。于是我们很多学校和老师便产生想法:按照通史体例重塑教材,把必修和选修打乱重写,学生学完之后,知识先后顺序不就清晰了吗?教材结构不就简单了吗?但是我认为不可行。

新课程着重突出三维目标的构建,高考却强调学生能力的培养和应用。如何充分把学生由被动学习变为主动学习,如何把平时学习的成果转化为高考的分数,是现在学校教育的方向,弱化通史板块,弱化传统历史教材的线索,没有必要抓住传统的通史线索不放。

目前的考试，能力是放在第一位的，特别突出学生自主阅读能力，自主解题能力。现在的历史教材在传授基础知识的时候，本身就是很好的素材，以人民版为例，课文本身就是很好的阅读材料，有利于培养学生阅读教材，解读信息，调动和运用知识，描述和阐释事物，论证和探讨问题的能力，详实的人民版，在某种角度减轻了教师备课负担。"新材料、新情景、新问题"是命题的原则，在一纲多本的现在，教材更多是基础功能，试题基于教材而高于教材，我们看到全国各地高考试题，都超越了教材涉及的材料，全部是"新材料"，已经实现了由考教材到考课标的变化，由考教材到考能力的变化。如果我们老师执着于通史的重新构建，无疑只抓住了三维目标的基础知识这个环节，实际是过分强调基础知识，而削弱了对阅读能力，思维能力和自主解题能力的培养。从这个角度讲也没有必要重构历史。

三、该不该精读教材

看一看岳麓版的深度，人民版的广度，人教版的精度，学生需要精读教材吗？教师该如何取舍才能够减轻学生负担？泛读能够落实双基吗？人民版比人教版必修一本就多出几万字，学生如何合理消化？

例：讲雅典民主制度，人民版对民主制度形成的原因过程和影响用两节来详细阐述，而人教版却只有一节，且讲得简约，对人民版使用的学校和教师课前必须精心备课，两个版本的知识比较，取"交集"，抓重点，这样就有利于学生精度相应的历史内容。

解决办法：第一，功夫在课外，教师上课之前三个版本必须了然于胸，不同版本都详讲的那必须精读，教师必须课前详细备课，比较方式备课；第二，课标要求和考纲要求的"四大和十二小项"能力训练的必须详讲精读；第三，和时代脉搏紧密相关的必须详讲和精度读；第四，哪些材料性，阐述性，资料性的，拓展性的我们应采取泛读方式。

四、该不该重视线索教学

现行教材还重视线索教学吗？为什么很多学生参加完高考之后历史脉络依然不清晰？部分教师自我安慰道："现在教材可能就是以乱取胜"。

历史知识就像鸡蛋一样，放在桌上会乱跑，如果放在篮子里，它就规范起来。专题历史看起来很散，其实线索是很重要的。这线索犹如网之纲，纲举目张，基本知识就会一网而尽。历史知识一般由时间、地点、人物、事件几个基本要素构成，上历史课必须把这些基本要素讲清楚，这是历史课与其他 课程的最大区别。这些要素又可演化成为历史的基本线索，并以这些基本线索把相关历史知识串联起来，好像用线串珠子一样。

比如，以时间的推移为线索，列出大事年表；以空间的转移为线索，按一定的地点、区域或国别范围来讲授历史；以人物的活动为线索，一个重要的历史人物（无论是正面的还是反面的），往往贯穿了整个时代，中国民主革命史与孙中山、毛泽东的名字几乎密不可分；以历史事件的发展为线索，讲清起因、经过和结果，就可以知道每一种历史现象的兴衰过程。此外，还可以把握一定的社会矛盾为线索，分清两个历史发展阶段的主要矛盾和次要矛盾，对抗性矛盾和非对抗性矛盾，矛盾的主要方面和次要方面，解决矛盾的基本方式（改革和革命），以及矛盾产生、发展、激化和消失的过程。用马克思主义的矛盾论原理来分析历史问题，我们就会发现一切历史事件都是由一定的社会矛盾引发的，而历史事件又是由人的活动构成的，评价历史事件和历史人物都必须同一定的社会矛盾联系起来，如评价历史事件的性质要看其主要方面，评价历史人物的作用要一分为二 。

可见，历史教学抓线索是非常重要的。教学线索反映了教师的教学思路，教学思路又是由教学内容、教学对象及教学条件来决定的。一个成熟的教师，其教学思路必然是十分清楚的，有条不紊的，符合学生的认识水平和思维方式的，对不同的教学内容要采用不同的思路来组织教学。

五、该不该重形式，轻落实

上课现象之一：从背景、条件、过程、性质、意义、影响、作用权都有材料，整节课学生都在阅读材料，分析材料，回答问题，教师讲解材料。教材线索呢？板书呢？课堂小结呢？知识过手了吗？

上课现象之二：唱歌、跳舞、舞台剧、小组表演，分组讨论，朗读，看视频。这是历史课还是戏剧舞台？是历史剧还是历史教学？课堂教学的基本要求呢？学生学习的知识在哪里？

新课标"倡导学生主动参与、乐于探究、勤于动手，培养学生搜集和处理信息的能力、获取新知识的能力、分析和解决问题的能力以及交流与合作的能力""史论结合""论从史出"，史料教学是应该的，有利于培养学生阅读能力，知识迁移能力，论证和探讨问题的能力的提高，教师应该进行这方面能力的训练，但是三维目标不只是能力要求，基础知识，情感态度价值观同样重要，因此，有的教师为了体现学生"动"起来的新理念，热衷于让学生进行角色体验，出发点不可谓不好。资料太过庞杂，会缺乏有机整合，使学生眼花缭乱，有贪多不化之弊病。须知材料在"精"不在多，切忌泛滥成灾。

一节课，形式太多，冲淡了主要教学内容，对我们日常教学是有害的，教师一定要把握一个"度"，让好的方法发挥更好的作用。

六、该不该由学生主导课堂

观点一：学生认知水平能够处理教材吗？大量的史观，历史概念，跨度大的历史归纳，历史比较分析学生能自主完成吗？

观点二：现行高考允许我们有足够的时间和空间提供给学生吗？

观点三：几大学科之间学生能够和谐处理吗？

观点四：部分章节充分发挥学生主导作用是可行的。但是很多章节学生无论如何也无法独立弯沉学习过程的

比如：必修一大部分章节需要教师详细阐述，学生才可能理解：以代政治制度为例，封制、宗法制、分封制专制主义中央集权、刺史制度、推恩令、察举制、九品中正制、科举制等等历史概念学生就无法独立完成学习的。

必修二大部分章节学生可以先自主学习，教师补充完善；中国近现代社会生活的变迁为例，由于和学生日常生活紧密先关，学生兴趣较浓，况且教材在讲解也是比较通俗易懂的。

必修三大部分章节学生无法解决。以第一专题中国传统思想为例，春秋战国诸子百家的思想，理学、心学思想，明末清初几大思想家的思想涉及大量的历史概念，思想本来的难以理解，教师必须花功夫给学生解读。

观点五：模式"学案——上课小组讨论——学生发言——教师补充——反思"是好模式，问题是学校现有的教学资源满足吗？学生自我主导的时间，课时分配等客观条件具备吗？学生的基本素质，主观能动性，学科偏好等

客观条件具备吗？课堂节奏、课堂氛围、课堂秩序能够正常吗？教学效果保证，教学如何评价？我们都改综合考虑。

观点六："课外探究"是必要的，探究写什么？怎样探究？如何监督落实？如何评价？怎样保证学生全面参与？能够长期坚持吗？现实与理想是有差距的，有部分有特色的学校对外展示的课题探究成就也不能保证学生全面参与，多少有广告宣传之嫌？形式大于实质之嫌？有高考指挥棒的存在，许多看是好的观念和做法最终都流于形式了。

以上是我不完整的思考，相信在今后的教学中，我们会做出更多有益的探索和思考，对很多问题会有更多的思考。所谓教无定法，只要广大教师以最大的热情投入新课改，课改就会取得巨大成功。

参考文献：

[1] 余宏伟《关于阅读在高中历史教学中的若干思考》。

从"落后就要挨打"说起

——关于历史学科培养学生批判性思维的一点想法

重庆市字水中学　邓波

【摘　要】本文主要以商榷"质疑'落后就要挨打'"为例，探讨在中学历史课堂培养学生批判性思维时应注意的一个问题，即必须坚持科学精神，理性批判。

【关键词】批判性思维；落后就要挨打

近日在学习南京市卞姗姗老师国家社科课题项目研究成果《批判性思维与历史核心素养的建构》，这项成果是在 2017 年版新课标提出"历史学科核心素养"的背景下，对批判性思维的实践路径和在批判性思维中达成核心素养作出了有益的探索与尝试，让人受益匪浅。

批判性思维是一种高阶思维，目前在学术界没有统一的定义，最经典的定义是美国著名学者 R·恩尼斯的"批判性思维是合理的、反思性的思维，其目的在于决定我们的信念和行动"。自上个世纪末以来，全球已对其价值达成共识，认为它是现代教育特别是高等教育的一个重要目标。甚至美国教育委员会曾认为：大学本科教育最重要的目的就是培养学生的批判性思维。

而随着我国新一轮课改的不断深入，学生批判性思维激发和培养问题也引起了中学教师包括历史教师的普遍关注，比如卞老师的这项研究成果。卞老师指出，"培养学生的批判性思维，首先必须引导学生发现问题，敢于质疑"，并以《鸦片战争》一课为例引导学生质疑一个我们非常熟悉的结论——"落后就要挨打"。卞老师引用了英国著名经济史学家麦迪森在《世界经济千年史》的数据：1820年中国的总产出（GDP）仍占世界总份额的32.9%，领先西欧核心十二国的产出总和12个百分点，更遥遥领先于美国的1.8%、日本的3.0%。同时，卞老师还引用了著名史学家朱维铮教授在《重读近代史》一书的的分析逻辑，"所谓鸦片战争是因为中国'落后'才挨打的说法也不通。因为在英国之前，葡萄牙、西班牙、荷兰等国都不断从海上入侵中国，那不是因为中国一穷二白，而恰好是因为中国比欧洲富，还打了个比方，有强盗要劫掠，一家穷的家徒四壁，另一家却富的流油，他要冒惊涛骇浪越洋抢劫，岂会弃富选穷？"最终得出一个结论：鸦片战争前夕中国经济并不落后。

在麦迪森《世界经济千年史》及其姊妹篇《世界经济千年统计》出版后，特别是朱维铮教授《重读近代史》出版后，质疑鸦片战争甚至近代中国"落后就要挨打"的观点成为一个热门话题，也成为中学历史课堂培养学生批判性思维的一个普遍范例：只要是培养批判性思维，就必然质疑"落后就要挨打"。

但我对这种质疑始终存有疑惑：难道近代中国"落后就要挨打"中的"落后"仅仅是指经济吗？这种质疑真的的准确、科学吗？这种做法真的是批判性思维吗？

批判性思维强调不轻信、不盲从，要求把一切置于以事实、逻辑、关系和价值观基础上进行独立判断。我们在质疑"落后就要挨打"之前，是否真的全面准确地理解了这一结论呢？这种质疑真的是基于事实、逻辑、关系和价值观基础之上的一种独立判断吗？

为了弄清楚这一问题，我仔细阅读了麦迪森《世界经济千年史》和姊妹篇《世界经济千年统计》以及朱维铮教授《重读近代史》的相关章节，还翻阅史料查找"落后就要挨打"的出处及其含义。

"落后就要挨打"在中国流传甚广，甚至是老少皆知，其主要原因当是这句话是毛泽东所说，后来当成了经典名言被到处引用。但毛泽东所说的"落后就要挨打"中的"落后"究竟指的是什么呢？我查阅史料，发现这句话的出处应是 1963 年八、九月间，毛主席对中央的《关于工业发展问题》一稿作修改，在九月六日的稿子上，他加写了如下一大段话："我国从十九世纪四十年代起，到二十世纪四十年代中期，共计一百零五年时间，全世界几乎一切大中小帝国主义国家都侵略过我国，都打过我们，除了最后一次，即抗日战争，由于国内外各种原因以日本帝国主义投降告终以外，没有一次战争不是以我国失败、签订丧权辱国条约而告终。其原因：一是社会制度腐败，二是经济技术落后。现在，我国社会制度变了，第一个原因基本解决了；但还没有彻底解决，社会还存在着阶级斗争。第二个原因也已开始有了一些改变，但要彻底改变，至少还需要几十年时间。如果不在今后几十年内，争取彻底改变我国经济和技术远远落后于帝国主义国家的状态，挨打是不可避免的。"（《建国以来毛泽东文稿》）

从中可以看出，毛泽东是在总结近代中国的历史命运后得出这一结论的，而且明确指出，近代中国之所以屡次挨打，其原因有两个，"一是社会制度腐败，二是经济技术落后"。所以，很明显，毛泽东在"落后就要挨打"这一结论中的"落后"并不单指经济，而是一种政治和经济上的全面的落后。不知道质疑"落后就要挨打"这一结论的学者、专家和中学教师为什么没有注意到这一点。

考察鸦片战争前夕中国和英国的社会状况，中国的落后是毋庸置疑的。政治上，中国的专制主义中央集权制度已空前强化，达到顶峰，封建制度已经腐朽没落，吏治腐败，结党营私、互相倾轧、买官鬻爵，贿赂成风；而英国经过资产阶级革命，建立起了君主立宪制，资产阶级的代议制民主政治逐渐发展完善。思想上，明清时期推行的是八股取士、文字狱等思想文化专制政策，极力提倡程朱理学、压制进步思想；对外又实行闭关锁国政策，使中外正常的经济文化交流受到极大限制和打压，致使中国的统治集团和知识分子阶层绝大多数严重脱离现实，不明了外部世界和时代的变化，仍以天朝上国自居，虚骄自大，愚昧无知。而反观英国，经文艺复兴、宗教改革和启蒙运动等几次思想解放运动，科学、民主、理性的精神得到弘扬；对外推行重商主义，积极进行殖民扩张，到 18 世纪中期，已然成为世界殖民霸主。而在自然科学方面，明清罕有拿得出手的科技成果，仅有的几部如《本草纲目》《农政全书》《天工开物》等也是传统科技的总结，而英国，在哥白尼、伽利略等人成果的基础上，牛顿于1687年出版了《自然哲学的数学原理》，建立了经典力学体系，这是人类对自然界认识的第一次理论大综合，是近代自然科学形成的标志。

从上述对比可以看出，鸦片战争前夕，中国和英国相比，落后是多方面的、巨大的。那在经济方面情况是怎样的呢？麦迪森的统计数据当然是可靠的，但GDP的领先是否就代表中国经济不落后甚至是领先的呢？GDP是经济的一个重要方面和重要指标，但显然并不能等同于经济。经济是一个多义词，毛泽东论及"落后就要打"是所说的"落后"应该指的是国民经济，包括整个社会物质资料的生产和再生产。在鸦片战争前夕，单就GDP而言，中国是确实领先于英国的，麦迪森在其《世界经济千年史》的姊妹篇《世界经济千年统计》（伍晓鹰、施发启译，北京大学出版社）中估算1820年中国的GDP是22860百万（1990年国际）元，而英国则只有36232百万（1990年国际）元。但这时的中英两国完全是两种不同类型的经济，或者说完全是两种不同质量的经济，中国仍是传统的自然经济占主导，农业产值占据了国民经济总额中的绝大部分；而英国在鸦片战争时期已基本上完成了工业革命，实现了机器大生产，成为世界上第一个工业化国家，其工业产值超过了美、德、法等国的总和，处于"世界工厂"的地位，很明显这两种经济的发展潜力和速度是远远不能相提并论的。另外比较战前两国经济，还不得不看两国的人口多少。麦迪森在《世界经济千年统计》中估算1820年中国的人口约是3.81亿，而同年英国的人口则只有2100多万；由此推算1820年中国的人均GDP是600（1990年国际）元，英国则是1706（1990年国际）元；而且中国大致在1500年时人均GDP就是这个数字，而英国1500年的人均GDP则是714（1990年国际）元。通过这番对比，不难看出所谓中国GDP的领先其实主要是基于人口数量的庞大而已。所以即便单以经济来衡量，就因为GDP总量的领先而得出中国的经济并不落后也是难以成立的。如果不是这样的话，那众所周知2010年我国的GDP就超过了日本，位居世界第二，仅次于美国，那是不是也意味着日本、德国、法国等西方发达国家的经济也比我们这个发展中国家落后呢？显然，以GDP总量的领先来论证鸦片战争时期中国经济并不落后，进而质疑和否定"落后就要挨打"

的结论，这不是基于事实和逻辑基础的一个理性的、科学的判断。

另外，卞老师引用朱教授的文章，从逻辑上分析"鸦片战争是因为中国'落后'才挨打的说法也不通"，我认为也是不妥当的。因为在当时被侵略的除了中国，还有印度、日本、菲律宾等亚洲国家和地区，还有非洲和拉美等很多国家和地区。以朱教授的逻辑，难道我们也要认为，非洲和拉美的被侵略也是因为这些国家和地区比欧洲富？

其实，朱教授提到的葡萄牙、西班牙等国对中国的入侵，指的是15、16世纪以来，西欧在商品经济发展和资本主义萌芽的影响下，先是开辟新航路，然后进行殖民扩扩张，其目的主要是为了掠夺黄金白银等贵重金属和香料等名贵物品，从根本上讲是为资本主义的发展实现资本的原始积累，所以其对外扩张是全方位的（当然是在其能力所及的范围)，也就是说，富国、穷国其实都是它们掠夺的对象。只是如果我们对比中国与其他亚非拉国家和地区的命运来看，是不是反而验证了"落后就要挨打"的结论呢。因为从新航路开辟到鸦片战争前夕，西方在中国获得的侵略利益是有限的，也没能打开中国的国门，否则也没有必要在后来发动像鸦片战争这样的大规模侵略战争了；而从亚非拉其他国家地区却是获得了巨大的利益，比如在15世纪末到16世纪中期，拉美的绝大多数国家和地区成了西班牙和葡萄牙的殖民地，菲律宾成了西班牙的殖民地，到了18世纪中期，印度也成了英国的殖民地。同时西欧殖民者还从这些国家和地区掠夺了巨额的财富，如1500—1650年间从美洲流到西班牙的有16000吨白银、180吨黄金，1757—1765年英国仅东印度公司就从孟加拉国库中夺走价值526万英镑的财富。到1541年，西班牙殖民地被消灭的印第安人就不下1500万，而300多年的奴隶贸易又使非洲丧失了1亿左右的壮年黑人。（《世界通史.近代史编》）

综上所述，我认为，以质疑"落后就要挨打"作为一个示例来培养学生的批判性思维是不妥当的，甚至是错误的，而我们很多中学老师不加思考和分析就引用一些专家和学者的说法，本身就不是一种批判性思维，而是一种轻信和盲从。

批判性思维是一种理性思维，体现的是一种科学精神，培养学生的批判性思维就要培养学生质疑、批判的意识和能力，要求学生不轻信、不盲从已有的结论，但同时，也要告诉学生，批判性思维也不是盲目怀疑，更不是胡乱猜测，它必须是建立在事实基础上基于合理逻辑的理性判断。要培养学生的批判性思维，首先我们教师必须具备批判性思维，不仅要对一些已有的传统观点，更要对一些新颖的、与传统观点不符的新观点，怀有一颗质疑的心，不轻信、不盲从，要进行充分的考证和独立的思考，得出我们自己的结论。只有这样，才是真正的批判性思维和科学精神，也才能真正地培养出学生的批判性思维和科学精神。

参考文献：

[1] 卞珊珊《批判性思维与历史核心素养的建构》《历史教学》2017 年第 8 期。

[2] 麦迪森（英）《世界经济千年史》《世界经济千年统计》，伍晓鹰等译，北京大学出版社。

[3] 朱维铮《重读近代史》，百家出版社。

[4] 吴于廑、齐世荣《世界通史.近代史,编》（上卷），高等教育出版社。

[5] 中共中央文献研究室《建国以来毛泽东文稿》，中央文献出版社。

初中历史"问题导学"课堂教学模式初探

——以八年级下《经济体制改革》一课为例

重庆市字水中学　于春江

【摘　要】"问题导学"是基于"以生为本、以学论教"的教学理念，一种有效培养学生问题意识和创造性思维的课堂教学模式。"问题导学"课堂教学模式，也是转变传统教学方式的一种重要探索。

【关键词】初中历史"问题导学"课堂模式　家庭联产承包责任制　城市经济体制改革　认识历史　感悟历史

在近期的初中历史课堂教学观摩和学习中，笔者发现大多数初中生历史学习的兴趣和积极性不高，历史思维能力较弱，究其原因是多方面的，兴趣的缺乏是其中之一。苏霍林姆斯基曾经说过："上课要有趣，课上的有趣，学生就可以带着一种高涨的、激动的情绪学习和思考，对面前展示的真理感到惊奇和震惊。"显然有趣的鲜活的历史课堂是激发学习兴趣的重要因素，而初中统编教材除正文以外有历史故事、历史图片、材料研读、知识拓展等栏目。笔者在思考能否利用好这些内容并辅助补充材料，以一个个颇具悬念的问题，激发学生的好奇心、求知欲，引导学生在思考探究中学习，激发学习历史的兴趣呢？为此，笔者根据课标要求，结合"问题导学"

理论的学习，在初中八年级下《经济体制改革》这一节教学中做了大胆的尝试，学生思维积极性和课堂气氛还是有一定的改观。下面截取重要片段简要说明，不正之处，请各位专家和同仁批评指正。

一、"问题导学"课堂教学的基本内涵

新课标明确提出："任何一种教学方法的实施，都在一定程度上与问题的提出和解决有十分密切的关系—教师在分析教学内容的基础上以问题引领作为展开教学的切入点，结合教学内容的逻辑层次，设置需要在教学过程中解决问题"。课标的表述就是要求教师根据教材内容和课标要求确立关键问题，设置历史情境运用史料和证据解决问题，加深对历史的理解，培养学生历史思维能力，从而正确认识历史，感悟历史。"问题导学"课堂教学模式的研究者正是根据新课程这一理念为指导，以建构主义教育理论和苏联教育专家马赫穆托夫问题教学理论为依据，认为："问题导学"是一种有效培养学生问题意识和创造思维的课堂教学模式，也是"当代课堂教学深度改革不可回避的新路径、新思维、新方向"。形成了几个重要认识：(1)"问题导学"课堂教学模式是以问题学习为中心，以问题发现、问题生成、问题解决为主线，以师生围绕问题共同开展自主、合作、探究学习为主要学习方式的一种高效课堂教学模式。(2)通过教学内容和教学目标的问题化，建构"问题或问题群落"及其学习情境；(3)通过以问题为中心的"导引"与"学习"的活动设计和实施，让师生围绕问题开展自主合作探究学习；(4)通过问题的解决达成知识的自我建构、能力的自我培养、价值观的自我确立。由此可见，其价值和精髓在于体现"以生为本、以学论教"的教学理念，正如特级教师欧阳宇所说"在整个教学过程中，教师要树立学生始终是认知主体和发展主体的思想，着力于教师教和学生学习方式的转变，努力激发学生学习的内在动因，促进学生学习主体的回归和学习能力的提高，促进学生的主动发展和互助发展"。

"问题导学"课堂教学模式，也是转变传统教学方式的一种重要探索。

二、教学模式和教学基本内容设计

（一）课前问题预设与导入新课

教师展示预设的问题探究情境，引发学生思考，导入新课。

播放《凤阳花鼓》，其歌词：说凤阳，道凤阳，凤阳本是好地方。自从出了朱皇帝，十年倒有九年荒。大户人家卖牛羊，小户人家卖儿郎。奴家没有儿郎卖，身背花鼓走四方。

问题提出：从《凤阳花鼓》获取了那些信息？假如你是凤阳人，你该怎么办？

设计意图：课前根据课程标准和教学目标，确立重难点，对课程内容分析，预测学生课堂兴趣点，从历史学科核心素养出发，将课堂教学内容和教学目标转化成问题，设计好新课的导入问题，抓住学生的眼球，激发学生问题探究的兴趣，引发学生思考，从而导入新课。

（二）课中环节：问题学习与解决

课中环节是"问题导学"的关键，也是实现教学目标和课标要求的核心。通过课堂教学和问题的生成、解决，真正达成培养学生的问题意识，激发学生发现问题和提出问题的兴趣，提高学生研究问题和解决问题的能力，使学生在探究过程中获得知识、能力与情感态度价值观的提升。

第一子目：家庭联产承包责任制

材料一：

材料二：当时出去要饭心里很苦恼，农民有地有田，有牛有犁有耙，为什么搞不上吃的？我们心里不服气，农民不是不会种地，

按当时那个政策约束了我们。过去喂猪不超过一头，喂鸡不超过三只。

——摘自《小岗村，严宏昌家的年关》

材料三：男劳力上工带扑克，女劳力上工带纳鞋，头遍哨子不买账，二遍哨子伸头望，三遍哨子慢慢晃，到了田头忘带锄，再去回家逛一逛。

——《大包干纪念馆》

问题提出：1. 两幅图片反映了什么时期的生产和生活场景？请说明判断的理由。2. 综合上述材料分析出现这些现象的根源是什么？

设计意图：以图片和文字材料的形式，增加史料的丰富性，让学生感受人民公社体制下的弊端，激发学生的思维和探知的欲望，从而正确理解农村经济体制改革的必要性和紧迫性，加深对党的伟大决策的正确认识，树立爱党、爱人民的价值观。

材料四：1979 年秋天，小岗生产队获得大丰收，粮食总产 6 万多公斤，相当于 1955 年到 1970 年 15 年的粮食产量总和；卖给国家粮食 12497 公斤，超过政府计划的 7 倍；卖给国家油料 12466 公斤，超过国家规定任务的 80 倍。小岗农副产品收入 47000 元，人均收入由 22 元升为 400 元。

材料五：凤阳县农业生产三年三大步

1980 产粮	5.02 亿公斤
1981 年产粮	6.70 亿公斤
1982 年产粮	7.15 亿公斤

——《中国文明网》：小岗村——农村土地包产到户的先行者

材料六：

年份	农业生产总值 （亿元）	农村居民人均可支配收入 （元）
1978 年	1397	133.6
1990 年	7662.1	686.3
2000 年	24915.8	2253.4
2017 年	109331.7	13432.4

问题提出：

1. 材料四、五、六反映了什么历史信息？你能说一说农村实行家庭联产承包责任制的作用吗？你认为小岗村民的哪些品质值得我们学习？

2. 在制定农村政策时，应该注意些什么？

设计意图：让学生通过材料的数据分析，深刻领悟农村经济体制改革的伟大成就和伟大意义，牢固树立实事求是，一切从实际出发，关注民生，以民为本的理念，了解人民群众创造历史的作用，正确理解历史是由人民创造的唯物史观。

第二子目：城市经济体制改革

材料七、教材 40 页：《材料研读》（略）

材料八、教材 41 页：《知识拓展》中北京天桥百货股份制改革

材料九、30 多年前描述青岛电冰箱厂（海尔集团的前身）："上班八点钟来，九点钟走人，十点钟时，随便往厂区大院里扔一个手榴弹也炸不死人。"30 多年来，海尔集团从一家资不抵债、亏空 147 万元，濒临倒闭的集体小厂，发展成为全球最大的家用电器制造商之一

问题提出：1. 阅读材料七思考，为什么要进行改革？

2. 阅读材料八和九内容思考：两家企业改革前后的变化说明了什么？有何重要意义？

设计意图：通过上述材料的分析深刻理解城市经济体制改的的原因，感悟企业改革前后的巨大变化，认识经济体制改革的积极意义，今天我国经济繁荣，国力强盛，正是改革带来的必然结果，教育学生珍惜美好时光，

为实现伟大中国梦而刻苦拼搏、努力学习。

课中环节的实施，通过大量材料的运用，一方面从历史的角度，让学生了解我国具体国情，认识改革的必要性和重要性，深刻领悟经济体制改革对推动我国经济和社会发展的巨大作用，另一方面以"问题导学"为核心，依托历史材料，提高学生阅读分析问题的能力，坚持"论从史出，史论结合"，依据历史材料解释历史的基本思想方法，初步形成历史证据的意识。

（三）课后环节：问题拓展与升华

课后活动设计为两个主题，以小组为单位，组内探究，合作，形成演示稿全班交流和展示。

主题一、2013 年，国家提出美丽乡村建设计划，经过几年的乡村建设，涌现出了一批享誉全国的美丽乡村，请上网搜集相关信息和图片或者自己去过的美丽乡村，以小组为单位向同学们发布旅游推广介绍会。

主题二、以小组为单位，查找资料搜集反映改革开放以来我国日新月异的图片和歌曲，或者参观改革开放相关的博物馆，或者人物访谈，制作 PPT 在课堂上向全班同学展示。

设计意图：通过两个问题的设计，加深对教学内容拓展和升华，以小组为单位合作探究，最后以文案，PPT 图片，解说词等形式向全班同学展示小组学习和探究的成果，期望学生在合作探究的过程中，树立团结协作的集体意识，学会甄别历史信息历史材料的基本方法。在情感态度价值观上认识到：只有不断深化改革，适应时代和全球化的要求，才会将我国社会主义现代化事业不断推向前进。

三、教学反思

本课理论性强，学生缺乏感性认识和体悟，教学难度较大。从课堂氛围和教学反馈来看，"问题导学"课堂教学模式是一次有益探索，值得坚持和完善。但应思考几个问题：（1）预设问题如何更符合初中学生的心理特征和认知水平，使课程内容的教学有利于学生的学习和发展？（2）一堂课时间有限，以多少问题为宜？如何增强问题的针对性和有效性，更好为教学目标服务？（3）小组合作探究成果如何评价？（4）面对新课程改革，教师如何更新知识结构，转变观念和教学方式，促进专业成长？

参考文献：

[1]《高中历史新课标》2017。

[2] 韩立福."问题导学"：当代课堂教学深度改革的新方向 [J]．江苏教育研究，2013(1)。

[3] 欧阳宇《基础教育研究》，2017、8 月。

[4] 材料出处：教材和教学参考，相关教辅资料。

读书由"厚到薄"，再由"薄到厚"

——浅谈巧用"思维导图"优化历史复习课教学

重庆市字水中学　张　薇

【摘　要】"思维导图"作为一种实用有效性的思维工具，能够运用图文并重的技巧把看不见的思维过程用图解方式清晰地呈现出来；而且还能将逻辑复杂的超大容量信息用"链条"形式在一张图纸上呈现出来。把"思维导图"运用到历史教学中，可以优化教师"教"和学生"学"的行为，提升教学品质，有效促进学生创造性思维能力及解题能力的提高。

【关键词】思维导图　优化　教学

传统的教学模式，教学的基点在于"教"，教师设计的教学过程立足于"教师条分缕析地教"，教学按照知识本身的逻辑顺序进行设计，环节紧凑，逻辑性强，形成一种固定的"线性序列"。同时，教师牢牢掌控课堂，上课成了学生配合教师演示教学预案的过程，学生的自主学习空间狭小。有人对"什么是真正的教学？"做了这样的表述，"不要给学生背不动的书包，要给学生带得走的东西。背不动的书包里有什么呢？估计不是玩具，不是足球、篮球，也不会是学具，而是一本又一本的教辅用书，一张又一张的试卷，装的是知识，是教师和家人永不满足的分数。知识、分数可能是带不走的，而能带着走的是什么呢？是方法，是能力，是智慧"。在课改的大背景下，强调对学生核心素养的培养，其中善思考，会学习尤为重要，老师的"教"，不能再是以前的"填鸭式"教学，要真正做到"授之以渔"，让学生习而得之，将繁杂的学习内容快、精、准地记住并理解消化，是一个不小的难题。在历史教学实践探索中，我尝试运用思维导图，借助线条和图像，帮助学生梳理知识，形成知识网络，收到不错的效果。

一、思维导图概念及理解

"大脑语言最重要的特征是图像和联想"，所以从人体科学上来讲，人脑对于图形的记忆能力远远大于文字。思维导图正是将文字做了图形化的处理，增强文字之间的逻辑性，更加方便记忆和理解。

思维导图是一种开发大脑的思维工具，由英国的"记忆之父"东尼·博赞发明，是 21 世纪风靡全球的思维、管理与学习工具，在教育界和商界引起了人们强烈的反响，改变着人们传统的思维方式和思维习惯。思维导图作为一种关于开发思维的新型思维模式，是以图解的形式和网状的结构存在，用于储存、组织、优化和输出信息。思维导图模仿了人类大脑脑细胞的运作过程，它总是从一个中心点开始向四周发散，通过线条加以沟通连接。每一个图案或者分支都会成为下一个子中心，这样就展开了无穷无尽的分支。它可以将抽象的思维形象化、具体化、简洁化，更易于被我们理解和接受。同时按照个人的思维方式思考、解决学习过程中存在的问题，具有较强的自主性。

"思维导图"引入历史教学中，就是运用图文并重的技巧，把历史知识各个层次的关系用线条、图示表现出来，使历史主题与线条、图像、颜色间建立起记忆链，达到帮助学生记忆、理解、运用的目的。在讲完每一节知识要点后，我引导学生在能力所及的范围内创作思维导图，去表达过程，梳理线索，去拓展延伸，在轻松的线条和色彩中提高教学的质量和效果。

二、用"思维导图"优化第一轮复习，引导学生"把书读薄"。

复习课是以巩固、梳理已学的知识为主要任务，通过帮助学生对已学过的知识进行回顾、梳理、综合、结构重组，形成知识体系，在此基础上强调培养学生的知识迁移能力，从而提高学生的思维分析能力和解决问题的能力。在第一轮复习中，很多老师都习惯于"稳扎稳打"，依据对考纲的理解和把握，结合高考的能力要求，以章节为单位，对知识点进行"地毯式"的复习。俗话说，"欲速则不达"，希望学生在一轮复习中就掌握基础知识，一步到位，往往是事与愿违，还会给学生带来知识点记忆繁琐，记忆很难，"忘性"比"记性"还快的感觉。所以，第一轮复习我们不仅要阐述清楚对知识点的理解，还要教给学生掌握知识点的方法，让学生在理解的基础上形成对知识的准确记忆。根据历史学科特点和心理学原理，将繁杂的历史知识点"要点化、线索化、条理化和网络化"，能非常有效地促进学生的历史学习。运用"思维导图"，引导学生"把书读薄"，可有效地帮助学生实现历史知识的"四化"。用"思维导图"优化高三一轮复习，就是要"以画图为途径，以课本为依托，以问题来驱动，教师在示范中引导学生构建每一章节导图"。在课堂上，教师可以以黑板为纸，动手执笔，学生看黑板，按教师的设问回忆每一基础知识，老师提问，学生回答，教师根据学生作答同时画图，当教师把导图画完时，学生也把基础知识复习了一遍，这时教师的笔与学生的思维活动是一致的，节奏是相同的。这个师生共同构建"思维导图"的过程也就是学生实现把平常所学的分散的知识串线、连片、结网的过程，这个复习过程也最为有效地帮助了学生理清基本知识框架、记住基本的史实。例如，复习必修二《开辟新航路》，为了使制图过程更加清晰可见，上课时，首先把本课主题的关键词——"开辟"用红色笔写在白板的中央。然后，四条分支从不同方向延伸，分别代表"原因""条件""经过"和"影响"。课堂上采用问题探究的方式，指导学生完成"原因""条件""经过"和"影响"四个基本内容的自主探究。汇报时采用合作互助形式，教师边听学生回答，边选择学生反馈中的有效关键词，把它填在相应的位置。学生汇报完成后，一张清晰、直观的"章节导图"也就制作完成了。

三、用"思维导图"优化二轮复习，引导学生"把图读厚"。

在一轮复习中，教师通过引导学生构建"章节导图"，有效地实现"把书读薄"，几本厚厚的教材教辅，制作成几十张直观生动的"思维导图"。但高考是一个厚积而薄发的过程，只是"把书读薄"，无法从根本上满足考试的要求。因此，二轮复习我们就要在一轮的基础上，正确引导学生"把图读厚"，并在此过程中拓宽基础知识，教会学生前后联系，中外史实联系，史实之间的比较，提升学生的思维能力和增强学生的解题能力。要实现"把图读厚"，需要做好两点：

第一，在"章节导图"的基础上，引导学生构建"单元导图"和"模块导图"。历史教材是一个整体，各单元之间存在密切的联系，首轮复习后，教师要引导学生重读教材，细读"章节导图"，对所学的历史知识作纵向、横向联系的归类和整理，找出知识间的内在联系，利用单元主题整合"章节导图"。这样就可以将一轮复习中的分散的章节知识串成线，连成片，结成网，形成"单元导图"。并在此基础上，构建"模块导图"。最终形成"模块——单元——章节"的层次突出，结构严密的思维网。这张网是在基本史实微观分析后的宏观综合，能有效地把单元知识平面的"广"度、垂直"深"度和理论"高"度有机统一起来，揭示历史知识的系统性、规律性。例如《近代西方民主政治的确立》这一单元，在"章节导图"基础上，有学生在教师的指导下，按自己的理解，用"代议概念""代议制产生背景""各国特点比较""代议制认识与评价"和"代议制与古希腊罗政治"等关键词组织成"单元导图"。这样，该图在"近代西方民主政治的确立"的单元内容的基础上，很好地整合了"文艺复兴""启蒙运动""古代希腊罗马"等其它单元和章节的内容，图中内容丰富，层次突出，联接清晰，学生一目了然。

第二，以图为阵，不断延伸，引导学生"把图读厚"。"思维导图"最重要的功能就是联想功能。要发挥"思维导图"的联想功能，教师就要引导学生在"思维导图"的框架内，不断完善和丰富新知新理解。教师指导学生重新细读教材与教辅，充分挖掘隐性知识，并在"思维导图"中用关键词补充。所谓隐性知识是指在课本文字和试题材料中没有直接表述出来，而实际上又隐蔽在其中的那种知识内容和知识联系。这些知识往往都是抽象的知识，而抽象知识是构成学科能力的主要因素，教学中如果使学生真正理解和掌握了这些抽象知识，那么学科能力就一定会提高。另外，高三后阶段的备考，在测与练的方面会大大加强，测与练的过程中学生会遇到新知识新理解，要指导学生及时地在"思维导图"中用关键词来补充和完善，使"图"的内容不断充实。

用图来积累知识，"把图读厚"，这样，学生手中的图，就不只是图，学习时是学生网罗知识的箩筐，是学生打通知识脉络的良药；考试时是触发学生思维的火花与知识源泉。在指导学生"把图读厚"的过程中，由于学生的个体复习经历不尽相同，学生用图网罗的知识也会有很大差异，学生所构的图也带有明显的个性化特点，基于这些差异，教师引导学生的相互交流，相互学习，能有效帮助学生在最短时间内实现知识积累的最大化。

四、用思维导图优化高考历史复习，需注意的几个问题。

首先，要坚持"一个中心"原则。这个中心可以是课文的重点，也可以是课文的难点，关键是所确立的中心要能有效把本课的基本知识和内容连结起来，形成一个知识的织网。一图一中心作为思维导图在历史复习课中运用的基本原则，任何次主题都应该围绕这一中心主题而延伸。例如《开辟新航路》一课，教学的重难点是对原因和影响的分析，如果做图时我们也把它们当作中心，做出来的图就会显得过于杂乱，各知识点间的联系会显得过于松散。只有以"开辟"为中心，把"原因"和"影响"作为分支统率起来，并加以延伸和扩展，这样才能保证层次突出，中心明确。这样，学生实现有效记忆和联想的时候，才能水到渠成，做到一串串，一片片。

其次，要坚持"双主协调"原则。所谓"双主"，就是教师的主导作用和学生的主体地位。建构主义学习观认为，学习过程不应是学习者被动接受知识，而应是积极主动地构建知识的过程。在教师的主导作用和学生主体地位两者中，学生主体地位是核心，教师主导作用实际上是为学生主体地位的形成服务的。但是，在课堂教学的环境下，学生主体地位确立必须借助教师的外因作用。也就是说要使学生从学习中的"客体"变为"主体"，就必须充分发挥教师"导"的作用。用"思维导图"来引导教与学，教师要让学生成为"信息加工的主体和意义的主动建构者"，而不是"外部刺激的被动接受者和被灌输的对象"，而教师尤其要发挥的是主导作用，做学生意义建构的帮助者、促进者。这样，才能真正改变教与学的方式，让学生在"做"中提高。

再次，坚持"常用常新"的原则。在考试时，"思维导图"就像汽车使用的 GPS，学生做题时能迅速用"图"定位，确立答题的知识与思路。所以做"图"不是目的，提高学生解决问题的能力才是我们所求。利用"思维导图"优化教学，我们一方面要通过指导学生对旧知识的系统整理，给学生以新的信息、新思考，促进学生的新发展。更重要的是要引导学生实现"图里图外"的内容能内化到头脑中去。要把"图里图外"的内容能内化到学生头脑中去，就必须要求学生做到"常用"，俗话说"常用才能常新"，一要常加常补，不断补充和完善知识体系；二要常读常背，有效把知识纵横联系烙印在脑海中；三要常思常析，充分发挥思维导图的联想功能，在不断的概括、分析、综合、比较中拓展思维，做到举一反三，触类旁通，以至获得新的见解。

总之，高考是一个从量变到质变的过程，是一个厚积而薄发的过程，用"思维导图"来优化高考历史复习，就是要帮助学生有效实现"厚积"，包括积累更扎实的基础知识，增强解决问题的能力。但"厚积"是一个循序渐进的过程，作为一种新的学习和思维方式，用"思维导图"优化高考历史复习，从"把书读薄"，到"把图读厚"，每一个环节都需要我们悉心引导，引导学生回忆，思考，探究，把课本上的知识变成自己的知识体系，活学活用，在这个过程中也能促进学生学习能力的提高。

以材料生动历史，让人格感动人生

——以《张骞通西域》为例谈如何以材料教学更好地实现德育目标

重庆市字水中学　徐敏

【摘　要】本文从实践"立德树人"教育根本任务出发，以《张骞通西域》一课的教学设计实施为例，探讨在新课改推行中，如何以材料教学的方式，通过各种教学资料的有机整合，使历史人物鲜活生动，让学生在学习活动中走进历史、神入历史、感受历史、体验历史人物的高尚"人格"，在情感共鸣中内化和升华出学生自己的生命情感、道德素养和人生追求。从而实现历史学科"立德树人"的目标。

【关键词】材料教学、历史人物、情感、体验、德育教育

在努力实践"立德树人"的教育目标中，如何利用学科特质，将传授知识、培养能力和形成社会主义核心价值观有机融合，早已成为各学科教师的自觉追求。历史学科于此更是责无旁贷，因为历史的价值本就在于能服务人生，就如专家所言："真正的史学，必须是以人生为中心的，里面跳动着现实的生命。"

就初中学段而言，义务教育历史课程标准（2011版）明确指出：学生通过历史课程的学习，初步学会从历史的角度观察和思考社会与人生，从历史中汲取智慧，提高综合素质，使学生得到全面发展。……要以人类优秀

的历史文化陶冶学生的心灵，帮助学生客观地认识历史，正确理解人与社会、人与自然的关系，提高人文素养，逐步形成正确的价值取向和积极向上的人生态度，适应社会发展的需要。充分体现育人为本的教育理念，发挥历史学科的教育功能。

那么，历史学科又如何在平常的教学中去实践这一要求和目标呢？当然要回归史学本身。史学的特征"是人类历史的叙述，是人的事迹、人的目的、人的成功与失败的历史。"因此历史长河中留下了灿若繁星的人物，他们的中的很多人身上都蕴含厚重的精神财富。有"先天下之忧而忧，后天下之乐而乐"的政治抱负，"位卑未敢忘忧国""苟利国家生死以，岂因祸福避趋之"的报国情怀，"富贵不能淫，贫贱不能移，威武不能屈"的浩然正气，"人生自古谁无死，留取丹心照汗青""鞠躬尽瘁，死而后已"的献身精神等。

基于篇幅限制，历史教材中的人物描述更多的仍是结论性的陈述，不够丰满和生动，如何让人物丰满，使历史生动，感动学生？笔者认为，采用材料教学就是一种很好的实现方式。那么什么是材料教学？材料教学指在中学历史教学中，教师引导学生通过搜集、整理、分析、解读材料去提取信息，还原历史"本来面目"，印证或联系历史，思考或提出问题，分析、论证和说明历史，培养史论结合、论从史出的思维品质，培养言而有据的自由自主表达精神，提高历史认知水平的一种教学组织形式。显然，这种教学方式不仅能弥补教材中历史人物不够丰满生动的不足，更能综合提升学生的思维品质和学习素养。提供课内外教学材料的整合重组，在教学实施中引导学生走进历史、神入历史、感受历史、体验历史人物的高尚"人格"，在不断的情感共鸣中，内化和升华出学生自己的生命情感、道德素养和人生追求，从而实现历史学科"立德树人"的目标。这就如著名教育心理学家布卢姆提出的，从五个层次：接受、反应、评价、组织、性格化，将它们紧密衔接，层层递进，"在这个过程中，情感成分从单纯察觉开始，经过具有一定动力的阶段，最后达到对一个人行为的控制"。

下面我以《张骞通西域》一课的设计实施为例，简要说明在初中历史教学中如何运用材料教学，通过对教学材料的补充、整合，丰满历史人物，在学习过程中实现"以人动人"，自然实现德育目标。

《张骞通西域》是川教版《中国历史》七年级上第三学习主题"统一国

家的建立"的第4课，课程标准要求为：讲述张骞通西域的史实。从教材文本看，本课层次分明、浅显易懂，学生学习并不困难。但作为初中历史教材中并不多见的以人物为主线的课题，如果按常规教学虽无不妥，但显然不足以实现其价值要求。所以在教学设计我细读课标、教材，广泛查阅相关资料，在浩瀚的历史长河中看到了这样的张骞，他：忠于祖国、诚实守信、百折不挠、敢于冒险、不图安逸……将中华民族优秀的民族精神集于一身，这些优秀品质已延续数千年，也是当代青少年需要具备的。通过学情调查，我发现学生对张骞知之甚少。于是，我将本课的设计思路确定为通过材料教学，将文本、图片、历史地图、视频等教学材料整合重组，了解张骞"凿空西域"的事迹，感知他强烈的爱国、进取、坚毅、勇敢的精神品质，以帮助学生形成积极进取的价值取向和良好的人生观为主的教学目标。

确定好思路后，我将整个教学过程确定为如下三个子目，子目一：为赴西域募良臣，张骞胜出（出使西域的背景）；子目二：苍茫西域"迎"远客，张骞勇往（出使西域的过程）；子目三："凿空"西域创伟业，张骞扬名（出使西域的影响）。最后，再以"我为张骞来颁奖"这一活动实现情感升华。从课堂实践看，学生一开始便被张骞打动，情绪追随张骞的活动不断深入、升华，最后生成由衷的钦佩之情并感悟自身。应该说是比较好地实现了教学设计，达到了教学目的。

下面就是本课的具体设计和实施情况：

一、视频材料创情境，触"境"生情，感叹张骞

视频材料包括实录、纪录片、影视作品等，其中，影视作品为学生喜好。它们虽然不是历史本身，但也包含了丰富的历史信息，合理使用能创设出恰当的教学情境，使学生身临其境。所以在本课开端，我播放从电视剧《汉武大帝》中剪辑加工的反映张骞出使归来的视频片段，片中张骞手持符节衣衫褴褛形如乞丐、汉武帝和满朝大臣盛装相迎，会于大殿。张骞俯首拜倒话语哽咽、武帝满脸惊愕热泪盈眶，君臣相扶而立，感慨万千……这样的场景给了学生强烈的视觉冲击，疑惑顿生，我再结合片中武帝问话："张骞，你跑到哪儿去了？怎么一点儿音讯都不给朕？"进一步设疑："堂堂大汉使臣为何这般归来？这十三年他到底跑到哪儿去了？他为什么不给武帝

音讯？他能给吗？"一连串层层递进的问题明显激发了学生探知人物遭遇的强烈欲望，更重要的是，学生的情感已经为张骞所动，带着不解、感叹、怀疑、惊讶……这就为接下来的学习做好充分准备。

二、图文材料动真情，以情感人，感知张骞

古人云："感人心者莫先乎情"。在良好的情绪酝酿下，我引领学生，从三个环节去感知张骞的非凡经历，以张骞之情动学生之情。

第一环节，张骞为什么要去西域？

我将《史记》《汉书》中反映西汉初年社会背景、时代精神与张骞生平事迹的历史材料与教材内容进行整合，尽力还原"当世"，以学生阅读、带问题思考、提取有效历史信息，概括归纳等，让学生自己得出：

第一：因匈奴威胁汉朝安全也控制掠夺西域各族，武帝时随国家实力的增强，为实施对匈奴作战的国家战略，维护国家利益和解除西域各族的苦难，必须有人前往西域从事"前无古人"的联络事业。从而意识到，张骞是为国家、民族出生入死，他的事业是伟大的、他的品质是崇高的。

第二：此时的张骞已在长安为官，为出使西域，他毅然放弃已有的安逸生活勇敢应征。通过学生自己的总结，张骞那种积极进取开拓，为国家无畏探索的精神便自然呈现在学生面前，使学生感动。

在这一环节中，学生通过丰富而生动的教学材料真实感知了这位为国家、社会积极进取，无所畏惧的人物，在情感上认同了张骞，并有了进一步去探知他到底经历了怎样凶险异常的西域之行愿望。于是，我带领学生顺理进入第二环节的学习活动。

第二环节，张骞经历了怎样的西域之行？

这一环节主要是张骞两次出使西域的事迹，是历史人物得以丰富生动最关键部分。处理恰当，就能很好地再现张骞，挖掘人物的精神财富，使学生得到感染。从情感教育的层面看，更是本课的重点。所以，我大胆对教材内容进行取舍，使用地图、图片等教学材料，带着学生共同感知自然环境奇异优美、生存条件恶劣异常、相距遥远几乎不为中原所知还被匈奴阻隔的"神秘"西域。学生在这样的认知刺激中，对张骞的西域之行表现出情绪上明显的担忧。然后，通过阅读教材图文材料，进行学习创作，描绘

张骞第一次出使西域的路线图并概述出使的艰辛历程。在这一过程中，学生积极参与，通过自主创作、与同学合作探讨、进行课堂发言交流，很好地再现了张骞的活动与贡献，完成了学习任务。而且还使得那个不惜身死、矢志不渝、勇敢开拓、诚信忠贞、献身国家的张骞活生生地站在了学生面前，与他们真实触碰、真诚对话。学生的情感认识，从模糊的感动到清晰的敬佩，一步步上升。

经过前面的学习，学生对张骞两次出使已经很了解，对他的精神品质和人格魅力也十分钦佩。但这种钦佩更多还停留在感性层面。如何引导学生从感性认识上升到理性思考，就需要进一步从人物与时代、个人与国家的关系入手，将对他的这种情感肯定上升到一个人之所以在历史中留名、为人们敬仰，关键在于他的行为，体现出的是为国家、为民族积极进取，留下的是标榜史册的壮举与精神。使他们能由此及彼，自觉思考自己的人生目标与追求，完成情感内化。因此，还需深入认识张骞出使立下的卓越功勋。所以，我以司马迁的评价："凿空"西域，引导进入第三环节学习。

第三环节，张骞出使西域有怎样的影响？

本环节，我选用了丰富的图片、历史地图、史料等教学材料，通过"找一找""比一比"等学习活动，学生从政治层面认识了张骞出使西域后，西汉政府设置西域都护府，扩大了汉朝的疆域和统一；从民族关系、对外关系层面认识了两次出使"凿空"、意义非凡：其一，沟"通"，沟通了汉族与西域各民族的联系，促进了民族交流与融合；其二，开"通"，开通了一条辉炳史册两千年、改变世界历史文明的大通道——"丝绸之路"；其三，"通"向未来，他"开拓、进取、开放"意识鼓舞影响了后来很多朝代乃至今天的中国，这也是学习本课的现实意义之一，更是塑造学生精神世界的重要一环。

三、内心体验知融情，以情激意，感悟张骞

著名教育学家陶行知曾提出"在感情的调节与启发中使学生了解其意义和方法，便是知的教育；使其养成追求真理的感情并努力与奉行，便是意的教育。"在整个教学过程中，我一直将"知"与"情"融会贯通，通过多种教学材料的有机结合，使学生能自然地在活动体验中去认识人物的贡

献,剖析人物内心,感受人物精神。对张骞的那种情感认同是呼之欲出。于是,我开展了"我为张骞来颁奖"的升华活动,让学生根据张骞的主要事迹为张骞颁奖,并写出颁奖词,在颁奖词中说明为张骞颁奖的理由。这一活动中,学生表现异常踊跃,因为他们心目中都有了一个大写鼎立的张骞,这个人物是生动的、有故事的,他们真切感悟到他忠于祖国、诚实守信、百折不挠、敢于冒险、不图安逸……的优秀精神品质,所以是有感有情而发,活动效果非常好。然后,我再以"他是一个冒险家、又是一个天才的外交家,同时又是一员战将,真可谓中国历史上出类拔萃的人物。"进行评价点拨,激发要树立志向、坚持追求,对学生形成正确的人生观和价值观进行潜移默化的熏陶,实现"以人及人",进行德育教育的目的。

通过本课的教学设计和实施,我更深刻地认识到:在历史教学中采用材料教学的方式,让学生随历史而动,为人格而动,便能自觉生成正确的道德情感,逐渐形成进步人生观和价值观。当他在今后的学习和人生历程体验中,就能逐渐以此为原则,去认识评价人物和现象,并指导自己的言行。因此,这种方式的德育功能是非常明显的。

总之,"历史作为一门人文社会科学的课程,应该更加注重培养学生的人文素养,陶冶人文精神,……注意情感的培养"。方能更好实现"立德树人"的教育目标。而材料教学能较好地还原历史本真、给予学生探究体验的可能,越来越体现出它的优势并为众多历史教师重视。我们相信,只要这样的教学之路上坚持不懈,历史学科的学习便能成为学生塑造自我、追求生命价值和道德情操的重要途径。

参考文献：

[1] 余英时《史学、史家与时代》广西师范大学出版社 .2004 年。

[2] 教育部义务教育历史课程标准（2011 年版）北京师范大学出版社 .2011 年。

[3]《历史的观念》柯林伍德商务印书馆 .2010 年。

[4] 习近平总书记 2013 年在中央党校 80 年校庆讲话。

[5]《教育目标分类学,第二分册:情感领域》克拉斯沃尔、布卢姆等 .1964 年。

[6]《陶行知教育文集　育才学校教育纲要草案》胡晓风主编．四川教育出版社．2007 年。

[7]《秦汉史》翦伯赞．北京大学出版社．1999 年。

[8]《素质教育与历史教育学》于友西、叶小兵．首都师范大学出版社．2000 年。

课堂教学从"知识立意"向"能力立意"的转变

——执教《美国南北战争》的反思

重庆市字水中学　陈登会

【摘　要】 我在本课例中，通过材料帮助学生理解难点概念，培养学生解读材料、提取信息解决问题的能力；通过深度挖掘教材、运用重点材料来解读美国独立战争中的民主政治问题等，尝试历史课堂教学从"知识立意"向"能力立意"的转变。

【关键词】 知识立意　能力立意　美国独立战争　《独立宣言》　华盛顿　导向

接手本届初三教学以来，我发现部分学生对历史学习没有兴趣，没有形成积累历史基础知识的习惯，没有具备初步的历史学习能力，学生的历史素较缺乏，如何改变现状，使学生适应学习，并在中考中取得较好的成绩？我认为，从现在开始教师在历史课堂教学过程中首先而且必须要完成从"知识立意"向"能力立意"观念的转变，全面贯彻"能力立意"主旨，将知识内化为能力。

一、课堂教学从"知识立意"向"能力立意"的原因

1. 社会现实需要各种有能力的人。从各个招工现场反馈的信息看，单凭一纸知识文凭谋取工作岗位的时代已经过去，各个单位现场考查应聘者的个人能力，并依据个人能力考查的高低进行择优录取。

2. 学生长期的可持续发展需要培养学生能力；

3. 重庆市中考考核加强从"知识立意"向"能力立意"转变。

自 2005 年采取开卷考试形式以来，重庆市中考历史学科命题一直重视以知识为载体的考查，但自 2010 年以来，本市中考历史学科的命题逐步加入对学生能力的考核，而且近年来有加强的趋势。从今年重庆市中考《考试说明》和中考命题分析，历史学科的考核从"知识立意"向"能力立意"转变的导向性非常明显（相关数据，详见附表一和附表二）。

4. 学生的现状需要教师强化"能力立意"的课堂教学意识。

二、探究历史课堂教学从"知识立意"向"能力立意"转变

我以《美国的独立》一课为例，探究历史课堂教学从"知识立意"向"能力立意"转变。

首先，研读本课的课标要求：

三维目标	【内容标准】	（2）简述《独立宣言》的基本内容，初步了解美国独立战争的历史影响。 （3）讲述华盛顿的主要活动，评价资产阶级政治家的历史作用。
	【识记与理解】	知道美国独立战争爆发的主要过程、1787 年宪法以及性质等，了解美国独立战争爆发的原因，理解美国独立战争的历史意义。

三维目标	【能力与方法】	通过运用材料分析、归纳、概括北美独立战争爆发的原因是北美资本主义经济发展的必然要求，培养学生材料解析的能力；通过《独立宣言》内容的分析、解读，培养他们阅读材料并提炼知识点的能力。通过阅读《英美双方实力对比表》，讨论美国独立战争胜利的原因，培养学生辩证认识问题、分析问题、论从史出的能力。通过学习对华盛顿的评价，培养学生一分为二的看待历史人物的能力。
	【情感态度价值观】	通过美国独立战争爆发的原因的学习，使学生认识到资本主义制度的确立，具有历史的进步性；通过《独立宣言》的内容学习，使学生认识到民主自由是北美人民在艰辛抗战过程中的精神支柱；通过学习和评价华盛顿，使学生认识到杰出历史人物在重大历史活动中的作用，并学习其人格魅力和民主精神。

其次，根据课标，深挖教材，设计教学呈现方式，构建知识体系，实现"能力立意"目标。

我通过熟悉教材、挖掘教材内容，设计教学呈现方式，构建知识体系，精心筛选材料，精准设计问题，引导学生突出教学重点、突破教学难点，初步培养学生实际解决疑难问题的能力，以实现"能力立意"目标，完成课标要求。

1. 关于美国独立战争爆发的原因（教学难点）

我运用精选历史材料、创设历史情境的教学方法来突破教学难点，加强对学生材料解析能力的培养。

材料一：殖民地的工业……新英格兰是最大的工业基地，它的造船成本比欧洲低 30-40%，英国有 1/3 的商船是殖民地制造的，殖民地有 3/4 的商船是自己制造的。在 18 世纪 60 年代，北美殖民地每年可造船 300-400 只。……1775 年，殖民地炼铁炉比英格兰威尔士的总和还多，生铁产量达到 3 万吨，约值 60 万英镑。......

——《中国百科网》

材料二：英国......采取高压政策：禁止殖民地直接与其他国家贸易；禁止殖民地生产铁制设备，强迫殖民地购买英国的高价工业品。

—— 摘自川教版《世界历史教师教学用书》

材料三：英国人从 1763 年一直到 1773、1774 年，在差不多有十年的时间，每年变换着不同的花样向殖民地征税。那么在征税的过程当中，尤其是 1765 年开始征收印花税。殖民地对印花税非常反感。

——摘自《大国崛起》

请回答：

(1) 根据材料一，概括指出北美殖民地的经济状况如何？

(2) 材料二、三共同反映了什么问题？英国殖民者为何会采用这样的政策？

(3) 综合以上材料，你认为北美独立战争爆发的根本原因是什么？

【答案：(1) 北美资本主义经济高速发展（或北美经济高速发展）；(2) 高压（限制政策）。使北美成为英国的原料产地和商品市场；(3) 英国的殖民统治严重阻碍了北美殖民地经济的发展。】

本题围绕英国的殖民政策严重阻碍北美资本主义经济的发展为中心来设置问题。材料一是北美资本主义经济快速发展的真实体现，材料二、三则是英国对北美的高压（殖民）政策的真实体现。

在教学中，我首先要求学生找出题干和材料中的关键词，如"概括""共同反映""根本原因"" 造船""生铁产量"等，再引导学生挖掘材料中的信息，解读信息，并运用信息解答问题，最后学生自然得出：北美独立战争爆发的根本原因是英国的殖民统治政策严重阻碍了北美资本主义经济的发展。

采用材料解析、创设情境的教学方式，既突破教学难点（北美独立战争爆发原因），又培养了学生材料解析的能力。而对学生要知道的北美独立战争的过程，我采取了由学生自己自主或者合作的方式来完成。

2. 关于美国独立战争的过程

巧妙使用教材，归纳独立战争过程中的重大事件。

我首先提出问题：战争具体过程如何？有哪些重大的历史事件？请阅读教材，抓住关键词，找出北美独立战争过程中的重大事件。（学生活动）

学生经过阅读能自主找出几个北美独立战争过程中的重大事件，如"华盛顿担任大陆军总司令""《独立宣言》发表""1783 年英国承认美国独立"等，接着学生们通过合作补充完成其余的重大事件，最后我这些重大事件及其作用展示出来，构建学生的知识网络支架：

序幕：莱克星顿枪声（1775 年）；

建军：任华盛顿为大陆军总司令；

诞生：《独立宣言》的签署（1776 年 7 月 4 日）；

转折：萨拉托加大捷；

军事胜利：英军投降（1781 年）；

政治独立：英国承认美国独立（1783 年）

美国独立战争过程中的重大事件中，尤其重要的是《独立宣言》。我带着学生解读《独立宣言》。

3. 关于《独立宣言》（教学重点）

我首先交代《独立宣言》的重要地位，并以图代史（教材 P86 图片《独立宣言的签署》），要求学生在教材 P85 上落实《独立宣言》的相关要素：发表时间、发表机构、作者。

接着，我请一个同学解答"宣言有哪些内容呢？"，然后结合 P86 大字的内容，引导学生一起分析"美国人民拥有哪些民主权利？"；在《宣言》第二部分中，北美人民历数英王压迫北美人民的种种事实，有哪些事实呢？学生很快联系到英国对北美殖民地的重重压制史实，并运用这些史实来论证观点（现场验证学生提高了阅读理解能力），英国殖民者的行为就是践踏了人民的基本权利；在《宣言》第三部分宣告美国诞生。接着，我又乘势追问：纵观《独立宣言》，其核心内容是什么？宣言的签署有何伟大的历史意义？

学生回答后，我指出：从民主权利看，这些是美国式的资产阶级民主原则，并且是第一次以国家的名义宣布人民的权利神圣不可侵犯。所以马克思称它为世界上第一个《人权宣言》。宣言对推动后来的欧洲各国资产阶级革命，特别对法国大革命及《人权宣言》产生了积极影响，因此也是近代资产阶级革命的伟大的历史文献。而北美十三州成为自由、独立的合众国即美利坚合众国，这就标志着美国诞生了；7月4日就是美国的国庆日。

通过挖掘教材内容，带着学生解读《独立宣言》的内容，我突出《独立宣言》在美国独立战争中的重要地位，突出了本课的教学重点。

对于美国独立战争胜利的原因、性质和其历史意义，我运用了数据对比、讨论、探究等教学方法来完成。

4. 关于美国独立战争胜利的原因、性质和历史意义

我出示《英美实力对照表》表格材料，采用对比形式引导学生得出英美双方实力悬殊，接着我极力渲染：美军在简陋的军事装备下，历尽艰辛，跟随华盛顿执着的追求民主自由，经过漫长的八年抗英终于取得了胜利，赢得国家民族的正式独立。为什么实力弱小的美国能够打败强大的英军取得战争胜利呢？学生讨论美国独立战争胜利的原因，探究独立战争的性质和历史意义。学生通过探究、协作很快完成了这些问题。

至于评价本课重要人物华盛顿，我引导学生用"分阶段事迹＋评价"的方法来完成。

5. 关于评价杰出历史人物华盛顿

独立后的美国制定1787年宪法，走上法治道路。虽然初中历史现行课标对1787年宪法没有涉及，但1787年宪法在美国历史上十分重要。简要介绍1787年宪法制定过程、宪法规定的美国政体和实施的三权分立原则（用三角形图表表示），并把美国政体与已学知识"英国君主立宪制"政体进行简要比较，突出国情不同，选择的民主方式也不同。

根据宪法，谁成为美国历史上的最高领导人——第一位总统？为什么？我的问话还没说话，学生已经根据所学内容得出华盛顿是"同胞心中的第一人""战争中的第一人"；至于"和平时期的第一人"，由学生根据教材88页的内容加以解答。华盛顿是"美国国父"，在美国史上或者世界史上都占有举足轻重的位置，美国人民修建《华盛顿纪念碑》以永久缅怀，世界人民纷纷敬仰。

三、探究历史课堂从"知识立意"向"能力立意"转变的反思

在本课的从"知识立意"向"能力立意"教学活动的探索中，我通过材料帮助学生理解难点概念，培养学生解读材料、提取信息解决问题的能力；通过阅读归纳，构建学生的知识网络支架，培养学生归纳能力；通过深度挖掘教材、运用重点材料来解读美国独立战争中的民主政治问题。但在解读和指教过程中，始终有一些问题困扰着我：

1．如何运用典型材料来突出重点、突破难点？

2．如何在材料中纳入重要知识点"美利坚民族的形成"又不花费过多时间？（这一点我没能做到，是一大遗憾）

3．如何深度挖掘材料的有效信息来设置问题？如何引导学生解读材料、提取有效信息，并按照要求表述出来？

4．在"能力立意"为主旨的课堂教学中，如何提升学生的历史学习兴趣？等。

参考文献：

[1] 义务教育课程标准实验教科书《世界历史》(上册)。四川教育出版社，2012 年 7 月印刷。

[2] 义务教育课程标准实验教科书《世界历史　教师教学用书》（上册）。四川教育集团 四川教育出版社，2012 年 7 月成都第九次印刷。

基于提升历史学科核心素养的复习课教学

——以《第二次世界大战》为例

重庆市字水中学　刘朝东

学科核心素养是当今课改的最热词，在近几年的中高考中，学科核心素养的考察力度都出现逐渐加大的趋势。什么是学科素养呢？朱汉国教授在《浅议 21 世纪以来历史课程标准的变化》一文中谈到：所谓学科核心素养，是以学科知识技能为基础，整合了情感，态度和价值观在内的，能够满足特定现实需求的综合性品质和相关能力。是学生学习该学科之后形成的，具有学科特点的关键成就。鉴于历史学科研究对象不可复制的独特性决定了历史学科的核心素养主要包括：时空观念、史料实证、历史理解、历史解释、家国情怀。在核心素养被炒成热词时，坐而论道固然重要，立而寻道唯其关键．下面就是老师们的寻道"尝试"，把"心语"流露出来是为了求教诸方并引起大家的思考。

在毕业年级的历史复习课上，教师一般会采取三个环节去设置课堂结构：梳理核心知识和强化记忆；对前后知识进行联系，对比；"喊口号，冒泡，贴签"式的进行情感价值引导。伴随着新一轮的课改浪潮，复习课的上法其实也应该与时俱进，不仅要引导学生深化知识、丰富思维、更需要涵养品质，不断提升历史学科核心素养。笔者在区里参加教研活动时候，有幸聆听了一节二战的复习课，使我脑洞大开，认识到复习课除了"我只能这样上""还可以这样上"

一、充分利用时间坐标，相关地图，培养时空观念

本次复习课的容量比较大，复习课分为三个板块构建（一）探寻战争缘由（二）重温战争历程（三）感悟战争启迪。在第二部分战争过程中，授课老师充分利用时间坐标和相关地图着力于持续 6 年的二战过程中的重要节点，信手拈来，举重若轻。两幅地图把二战前期欧洲战场和亚太战场的重大史实串联起来，突显二战的爆发，扩大，达到最大规模等标志性事件。继而抛出问题：为什么二战前期法西斯国家屡屡得手？既复习前面相关知识（绥靖政策），又引出战争转折的关键性事件，即世界反法西斯同盟的建立。之后，授课老师继续使用地图突显反法西斯同盟在军事联合上的几个重大史实，如第二战场的开辟，攻克柏林战役，以及苏联红军出兵中国东北。当整个二战过程拉完一遍后，授课老师用时间坐标回望整个历程，让学生以填空和联系的方式巩固基础知识。

在这一教学过程中，学生通过老师的讲解，提问，识别地图了解了历史发展过程中的时间逻辑和空间逻辑，通过二战的分期，分段，分地域的方式来描述和认识了二战的发展

二、梳理中外共时性大事，重视史料实证

本次复习课把中国抗日战争纳入其中，横纵向构建了中外历史发展的体系框架（时空素养），不仅体现出复习的综合性，而且也体现了复习课的素养立意。各个复习环节涵养的学科素养可谓你中有我，我中有你，几位一体，打包完成。例如：结合现实热点，针对日本右翼势力否认"南京大屠杀"我们能拿出哪些证据反驳？在问题驱动下，学生立刻展开讨论，在讨论回答的基础上，老师引导学生补充得出：孤证不立，除了受害者的控诉和加害者的自供以外，还可用第三方的证词，把三方的证据放在一起，构成一个完整的证据链，这样就大大提高了论证一个历史事件的信度。就这一事件而论，就使南京大屠杀铁证如山。由此，大家可以进一步思考，当我们要证实一个历史事件的可信，要证明一个观点的可靠，我们在论证上可以通过哪几个角度去寻找、组织、表达证据（论据），这个问题留给大家课后去作深入思考。教师大胆留白，给予学生更多的思考空间，事实证明，对历史感兴

趣的学生课后真的会利用互联网渠道抑或其他渠道收集，归类与问题相关的可靠性材料，并根据所学知识，逐渐形成说明问题或理解历史概念的思维过程。其实历史是一门注重逻辑推理和严密论证的人文社会科学，任何历史结论与批判都必须基于真实的，可靠的历史史料，论从史出，证由史来。虚假或伪造的历史培养不出善良与诚实的公民，凭证据说话和处事才是公民社会的基本要求。所以，从这一角度来讲，"吃什么"和"怎么吃"一样重要，甚至从某种意义上说以养育学生人格人性为主要目的的历史教学内容的选择与历史教育价值的深度挖掘显得比"知识本位"重要得多了。所以，在平时的教学和备考复习过程中，需要我们老师花更多的心思去挖掘教材的引申价值。

三、运用比较的方法，帮助学生理解历史知识

历史理解是历史解释的基础，初中重理解，高中重解释，加强历史理解能力，是可持续学习的基础，也是形成正确"历史价值观"的重要条件。马克·布洛赫在《历史学家的技艺》中提到：千言万语，归根结底，"理解"才是历史研究的指路明灯。课堂中采用比较法是帮助学生理解的常用策略，在本次复习课中对于如何理解"二战给人类带来空前的浩劫"，授课老师没有根据教材罗列这次战争的规模与损失的数据进行解答，而是通过列表比较一战和二战的规模和损失，让学生得出结论"战争规模空前：战火波及四大洲四大洋；参与国家，作战区域面积都是一战的2倍；生命财产损失巨大；死亡人数是一战的2倍，物质损失是一战的13倍。"这既体现了复习课的综合性，又能让学生建立起"空前浩劫"的理解。同时教师追问"空前浩劫"是"史实"还是"史论"，在学生回答的基础上，教师指出，"空前的浩劫"是主观历史结论，由其战争规模，战争损失的客观史实得出。以史实为依据，在历史叙述和理解中，做到"论从史出，史论结合"。从"史实"到"结论"就是归纳，从"结论"到"史实"就是演绎。我相信通过这样的教学对于帮助学生理解解材料题中的"根据材料归纳……""举例说明……"这样的设问无疑是有启发性的，只有充分理解设问，求答才有针对性。

再如学生对战后直到现在，日本为什么对历史持有不承认，否认的态度，一直感到难以理解和困惑，这里也可以通过列表对比，设计问题来帮助学

生理解历史。

	不同点		
	被告类型的选择	被告人的选择	刑罚的执行
纽伦堡审判	战犯个人和犯罪组织	包括当时德国的全部首要战犯	所有被判处徒刑的罪犯都没有被减刑或者提前释放
东京审判	甲级战犯个人	主导方没有将裕仁天皇列为被告	在日本的活动之下，被判处有期和无期的战犯全部得到了假释和减刑，并很快恢复了自由

设问：这三处不同会产生哪些影响呢？第一，对德国党政军机关和其他组织的起诉和审判，促使德国认真反思本国的战争责任，从而形成正确的历史认识，而日本则没有。第二，裕仁天皇逃脱了正义的审判，为日本右翼势力否定东京审判的合法性留下借口，也不利于正确认识战争历史。第三，刑罚的从宽执行破坏了东京审判的严肃性，让日本民众对审判的合法性产生质疑。其后对战争反思中，国家扮演着"风向标"的角色，如日本多位首相都去参拜靖国神社，日本政府修改历史教科书等等都是国家在掩盖战争罪行，为军国主义招魂。这样的对比教学对厘清日本认罪态度的源流或许有帮助。

当然任何历史理解都是主观的人为行为，不可避免地会将个人的知识结构，情感融入其中。历史学科作为人文学科，也是其他自然学科所不能代替独特魅力在于当大家都基本认同客观史实的基础上，如何解释客观史实，这是仁者见仁，智者见智的，教材只是历史的一种解释，不是唯一解释，甚至囿于教材的局限性，教材中的某些观念都不代表学术的主流观点，基于提升学生的历史学科素养，开拓学生的思路，作为教师我们应该在正确史观下，对同一史实多一些视角，提供更多详实的研究材料，抑或教材之外的一些解释材料（注意，这绝对不是翻案）给学生提供多种解释材料的意义在于告诉他们除了教材这种解释，还有其他解释，为什么这样解释，推导方式是什么，教材做出这样的解释，是站在怎样的角度和立场推导出来的，把几种观点摆出来，让学生自己去选择，学生要有自己的看法的前提是，他要了解不同的看法，然后才能形成自己的观点看法，如果学生从小到大只受一种教育，接受一种观点，谈不上选择。再比如说人要有信仰，信仰是什么，不是从小灌输到你脑子里面去的东西，信仰是告诉你这里有基督教，哪里有佛教，伊斯兰教，还有马克思主义，我在都了解的基础上做选择，这才是我独立的选择，否则当不同文明相遇，所谓的信仰就会崩溃。历史是一门有关解释的科学，也是客观史实与主观解释有机统一的科学，解释是有客观依据准绳，不是所谓的"伪科学"。素养的养成不是仅仅靠一两次的说教或一两节课的灌输就能完成的，它需要一个潜移默化的过程，在平时的教学中我们应根据教学内容的实际情况见缝插针的对学生进行点滴渗透。

四、从人的尊严，权利等角度全面评价历史事件，培养历史反思素养

历史教育的功效主要取决于对历史问题理性的思考。基于史实的认知和反思更能引领师生的精神成长，获得促进个人终生发展和民族，社会，国家发展需要的必备品格。在第三部分教学"感悟战争启迪"中，授课老师通过设问："结合当今国际形势，你认为怎样才能避免战争的悲剧不再重演？"将今天和历史建立起某种关联，既兼顾知识的前后贯通，上下相接（经济全球化与世界格局多极化趋势），又发挥了历史学科育人启智功能。

当然，战争史是非常复杂的，丰富的历史给学生的启示应该是立体的。授课老师在快结束教学内容时，也给学生开出了一系列书目和影视作品名单，供学有余力的同学在课外去阅读和思考。其中老师重点提及《安妮日记》，一部曾在西方引起轰动的日记，一部从1947年至今，翻译成67种文字，全球印发3100万册，全世界最畅销的日记，一部当代青年不可不读的经典名著，从这本书中可以看到一个少女对纳粹分子摧残，扭曲人性的控诉，一个与大家同龄的花季少女被时代操纵了命运，在那样一个特殊的年代，没有生的权利和获得尊严的权利。

授课教师从知识的角度，现实的角度，人性的角度引领学生较为全面的解读了二战这段历史，留给我们每个人深深的思考。我想当学生将来有

一天走向社会时，历史时所形成的核心素养却会让他们终生受用，他们与那些没有学过历史的人在素质方面，特别是情商方面就会有不一样的表现。

让每个生命都能散发出自己的光芒，让学生在今后的人生中，不论是做人还是做事，能时时，处处，事事具备"基于时空与实证，立足发展与多元，善于理解与评判"的价值理念与素养，也许是我们历史基础教育工作者所追求的理想境界，这种美好的理想也许永远无法完全实现，但是我们可以在无尽的岁月中无限的接近它。

从唐诗宋诗看蜀茶发展差异及榷茶对蜀地茶叶发展影响

重庆市字水中学　高兰兰

【摘　要】唐诗宋诗不仅是中国古代文学结晶，更是研究唐代与宋代社会生活的重要史料。本文主要对唐诗宋诗中的蜀茶进行搜集与梳理，讨论蜀茶在唐诗与宋诗差异产生的主要原因——榷茶，从而分析唐宋时期的榷茶制度对蜀地产生的影响。

【关键词】唐诗；宋诗；蜀茶；榷茶制度

唐宋时期，茶叶经济异军突起，陆羽的《茶经》是我国第一部关于茶的专著，陆羽也因此被称为"茶圣"。《茶经》开篇就说"茶者，南方之嘉木也，一尺二尺，乃至数十尺。其巴山峡川有两人合抱者，伐而掇之。"其中的"巴山峡川"尤指现在的四川（重庆）和湖北地区的交界区域，可见西南地区的茶叶盛名许久。常璩的《华阳国志·巴志》记载："周武王伐纣，实得巴蜀之师，其地东至鱼复，西至　道，北接汉中，南极黔、涪。土植五谷，牲具六畜。桑、蚕、麻、苎，鱼、盐、铜、铁、丹、漆、茶、蜜……皆纳贡之。"这说明早在武王伐纣时期，茶叶已是巴蜀地区（巴国）上供的重要珍品。明人王象晋曾谓"茶兴于唐，盛于宋，始为后世重矣。"那么盛极一时的西南地区茶叶从唐到宋又经历了怎样的变化呢？本文将从搜集到的关于蜀地茶叶描写的诗词文章分析从唐到宋蜀地茶叶差异发展的原因。

一、唐诗宋诗中的蜀茶差异

（一）唐诗中的蜀茶

唐代关于蜀茶的诗句也有很多，王建的《荆南赠别李肇著作转韵诗》中就有"楚笔防寄书，蜀茶忧远热。"韩愈《燕河南府秀才得生字》也有"芳茶出蜀门，好酒浓且清。"晚唐薛能的《夏日青龙寺寻僧二首》，"凉风盈夏扇，蜀茗半形瓯。"崔道融的《谢朱常侍寄贶蜀茶剡纸二首》，"一瓯解欲山中醉，便觉身轻欲上天"，赞叹蜀茶的味道极佳。白居易可谓是蜀茶的忠实拥趸，他的《杨六尚书新授东川节度使代妻戏贺兄嫂二绝》就赞叹过"金花银碗饶兄用，罨画罗衣尽嫂裁。觅得黔娄为妹婿，可能空寄蜀茶来。"当时杨汝士任户部侍郎，镇守东川，将蜀茶作为礼物赠与白居易，后来此句在许多文学作品中都有涉及。另一首《萧员外寄新蜀茶》："蜀茶寄到但惊新，渭水煎来始觉珍。满瓯似浮堪持玩，况是春深酒渴人。"也道出了四川茶叶流通广泛。还有《春尽日》里也有"醉对数丛红芍药，渴尝一碗绿昌明。春归似遣莺留语，好住园林三两声。蜀茶之名也。春归似遣莺留语，好住林园三两声。"这说明蜀茶当时在全国来说品质也属上乘。尤其是四川雅州（今雅安）的蒙顶茶在唐代品质最佳。《元和郡县图志·严道县》记载："蒙山在县南十里。今每岁贡贡茶。为蜀之最。"五代时期，毛文锡由于长期在蜀地居住生活，其撰成的《茶谱》对川茶有详细的介绍，"蒙山在县西七十里……山顶受全阳气。其茶香芳。按茶谱云。山有五岭。岭有茶园。中顶曰上清峰。所谓蒙顶茶也。为天下所称。"郑谷《蜀中三首(其二)》赞颂蒙顶茶的珍贵，"夜无多雨晓生尘，草色岚光日日新。蒙顶茶畦千点露，浣花笺纸一溪春"。白居易的《琴茶》也有蜀茶中蒙顶茶的描述，"琴里知闻唯渌水，茶中故旧是蒙山。"唐代诸多关于蜀茶的诗词文章都是赞扬蜀茶的品质上乘和珍贵，以及蜀茶经常作为官员（文人）间相互赠送的礼物。

（二）北宋蜀茶的"冷遇"

宋代是我国茶叶生产飞跃的时期，查课收入成为国家财政收入的重要来源。在宋代，由于我国整个经济重心的南移，南方已成为全国的经济中心，茶叶经济中心也逐渐由四川东移，所以宋代关于蜀茶的诗词文章明显减少，大多赞颂东南地区的茶叶。陈正敏的《遯斋闲览》有提到："统言福建泉韶等十州所出者，其味极佳而已。今建安为天下第一。"陆游《入蜀记》也没有对蜀茶没有过多描述，"建茶旧杂以米粉……两年来，又更以楮茶。与茶位颇相入。且多乳。惟过梅则无复气味矣。非精识者。未易察觉也。"此时的蜀茶只是作为搭配佳肴的饮品，不复唐时的珍贵。

从唐到宋，蜀茶由人人追捧到不复珍贵，原因何解？南宋朱翌道出了唐宋之间蜀茶的变化："唐造茶与今不同。今采茶者，得芽即蒸熟焙干，唐则旋摘旋炒。刘梦得《试茶歌》：'自傍芳丛摘鹰嘴，斯须炒成满室香。'又云：'阳崖阴岭各殊气，未若竹下莓苔地。'竹间茶最佳，今亦如此。唐末有碾磨，止用臼，多是煎茶。故张志和婢樵青，使竹里煎茶。柳子厚云：'日午独觉无余声，山童隔竹敲茶臼。'"唐人饮茶，不尚购买制成品种，往往自采而自制之，制就即饮，以新为贵。唐代饮茶方式是煮茶又称煎茶，还在茶末中加入盐、姜放入瓶缶，加入汤水浸泡后饮用或将茶与葱、姜、枣皮等熬成粥吃。宋代饮茶方式大大简化，主张清饮，不再有诸多限制，因此，宋代饮茶之风不止在宫廷和王公贵族，民间茶坊到处都是。由此，饮茶从士大夫阶层扩展到普通的下层市民，成为人们日常生活中的重要内容。消费需求的扩大，促进了茶叶的生产，茶区日渐扩大，以福建为中心的东南地区茶叶开始崭露头角。与此同时，四川的茶叶由于行销少数民族地区，注重数量而不太重视质量，自然忽略了制茶技术的改造和提高。

除此之外，消费需求的日益增长导致对茶叶的产量也随之增加，蜀茶除了有东南茶地的竞争，品质难以维持之外，榷茶制度的产生，也使得蜀茶的产量与东南地区相比相形见绌，到了北宋，榷茶解禁，惟独蜀地因政治需求，仍然实行榷茶制度，这就使得蜀茶在百姓心中的地位一落千丈，蜀茶的经济影响也大不如前。

二、唐代榷茶与北宋"惟蜀榷茶"

随着唐代社会经济的发展，消费水平的提高、佛教禅宗的传播，饮茶逐渐成为一种社会风尚，由此带来了整个茶叶经济的迅猛发展，其带来的丰厚利润也引起了朝廷的重视。唐政府为了控制茶叶和增加政府收入，在茶叶的生产、制作、流通和销售等方面都实行一定的限制政策和法令，包括税茶和榷茶。税茶是征收茶的注税和过税，榷茶是对茶叶实行专卖。在茶税成为国家重要的财政收入之后，唐王朝实行榷茶。

唐代的榷茶不止是单纯的专营专卖，而是一个复杂的发展、演变过程，孙洪升将唐代的榷茶分为三个阶段，前期的税茶，文宗时期的茶叶专卖以及后期税茶。贞元九年（793）正月，唐政府正式税茶。起因是贞元八年（792）发生水灾，影响了唐朝政府的正常税收。盐铁史张滂提出税茶的建议。关于这点，贾大泉的《四川茶叶史》中有不同记载。贾认为唐德宗建中三年（782）在我国历史上第一次对茶叶征收什一税。兴元元年曾下令停止收茶税。贞元九年又"复茶税"，自此之后，唐代茶税的征收再也没有中断过。因此，税茶正式征收的年份存在疑问。唐代的税茶基本上都是什一而税，杜佑在《通典》中云："贞元九年，制天下出茶州，商人贩者，十分税一。"

《续资治通鉴长编》卷五乾德二年八月辛酉条记："自唐武宗始禁民私卖茶。自十斤至三百斤，定纳钱决杖之法。于是令民茶折税外悉官，民敢藏匿而不送官及私贩鬻者，没入之。"文宗时期，已不再是征收茶税这么简单，指导思想由茶税到茶叶专卖。这种榷茶思想来源于郑注，盐铁史王涯将榷茶思想贯彻实施。"帝问富人术，以榷茶对。其法欲置茶官，籍民圃而给其直，工自撷暴，则利悉之官。帝始诏王涯为榷茶使。""王涯献榷茶之利，乃以涯为榷茶使。茶之有榷税，自涯始也。"太和九年（835年）九月，在茶税不断加重，茶叶的流通贸易出现问题的情况下，税茶变为政府的茶叶专卖（榷茶）。规定凡民间茶树，统统要移至官营茶园，同时要将民间存茶，一律焚毁；把茶的种植、制造、销售全部归官府掌控。开成元年（836），将西川茶税归盐铁史管理，四川的茶叶贸易基本为官府垄断，茶利弥补了唐政府的巨大军费开支，蜀茶一时名声大噪。

北宋时期，榷茶制度制定更加严密和完善，"宋制，榷货务六：江陵府、真州、海州、汉阳军、无为军、蕲州之蕲口。又有场十三……又买茶之处：山场之制，领园户，受其租，余悉官市之。又别有民户折税课者，其出鬻皆在本场。诸州所买茶，折税受租同山场，悉送六榷务鬻之。"官府设立六个管理贸易和税收的机构"榷货务"，以及十三个专门的买卖的榷场，这些榷场都是官府官方管理。东南榷茶始于乾德元年（964），弛禁于嘉祐四年

（1059），复榷于崇宁元年（1102），四川地区榷茶始于熙宁七年（1074），但一直没有弛禁。这就形成嘉祐四年之前"天下茶皆禁，唯川峡、广南听民自买卖，不得出境。"而在嘉祐四年后又是"天下茶法既通商，而两川独行禁榷"的局面。

之所以在四川实行这样的制度，与四川独特的地理位置和北宋时期的经济发展息息相关。经济重心的南移使得东南地区的榷茶有利于增加政府的财政收入。同时，北宋王朝常受到契丹、西夏的军事威胁，必须垄断茶叶的产销，迫使茶商购买军粮输边，或在京师纳钱，然后才能到东南沿江榷货务买茶，将茶叶运至西北，与夷狄进行交易，获取厚利。四川地处西南边疆，且适宜茶叶生长，经常与吐蕃等少数民族地区进行茶叶贸易，达到巩固边疆的目的。吐蕃与中原民族饮食习惯有很大的不同。吐蕃地区以畜牧业为主，多养牛、马、羊，农业为辅，民众多以奶酪，牛羊肉为食。这种饮食习惯决定了他们的日常生活离不开解油腻、清肠胃的茶叶。

其次，总计北宋平蜀后的三十多年中，四川地区爆发了十多次较大规模的农民和士兵起义，这在当时国内其他地区是未曾有过的。四川人的反抗斗争，给了统治者以沉重的打击。淳化年间王小波、李顺起义对延缓北宋在蜀地榷茶起了极大的作用。据文献记载，北宋政府在东南地区榷茶制度健全和巩固之后，淳化年间曾有在四川榷茶的打算。苏辙说："臣闻五代之际，孟氏窃据蜀土，国用偏狭，始有榷茶之法。及艺祖平蜀之后，放罢一切横敛，茶逐无禁，民间便之。其后淳化之间，牟利之臣始议倍取。"然而这次"始议倍取"导致了王小波、李顺"贩茶失职"，爆发了川峡地区大规模的农民起义。榷茶之议，只得寿终正寝。直到熙宁七年王安石变法派李杞到成都"相度""置市易利害"时，还有官僚顾虑怕再引起类似王小波、李顺起义，足见这次起义对延缓在四川榷茶的影响达几十年之久。

不仅如此，榷茶在推广过程中，由于损害了茶商利益，受到茶商的反抗和破坏，历经两朝三十年才在东南地区健全和巩固下来。官府为了与茶商争利，榷茶以来，茶法朝令夕改，茶商时而拒绝买茶，时而抬高纳粮草价格，使官府处于被动地位，官府榷茶无利可图，被迫于嘉祐四年废除榷禁，令其通商。而四川地区从北宋平蜀后的三十年间，爆发了近二十次大规模的农民和士兵起义，社会动荡不安，此时，北宋政府在东南榷茶遭到抵制，已无力再开辟新的榷茶地区，唯独"川峡、广南听民自买卖，不得出境"。

三、从"蜀茶寄到但惊新"到"茶为民害"

熙宁七年榷茶以前，四川贩卖茶叶的茶商还是有利可图的，特别是与川边少数民族进行茶叶交易的茶商，利润更高。熙宁七年，宋政府为与秦凤熙河博马，开始禁榷川茶。"（熙宁）七年，始遣三司干当公事李杞入蜀经画买茶，于秦凤、熙河博马。初，蜀之茶园，皆民两税地，不殖五谷，唯宜种茶……杞被命经度，又诏得调举官属，迺即蜀诸州创设官场，岁增息为四十万，而重禁榷之令。"李杞入蜀之后，不断加重蜀地的茶税，其后的蒲宗闵更甚，"先是，杞等岁增十万之息，既而运茶积滞，岁课不给，即建画于彭、汉二州岁买布各十万匹，以折脚费，实以布息助茶利，然茶亦未免积滞。都官郎中刘佐复议岁易解盐十万席，雇运回车船载入蜀，而禁商贩，盖恐布亦难敷也。诏既以佐代杞，未几，盐法复难行，遂罢佐。而宗闵乃议川峡路民茶息收十之三，尽卖于官场，更严私交易之令，稍重至徒刑，仍没缘身所有物，以待赏给。"随着茶利的不断增加和禁令的日益严酷，其负面效果逐渐显现，"于是蜀茶尽榷，民始病焉。"

宋代诸多诗词中都提到了"茶为西南病"。苏轼的《送周朝议守汉州》中有"茶为西南病，岷俗记二李。何人折其锋，矫矫六君子。君家尤出力，流落初坐此。谓当收桑榆，华发看剑履。胡为犯风雪，岁晚行未已。"李杞、李稷以及之后的蒲宗闵在主持蜀茶期间，不断加高茶课，百姓深受其害。此时彭州知州吕陶上奏《奏具置场买茶旋行出卖远方不便事状》，里有此记载："天下茶法既通，蜀中独行禁榷。况川峡四路所出茶货，比方东南诸处，十不及一。诸路既许通商，两川却为禁地，亏损治体，莫甚于斯。且尽榷民茶，随买随卖，或今日买十千，明日即作十三千卖之，比至岁终，不可胜筭，岂止三分而已。佐、杞、宗闵作为敝法，以困西南生聚。"买茶场掠夺茶园户的办法，一是压其斤两，侵其价值。榷茶之前，每斤能卖七八十文之茶，一般只按五十文收买；每袋十八斤之茶，只作十四五斤，甚至十斤计算。二是支付茶钱或以银推折，每两比市价高估四五百文，或多支交子少用现钱，使园户亏损钱帛。三是预支茶本，名曰出息二分，实乃"假令米一石八百钱，即作一贯文支侬，仍出息二分，计一贯二百文"。李稷替代李杞治蜀茶期间，并没有减轻蜀地的茶课，吕陶还因此被治罪，时任侍御史的周尹也上奏陈榷茶为害，也被罢为湖北提点刑狱。李稷治蜀茶期间"获净息四百二十八万缗"，因其"成效显著"，皇帝下诏赐田十余顷，而由于政治立场的不同，李杞、李稷主持蜀地茶叶专卖期间，因反对榷茶，周思道（周表权）与其侄子周尹（正孺）、张永徽、吴醇翁、吕元钧（吕陶）、宋文辅六人受到朝廷的严厉处罚。

唐代，作为茶叶最早发源地的四川地区由于其特有的自然环境使得蜀茶一度声名鹊起，名扬四海，这也体现在诸多唐诗中，许多蜀茶诗词多为赞颂蜀茶品质上乘以及来之不易。到北宋时期，蜀地的茶叶则经历了由"听民自买"到"独行禁榷"的政策变化，蜀茶的政治用途大于经济作用，以茶易马成为北宋中央政府控制少数民族地区的有效手段。并且随着经济重心的南移，茶利的迅猛增加，东南福建等地的茶叶经济迅速崛起，蜀茶的数量和品质都不再占有地利人和。而蜀地茶叶经济的迅猛增长，使得茶商、百姓与官府之间的矛盾日渐尖锐，榷茶制度唯独在蜀地长期施行使其为诸多文人所诟病，文学作品也不再是对蜀茶的歌咏之词，而是对蜀地的榷茶的变相控诉。

参考文献：

[1] 常璩：《华阳国志·巴志》卷一，齐鲁书社，2000 年，第 2 页。

[2] 王象晋纂辑，伊钦恒诠释：《群芳谱诠释》，农业出版社，1985 年，第 130 页。转引自卢华语、蒲应秋：《唐宋时期西南地区茶叶的流通贩运与市场销售》，《中国经济史研究》，2016 年第 4 期。

[3] 彭定求：《全唐诗·卷四百五十六·白居易·杨六尚书新授东川节度使代妻戏贺兄嫂二绝》，中华书局，1960 年，第 5176 页。

[4] 白居易：《白居易诗集校注·卷第十四　律诗·萧员外寄新蜀茶》，中华书局，2006 年，第 1114 页。

[5] 此时白居易应在洛阳。

[6] 白居易：《白居易诗集校注·卷第三十六　半格诗　律诗附·春尽日》，中华书局，2006 年，第 2770 页。

[7] 李吉甫：《元和郡县图志》卷三十二《严道县》。

[8] 郑谷：《郑守愚文集》卷二。

[9] 陈正敏：《遯斋闲览》，编于《茗溪渔隐业话前集》卷46。

[10] 陆游：《入蜀记》卷一。

[11] 朱翌：《猗觉寮杂记》卷上。

[12] 金珍淑：《关于陆羽＜茶经＞中饮茶观点的研究》，浙江大学，2005年。

[13] 贾大泉，陈一石著：《四川茶叶史》，巴蜀书社，1989年，第29页。

[14] 孙洪升：《唐代榷茶述论》《农业考古》，1997年第4期。

[15] 贾大泉、陈一石：《四川茶叶史》，巴蜀书社，1989年，第29页。

[16] 杜佑：《通典·卷第十一食货十一·杂税》，中华书局，1988年，第251页。

[17] 李焘：《续资治通鉴长编·卷五太祖乾德二年》，中华书局，2004年，第131页。

[18] 欧阳修、［宋］宋祁撰校：《新唐书·卷一百七十九列传第一百四·郑注》，中华书局，1975年，第5315页。

[19] 刘昫:《旧唐书·卷十七下本纪第十七下文宗下》，中华书局，1975年，第561页。

[20] 孙洪升：《唐代榷茶述论》，《农业考古》，1997年第4期。陈祖椝，朱自振编：《中国茶叶历史资料选辑》，农业出版社，1981年，第25页。

[21] 马端临：《文献通考·卷十八征榷考五·榷茶》，中华书局，2011年，第503页。

[22] 马端临：《文献通考·卷十八征榷考五·榷茶》，中华书局，2011年，第504页。

[23] 吕陶：《净德集》卷一，《奏具置场买茶旋行出卖远方不便事状》。

[24] 李贾大泉、陈一石：《四川茶叶史》，巴蜀书社，1989年，第29页。

[25] 贾大泉：《宋代四川地区的茶叶和茶政》《历史研究》，1980年第4期。

[26] 苏辙：《栾城集》卷36《论蜀茶五害状》，上海古籍出版社，1987年，第785页。

[27] 脱脱：《宋史·卷一百八十四志第一百三十七食货下六》，中华书局，1985年，第4498页。

[28] 脱脱：《宋史·卷一百八十四志第一百三十七　食货下六》，中华书局，1985 年，第 4498 页

[29] 苏轼；[清] 王文诰辑注：《苏轼诗集·卷三十古今体诗六十三首·送周朝议守汉州》，中华书局，1982 年，第 1603 页。

[30] 洪迈：《容斋随笔·三笔卷十四·12 蜀茶法》，中华书局，2005 年，第 597 页。

专著：

[31] 常璩：《华阳国志》，齐鲁书社，2000 年。

[32] 贾大泉，陈一石着：《四川茶叶史》，巴蜀书社，1989 年。

[33] 彭定求：《全唐诗》，中华书局，1960 年。

[34] 白居易：《白居易诗集校注》，中华书局，2006 年。

[35] 李吉甫：《元和郡县图志》。

[36] 郑谷：《郑守愚文集》。

[37] 杜佑：《通典》，中华书局，1988 年。

[38] 李焘：《续资治通鉴长编》，中华书局，2004 年。

[39] 欧阳修、[宋] 宋祁 撰：《新唐书》，中华书局，1975 年。

[40] 刘昫：《旧唐书》，中华书局，1975 年。

[41] 脱脱：《宋史》，中华书局，1985 年。

[42] 苏轼撰；[清] 王文诰 辑注：《苏轼诗集》，中华书局，1982 年。

[43] 洪迈：《容斋随笔》，中华书局，2005 年。

[44] 董诰编：《全唐文》，中华书局，1983 年。

[45] 何光远：《鉴戒录》。

[46] 陈祖槼，朱自振编：《中国茶叶历史资料选辑》，农业出版社，1981 年。

[47] 陈正敏：《遁斋闲览》。

[48] 陆游：《入蜀记》。

[49] 朱翌：《猗觉寮杂记》。

[50] 马端临：《文献通考》，中华书局，2011 年。

[51] 吕陶：《净德集》。

[52] 苏辙：《栾城集》，上海古籍出版社，1987 年。

论文：

[53] 金珍淑：《关于陆羽＜茶经＞中饮茶观点的研究》，浙江大学，2005 年。

[54] 贾大泉：《宋代四川地区的茶叶和茶政》《历史研究》，1980 年第 4 期。

[55] 卢华语、蒲应秋：《唐宋时期西南地区茶叶的流通贩运与市场销售》，《中国经济史研究》，2016 年第 4 期。

高中历史教学对学生唯物史观的培养研究

重庆市字水中学　骆昊雨

【摘　要】随着十九大的明确指出，要求落实立德树人的根本任务，2017年版的课程标准也相应的做出了修订。为了满足新课改的需要，坚持育人为本，德育为先，在历史学科方面，新课标提出了五大学科核心素养，并且把核心素养作为衡量一个学生是否具备历史学科能力的关键。为落实核心素养中唯物史观的培养，本文采用文献法和问卷调查法，从唯物史观的含义出发，对高中历史教学中唯物史观的运用进行了研究。结合教学实践和教学反思，展现唯物史观在高中历史教学中的意义和价值，让唯物史观成为学生解决学习和现实生活问题的思想武器。

【关键词】历史学科核心素养，唯物史观、高中历史教学，培养策略

　　改革开放以来历次党代表大会报告"历史回顾"部分，都坚持唯物史观立场，对党领导人民进行的中国特色社会主义建设历程进行阶段性总结。[1]坚持以唯物史观的观点去评价党领导的革命历程，回顾历史经验，总结成绩分析问题，能够为中国特色社会主义理论的发展和完善提供历史基础。基础教育课程承载着党的教育方针和教育思想，规定了教育目标和教育内容，是国家意志在教育领域的直接体现，在立德树人中发挥着关键作用。[2]因此，

中学历史课堂也应该深入学习十九大的精神，坚持唯物史观的立场分析问题和现象，评价历史事件和历史人物，通过这样的方式培养学生正确的是非观和价值取向。

一、唯物史观的内涵

1. 马克思和恩格斯阐述的唯物史观

唯物史观是马克思主义哲学的重要组成部分，是科学的社会历史观和方法论。在《德意志意识形态》中，马克思和恩格斯对唯物史观的阐释大致有以下两层意思：

第一，这一历史观是有异与唯心主义历史观的，而非某一时代的某个方面，这是从一开始就以实现历史为基础的，并非是通过观点来对实践进行说明的。这是站在物质实践的角度来对各类观念形态进行相应的说明。这里虽然没有明确指出是唯物史观，但其表述的意思就是唯物史观。在马克思恩格斯这里，唯物史观是一种历史观，是遵循和按照唯物主义的原则去看待和解释历史。

第二，这一历史观的核心就是能够以物质生产为基础，对现实生产过程进行解释，同时将与这一生产方式连接起来的各个层次的社会都作为历史基础。将市民社会看作是国家活动来对其进行相应的言语说明，更能以市民社会为基础进行意识有关产物的说明。其中就包括宗教以及哲学，同时对其生产交流进行跟踪。在此处马克思所提及的物质生产与交往形式市民社会与社会形式意识，这些都是构成生产力与生产关系经济基础与上层建筑等唯物史观的初步形态。

2. 唯物史观的基本思想

唯物史观的基本内容在高中教学中主要体现了十大思想：社会存在决定社会意识；生产力决定生产关系；经济基础决定上层；社会形态渐进发展规律（即人类历史从简单到复杂，从低级到高级的发展历程)；阶级斗争理论；人民群众是历史的创造者；人类世界从分散到整体；历史发展的必然与偶然；地理环境与人类历史的联系。高中历史教学中，"唯物史观"教学的主要目标包括："学生能够了解唯物史观的基本观点和方法，理解唯物史观是科学的历史观；能够正确认识人类历史发展的总趋势；能够将唯物史观运用于历史的学习与探究中，并将唯物史观作为认识和解决现实问题的指导思想。"

二、高中阶段培养学生的唯物史观的意义

1. 有利于学生树立正确的价值观

中学阶段是青少年树立和形成正确的人生观、世界观、价值观的关键时期。而中学历史课承载着历史学的教育功能，历史学教育的重要意义之一就是要通过学习历史史实，渗透历史观，让青少年在学习历史的同时树立正确的三观。而以唯物史观的思想为指导，不仅能够帮助他们形成良好的思维方式，使得他们在学习的时候受益，还可以帮助他们解答平日里的疑惑，在这个人生的重要时期，指导他们的生活，走出迷茫和困惑，建立健全的人格。

2. 有利于培养学生的历史思维品质

唯物史观是中学历史教学唯一正确的方法论体系，培养学生形成唯物史观的思维方式，可以帮助他们在历史学习的过程中，不被表面的现象所迷惑，剥开层层的迷雾，探寻历史的真相。史学观念是历史学习的角度问题，找好了学习的角度，为学生掌握正确的史实，探究历史的价值，发掘历史的本质，正确的评价历史事件和历史人物，提供了良好的途径。让学生在学习和生活的过程中，学会实事求是，具体问题具体分析，能够辩证的看待事物，看待世界的目光更加深邃。而教师正确的认识和运用唯物史观，可以保证历史教学目标的一致性。指导学生运用唯物史观分析和解决问题，可以有效的塑造和提高学生的历史思维品质。

3. 有利于提高课堂的教学质量

中学历史教学肩负着落实立德树人的根本任务，这个任务能否实现是跟育人价值能否体现休戚相关的。而这个任务实际上也是对我们提高课堂教学质量的要求。作为一名教师，研究和学习唯物史观，能够提高自身的思想觉悟，丰富自身的专业素质和业务能力，能够给予学生以正确的思维导向，帮助他们少走弯路。唯物史观的经典原理为老师们的历史研究提供重要的方法论，有助于培养老师钻研探索，综合创新等优秀品质，从而打造出灵动而有深度的课堂。掌握了唯物史观的思维方法，能够让学生去感悟历史发展的脉搏，认识正确的历史发展方向，认识时代的发展潮流，甚至是用

正确的科学的思想理论去放眼世界,观察世界的发展。立德树人的根本目标,要求历史教学要做到以文化人,坚持马克思主义唯物史观的重要方向,而历史课堂就是弘扬和培育社会主义核心价值观的重要阵地。通过对历史事件、历史人物的学习,让学生们深刻的感受到国家的历史发展进程,使得他们自觉的认同中华民族和中华文明,确立起他们的道路自信、理论自信、制度自信和文化自信。这样一来,学习唯物史观就使得不论是老师教的层面还是学生学的层面都有了一个质的提升,课堂的深度有了,思想的方向有了,学生的认识也自然而然的提升了,课堂的教学质量也就提高了。

三、高中历史教学中唯物史观的培养策略

1. 从社会存在决定社会意识的视角,看待历史发展变化

在人类历史的漫长发展过程中。首先是人类通过自身的劳动,创造了人类社会的物质财富,这些物质财富就是社会存在。同时,在人类社会物质财富基础上,人类的精神生活发生着巨大的变化,即意识形态发生着巨变。所以,坚持唯物史观的高度看历史,就是以社会存在决定社会意识的角度看待历史发展变化。例如,春秋战国时期"百家争鸣"局面的出现,就是因为当时铁农具和牛耕的推广,社会生产力提高,出现了私田,井田制瓦解,封建土地私有制确立,小农经济逐渐形成。在这样的基础上,各国发生巨大的动乱,中国社会进入大变革时期,人们的思想也变化,各个阶层都提出了自己的思想主张,形成了百家争鸣。再如,现代主义文学的产生,两次世界大战和严重的经济危机,导致西方世界出现精神危机,于是大量的强调表现自我,手法怪诞的文学作品产生,如《等待戈多》。

2. 坚持从联系、发展、辩证的视角,科学评析历史问题

在高中历史的教学中,许多同学虽然很努力,但是没有取得理想的成绩,原因之一就是没有以唯物史观为指导,导致很多学生不会联系、发展、辩证的看问题,尤其在历史学科的研究学习中,不能采用发散思维来评析历史问题。例如,洋务运动。有些同学只看到洋务运动的失败:在甲午中日战争中清军战败,北洋水师全军覆没,洋务运动宣告失败。但是采用联系和发展的观点评析洋务运动结果,就能认识到:洋务运动虽然失败,但是引进了西方的先进技术,培养了一批科技人才,客观上促进了民族资本

主义的产生，对列强的经济侵略起到一定的抵制作用，对本国封建经济的瓦解也有推动作用。

3. 坚持从人民群众是历史的创造者的视角，探寻历史发展的缘由

唯物史观强调历史是人民群众创造的。因此对于高中历史的教学，教师需要帮助学生认识到：人民群众是历史的创造者。例如，古代中国，文景之治、贞观之治、开元盛世和康乾盛世的出现，都离不开当时劳动人民的辛勤劳动；我们现在所看到的万里长城、至今仍然可以使用的都江堰，以及神秘的敦煌莫高窟，都是人民群众的智慧的结晶。历时 14 年的抗日战争的伟大胜利，是亿万中华儿女前赴后继的伟大奋斗，是革命群众的伟大牺牲换来的；当代中国，全面小康社会的全面实现，离不开 14 亿中国人民的万众一心和众志成城。同时，唯物史观也非常重视杰出历史人物和领袖人物在历史发展中的作用。例如，近代美国，在面临严重的经济危机之时，罗斯福临危受命，实行"新政"，开创国家干预经济发展的新模式，带领美国走出经济危机，避免了美国走上法西斯主义的道路。近代中国，毛泽东思想的指导下，取得了抗日战争和解放战争的伟大胜利，中国人民真正站了起来；当代中国，在习近平新时代中国特色社会主义思想的指导下，实现中华民族伟大复兴的中国梦，离我们已经越来越近。

"唯物史观"应该是中学历史学科教与学的真正基石，是学科核心素养的核心。学生对"时空观念""史料实证""历史解释"等要有充分的理解和运用，都离不开作为"核心理论"和"指导思想"的"唯物史观"的支撑。中学阶段对历史学科"真实情境中的问题"的解决，往往是通过考试集中体现出来的。而最具代表性、权威性的考试则是高考。国家通过高考来彰显对培养学生核心素养的重视，突出"立德树人"的宗旨。[3] 但是高考是教学的一个阶段性的目标，它不是终极目标，作为教育工作者，尤其是一线的历史教师，更应该去把握好唯物史观以及课标提出的要求，要更加积极努力的去解读，并且付诸实践。

参考文献：

[1]曲洪波，吕岑．唯物史观视域下改革开放以来党的代表大会报告"历史回顾"部分研究[J/OL].湖南行政学院学报，2020(02)：75-83[2020-03-24]。

[2]中华人民共和国教育部制定．普通高中历史课程标准（实验）[S].人民教育出版社，2017．前言第1页。

[3]刘宏法．唯物史观在历史学科素养中的统领地位初探——从2018年高考全国文综Ⅱ卷32题谈起[J].中学历史教学，2019(01)：60-62。

学术论文：

[4]黄莉翔．唯物史观核心素养在中学历史教学的培养研究[D].广西师范大学，2018：13-14，40。

[5]张伟．历史核心素养目标下高中历史唯物史观教学的研究[D].山东师范大学2019：25。

期刊文献：

[6]刘宏法．唯物史观在历史学科素养中的统领地位初探——从2018年高考全国文综Ⅱ卷32题谈起[J].中学历史教学，2019(01)：60-62。

其他文献：

[7]曲洪波，吕岑．唯物史观视域下改革开放以来党的代表大会报告"历史回顾"部分研究[J/OL].湖南行政学院学报，2020(02)：75-83。

[8]中华人民共和国教育部制定．普通高中历史课程标准（实验）[S].人民教育出版社，2017：1-4。

让历史课堂迸发出学生的火花

——两则教学案例引发的教学反思

重庆市字水中学　于春江

【摘　要】本文中两则教学案例真实地发生的笔者的教学课堂，使笔者深受启发和反思。在新课程改革的背景下，历史课程教育在素质教育中有着不可替代的作用。基于此，笔者认为，深化课堂改革，在考虑老师如何教的同时，还需充分考虑学生如何学的问题，因此，对传统课堂教学的反思，特别是反思我们的教学理念、教学模式和评价体系，让历史课堂迸发出学生的火花，对学生的全面发展和教师的自身发展，全面实施素质教育，推动基础教育改革都大有裨益。

【关键词】新课程改革　素质教育　教学反思

案例背景：在素质教育和新课程改革的背景下，素质教育、课程改革，是中学基础教育追求的理想。但课堂教学观念的更新依然是一个很漫长渐进的过程。新旧教育观念存在冲突和矛盾。在教学实践中往往出现截然相反的两种情况：一是仍然坚持老师权威的"一言堂"，老师的话就是"皇帝的圣旨"，学生丝毫不能加以反驳和提出异议。二是为体现新课改的精神，过分强调学生的自主性和自觉性，让学生全面动手，而放弃老师的指导作用。笔者认为，这两种情况都不利于中学教育事业的发展，能有效将这两种模式综合对教学改革大有裨益，也有利于推动我国的基础教育改革。

教学案例一：

我在教学必修一教材讲宗法制的核心是嫡长子继承制时解释了什么是嫡长子，以及嫡长子继承制的一个原则：立嫡以长不以贤；立子以贵不以长。为了进一步理解这个原则。我设计了一个思考题：阅读下列材料思考：王位应该由谁来继承呢？你的依据是什么？

周天子年老了，打算立下继承人。周天子有四个儿女：

大儿子——二夫人所生，二儿子——大夫人所生，三女儿——大夫人所生，四儿子——大夫人所生。

大儿子：我是长子，年纪最长，你们都应该听我的。

二儿子：我是正室夫人所生，而且我又是儿子，当然应该由我来继承王位。

三女儿：我最聪明伶俐，学识渊博，所谓巾帼不让须眉，当然由我来统治周朝。

四儿子：你们都别争了！我是父王最疼爱的儿子，父王一定会挑我的。

读完材料同学们立马答出是二儿子继承王位并且答出了原则。我正准备讲下一个内容时，有个同学站起来说"老师，如果正妻没有生育能力或者没生儿，那么王位的地位和财产由谁来继承？"话音刚落，全班哄堂大笑，立马热烈讨论起来。我一听大为诧异，脑中一个念头：高一的新生怎么有水平提出这样的问题，是哗然取宠？还是故意搞乱课堂秩序？因为在教学设计时我从没有设计过这个问题。但转念一想他是高一新生这个问题问得很好啊，不能发火生气，更不能浇灭同学们学历史的热情和积极性。于是在同学们讨论的时候，我积极思索，依稀记得大学时好像学过相关知识就直接回答说："如果正妻无儿子，庶妻中哪个地位最尊就立她的儿子来继承。"回答完之后，同学们见我回答得不是很确定，露出了半信半疑的神情，一个同学见状说："老师，上网查查"，我只好我硬着脸皮，惴惴不安上网查，仅凭当年的记忆，如果讲错了怎么办。在百度百科里讲到了学生问的这种情况，而且还列举了例子。还好没讲错，我如释重负，立即表扬了这位同学并号召大家向他学习，同时希望同学们在学习上不耻下问，多到办公室问老师。但这件事确深度警示我旧教材中没讲而新课改教材增加的内容，为避免在课堂出问题，教师在备课时更应该充分涉及相关联的知识做充分的准备。

教学案例二：

我在教学必修二时经历过这样一件事，给我很大启发，也让我甚感惭愧。在学习"二战后的国际货币体系"讲解二战后布雷顿森林体系的双挂勾原则时，我说"黄金储备量影响一个国家的货币发行量"。正在这时一名叫骆宇的同学举手要求发言，说"老师，你讲错了，政治课讲的是一个国家的货币发行量是由需求量决定的。"可能是她的发言激发了另一位同学的勇气，加外一位同学也站起来说："对，政治老师是这么讲的，老师你讲错了"。当即拿来政治课本原话给我看。其他同学确露出了惊讶的表情，好像在说你敢挑战老师的权威。

面对这出其不意的情况，我在表扬他们能思考和大胆提问的同时，则以飞快的速度思考应付的办法：如果能与他们讨论这个问题，教学任务很难完成，我的教学设计中根本没这一环节。如果用以前惯用的手段"这个问题我们课后讨论"继续把学生引入我精心预设的教学程序之中，这样做，学生质疑的热情，学生的创意思维很可能被扼杀了！我当机立断放弃了已制作好的多媒体课件，对学生说："你们提出的问题我不知现在的货币制度是什么，也不如何回答清楚，我只知道金本位制度在一战后就结束了。但是注意我讲的关键词：影响，现在我们马上上网查相关知识"。结果我查了黄金储备、布雷顿森林体系，金本位制度等相关知识，并和同学们一起学习、讨论，结果同学们增长了课外知识，也弄清了一战后国际货币演变的相关知识，学生获得了满足感和作为学习主人自主获取知识的成就感。下课之后我和政治老师再次探讨了相关问题，第二节历史课时，我再次表扬了学生。从此之后，我发现这两位同学对老师态度特别亲切，上课时更加勇跃提问和思考问题，很多同学上历史课的积极性也高起来了。

教学反思：

这两则案例，尤其是"老师，你讲错了"这句话，尤如春天里的一声惊雷，引起我对历史教学现状的深刻反思：

（一）教师备课侧重于在教学过程的设计，而过程设计又过于具体、详尽，从而忽视了备学生这一重要环节。

教案是带有很强主观性的。教师备课的侧重，除了对本课的重点难点等的分析与处理外，往往更多的考虑的是教学过程的设计，且力求尽善尽美，每一个子目怎么讲，需要学生回答什么，甚至过过渡语怎么说等全设计好，重点考虑的是教师如何教的问题，而恰恰忽视了学生这个学习主人，忽视考虑学生在学习过程中可能会遇到哪些问题和解决这些问题采用哪些方法、途径以及课程资源的储备，完全没考虑学生如何学的问题。在这样教案的导向作用下，学生可能会成为被动接受知识的工具而已，也就出现了填鸭式的满堂灌的状况。所以教师在备课编写教案时，要做好备学生这一环节。留一点空间，给学生思考、谈自己的看法、进行讨论，要有一定的灵活性，在教学实施中不拘泥教案，可根据课堂情景和实际情况及时灵活调整教学计划。

（二）课堂教学以教师为中心，以学科、书本、课堂为中心"以不变应万变"忽视复杂的教育对象，很少让学生通过自己的参与活动与实践来获得知识。

目前的课堂教学，仍以教师的讲授为主，重视基础知识和基本技能的传授。老师凭借教科书、教学参考书和其他一些教学资料，借助多媒体课件，按部就班进入"程序式"教学。很少鼓励学生提问，一旦在课堂上学生提出自己预先设计以外的问题便会用"课后讨论""课后再说"等搪塞过去，甚至出现卡壳解答不了的窘态。学生始终被老师牵着鼻子走而缺少自主探索、合作学习、独立获取知识的机会，这种亦步亦趋的学习方式是培养不出真正具有求实精神、创新思维和进取精神的学生的！这也是与新课程理念背道而驰的。我认为要改变课堂教学行为，首先要确立以生为本的思想，考虑这节课如何设计才更多地符合学生实际？上课时让学生表达他们想了解什么？增强教学的针对性和有效性。要引导学生去寻找解决问题的方法，养成创造性学习和主动学习的习惯，这样才能调动学生学习历史的兴趣和积极性。

（三）对有效课堂教学认识的误区，把有没有完成教学内容作为有没有效益的唯一指标。

什么样的课堂才是有效课堂是当前中学教育探讨的重点。在传统的教学理念和传统教学模式下，教师认真的将这堂课的内容全部传授给学生，就算完成了教学任务和目标，就算一堂有效益的课堂。而新课程理念认为，有效课堂的教学还应更多地关注学生的进步和发展，要求教师要有全面育人的观念，构建引导学生主动学习的学习环境，提高学生自主学习，合作交流，分析和解决问题的能力。由此我认为，我们中学历史教育必须确立学生的主体地位，既要注重学生本堂课的学习效率和收获，又要考虑每堂课对学生以及以后乃至终身进步和发展的作用。既要注重历史学科教学内容体现史学的价值，又要考虑与之相关学科的知识的有机整合。

（四）对学生的评价体系单一、片面，没有真正体现学生的自身价值。

中学校长对教师的评价就是以所教学生的考试成绩主要依据，这就造成了教师非常注重对学生功利性应试教育，从而只形成对学生的学业成绩评价，造成评价体系单一、片面，忽视了学生素质的全面发展，更没真正体现学生自身价值和素养。主要表现在用各种数据来对月考，半期、期末考试成绩进行分析，对学生平时的历史学习情况缺少记录和考评，更没有建立学生的学习记录和成长档案，培养的学生缺乏创造性和可持续发展的能力。新课程方案中明确提出了改革传统评价体系，建立发展性评价体系，强化对学生的素质教育，培养全面发展的高素质中学生，目前重庆中小学历史教育正在进行有益的探索，建立了 SOLO 评价体系，而且在新高考试题中体现这种新的评价体系，指引中学历史教学新的方向。

（五）重经验，轻学习，需更新观念，抛弃经验主义，建立学习型的教师队伍。

有经验的教师是毫无疑问是学校的一笔财富，得到学校领导，家长、学生的厚爱和重用。但如果这些教师不思学习进取，知识更新较少，只凭原有的知识体系和积累的教学经验固步自封，在教学实践中就会犯这样和那样的错误。我就是凭经验而差点让自己原形毕露。在新课程背景下，面对新的教学理念和新的教学模式，新的知识构架，无论你是年轻教师还是有经验的老师都要适应新课改要求，成为一名学习型教师，真正做到"活到老，学到老"。

总之，在时常的教学中我们要经常反思，要转变观念，以新课程理念和三维目标指导我们教学，注重学生学习的主体地位，提高课堂效率，建立综合性的评价体系，培养高素质全面发展的是中学生。

浅谈全球化背景下高中历史教学对学生公民素养的培育

重庆市字水中学　于春江

【摘　要】在全球化背景下，高中历史教学怎样培育学生良好的公民素养？一方面，高中历史教学应重视对学生国际视野的拓展，培养学生的国际意识。另一方面，高中历史教学要注意培育学生参与国际竞争和国际合作所需要的公民素养，包括学生的健体意识、良好的心理素质、较高的文化素养、高效的执行力、高水平的创新能力等。

【关键词】全球化、高中历史教学、培育公民素养

15世纪新航路的开辟，使世界各地打破了彼此基本隔绝的状态。20世纪80年代以来，人类已发展成一个更加紧密联系的地球村，全球化趋势势不可挡。全球化是指世界各地间政治、经济、文化联系不断加强的趋势。全球化趋势的发展要求公民不断拓展自己的国际视野，提升公民自身的素养。在国际视野下，提升公民素养，教育负有不可推卸的责任。高中历史教学怎样在全球化的背景下拓展学生的国际视野，更好地培育学生的公民素养，是一个重要课题，下面，我就此问题浅谈自己的一些看法。

一、高中历史教学应重视对学生国际视野的拓展，培养学生的国际意识

（一）拓展学生的国际视野，这是当今全球化背景下培育学生公民素养的重要内容之一

早在 1983 年，邓小平就提出了教育的三个面向，其中就包括了"教育要面向世界"。2003 年 4 月，教育部颁布的《高中历史课程标准》提出，通过历史课程的学习，使学生"认识人类社会发展的统一性和多样性，理解和尊重世界各地区、各民族的文化传统，汲取人类创造的优秀文明成果，进一步形成开放的世界意识。"由此可见，党和国家已经把对学生国际视野的拓展，国际意识的培养放在了非常重要的高度，并以此来要求我们的中学教育教学工作。

（二）高中历史教学中要引导学生吸取历史教训，强化国际意识

在中国近代史上，中华民族曾经长期遭受西方列强的凌辱，中国在世界历史的发展中大大落后于西方国家。其中的一个重要原因，就是我们的民族缺乏国际意识。从明朝中后期开始到鸦片战争前夕，中国长期实行闭关锁国的对外政策。"天朝上国"的迷梦不仅使中国固步自封、落后挨打，还使中国的国民缺乏最起码的国际意识，制约了中国人民公民素养的提高。与此形成鲜明对比的是，日本的明治维新通过积极向西方学习，提升了国民的公民素养，使日本走上了复兴之路。1978 年以来中国的改革开放，在提升中国综合国力的同时，也大大地树立了国人的国际意识。现在的中国，有更多的国人在走出去，也有许多的国际人士在走进来。

（三）高中历史教学中要引导学生进一步树立国际合作意识

在历史发展的长河中，人类面临着许多共同的国际问题，许多国际问题只有通过全世界人民的相互合作才能共同应对的。在二战期间，爱好和平的世界人民遭受德意日三国法西斯的屠杀。在中美英等国的努力下，1942 年 1 月，世界反法西斯统一战线形成。在世界反法西斯统一战线旗帜的推动下，1945 年 9 月。世界人民最终取得了战争的胜利。随着 20 世纪 80 年代以来全球化趋势的发展，人类面临着更多更复杂的国际问题，如环境污染问题、南北问题、人口问题、恐怖主义的威胁等。这些问题的解决，从

根本上讲，也只有加强国际合作。

（四）拓展国际视野，培养学生的国际意识，高中历史教学还要注意引导学生正确处理好爱国主义与国际主义的关系

爱国主义是指个人或集体对"祖国"的一种积极和支持的态度。国际主义是指倡导和支持国家间为共同利益而开展更广泛的经济和政治合作的政治运动。爱国主义和国际主义是统一的。爱国主义是国际主义的基础，离开了爱国主义就谈不上国际主义；离开国际主义的爱国主义是狭隘的爱国主义。我国的中学历史教学长期以来重爱国主义教育，轻国际主义的熏陶。随着中学历史新课改的实施，中学历史教学的这种不良倾向有所改变，但仍需进一步摒弃这种不良的教学倾向。当前的钓鱼岛问题使中日关系处在一个非常敏感的历史时期，但国民中出现的许多非理智的反日行为，就是狭隘的爱国主义表现。

二、高中历史教学要注意培育学生参与国际竞争和国际合作所需要的公民素养

学生的良好的公民素养，主要是指学生要有强健的体魄和良好的人格，而且能把自己的人生目标与祖国的命运和促进世界的和平发展紧紧的联系在一起。培育学生参与国际竞争和国际合作所需要的公民素养是高中历史教学的基本任务之一。要很好地达成这一任务，高中历史教学在重视对学生国际视野的拓展，培养学生的国际意识的同时，还应注意以下几点：

（一）历史教学中应重视强化学生的健体意识

历史上，对中华民族和世界人民做出过重大贡献的人，大多拥有强健的体魄和较好的健体意识。近几年国家非常重视中小学生体育课和各种有益的体育课外活动的开展，就是增强中小学生体质，拥有健康体魄的重要举措。

（二）培育学生良好的心理素质

由于种种原因，中学生的心理问题越来越严重。中学生的心里问题主要表现为自卑、逆反、孤独、嫉妒、唯我独尊、厌学、早恋、迷恋网络、考试焦虑等。中学生的这些心理问题主要是由家庭、社会、学校、学生自身等原因造成的，如果引导和纠正不及时，对学生现在和未来的发展，对培养适应全球化的高素质人才是极为不利的。目前，中学历史教学已出现了

心态史观的新史观。它要求我们从心理学的角度去分析和认识历史人物的活动。我们在用心态史观进行教学的过程中，完全可以把历史人物的一些优秀的心理品质用到对学生的心理矫正上。如孙中山为民主革命矢志不渝的精神，罗斯福身残志坚的人生等，都是培育学生良好心理素质的好素材。

（三）重视学生综合文化素养的提高

要适应全球化发展的趋势，增强中华民族在国际上的竞争力，就必须重视中学生综合文化素养的提高。在中学历史教学中，提高中学生的综合文化素养，一方面要重视对中华文明中优秀的传统文化的宣传，如从四大发明到神九飞天，中华民族所创造的优秀的科技成果，所体现的中华民族的智慧与爱国精神。另一方面，要引导学生从中国历史因封闭和开放而导致落后与进步的历程中学会学习和吸收世界优秀的文化成果。

（四）提高学生的执行力

执行力的薄弱是制约学生发展的主要因素。面对日益巨大的国际竞争，一个民族的执行力是决定其能否领先于世界潮流的重要因素。如果我们中学教育，从学校领导到班主任，都把学生执行力的提高放在学生管理的中心工作来抓，这对学生将来能更好地适应全球化的竞争具有重要意义。同时，作为历史教师，还应该让学生认识到：中外许多伟大的历史人物的成功，离不开他们良好的执行力，在自己的学习和生活中，应不断地提高自己的做事效率和果敢。

（五）重视学生创新能力的培育

创新是一个民族进步的灵魂，是国家兴旺发达的不竭动力。创新能力的高低同样决定一个国家和一个民族在未来世界竞争中的地位。近年提出和践行的创新人才的培养，就是在国际化视野下提高公民素养的有力举措。中外历史就是一部创新史，中学历史课堂的创新素材随手可拈，一切的政治史、经济史、文化科技史都孕含着人类的智慧创新。在教学中，我们一定要有目的地培育学生的创新意识和创新能力，为学生的可持续发展，为学生将来能更好地应对全球化趋势下的竞争，发挥中学历史教学应有的功能。

总之，高中历史教学要重视对学生国际视野的拓展，培养学生的国际意识，注意培育学生参与国际竞争和国际合作所需的公民素养。这是在当今世界全球化趋势不断加强，国际竞争日益激烈的背景下，贯穿高中历史教学全过程的基本要求。也是实现中华民族伟大复兴，实现伟大"中国梦"的必然要求。

从"胡服骑射改革的时代背景"说起

——探寻新课改下高考历史的主观题答题策略

重庆市字水中学　夏银春

【摘　要】回顾近几年来高考历史主观试题,说明背景,指出原因,概括影响,分层论述等的试题高频出现,分值巨大,鲜明凸现其风格和套路,这些使探寻新课改下高考历史的主观题答题策略,更具可能性和必要性,笔者从把握主题、审准设问、构建模式、规范作答等几方面做一定的探寻,给力高考,助推新课改纵深发展。

【关键词】新课改　高考历史　主观题　答题策略

　　2013 年高考已落下帷幕,新课改下重庆的首次自主命题,倍受关注。历史学科的第 14 题,发人深省,给人启迪。该题以社会史观统领,以服饰的变化为切口,大跨度的考查中国古代战国时期改革即"胡服骑射改革的时代背景",近代土耳其凯末尔改革和现代中国服饰的变迁等基础知识的掌握程度,并考查学生解读史料、获取关键信息和分析、理解问题的能力,也体现了以全球史观审视中外历史的新视野。而且第四小问要求学生提炼其中蕴含的主题并进行简要论证。此题具有极大的示范性和导向性。它是重庆历史试题在新课改下实现平稳过渡又华丽嬗变的明证。回顾近几年来高考历史主观试题,说明背景,指出原因,概括影响,分层论述等的试题高频出现，分值巨大，鲜明凸现其风格和套路。即：根据材料……说明、指出、归纳、概括、反映、分析等或根据材料……结合所学知识，说明、指出、归纳、概括、反映、分析等。这些使探寻新课改下高考历史的主观题答题策略，更具可能性和必要性，而且这对迅速提升学生的解题能力将大有裨益，对提升教师历史专业素质与能力，促进历史新课改纵深发展，必将产生巨大的推动作用。笔者结合自己多年的教学实践，拟就新课改下高考历史的主观题答题策略作一定的探寻，悉听指导。

一、总览全局，把握主题

首先，细读引言，抓住关键词 ，概括出试题的主题。如 2012 重庆卷第 37 题，其引言为"留学生在国家发展和国际交往中做出了独特的贡献"，概括其主题是：留学教育。其次，通读材料，串联有效信息。没有引言，我们就要通读材料，细读设问，串联关键信息，进而概括出试题的主题。如 2013 重庆卷第 14 题，通过通读材料，串联有效信息，便可提炼出其中蕴含的主题：古今中外服饰的变迁。再次，材料引文经常会标明出处，也就是破折号后面的信息，尤其应该引起我们的注意。

二、审准设问，明确要求

审题如磨刀，"磨刀不误砍柴工"。做高考历史的主观题必须加强审题，否则画蛇添足，南辕北辙的事就会频繁发生。首先审清题目类型。仔细找出题目中的提示语，明确试题对答题表达方式的要求。历史主观题的表达方式主要有以下五种：(1) 述,提示语有"试述""简述""概述""如何""怎样""是什么""有哪些"等;(2) 论,提示语有"说明""试论""谈谈""为什么"等；(3) 析,提示语有"试析""简析""分析""指出"等；(4) 比,提示语有"比较""对比""异同"等;(5) 评,提示语有"试评""评价""谈谈你的看法"等。审题时要特别关注这五种表达方式的区别，以防张冠李戴。其次，审明限定条件。在这一环节中，要特别注意时间、空间、角度、频率等方面的限定语。因为这些限定语对于答题方向的确定、内容要点的提取至关重要，它们代表了设问内容的本质含义和考查的具体要求。再次，审题目分值。通常说量体裁衣,看菜吃饭,就是这个道理。特别是分值小的题,有的文科生自恃文笔流畅，一答起来就扬扬洒洒收不住笔。这是一大忌讳，因为在规定的时间，规定的卷面区域答题，这样做往往会厚此薄彼，得不偿失。如 2010 年重庆卷 37 题第二问题："说明洋务运动失败的外部原因"。只答"外部原因"即可，毋需把内部原因和根本原因答出。

三、构建模式，理清思路

在前面两步的基础上，带着问题读材料。在分层阅读中，理清思路。时刻想着：如是"根据材料…"，则答案在材料中分层提炼；如是"根据材料…结合所学…"，则除材料外，联想教材内容。注意材料中提示性的语言或符号，认真寻找相关的有效信息。如句号，分号，省略号一般都是分层的提示。通过勾划主谓宾，圈点关键词，迅速完成缩句，准确把握材料，为后面作答打下坚实基础。鉴于说明背景，指出原因，概括影响，论证类的试题高频出现，我们必须花大力气，下狠功夫去探寻此类试题的答题套路，教会学生构建此类试题的答题模式。

（一）应对分析"历史背景"的策略：把握"两角度，三层面"

"两角度，三层面"是我们分析历史背景的常见模式。即从国内、国际两个角度分析；从经济、政治、文化三个层面剖析。若分析"经济背景"，可以从生产力、生产关系、经济结构、经济格局等因素去分析；若分析"政治背景"，可以从政局、制度、体制、政策、阶级、民族、外交、军事等因素分析；若分析"文化背景"，可以从思想、宗教、科技、教育等因素去分析。例如：2013 年重庆卷第 14 题，"结合所学知识，说明胡服骑射改革的时代背景"。即：处于社会转型的大变革时期；战争频繁，各国追求富国强兵。

（二）应对分析"历史原因"的策略：掌握"两个维度"

分析"历史原因"，主要掌握"两个维度"，即"原因广度"和"原因深度"。从"原因广度"历史原因包括主观原因（内因）和客观原因（外因）。主观原因主要指事件发起、参与者内在的经济、政治、思想诸方面。客观原因主要指自然社会环境、外在各方面的经济、政治、思想因素等。如 2013 重庆卷第 14 题第（3）问："根据材料三，归纳中国民众的服饰发生了怎样的变化，并结合所学知识，分析导致这种变化的主要因素"。其答案为：由单一服饰到多元化服饰。改革开放；经济和社会发展，人民生活水平提高；民众思想观念变化；外来文化影响。从"原因深度"历史原因包括直接原因、根本原因或主要原因、次要原因。直接原因指最直接引发事件的偶然性因素（导火线等）；主要原因：包括引发事件的主观、客观原因。根本原因主要从历史趋势（生产力发展、时代要求）和主观需要等方面进行分析。例如2011年重庆卷第39题中"根据材料三并结合所学知识，说明二战后导致朝鲜半岛出现分裂的直接原因"。即日本投降后，苏美军队以北纬38度线为界分别进驻朝鲜半岛北部和南部。

（三）应对分析历史"影响"的策略：

1、分项分析：从经济、政治、思想文化、外交等方面分析影响

如2010年全国Ⅱ卷第37题第（2）题："根据材料二并结合所学知识，分析中国近代新兴城市的特点和影响"，其影响为：改变城市布局；成为列强商品、资本输出的基地；加速自然经济的瓦解；引起生活方式和思想观念的转变。

2、全面分析：一分为二

既要看到积极影响，也要看到消极影响或局限性，还要分清主次。如甲午中日战争除了使中国半殖民地半封建化大大加深的消极影响外，其客观上的积极影响为：政治上，促成了中华民族的觉醒，所以出现了戊戌变法、义和团运动、辛亥革命等；经济上，帝国主义经济侵略加剧，中国社会的自然经济进一步解体等。

（四）应对"论述"类历史试题的策略：新史观统领，多角度论述

在新课改背景下，重在考核学生"获取和解读信息，调动和运用知识，描述和阐释事物，论证和探讨问题"。特别是论述类试题，学生很棘手。做这类题的时候，应根据实际情况自觉运用相关的新史观作指导，从新视角审视和解读历史。如全球史观、文明史观、近代化史观和社会史观等。具体步骤可分三步：首先，判断是非，亮明观点。其次，用相关史实多角度论证这个观点。分析的角度可分为：经济、政治、思想文化、外交、社会生活等；外因、内因；国际、国内因素；与该事件有关联的多个主体（国家或组织）等。论证中做到由表及里，有浅入深，环环相扣，逻辑严密。而每个观点都要有史实的支撑，做到史论严密结合。第三，点睛小结，升华观点。做到"从历史中来，到历史中去"。如2011全国卷"评材料中关于西方崛起的观点"，

2013 重庆试卷第 14 题第（4）题"综合以上材料，请你提炼其中蕴含的主题并进行简要论证"，均可参照上述办法，恕不赘述。

四、"临门一脚"，规范作答

高考对学生知识与能力的考查最终落脚到行文答卷上，这是真正的"临门一脚"功夫。首先，答题时应在规定的区域对号入座按问作答。主观题中多由几个问组成，每问又有具体指向，要根据具体要求组织答案，防止漏答。其次，精练地答，规范作答。所谓"规范"应做到三规范：其一，格式规范，即考生答题时应做到"三化"。要点化、序号化、段落化。使内容的组织"面全""点齐""言简"，使答题思路清晰，便于老师阅卷，也易得高分；其二，语言规范。坚持史论结合，使用历史学科语言，不用文学语言。忌照抄材料，要注意对材料的概括，化"材料要点"为"自己的要点"。其三，书写规范。即字体工整，布局规范，使人一目了然。切忌超出规定框线或错位答题。

美国著名文学家爱默生曾言，"专注、热爱、全心贯注于你所期望的事物上，必有收获。" 韩愈又言，"纸上谈来终觉浅，绝知此事要躬行"。 的确，只要我们坚持不懈地探寻新课改下高考历史的主观题答题策略，潜心实践，夯实基础，规范训练，必会达到事半功倍的效果，提升学生的思维能力和综合表达能力，势必给力高考，使你的历史课改和教学插上腾飞的双翼。

参考文献：

[1] 朱汉国 .《普通高中：历史课程标准解读（实验）》. 江苏教育出版社。

[2] 袁兆桐 .《新课程有效教学疑难问题操作性解读·高中历史》. 教育科学出版社，2008.12-14。

构建乐学系统，提升高中历史课堂教学有效性初探

重庆市字水中学　夏银春

【摘　要】现实历史教学中存在许多教学低效或无效的现象，高中历史有效教学是我们历史教师所追求的目标，本文探讨了如何做好课前、课中，课后各要素，构建乐学系统，使之形成合力，提升高中历史课堂教学有效性。

【关键词】乐学系统 、历史教学 、有效性

随着高中新课程改革的深入发展，课堂教学实施的有效与否，直接决定着新课程改革的成败。伟大的教育家孔子曾说："知之者不如好之者，好之者不如乐之者"。可见，乐学的状态是学习的最高境界。乐学的课堂才是有效的课堂。然而传统的高中历史课堂教学过于注重知识的传授而忽视了传授的技巧和方法；过于注重教师自身的素质和教学能力而忽视了师生之间的配合互动；过于强调接受历史知识的数量而忽略了质量等，大量造成教学低效化或无效化。如三维目标割裂，教学内容泛化，教学活动外化，自主变成自流，合作走过场，探究有形无实，课堂有温度，无深度。高中生对历史学习兴趣不高，学习主动性弱，学习方法欠缺，致使历史学习长期处于低效状态。如何使我们的高中历史课堂教学进入乐学乐教的状态，达

到真正有效或高效的境界，业已成为每位历史教师必须深入思考和实践的问题。笔者结合自己多年的教学实践，拟就如何构建乐学系统，提升高中历史课堂教学有效性，做了一些探索和尝试，积累了一些认识，借此以就教于方家。

元代文人乔梦符曾言："作乐府亦有法，凤头、猪肚、豹尾，六字是也。"他巧妙地运用比喻，要求文章：开头，像凤头那样美丽、精彩；主体，像猪肚那样丰满充实；结尾要像豹尾一样警策有力。其实，有效的高中历史课堂教学的课前，课中，课后三部曲与此有异曲同工之妙。课前如凤头，课中似猪肚，课后似豹尾。努力做好课前、课中，课后各要素，构建乐学系统，使之形成合力，将显著提升高中历史课堂教学有效性。

一、精心准备，课前美如凤头

课前精心准备，是有效历史教学的基础。现代教学论认为：教学是由教师的教和学生的学组成的一项复杂的双向互动系统过程。有效的历史教学应关注学生的成长和教师的专业成长两个方面。

（一）教师：转变教学理念，把握有效历史教学内涵

什么是课堂教学的有效性呢？从专业角度说，课堂教学的有效性是指通过课堂教学使学生获得发展。首先，发展就其内涵而言，指的是知识、技能，过程、方法与情感、态度、价值观三者（三维目标）的协调发展。然而课堂教学的有效性具有较强的学科特色。什么是有效的历史教学？有效的历史教学应当给人以思想（包括独立、反省、思辨力等），给人以眼界（深邃、多维、穿透力），给人以胸怀（博大、宽厚、自信力），给人以情感（向真、向善、审美力），给人以"文化"（包括文化品格、文化素养、文化境界，升华力等）……锻造思想、涵育人格、陶冶精神，不断提升人的文化品格，这些才是历史教育的重要价值所在，也才是所谓历史教学有效性的终极体现。课堂教学的有效性，不仅要关注学生的可持续发展，还要关注教师的专业成长。教师让这些先进的理念武装头脑，参考课标，紧扣考纲，胸装学生，潜心备课，必然为提高课堂教学效益奠下坚实的基础。

（二）学生：积极进入学习状态，进入上历史课角色

苏霍姆林斯基说过："在每一个年轻的心灵里，存放着求知好学，渴望

知识的'火药'。就看你能不能点燃这'火药'。"激发学生的兴趣就是点燃渴望知识火药的导火索。设置悬念，激发兴趣，这确实是提高历史课堂教学有效性的秘方。充分利用课前三分钟，组织学生搞兴趣活动，引用名句，唤醒学生，定会达到事半功倍的效果。如让学生课前三分钟播报"历史上的今天"，或慷慨颂读历史名句，或整齐朗读重要句段。老师踏着学生朗朗的读书声进入教室，这已为课堂教学的高效重重抹下了亮丽的一笔。

二、精致演绎，课中丰似猪肚

（一）针对学生的最近发展区教学，提高教学的有效性

前苏联著名心理学家维果斯基的"最近发展区理论"认为：学生的发展有两种水平。一种是学生的现有水平，另一种是学生可能的发展水平。两者之间的差距就是最近发展区。维果茨基强调指出，只有当教学走在发展前面的时候，才是好的教学。教师在教学前首先要了解学生已经掌握了什么，掌握到什么层度？要对学生的已有的知识"心中有数"，只有这样，才能了解学生的最近发展区，才能在此基础上设计出合理的教学设计，让学生从已有的发展区走向最近发展区。维果茨基的最近发展区理论中一个重要措施就是——"搭建脚手架"，也称"支架式教学"。研究表明：在支架教学这一模式中，只有根据学生的"最近发展区"搭建的"脚手架"对学生的发展才是最有效的。这在我们高三的"优生补差，踏线生陪优"中显得尤为突出。这就要求我们必须分层辅导，分类教学。如何在教学中把握学生的"最近发展区"呢？在教学中可以通过如：课前设问、课后作业、小测验、设计学案、与学生谈心，当面进行卷面分析等等多种方式来了解学生的最近发展区，来发现学生现有的知识水平，进而找到学生的"最近发展区"。通过对学生的多方面的了解，教师就能在了解学生存在的问题的同时，也发现了学生的最近发展区。这样针对学生的最近发展区教学，必然提高教学的有效性。这正如"摘桃子，要让学生跳一跳"。我们所设计的教学问题难度过大或过小，都不利于学生的成长。

（二）磨砺教法，师生互动，提升教学有效性

课堂是教学活动的主阵地，在课堂教学中根据学生占主体，教师为主导，师生互动的原则，选择恰当的教学方法，是提高课堂教学有效性的必要条件。

这次课改，最震动我的是：教材由时序转化为模块化。致使我们在教学实践中，教学思路、教材处理、教法选择、学法指导、能力培养等都要重新定位，理念上要开拓进取，内容上要整合推陈出新，在形式上要革故鼎新。在时间紧任务重的高三历史教学中，"三式""四化"教法发人深省，可操作性强。"三式"：即材料导读式、问题主导式、引导探究式。材料导读式的步骤是：材料判读——知识对接——问题生成——互动解疑——复读材料；问题主导式的步骤是：问题前置——问题受理——疑难分解——征集解答——问题回复；引导探究式的步骤是：材料前置——问题生成——小组互动——组间合作——结论分享 ；"四化"既：教案学案化、材料问题化、视角多元化、知识结构化。这给我很大启发，特别是分小组，发挥学生的主观能动性，教学效果确实很好。如"新航路的开辟"的学习，我们分组依据不同的材料自主归纳产生的影响，学生兴致高昂，效果良好。但高三教学，有些象跑马拉松。经过长时间单一乏味的练习之后，学生很容易出现学习的"高原现象"。所以，在一堂课的教学之中，要从学生的实际和教学的内容出发，多角度多手段达到最佳教学效果。如利用多媒体、网络，创设新情境，再现历史，提高问题的趣味性，这样能够调动学生学习的积极性，活跃课堂气氛，激活学生潜在的思维品质，让他们在愉快的环境中完成学习任务。

（三）潜心指导，传授学法，提升教学有效性

授之以鱼。不如授之以渔。新课程背景下的历史学习方式提倡自主、合作和探究。自主学习的内涵包括主动性、独立性，合作学习的内涵包括交往性、互动性，探究学习的内涵包括问题性、过程性。一句话，要真正让学生自己学习历史，而不是让他们等待老师来灌输。自主、合作和探究为基本理念的学习方式下，教师应潜心指导学生，使他们掌握以下一些学习方法。如材料阅读法，阅读必要的历史材料，从中获取有效信息，分层分点归纳概括，学习论从史出、史论结合的基本历史方法；注重探究学习，善于从不同的角度发现问题，积极探索解决问题的方法；养成独立思考的学习习惯，能对所学习的内容进行比较、概括和阐释；学习与他人合作学习和交流。例如学习民族资本主义部分，让学生通过观察饼状图概括出：民族资本与外国资本相比，力量十分薄弱；民族资本与封建经济相比，封建的自给自足的自然经济仍占绝对优势。这些结论是学生通过观察——提

取信息——概括所得出的，并不是死记硬背教材的结论。苏霍姆林斯基说过："在学生的脑力劳动中，摆在第一位的不是背书和记住别人的思想，而是让学生本人进行思考"。而历史教育的精髓就在于"使学生在自主的了解过去的事实中，培养'史由证来'的'求真'精神，使学生在自主的思考过去的事实中，培养'论从史出'的'求实'精神。"

三、精准体悟，课后力似豹尾

课后活动是我们课堂教学过程中必不可少的一项内容，是课堂教学的重要一环。它是对有效课堂教学的有效落实，是有效课堂教学的自然延伸。布置、设计作业应是促进师生共同成长、共同发展的一项活动。我们应使作业生活化；作业设计多元化，使它成为巩固知识，提升能力，理论有机联系实践，学以致用的沃土。同时，我们也应看到，这也是教师反思、成长的机会。课后自我反思促进教师的专业发展。新课标对教师素质提出了更高的要求。历史教师不仅应具备历史学科的基础知识，熟悉学科的基本结构和各部分知识之间的内在联系，还应具有一定的学科科研能力，教师既是学生学习的组织者、促进者、合作者，成长的引导者，教学的参与者，同时也是课程的开发者。在教学反思中发展有效教学，增强教学合理性和有效性。教师要经常反思：课堂上是否真关注了学生？知识是给予的还是引导学生自己获得的？教学中还存在哪些问题？课堂是教师专业发展的重要场所，只有不断反思课堂教学，才能使教学更加有效。另外，开展教师合作，通过合作备课，协同施教，实施教学过程的通力合作，使具有不同知识结构，认知风格的成员互相启发，互相补充，实现思维智慧上的交流与碰撞，从而达到一种"默契"，形成巨大合力，最大程度的提高教育的整体功效。

总之，历史新课程改革是一个长期复杂的系统工程，提高历史教学有效性是我们高中历史教师所追求的目标。只要我们坚定信念、更新观念、加强理论学习、大胆实践、努力做好课前、课中，课后三部曲，构建乐学系统，必将提升高中历史课堂教学有效性。

参考文献：

[1] 余文森．《有效教学十讲》．华东师范大学出版社，2011.3-31。

[2] 袁兆桐．《新课程有效教学疑难问题操作性解读·高中历史》．教育科学出版社，2008.12-14。

运用小组合作学习构建高效初中历史课堂

重庆市字水中学　何素君

【摘　要】初中历史是初中教学中的重要课程，对于学生历史观、世界观、价值观的形成有重要的指导意义，以史为鉴，可以知兴衰，在当前社会快速发展的前提下，仍不能忽略历史的教学。作为初三历史教师，认为小组合作教学模式在初中历史教学中可以发挥重要作用，因此本文就如何在初三课堂展开小组合作学习进行了探讨。

【关键词】小组合作学习；初中历史；高效课堂

初中历史学科是一门尴尬的学科，既没有语数外150的分量，又没有理化闭卷考试的重要，说它是"豆芽科"，又要参加中考，说它重要，又是"开卷"考试，处于一种"爹不疼妈不爱"的境地。特别是到了初三，时间紧任务重，老师的压力很大，所以如何在有限的时间里提高教学质量，提高学生分数，是每一个初三历史老师要思考的问题了。从2016年起我校在教学上提出"先学后教、小组合作、整理归纳、及时反馈"教学模式，以期提高课堂效率，进而提高教学质量。经过几年的实践，效果明显，既减轻了老师的负担，有培养了学生学习的能力，还提高了教学质量。现在十六字教学模式已逐渐在我校推广。尤其是小组合作学习模式也被广泛地作为新的有效学习模式而被应用，初中历史要学习的不仅仅是大事件的年份和发生的情形，更重要的是让学生从历史中得到思考，以史为鉴，这就需要学生在课堂中积极思考，小组合作的学习模式可以起到促进学生思考、提高学生学习兴趣的作用。笔者作为初三毕业班的历史教师，从初中教学出发，开发小组合作学习模式，以提高历史教学的有效性。

一、小组合作学习在初中历史课堂运用前的准备

（一）科学合理的小组分配

小组合作学习对于激发学生的思维有重要作用，这种学习方式可以尽可能地让所有的学生都参与到课堂学习中来，在分组时，要注意进行科学合理的分组，才能实现有效的小组合作学习。一般来说，在当前的课堂模式中，前后桌搭配成小组的学习方式是比较常用的，但是教师也有必要对部分学生的座次进行调整。这主要是从学生历史课学习的角度出来来进行分组，教师要确保每组学生中（一组4-6人）要有一到二名优等生，一到二名中等生，和一到二名学困生，在学生的性别搭配上也要均衡。历史学习较好、善于组织和表达的学生可以作为组长，由成绩一般的学生作为记录员，组内所有成员轮流担任汇报员。

（二）合适的小组合作学习内容

初三是初中的最后一学年，学生面临中考的压力，初三历史教学除了要完成教学大纲之外，还要留出时间给学生进行整体复习，因而，小组合作学习的内容要比其他年级来说更为广泛，还要适合初三学生的学习特点。在小组合作学习时，对于新学课程的内容教师要以引导式的小组教学为主，而在复习类的课程中，教师要以学生自主解决问题为主来进行小组合作。比如，教师可以直接指派学习任务，给学生的小组合作学习提出规定的问题，由小组合作解决。这样，最大程度上调动了学生的思考，让学生能够在有限的时间内掌握更多的知识。

二、历史教学中开展小组合作学习的有效途径

（一）给学生开展小组合作创造机会

小组合作学习的模式固然能提高学生的学习兴趣，活跃课堂氛围，但

是却不能滥用，只有在合适的教学内容、教学程序的前提下才能展开。像一些简单的学习内容、问题等，并不需要展开小组合作，由学生独立完成思考就可以，并且即便是利用小组合作学习，一堂课上利用的次数也不宜超过 3 次。小组合作学习最重要的在于让学生通过讨论、思辩、思想的碰撞来得出深层的历史意义。如在教学《英国资产阶级革命》一课时，由于这一内容是推翻君主统治、确立资产阶级统治地位的关键历史事件，因而值得学生对此事件的历史影响进行探讨，是可以进行小组合作学习的范例。

（二）明确小组合作学习的任务

在组织学生进行小组合作学习时，教师要给学生明确的学习任务，让学生带着对问题的探讨和解答来进行小组学习。仍以《英国资产阶级革命》为例，在让学生进行小组讨论前，教师可以给学生提出几个问题：（1）英国资产阶级革命发生的原因是什么？（2）英国资产阶级革命的曲折体现在哪些方面？（3）英国资产阶级造成了怎样的结果，它的历史意义有哪些？带着这些问题来进行小组讨论，可以帮助学生更好地学习，让学生在讨论中始终围绕学习任务来展开。

（三）为学生的小组合作学习提供指导

在学生进行小组合作学习时，教师应对学生进行巡视，一方面是确保学生是在进行学习，而不是玩乐。另一方面是针对学生的讨论内容来参与指导，从一些关键点上来给学生启发，将自己放到和学生平等的地位上，融入学生的轻松学习氛围中。教师要在巡视中抓住学生创造性的思维，启发学生展开更深入的思考，让学生来体验得出答案的成就感。

（四）给予科学的评价和激励

在学生进行完小组合作学习后，教师要对小组合作学习的成果进行检验，一般来说，一个小组可能很难将所有的问题回答全面，因而，教师也应该尽可能地让所有的小组都可以起来表达自己的讨论成果。在学生回答结束后，教师应对各组的表现进行点评，也让小组间进行互评，评价以鼓励为主，还须给出相应的建议，以促进下次小组合作学习的进步。

三、结束语

自主、合作、探究理念是使新课改提出的，初中历史教学中小组合作学习可以实现这一要求，学生之间相互帮助和补充，使问题得到更好的解决。总之，小组合作学习是一种能够调动所有学生参与学习过程，主动探索学习内容的学习方法，初三历史教学更需要帮助学生来提高这种思考能力，以提高学生在历史方面的综合思辨能力，这对提高学生的答题能力也有重要的帮助。

参考文献：

[1] 莫瑞均 . 初中历史"小组合作学习"高效课堂教学模式初探 [J]. 教育界 .2014(16)。

[2] 黄运兴 . 探讨如何运用小组合作方式构建初中历史高效课堂 [J]. 课程教育研究 .2015(05)。

[3] 陈立忠 . 培养学生小组合作学习方式，共建初中历史高效课堂 [J]. 教师 .2013(19)。

浅谈如何利用历史教材资源培养学生的史料阅读和解析能力

重庆市字水中学　于春江

【摘　要】从新课改以来，无论是新课程标准的三维目标还是全国高考试题和地方高考试题以史料呈现为主的特点都对学生的自主学习能力提出了很高的要求，而这种自主学习就是培养学生通过自学探究达到提出问题，解决问题的能力。这种能力是离不开学生对史料的阅读思考，解析的这项最基本能力。在实际教学中我们深感学生的阅读水平和解读能力较低，对历史教学产生极大的冲击和不利影响，如果学生读不懂史料的意思，不能对史料进行有效解析，所有的历史教学和更高层次能力的培养都是空谈。为此我认为为利用学生手中的教材资源进行长期的阅读和解析训练不失为一条有效途径。本文就此做出点粗浅看法，以就历史教学请教各位同仁。

【关键词】新课程三维目标、史料、阅读和解析 历史教学　思维能力

2010 年秋季我们开始了新一轮课改教学，新教材体系与旧教材完全不同，内容更多更丰富繁杂，教材版本多样化，新高考方向不明，特别教学内容多，时间紧，任务重，面对新课改理念的冲击，我们曾经迷茫，刚开始时甚至有点不知所措，在市教科院黄老师，教研员张老师等专家的培训

和指点下，有一点感悟，现在，我就如何利用好教材资源进行教学谈点粗浅看法，敬请批评指教。

一、培养学生的史料阅读和解析能力的必要性和紧迫性

（一）阅读是人类社会进步，文明发展的基本要求，也是高中生学会学习的基本技能

"知识是人类社会进步的阶梯""阅读是人类的灵魂"，是观察、分析、思维等高层次能力的基础，而阅读是从书面材料中提取信息的过程。培养学生阅读、提高阅读思考、解析的能力既是学生学会学习的基础，也有利于学生的可持续发展、使其终身获益。历史教学就要求学生有最基本的阅读理解能力，运用教材资源可以帮助学生提高这方面的能力，也可以取得事半功倍的学习效果。

（二）培养学生的阅读思考能力是高中历史新课程标准的基本要求

初中课程方案强调："使学生具有终身学习的愿望和能力，掌握适应时代发展需要的基础知识和基本技能，学会收集、判断和处理信息，具有初步的科学与人文素养、环境意识、创新精神和实践能力。"在知识与能力、过程与方法、情感态度与价值观三维目标中都强调"进一步提高阅读和通过多种途径获取信息的能力"同时还强调转变学生的学习方式特别是倡导学生自主自觉学习。新课程三维目标的实现要求教师和学生在"教"与"学"的过程中，把三者结合起来。即在教学活动中，不仅要让学生掌握基本的历史知识，还要使学生养成正确的历史思维习惯，学会认识历史的方法，具备继续学习的能力。同时更要让学生在历史学习活动中，通过主体参与，发展个性，获得良好的情感体验，而这些要求是以学生基本的阅读思考能力依托的，由此可见，培养学生的阅读思考能力是教学的长效行为和要求，也是中学历史教学的一项重要目标和任务。

（三）培养学生的阅读思考能力是新课改背景下历史教学和高考的测量要求

新课改以来。我们发现试题呈现出形式多样化，灵活性的特点，特别是文字史料和图形史料占主导地位，考察学生阅读史料，去伪存真，去粗取精，由表及里，提取史料有效信息，分清显性和隐性信息的能力。可见

培养学生的史料阅读能力是中学历史教学和高考特别强调的目标之一，因此在教学实际中我们要注重学生的阅读史料，正确解读史料信息，正确运用历史唯物主义的基本观点和方法，培养学生的"论从史出，史论结合"的思想方法。在历史教学中通过对史料解读不仅可以提高学生的阅读思考能力，还可以激发学生的学习兴趣，提高学生学习的效率，多角度、多层面的了解中华民族灿烂辉煌的历史，从而激发民族自豪感和自信心。通过对世界历史的学习培养学生的国际意识，以国际视野审视历史。

二、历史教材是历史教学资源的核心，是进行历史课程教学的基础

新课程背景下，我们要树立正确的新的教材观，严格以课程标准为中心，突破传统的教学理念，培养学生通过阅读自主学习，提高学生的学习历史的主动性和积极性。在教学中要面对教学时间紧，教学任务重的现实，利用好教材资源培养学生的阅读思考，提高教学的针对性和课堂的有效性。

2010年秋季开始重庆也开始了新一轮课改，全市主要有三种教材，人教版，部编版，川教版。三种教材都按新课标的要求从不同的角度进行编写，但都有一个共同点，教材内容与旧教材相比呈现的方式多样化更加图文并茂，如人民版教材每一章有导语，小结，学习建议，每一节内容除了正文外还有课前提示、资料卡片、知识链接、学习思考，课后史料阅读与思考，每本教材最后都设有问题探究进行研究性学习。从形式上看有表格，历史地图、插图，历史人物画像和照片、名胜古迹照片、漫画等。特别是有大量的文字史料，内容翔实丰富，人教版，川教版教材也是增加了很多史料，这样，既拓展了教材的深度，又增添教材的生动性，有利于学生对教材重难点知识的理解，起到了培养学生的阅读和解析史料的历史思维能力的作用。教师在备课和教学时要要充分利用这些教材资源，指导学生认真阅读，思考，对解决教材重点、难点具有事半功倍之效，真正做到"轻负担、高质量"，提高课堂教学效率。从而达到转变教学方式和学习方式，真正处理好"教"与"学"的关系，更好地实现三维目标。

三、利用教材资源进行教学提高学生的史料阅读解析能力的具体做法探讨

在实际教学我在不同的时间点不同的课堂内有重点有针对性的单独训练，效果明显。下面以我们使用的是人民版教材为例介绍我的具体做法是：

（一）引导学生对每章节的导语，学习建议，课前提示的阅读和理解，培养学生基本的概括归纳能力

部编版教材每章的导语、课前提示是对本章节内容的概括和提示，有情感类，有线索类总结类等。学习建议是新课标要求转变学生学习方式的体现，学生可以按建议最大化学会学习历史的方法。如八年级上册第一章的导语，对中国近代社会历史从政治方面进行了解说，学生通过阅读和理解就能总结出中国近代社会是一部什么样的历史，加强对这时期的中国现状的认知。学习建议介绍了中国近代社会的两条线索并配以图文的形式进行直观讲读。学生完全可以自主阅读概括出线索来。那就是列强将中国一步步变为半殖民地半封建社会的侵华史以及中国军民不甘受辱，奋起抗争、反抗侵略、前赴后继、不屈不挠的抗争史这两条线索 。

（二）引导学生对历史地图和图片的解读能力

历史教学最基本的要素就是时间和空间，运用历史地图进行教学有利于培养学生解读地图，形成历史时空观，正确理解历史事件、历史现象发生的地理环境和时序性，更好的提高历史学科学习能力。如在讲中日甲午战争后，受《马关条约》的影响，列强在中国强占租借地和划分势力范围，掀起瓜分狂潮。教材配有地图，这时我要求学生借助地理学科的方法通过图例阅读地图，用表格的形式将各国的势力范围列出来，培养学生的解读和动手能力，再配以"时局图"深刻理解教材结论"中华民族危机空前严重，面临着从半殖民地沦为殖民地的危险。"使学生在动手过程中进行心灵的激荡，更好地感悟近代多少仁人志士为挽救民族危机进行不屈不挠的战斗的伟大精神。再如讲古代希腊的民主政治，教材有一幅古代希腊地形地貌图，通过这幅图我们可以知道古代希腊山多地少海岸线曲折，港口众多，这个特点对古代希腊人的经济活动产生重大影响，而海外贸易发达，对民主思想和民族性格的形成产生重要影响。学生通过学习知道地理环境对人类经

济活动和思想产生重要影响，也就更好地理解为什么西班牙和葡萄牙开辟新航路有地理环境的重要因素。

（三）利用教材资源加强学生对新史学观的理解

新课程教材充分吸收了新的史学观的前沿成果进行编写，贯穿整个教材体系中主要有近代化史观，全球史观、文明史观，社会史观，在教材中这四种史观交织在一起，呈隐性的特点，这要求我们在教学中要适当地介绍这四种史观，同时以这四种史观总揽我们的教学。从新航路开辟开始打破世界的分散孤立状态到今天的全球化，世界就是一个从分散到整体的过程，也是各种文明相互影响相互交融的过程，如商品、资本，人员的全球流动，玉米，烟草从美洲到世界各地的种植等。又如中国近现代社会生活的变迁这节就能体现文明史观、社会史观、近代化史观。今年重庆高考历史试题将中国古代赵武灵王胡服骑射和凯末尔服饰改革和改革开放初期服饰的变化整合在一起，实际上就是以社会史观为核心命题。

（四）充分利用教材史料资源进行学生阅读思考和解析能力的培养

史料是历史学研究的基础，也是史学成果必要的支撑。史料是历史教学过程中不可缺少的组成部分。中考说明将史料的阅读，分析、信息提取，概括作为一项重要能力的考查。《历史课程标准》要求学生在掌握历史知识的过程中，要学会从史料中获取历史信息的基本技能。三种版本教材所选史料准确、生动、典型、丰富，能更好地深化对教材主体知识的理解，也是培养学生史料阅读思考解析的重要资源和素材。在历史教学中，我们要充分利用这些丰富的史料，再现历史的真实，激发学生学习历史的兴趣和热情，培养学生解读历史史料信息的能力，使学生牢固树立"论从史出，史论结合"的史学思想方法，从而提高学生历史学科的思维能力与学习素养。如秦朝关于在地方是推行分封制还是郡县制的讨论，就可能设计成一个个由浅入深的设问。（史料略）指出史料一王绾主张用怎样的方式管理地方？史料二李斯反对的理由是什么？秦始皇最终采纳了谁的建议？理由是什么？关于明太祖废除丞相制教材选取了《明会典》卷二《皇明祖训》中的一段史料。这段史料可以设问为"根据史料分析明太祖废除丞相制的历史原因？"。这是学生研究性学习的很好的资源，也是体现新课程标准强调的改变对学生的评价体系的好史料。假若你生活在清末你对清政府在中国修铁路持何态度，请说明理由等，这就形成了一篇历史小评论，没有标准答案，言之有理即可。也符合重庆中学历史学界的 SOLO 评价体系和方法。每册教材最后的问题与探究更是这类历史小论文的好材料。教材丰富的史料资源需要我们在教学中去研读，挖掘，以层层设问的方式，形成问题式教学，对学生进行发散性思维训练，提高学生阅读思考和解析能力，提高学习的自主性、探究性，从而进一步培养和提高学生的历史意识、文化素养和人文精神，促进学生的全面发展。

总之，随着新课程改革的不断深入，新课改给我们教师提出了更高的要求，我们只有在不断的学习和探索中，以新的教学理念为指导，通过对教材丰富资源的开发，设计，转变教学方式和学生的学习方式，培养学生阅读思考，解析能力，充分发挥学生的主体性，积极性，参与性，提高学生的历史学科综合能力，培养具有爱国精神和国际视野的，具有历史使命感和社会责任感的新型高中生。

高端大气上档次与质朴实用接地气

——高中历史学科创新基地建设断想

重庆市涪陵第五中学校　王一安　冉桂芬

【摘　要】重庆市于 2015 年启动普通高中学科创新基地建设工作，涪陵五中于 2017 年申请到了高中历史学科创新基地建设项目。我们认为高中历史学科创新基地建设应紧紧围绕"普通高中"设计创新基地建设版块，死死抓住"核心素养"落实创新基地建设核心，始终盯牢《普通高中历史课程标准》做实创新基地建设工作。

【关键词】高中；历史学科创新基地；断想

2015 年，重庆市教育委员会、重庆市财政局下发了《重庆市教育委员会重庆市财政局关于实施普通高中发展促进计划的通知》（渝教基〔2015〕5 号），隆重推出了"普通高中课程创新基地建设"项目。当年，重庆市教育委员会下发《关于开展重庆市普通高中课程创新基地建设工作的通知》（渝教基〔2015〕11 号），正式启动该项目，我们也代表学校申报了"历史学科创新基地"建设项目，很遗憾，没有成功，直到 2017 年，我们才争取到了这个项目，成为全市争取到"普通高中历史学科创新基地"项目的学校之一。近年来，作为本校历史学科创新基地项目主持人，我们先后参加了全市历史学科创新基地联盟之江津中学、西南大学附中、万州二中、字水中学工作会议，既听取了各位主持人对"普通高中历史学科创新基地"的高屋建瓴的阐释，也就我们的理解做了有限的交流。因为几次所谓的交流，都只是一时之想象，毫无法度，不成体系，未能自圆其说，只为一些断想。

一、基地建设的前提

1. 紧紧围绕"普通高中"设计创新基地建设版块。对于"普通高中课程创新基地建设工作"，市教委的顶层设计者们站得高、看得远，明确强调"基地建设"是面向"普通高中"师生，而不是职教师生、大学师生，更不是专业的研究机构以及专业研究机构的研究人员。其次，在"渝教基〔2015〕11号"文件中，设计者们将建设内容明确界定为"创设具有鲜明特色的教学环境""突出核心教学内容的模型建构""建设促进自主学习的互动平台""开发丰富而有特色的课程资源""构建教师专业成长的发展中心""形成学生实践创新的有效路径"六个方面，其核心就是围绕学校办学氛围的营造，"以创设新型学习环境为特征"，让老师互学、善教，让学生想学、易学、能学、爱学、善学。换句话说，顶层设计者们的初衷是要进一步提升普通高中教育教学的效度。

这里的"普通高中"概念，已经将"基地建设"的对象界定为"普通高中"。2020年5月11日教育部在《教育部关于印发普通高中课程方案和语文等学科课程标准（2017年版2020年修订）的通知》（教材〔2020〕3号）对"普通高中"的定位是，"我国普通高中教育是在义务教育基础上进一步提高国民素质、面向大众的基础教育，任务是促进学生全面而有个性的发展，为学生适应社会生活、高等教育和职业发展作准备，为学生的终身发展奠定基础。普通高中的培养目标是进一步提升学生综合素质，着力发展核心素养，使学生具有理想信念和社会责任感，具有科学文化素养和终身学习能力，具有自主发展能力和沟通合作能力"，而"基础教育课程承载着党的教育方针和教育思想，规定了教育目标和教育内容，是国家意志在教育领域的直接体现，在立德树人中发挥着关键作用"，也就是说，普通高中是学生从童年、少年进入青年期的关键阶段，是学生人格、心智、能力发展的重要时期，同时也是基础教育的最后阶段，在国民教育序列当中占有十分重要的位置。普通高中学生处于身心成长阶段、处于人生成长阶段，他们的一切都还处于"不定性"时期，而这种"不定性"包含了诸多不言而喻的东西。在《普通高中历史课程标准》（2017 年版 2020 年修订）中对"普通高中历史课程"的定位是，普通高中历史课程，"是在义务教育历史课程的基础上，进一步运用历史唯物主义观点，以社会形态从低级到高级发展为主线，展现历史演进的基本过程以及人类在历史上创造的文明成果，揭示人类历史发展的基本规律和大趋势，促进学生全面发展的一门基础课程。学生通过高中历史课程的学习，进一步拓宽历史视野，发展历史思维，提高历史学科核心素养，能够从历史发展的角度理解并认同社会主义核心价值观和中华优秀传统文化，认识并弘扬以爱国主义为核心的民族精神和以改革创新为核心的时代精神，具有广阔的国际视野，树立正确的世界观、人生观、价值观和历史观，为未来的学习、工作与生活打下基础"。

按照我们的理解，普通高中学生学习历史不是为了研究历史，而只是为了运用历史，是要通过历史课的学习，掌握基本的历史知识，为将来的生活积累经验、为将来分析问题和解决问题积累经验、为将来认识和了解历史积累足够的历史知识和历史经验。所以，我们认为开展"普通高中历史学科创新基地"建设工作时，必须紧紧抓住"普通高中"这一概念，重在想方设法切实落实课程标准，没有必要去提一些高大上的口号、确立一些高大上的目标追求，更没有必要去进行一些高大上的理论阐释。否则就是水中月、镜中花，就是"景色遥看近却无"。

2. 死死抓住"核心素养"落实创新基地建设核心。高中学生"核心素养"指的是学生应具备的适应终身发展和社会发展需要的必备品格和关键能力，突出强调个人修养、社会关爱、家国情怀，更加重视自主发展、合作参与、创新实践。历史学科核心素养是指学生在学习历史过程中逐步形成的具有历史学科特征的必备品格和关键能力，是学生在接受历史教育过程中逐步形成的核心理论（唯物史观）、核心思维（时空观念）、核心方法（史料实证）、核心能力（历史解释）、核心价值观（家国情怀）的综合表现，是学生通过历史学习能够体现出的带有历史学科特性的品质，它包含唯物史观、时空观念、史料实证、历史解释和家国情怀五个方面，五个方面既有不同内涵又相互关联，总体态势是五位一体。

历史学科课程创新基地建设的最终目的，是提高学生的历史学核心素养。在课程创新基地建设项目的设计与实施过程中，就必须死死抓住"历史学科核心素养"这根金线，科学创设学习环境，系统建设基地课程，引导学生从多角度对历史进行认识，拓展历史视野，发展历史思维，使学生在探究历史的过程中形成自己对历史的正确认识。再回到历史学科创新基地建设的"普通高中"大前提，高中历史课程具有普及性、基础性和发展性三大特征，我们依然认为，无需好高骛远。

二、基地建设的视界

1. 创新基地的职责。查字典、百度等，对"基地"一词的解释主要有两点，一是释为"犹门第，地位"，如《北史·魏临淮王谭传》言"（谭）位大行尚书、华州刺史。性疏很，颇以基地骄物，时论鄙之"；一是释为"作为某种事业基础的地区"，如丁玲《杜晚香》言"他们同传统的意识感情决裂，豪情满怀，建设现代化的社会主义农业基地"、鲁光《中国姑娘·灵丹妙药》说"这里是湖南省郴州集训基地"，又如我国甘肃酒泉、四川西昌有卫星发射基地，涪陵大顺李蔚如烈士陵园、罗云红军烈士陵园为重庆市廉政教育基地和爱国主义教育基地。

就我们的视界而言，我国教育界用"基地"二字命名，大约始于上个世纪九十年代中期，许多重点综合大学、师范大学开设各色各类的"基地班"，即基础学科班，主要是培养少而精、高层次的基础科学研究和教学人才。

在基础教育阶段，较早开展普通高中课程创新基地建设的是江苏省，其初衷就是要"以此为突破，创设新型学习环境，改进课程实施方式，推动做中学、学中做，增强学生实践认知和学习能力，提高学生综合素质，促进学生在自主、合作、探究中提高学习效能，发掘潜能特长，提升综合素质"。原江苏省教科所所长、国家督学、教育部基础教育课程改革专家、教育部中小学教材审查委员会委员成尚荣《以原创精神与实践品格立德树人》一文中总结说"高中课程基地，江苏课程改革中的原创。原创实属难能可贵，更为可贵的是，课程基地已不只是一个'点'，而是在'点'上长出了一个'面'，继而又竖起了一个'体'。这一原创，从整体上直面普通高中教育长期以来存在的问题与弊端，凭借课程基地勇敢而又科学地予以破解，诸多难题的破解是更有深度的创新。换个角度看，课程基地已形成了一种较为完整的结构，这一结构由四大核心元素组成：鲜明的问题论域、坚定的价值立场、重要的方法论突破、扎根性理论创新，四个元素相互映照、相互渗透、相互支撑、相互促进。课程基地，实为育人基地；基地模式，实为育人模式"。这些"点"和"面"各具特色，无锡市依托江苏省普通高中课程基地建设，围绕《国家中长期教育改革和发展规划纲要（2010-2020年）》要"把育人为本作为教育工作的根本要求，人力资源是我国经济社会发展的第一资源，教育是开发人力资源的主要途径。要以学生为主体，以教师为主导，充分发挥学生的主动性，把促进学生健康成长作为学校一切工作的出发点和落脚点。关心每个学生，促进每个学生主动地、生动活泼地发展，尊重教育规律和学生身心发展规律，为每个学生提供适合的教育"中"适合的教育"开展了一系列探索。江苏省教育厅基础教育处处长马斌在《课程基地——凸显核心素养的培育优势》中说："课程基地是江苏教育的原创，是以创设新型学习环境为特征，以改进课程内容实施方式为重点，以增强实践认知和学习能力为主线，以提高综合素质为目标，促进学生在自主、合作、探究中提高学习效能，发掘潜能特长的综合性教学平台和实践场所。"

熟知教育学、心理学理论和新中国教育教学改革史的同仁不难发现，最早开展"高中课程基地"建设的江苏省真正的原创就是提出了"高中课程基地"这一概念，而其依据的所有理论早已有之，"高中课程基地"建设的实质是在探索一系列理论的实施途径。这其实就是在落实《国家中长期教育改革和发展规划纲要（2010-2020年）》中"把改革创新作为教育发展的强大动力。教育要发展，根本靠改革。要以体制机制改革为重点，鼓励地方和学校大胆探索和试验，加快重要领域和关键环节改革步伐。创新人才培养体制、办学体制、教育管理体制，改革质量评价和考试招生制度，改革教学内容、方法、手段，建设现代学校制度"的长远规划。

所以，在我们看来，作为步江苏后尘开展"普通高中学科创新基地"建设的重庆学校，主要要下的功夫就是借鉴江苏等地经验，进一步探索已有的教育教学理论及国家教育教学方针政策的落实途径，仅此而已。

2. 创新基地的"局域"。涪陵五中历史学科创新基地是重庆市"普通高学科创新基地"建设之一，一切行为都在国家三级课程体系建设范畴之内，更是学校"课程体系"建设内容之一。

涪陵五中虽然办学历史悠久、人文底蕴淳厚，但终究只是一所中学，而非大学、非专业研究机构，历史学科师资力量终究有限，无力开展大而全的高大上的探索，在对课程目标、课程结构、课程资源、教学方法四个方面进行整体思考的基础上，我们将眼界定位在了"涪陵历史文化"这个载体上，重构学校历史学科课程，力求探索实现"促进学生全面而有个性的发展，为学生适应社会生活、高等教育和职业发展做准备，为学生的终身发展奠定基础"的实施路径。因为由古代巴人创造的巴枳文化、宋朝以来程颐等传承的易理文化、唐宋以来形成的白鹤梁水文化、近代涪陵民间创立的榨菜文化、革命先烈留下的现代红色文化、20世纪六十年代至八十年代我国核工业建设者们留下的现代创业文化等内容构成的涪陵特色文化是历史沉淀，是岁月洗礼，是人文智慧，是一座历史式展开的精神家园，是极为抢眼的区域特色文化，是我们开展历史学科创新基地建设的深厚文化底蕴。

3. 创新基地的辐射。学科创新基地建设是展现学校教育教学环境建设的窗口，是展示区域教育综合改革成果的载体，示范引领与辐射覆盖是其功能之一。

涪陵五中有悠久的办学历史，是四川省、重庆市首批重点中学之一，但终归是一所区县中学，比不得都市顶尖重点中学，我们无意、也无力在大层面上争雄，只把"视域"局限在重庆中部及乌江流域，这也是我们理解的"区域辐射"。

摊开重庆市地图，整个重庆市辖区就是一个大写的"人"字，涪陵正好居于"人"两划的交汇处，当真神奇。涪陵城区地处长江、乌江交汇处，自古就具有地连"五郡"、舟会"三川"、西通渝戎、东走宜汉京泸、南进西秀湘黔的区位优势，号称"千里乌江第一城"，先秦为枳县，辖今涪陵、丰都、垫江、南川、武隆区域，自隋朝设涪州直至清朝、民国，皆为涪州州治所在，新中国成立以来曾管辖过今涪陵、丰都、垫江、长寿（一五计划时，长寿划归重庆）、南川、武隆、石柱、彭水、黔江、酉阳、秀山等区县。涪陵五中位于涪陵城区，在自身的办学历程中，学校一直坚持"立德树人"，重视对学生综合素质的培养，重视以开拓创新的精神从事教学改革，积淀了深厚的校园文化，形成了较为先进的教育管理模式与风格。本历史学科创新基地建设正好发挥区域辐射力量。

对于学科创新基地发挥示范引领与区域覆盖的路径，学界有召开区域性教研会、走出去做学术讲座或经验交流、迎进来参观考察取经学习等多样法门，但我们认为，普通高中学科创新基地的"辐射"功能首先应当建立在所在学校的辐射能力之上，我们更看重的是教学落实、学生传承宣介一途，我们笃信学科创新基地正确的辐射途径应当是切实开设学科课程、扎实落实学科知识的教授，让所有学生受益，赖所有学生传承宣介。

三、基地建设的主题

涪陵五中历史学科创新基地的主题是"固历史本真，培家国情怀——以涪陵区域特色历史文化为载体的高中历史学科创新基地"，核心是"本真情怀"。

涪陵被誉为千里乌江第一城，是一座悠久的历史文化古城，具有丰富的文化积淀：小田溪巴王陵、小溪巴王洞等古巴国文化遗迹，是世人了解巴人文化的历史典籍；清脆悦耳的编钟、独具特色的虎纹戈，展现了古代巴人"歌舞以凌殷人"的英雄气概，铸就了涪陵人不甘人后的精神风貌。钩深堂、点易洞，记录下程朱理学创立的执着与艰辛，同时也记录下涪陵这座文化古城尊师重教的民风。人类最古老的江河水文站——水下碑林"白鹤梁"，被公认为世界文化之瑰宝，更彰显了涪陵得天独厚的人文积淀和对自然奥秘的孜孜探索。作为世界三大腌菜之一的涪陵榨菜，飘香百年，积淀独具特色的榨菜地域文化。弋阳农民协会、土地坡暴动、四川二路红军游击队的英雄事迹，蕴涵了涪陵人民大无畏的革命精神。

李泽厚在《历史本体论》中说，"我所谓的'历史本体论'便只是强调以人与自然（外在自然与内在自然）的历史总体行程来作为一切现象包括'我活着'这一体己现象的最后实在。它丝毫不意味脱离开每个'我活着'。如果离开每个'我活着'，又还有什么人类学历史'本体'之可言。所以，所谓'历史本体'或'人类学历史本体'并不是某种抽象物体，不是理式、观念、绝对精神、意识形态等等，它只是每个活生生的人（个体）的日常生活本身。但这个活生生的个体的人总是出生、生活、生存在一定时空条件的群体之中，总是'活在世上''与他人同在'。由此涉及'唯物史观'的理论。"我们将"固历史本真，培家国情怀——以涪陵区域特色历史文化为载体的高中历史学科创新基地"确定为历史学科创新基地的主题，便是想通过我们的努力，将世世代代的涪陵人和和流寓涪陵区域的"外地人""活在世上""与他人同在"的"日常生活本身"的点点滴滴进行条分缕析的基础上，力求弄清其文化内涵，明了其对今日中华文化的影响。

1.追求"本真"。我们之所以提出"固历史本真"，将追随历史"本真"提炼为学科创新基地建设的核心理念至组成部分，首先是遵循历史学的价值追求。《普通高中历史课程标准》（2017年版2020年修订）中"历史学是在一定历史观指导下叙述和阐释人类历史进程及其规律的学科。探寻历史真相，总结历史经验，认识历史规律，顺应历史发展趋势，是历史学的重要社会功能"之"探寻历史真相"便是就探寻历史"本真"而言。中国自古以来就是一个强调历史且史学传统异常发达的国度，中国史学史上一直存在"秉笔直书"与"春秋笔法"两种并行不悖的治史原则。"秉笔直书"是指一切根据历史事实，一就是一，二就是二，不隐瞒、不夸大，不溢美，不隐恶，真实地反映历史情况。"春秋笔法"也叫"微言大义"，是指由孔子开创的一种历史叙述方法和技巧，是指在文章的记叙中暗含褒贬，甚至表现出作者强烈的思想倾向性。当然，这种褒贬和倾向性并不是作者通过议论直接阐述对人物和事件的看法，而是通过细节和修辞，包括对材料的筛选，以此来委婉而微妙地表达作者的主观看法。中国历史上的史家们也一直在探寻实现在坚持秉笔直书的史家操守的同时又做到春秋笔法的讳和隐的途径。我们无能无力无意站在史学家的高度放眼整个世界历史抑或整个中国历史的广度去廓开那些"春秋笔法"布下的迷雾，只能尽力用心揪住涪陵历史上那些分散的点滴小事，企盼还原史事的真相，寻找能够点燃作为现今生活在涪陵的"涪陵人"的激情加豪情，将对涪陵的"历史之爱"与"爱的历史"深深烙印在心田。

其次，我们追寻历史"本真"是基于对教育的价值追求。"本"与"真"实为一体，《论语》曰"君子务本，本立而道生"，《中庸》言"唯天下至诚，为能经纶天下之大经，立天下之大本，知天地之化育"，而"诚之者，择善而固执之者也:博学之，审问之，慎思之，明辨之，笃行之"，"至诚"则本立，"立本"则真见。

教育"求真"是众多教育人的理想与追求，当代一些大中小学都将"求真"融入了办学理念之中。清朝人李清馥《闽中理学渊源考》中说："求真于未始有伪之先，而性之真可见矣；求善于未始有恶之先，而性之善可见矣。"陶行知曾经说过："千教万教教人求真，千学万学学做真人。""求真"意即"崇尚科学，追求真知"，就是要求我们要认识世界，探索规律，崇尚科学，坚持真理，追求真、善、美。追寻历史"本真"意在要求师生不断追求和探索真知，勇于质疑和善于质疑，这正是历史学科核心素养的价值追求。

其三，我们追寻历史"本真"是基于对学校办学理念的落实。"尚美求真"是涪陵五中的办学理念。我们认为，美既不是单纯的自然，也不是纯粹的主观意识，美是显现在感性形式中的人的本质力量，是真善的统一体，即人在实践中合目的性与合规律性的统一体。人类的实践活动，是一种求真向善的活动。求真，即合规律性的活动；向善，即合目的性的活动。美是皮肉，善是筋络，真是骨骼。真即是真实，在真、善、美中，真最难做到，因为真完全在内心中。而真又是最重要的，没有真，善即虚伪，美即做作。

真不是客观精神，也不是主观意识，而是真实存在着的客观物质及其运动，是不依人的意识和意志为转移的外部现实世界。真也不单指外部现实世界的本质规律，应指由本质与现象、规律和形式统一组成的客观物质世界。

真是人类的理性追求。求真就是人类对真的追求，就是人类对于知识的追求。而所谓知识，是人类对自然界和人类社会的认识，以及对人类利用与战胜自然的方法的认识。因此，求真就是追求真理，这也是人的本性之一，意味着人的诚实态度、科学精神，意味着人的智慧和理性，属于人格建构的重要方面。

"本真"既是教育的起点，又是最终归宿，把自然人所固有的或潜在的素质，自内而外引发出来，培养学生核心素养，让受教育者健康成长成才。

德国哲学家卡尔提出："人类的将来，取决于本真教育的能否成功。"我们正在追求。

2. 共抒情怀。"情怀"是什么？"情怀"很神秘很宽泛，它是一种模糊的、难以具象的但又能让人在瞬间产生豪迈激情的原动力。它是一种看不见摸不着，但能触及心灵的高尚的心境、情趣和胸怀的个人感受。历史学科创新基地建设的关注点在"家国情怀"。

《礼记》对国人提出了"修身、齐家、治国、平天下"的修养目标，《孟子》有"天下之本在国,国之本在家,家之本在身"之论,范仲淹《岳阳楼记》有"先天下之忧而忧,后天下之乐而乐"之言,足见中国人自古便有家国情怀,且有言、有行。体现在历史学科五大核心素养中,家国情怀地位超然,是学习历史和认识历史在思想、观念、情感、态度等方面的重要体现,是实现历史教育育人功能的重要标志,是历史学科核心素养的起点也是终点。对此,我们认识清楚。

2018年9月10日,习近平总书记在全国教育大会上发表重要讲话,其中有较大篇幅对党的教育方针进行了非常全面、精辟的阐述,其核心关键词在于"立德树人"。习近平总书记曾说,"家庭是国家发展、民族进步、社会和谐的重要基点"。按照我的理解,落实"立德树人"根本任务所要围绕的核心就是社会主义核心价值观。就我们中学而言,我们必须要树立"全员德育"的工作理念,学校全体教职工要立足自己的岗位,做好德育工作,一是带头践行社会主义核心价值观,二是做好学生德育工作,帮助学生全面理解社会主义核心价值观、脚踏实地践行社会主义核心价值观。我们面对学生时,尤其要强调社会主义核心价值观中个人层面的八个字——爱国、敬业、诚信、友善。对于学生来说,"国"是一个非常抽象的概念,教育学生爱国应该从爱家爱父母双亲开始,然后爱班级、爱学校、爱家乡,最终上升到爱国。

多年来,中学历史教育教学界先辈、同仁在校本课程开发、建设、运用中,就如何发挥乡土历史文化资源在中学历史教学中的育人功效进行了有益的探索,但大多处于零散的无系统的状态,涪陵五中历史学科创新基地以"固历史本真,培家国情怀——以涪陵区域特色历史文化为载体的高中历史学科创新基地"为主题,意欲建设涪陵历史文化资源课程体系,以小见大、见树木以达森林,利用涪陵地方历史文化资源,挖掘典型事例,培育学生爱国主义情感,进行社会主义核心价值观教育,增进学生爱家、爱乡、爱国的家国情怀。

四、基地建设的创新

打开各种网络搜索引擎,对"创新"一词的定义大体一致,都认为创新是指以现有的思维模式提出有别于常规或常人思路的见解为导向,利用现有的知识和物质，在特定的环境中，本着理想化需要或为满足社会需求，而改进或创造新的事物、方法、元素、路径、环境，并能获得一定有益效果的行为。"创新"有其哲学内涵、社会学概念、经济学概念等多角度的解读，我们的解读还是固定在"普通高中历史学科创新基地"建设上。

近几十年来，党和国家领导人的论述、党和国家教育方针政策的叙述、学界达人的研究中，以"创新"为核心者层出不穷，我们也未能全读。在我们的视界里，"普通高中历史学科创新基地"建设应该包含以下任务：

1. 渗透"创新"理念。长期以来，广大的中学历史教育界同仁围绕教师创新意识的提升、教师现代化教学手段的掌握、教师在教学中创造性地制订教学目标、创造性地改革课堂教学模式、开拓历史第二课堂、训练左右脑协同活动提高创新思维能力等话题，就中学历史教学如何实施创新教育进行的多方论证和论述。我们则认为"普通高中历史学科创新基地"建设的首要任务是打破学生对"创新"的神秘感、无力感。一是让学生明白"创新"其实就是要有好奇心，就是要拥有创造意识，要敢于标新立异，发明大王爱迪生的贡献就是如此。二是让学生认识到创新其实就是在做一种类似于"搭积木"的游戏的时候，加上一点自己的想法，马克思恩格斯创立马克思主义学说、宋代思想家们将儒佛道三家学说融合为理学就是例证。三是让学生明了创新其实就是积累的层层叠加过程，新天文学的诞生等史事可为此证。

2. 以质量提升为核心，侧重内涵式发展，学科创新平台建设与内涵式发展并重。即在建设学科平台的过程中，以凝炼高水平队伍、产出高水平成果、培养高质量人才三方面建设为内容，凝炼一支高水平的教师团队，产出一系列有影响的研究成果，培养一批优秀人才。

3. 着眼本校历史学科创新基地建设的特色。"学校特色"是历史学科创新基地内涵建设的灵魂。普通高中历史学科创新基地建设，既要注重本校已有传统，顺应国家教育长期发展的重大战略目标，着眼未来，长远规划学科发展；又要充分考虑地方历史文化，形成自己的基地建设优势，这既能更好地服务地方，也能充分彰显自己的基地特色；还要充分考虑学校的实力地位，谋划学校能够实现的规划，把学科创新基地建设规划做在人财物可持续投入的基础上。

如前所述，我校依托涪陵，我们开展"固历史本真，培家国情怀——以涪陵区域特色历史文化为载体的高中历史学科创新基地"建设就是要展现基地特色。"涪陵区域特色历史文化"是我们的特色，我们只有做这样选择，才易于建设基地特色，易于传承学术传统，易于形成内部合作，易于产出系列成果，易于培养合格人才。

在本校历史学科创新基地"特色"构建中，我们要着力解决的关键问题就是力促师资队伍自身教育教学行为的转变，要求师资团队在提升自身眼光、教材眼光和课堂眼光的同时，更要更新教育理念、觉醒课程意识、开阔课程眼光，增强课程开发与实施能力，成为课程设计者。

参考文献：

[1]《普通高中历史课程标准》（2017 年版 2020 年修订）。

[2]《国家中长期教育改革和发展规划纲要（2010–2020 年)》。

[3]《推动育人模式转型的"江苏样本"——江苏省普通高中课程基地建设纪实》，时晓玲、潘玉娇，《中国教育报》2018 年 7 月 6 日 01 版)。

[4]《以原创精神与实践品格立德树人》，成尚荣，《中国教育报》2018 年 07 月 06 日第 1 版。

[5]《落实"适合的教育"：江苏省普通高中课程基地建设模型及样本解析——以无锡市为例》，龚雷雨、吕红日，《江苏教育研究》2019 年 6A)。

[6]《课程基地——凸显核心素养的培育优势》，马斌，网络文章。

[7]《历史本体论》，李泽厚，生活·读书·新知三联书店，2002 年 2 月北京第 1 版，2002 年 7 月北京第 2 次印刷，第 13 页。

[8]《历史学科的优势·特色·创新》，何志龙，2019 年 1 月 15 日，《陕西师大报》总第 604 期第七版。

核心素养在高中历史教学中的实践和思考

重庆市涪陵第五中学校　刘开勇

【摘　要】2017 年版新课标提出了以培养和提高学生的历史学科核心素养为核心的课程与教学的新理念。历史课程是要将培养和提高学生的历史学科核心素养作为重点，使学生通过历史学习逐步形成具有历史学科特征的正确价值观念、必备品格和关键能力。培养学生的历史学科核心素养是历史学科立德树人的新高度。教师在教学过程中要以新的课程标准以指导，挖掘课本的内容，巧妙设计，构建教学立意，践行历史学科核心素养。本文就如何在教学中实践历史学科的核心素养谈谈自己的一点体会。

【关键词】核心素养　高中教学　典型案例

《普通高中历史课程标准（2017 年版）》将立德树人作为历史课程的根本任务，将"发展学生核心素养"的构建作为深化课程改革的关键，以推动教育的发展。核心素养是学生在学习过程中逐步形成的，以适应其终身发展和社会需要的关键能力、必备品格和价值观，是知识与技能、过程与方法、情感态度与价值观的继承与发展。历史核心素养是学生通过历史学习内化的、具有学科特性的综合品质，是历史学科育人价值的概括性、专业化表述和集中体现，也是学生科学素养的关键成分，它包括唯物史观、时空观念、史料实证、历史解释、家国情怀五个方面。那么在高中历史教学中，如何去体现和实践，需要我们更多的思考和尝试。

高中阶段是学生历史思维能力形成的重要时期，教学中教师不能只要求学生对所学知识进行简单的知识梳理和强化记忆，而是要立足于历史学科核心素养的五个维度，通过对历史现象、历史史实、历史概念等的归纳、概括、分析、比较、评价等，逐步帮助学生形成历史认知，提升历史素养，使学生形成正确的历史观以适应新时代的人才需要。笔者就如何在历史教学中落实学科核心素养，谈一谈自己的浅见。

一、揭示历史原貌，培养唯物史观

历史学是揭示世界各民族、国家的历史发展规律和特点的一门科学。作为其研究对象是不以历史认识者的主观意志为转移，是客观存在的、真实的历史现象、历史事件等。历史研究必须以科学的历史观和方法论作指导对其进行由表及里去认识历史本质。普通高中历史课程就是在唯物史观的指导下，科学阐释人类历史发展进程，揭示其发展规律的科学。因此，只有运用唯物史观的立场、观点和方法，才能对历史有全面、客观的认识。

唯物史观是揭示人类社会历史客观基础及其发展规律的科学的历史观和方法论。唯物史观的理论体系博大精深，基本观点和方法有：人类社会形态从低级到高级纵向发展，人类社会由分散到整体横向发展；社会存在决定社会意识的相互关系；生产力和生产关系之间的辩证关系；经济基础和上层建筑之间的相互作用；人民群众是历史的创造者等。教师在课堂教学中，要运用这些基本观点，充分解读教材，指导学生通过分析历史事件之间的联系，由表及里、逐渐深化，透过纷繁复杂的历史表象去认识历史本质、把握历史规律，从而重大事件和重要人物做出比较全面、科学的分析和评价。

例如，"社会存在决定社会意识"理论贯穿于高中历史必修三中。教师应该把这一唯物史观运用于必修三教学的始终，指导学生运用这一原理去分析文化现象，春秋战国时期的百家争鸣、明清之际的早期民主思想、文艺复兴、启蒙运动、文学艺术的展等思想文化现象都有其产生的政治经济背景，让学生去体会"文化现象是政治经济在意识领域的反映，是社会发展到一定阶段的产物"，最后使学生能够自觉地运用这一观点分析、学习历史文化现象，乃至分析现实社会中的文化现象，例如，分析"习近平新时代中国特色社会主义思想"形成的经济、政治、文化背景。

又如，在讲授《国共十年对峙》一课时，笔者尝试以"理论源于实践、指导实践并受实践检验"作为教学立意，紧紧围绕革命实践中开辟了井冈山革命根据地，总结出"工农武装割据"理论，使革命根据地得到迅速发展，但由于受"左"倾错误影响，在实践中偏离正确理论，导致第五次反"围剿"的失利，被迫进行长征。长征途中，遵义会议的召开重归理论指导，最终实现了伟大的战略转移。

坚持不懈地以"唯物史观"的基本原则和方法去统领历史课堂，采用比较教学法，努力实现历史向现实的拓展延伸，增强学生理解力，强化培养其运用唯物史观学习的能力和素养。唯有如此，高中历史教学才能科学合理、灵活生动，达到真正培养目的。

二、构建时空坐标，培养时空观念

任何历史事物的展现都是以时间和空间为坐标发展、变化、延续，历史认识也是在特定的时空框架当中进行的。历史学科的基本特征是时序性，脱离了时空框架，历史解释和家国情怀也无从谈起，因此在历史学科核心素养体系中居于基础地位。

历史的时空观念是在特定的时间和空间联系中对事物进行观察、分析的观念。历史时空观念包括历史时序观念和空间观念。所谓时序观念，就是要将历史事物放在历史发展的长河中进行考察，认识和观察历史发展的全过程，辨明它在每一个发展阶段上有什么新特点，寻找前一过程转变为后一过程的原因。所谓空间观念，就是要了解历史所发生的地点、区域、范围等，这涉及到历史上人类活动的场所和舞台，通过具体的空间定位，进而观察历史发展过程中的各个方面、它们之间的相互关系及其总的特点。

培养学生的时空观念，不仅要引导学生依据一定的时间轴、空间轴建立一个个"时空架构"来说明某一个历史事件或历史现象；还要能够培养学生"时空思考"的意识，学生能够知道特定的史实是与特定的时间和空间相联系的；能够按照时间顺序和空间要素，建构历史事件、人物、现象之间的相互关联；能够在不同的时空框架下理解历史上的变化与延续、统一与多样、局部与整体，并据此对史实作出合理解释；在认识现实社会时，能够将认识的对象置于具体的时空条件下进行考察。

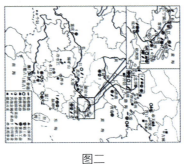

图一　　　　　　　　　　图二

如何培养学生的历史时空观念？

在讲解《中国民族资本主义的产生与曲折发展》时，给学生展示两幅图片。

在此基础上，教师设计问题：(1)两幅图片分别反映什么时期资本主义民族工业发展情况？(2)中国近代工业出现有什么地域特点？简要分析其原因。(3)从图一到图二，民族工业发展呈现出怎样的发展趋势？分析其原因。

通过阅读地图，学生直观感受中国民族资本主义诞生地的地理条件：东部沿海地区。初步认识到其产生的地理条件，加深了学生对历史的地理范围也就是历史空间概念的认识。在解决这些问题的过程中，一方面教师可以进一步提供材料，让学生明确其为何首先诞生在这里？使学生认识到："何历史事物都是在特定的、具体的历史时间和地理条件下发生的。"另一方面要注重培养学生的时空观念，从历史事件所发生的时空特征去分析历史事件之间的关联，从而对民国初年民族工业出现短暂春天的认识提升到了一个新层次，也大大提高了自己的思维品质和学习效果。时序观念的培养，本课主要是通过民族资本主义产生、发展的过程进行叙述，通过补充材料深层解读，使得学生形成清晰的过程性框架，对民族资本主义在中国历史发展进程中的作用有深入的理解，对历史时序有更明确的认识。

在历史教学中还应该注意时间与空间的结合，就是在引导学生认识事物时既要注意其时间因素，也要注意其空间因素。在教学实践中，高三第一轮复习中，利用相互交错的时间轴和空间轴构建历史学科知识体系，使知识的呈现更为体系化、直观化、精确化，从而增强历史学科的可信性和科学性，提升学生的历史学科核心素养。

三、挖掘多样史料，重视史料实证

史料实证是指对获取的史料进行辨析，并运用可信的史料努力重现历史真实的态度与方法，对促进历史的理解、解释，提高历史认识能力有着重要的作用。历史过程是不可逆的，认识历史只能通过现存的史料。要形成对历史的正确、客观的认识，必须重视史料的搜集、整理和辨析，去伪存真。在学习历史过程中，教师要培养和发展学生运用史料进行实证的能力，教会学生如何搜集、辨别、选择和使用各种历史资料，在史料中发现线索和有效信息，并经过思辨与探究而判断史料是否可以作为实证的证据；引导学生根据学习与探究的问题自行进行史料的甄别，考察史料的可信度和使用价值。

史实实证作为治史必备的基本素养之一，除却初步掌握实证技能，更要养成实证精神，以之对待历史和现实问题。教师在课堂中要多角度呈现历史材料，从而培养学生"史由证来，论从史出"的证据意识。历史材料是多样的，对于同一个问题，可能存在不同的观点，那么就要培养学生分辨材料真伪的能力或者考虑材料的语境。历史教师在运用史料进行历史教学过程中，需要注意四个问题，首先，引导学生关注史料出处、可靠性、分类方法；第二，引导学生提取史料有效信息，并判断信息的科学性；第三，围绕史料有效设问，促进学生发现、分析和解决问题；第四，依据史料促进学生历史理解、解释与认识的深入。

在讲授《从汉至元政治制度的演变》一课中关于"三省六部"内容时，课本叙述较简略，如何让学生多角度认识三省六部制，提高学生对史料探究的能力。这就需要通过史料的研读来还原历史的真相。

> 材料一：由于三省分工不同，见解、观点也难免各有异，相
> 互间"日有争论，纷纭不绝"，各项政令不能及时下达，以致贻误
> 事机。为此，乃创设政事堂宰相集体制度，以救其弊。
> ——魏向东《也谈唐政事堂的创设时间》
> 材料二：唐代参加政事堂会议的，多时至十几人，最少则只
> 有两人，即中书令和门下侍中。开会时有一主席，称为执笔，由

他综合记录，讨论结果。有时一人轮十天，也有时一人轮一天。执笔大臣综合记录大家的意见，也有最后的文字决定权。

——钱穆《中国历代政治得失》

这两段材料提供了一幅政事堂运作面貌。让学生认识到，政事堂不仅是商量军国大事的地方，更具有协调中书省和门下省的作用，有利于提高行政效率。政事堂宰相集体议事制度的创设，使三省在具体的国家事务的决策中，相互配合和制衡，并兼顾决策的正确与效率，这不得不说是中国古代政治制度完善和进步的表现。三省六部中三省长官共同行使宰相的职权。"三分相权，加强了皇权"这是学生耳熟能详的结论。但真实情况是不是如此呢？

材料三：贞观初年，太宗签署了中书省起草的关于征点十八岁以下男丁为兵的敕文，下发到门下省。当时担任给事中的魏征，坚持不肯署敕，这个命令最终无效。

——黄宗国《中国古代官僚政治制度研究》

魏征为什么敢于说"不"，很多学生回答是因为唐太宗虚怀纳谏。除却主观因素，这其实跟魏征所担任的职位——给事中有关。按照政事堂制度，中书省的官员拟定完后，需要呈给皇帝阅览，皇帝画一"敕"字。在皇帝签署后，仍然需要门下省的审议签署，给事中对下达的文书的不当之处有权驳正。故说"不经凤阁鸾台，何得为敕"（中书省武则天改称凤阁，门下省武则天改称鸾台），这仍是说一切皇帝诏命，必经中书门下两省。这就让学生能认识到，皇帝虽然处于权力结构的顶端，但由于"政事堂集体议事制度以及门下省的封驳制度"，只能说明唐朝时是有限专制制度。

在具体的教学实践中，因学生认知水平、教师的知识短板和精力有限等因素，对学生的"史料实证"素养的培养也存在诸多困难，但只要在教学策略与方式上不断革新，通过多角度史料选择、科学设计问题、合理解读史料，引导学生运用史料佐证历史问题，定能实现"史料实证"素养的落地。

四、把握历史逻辑，凸显历史解释

对历史事件或历史现象发展以不同方式描述和解释，要通过对史料的搜集、整理和辨析，辩证、客观地理解历史事物，揭示其表象背后的深层因果关系，凡此种种都离不开历史解释。历史解释是指以史料为依据，以历史理解为基础，对历史事物进行理性分析和客观评判的态度、能力与方法。"历史解释"能力包括：通过历史课程的学习，学生能够区分历史叙述中的史实与解释，知道历史解释可以不同形式出现在历史叙述中，并能对各种历史解释加以理解和评析；能够客观论述历史事件、历史人物和历史现象，有理有据地表达自己的看法；能够认识历史解释的重要性，学会从历史表象中发现问题，对历史事物之间的因果关系做出解释；面时现实社会与生活中的问题，能够以全面、客观、辩证、发展的眼光加以看待和评判。总而言之，"历史解释"核心素养要求学生能在"究天人之际，通古今之变"的基础上，"成一家之言"。

在教学过程中，教师要尽可能给学生提供不同类型甚至互相冲突的史料，创设历史情境，冲击学生的惯性思维，而不是满足于"唯一的答案"，为培养"历史解释"核心素养的实践提供抓手。

《古代希腊民主政治》这一课，如何评价雅典民主政治是本节课一大难点。在处理这一部分时，主要依据史料进行分析，引用两段经典的材料。第一段材料节选自伯利克里的演说词，第二段材料来自于苏格拉底本人的言论。试图通过这些材料还原历史语境，引导学生设身处地地认识历史，从而形成历史解释。材料如下所示：

材料一："我们的制度之所以被称为民主政治，因为政权是在全体公民手中，而不是在少数人手中。解决私人争执的时候，每个人在法律上都是平等的；让一个人负担公职优先于他人的时候，所考虑的不是某一个特殊阶级的成员，而是他们有的真正才能。……在公家的事务中，我们遵守法律。这是因为这种法律深使我们心服。"

——斯塔夫里阿诺斯：《全球通史：从史前史到21世纪》

材料二："没有人愿意用抽签的方法去雇用一位舵手和建筑师、吹笛手或其他行业的人，而这类事若出错的话，危害还比在管理国家事务上出错轻得多。"

——施治生、郭方：《古代民主与共和制度》

"在最有智慧的人面前你（哈尔密戴斯——苏格拉底认为他远比当时执政的人更有本领，鼓励他参与政务）并没有感到惭愧，在最强有力的人面前你也没有感到害怕，而在最愚昧无知、最微不足道的人面前你倒害羞得说不出话来了！这些人当中叫你害羞的是擀毡工人，还是补鞋匠，还是铜匠，还是农民，还是批发商，还是在市场上斤斤计较贱买贵卖的人们呢？因为整个国民议会都是由这些人组成的。"

——色诺芬：《回忆苏格拉底》

注：苏格拉底（公元前469—前399年）生活于伯利克里执政后期

针对材料提出以下问题：对于雅典的民主政治，伯利克里和苏格拉底的看法有何差异呢？为何会形成这种差异？由此可知影响历史评价的因素有哪些呢？你又是如何评价雅典的民主政治？

透过上述材料不难看出：伯利克里对于雅典的民主政治给予高度赞扬。而苏格拉底不认可抽签选举的民主方式，因其不能保证德才兼备的人胜任相应的公职，容易带来决策的失误和权利的滥用。参加公民大会的人员素质参差不齐，很难保证民主的质量。过于泛滥的直接民主，容易演变成多数人的暴政，造成社会的动荡。

伯利克里之所以会有如此认识是因为和先前相比，他执政时期的雅典，通过相应的民主改革措施，其民主政治的确达到了"黄金时代"。在当时城邦林立、战乱频繁的时代，作为执政者的他希望维护城邦内部团结，调动公民热情，促进城邦强大。苏格拉底却不一样，一方面，苏格拉底生活在伯利克里执政后期，雅典过于泛滥的直接民主的弊端已经暴露无遗，造成政治腐败，社会动荡不安。另一方面，苏格拉底对于雅典民主政治的批判是源于他内心强烈的社会责任感与使命感。

通过以上分析我们可进一步得出：影响历史评价与解释的因素离不开认识者所处的立场、时代环境以及个人经历等。

五、利用典型案例，培育家国情怀

家国情怀是学习和探究历史应具有的社会责任与人文追求。学生在学习和探究历史应具有价值情怀，要充满人文情怀并关注现实问题，以服务于国家强盛、民族自强和人类社会的进步为使命。通过历史学习，学生能够从历史的角度认识中国的国情，具有家国情怀，形成对祖国的认同感；能够认识中华民族多元一体的历史发展趋势，形成对中华民族的认同感，具有民族自信心和自豪感；了解并认同中华优秀传统文化，认识中华文明的历史价值和现实意义；认同社会主义核心价值观，树立道路自信、理论自信、制度自信和文化自信；了解世界历史发展的多样性，理解和尊重世界各国、各民族的文化传统，形成广阔的国际视野；能够确立积极进取的人生态度，塑造健全的人格，树立正确的世界观、人生观和价值观。

培育家国情怀素养，历史学科具有独特优势。历史带有过去性，历史教学应依托史料最大限度地还原历史现场，挖掘重大事件及其相关历史人物在历史发展社会大背景下的心路历程，引导学生感悟历史中的人。这要求课堂教学不能仅仅停留在知识层面，更要注重培养学生的历史意识与历史价值观，要精心设计问题，创设历史情境，深入挖掘家国情怀教育的深度。

在学习《辛亥革命》这一课时，教师可以通过孙中山、秋瑾、林觉民等人物的事迹，达到培养家国情怀的目的。教师在课堂中，呈现相关材料：

材料一：孙中山先生早年学医。穷苦人求医，他不仅免收诊费还赠送药品，后来认识到"医术救人，所济有限"，决计开始从事挽救民族危亡的政治活动。

材料二：秋瑾："纵使世人并不尽知革命为何，竟让我狠心抛家弃子。我此番赴死，正为回答革命所谓何事"。

学生通过阅读教材，以及联系 20 世纪初中国时代背景。看到这些革命家的事迹，你有何感想？你认为革命先辈们身上拥有哪些值得我们传承的精神品质呢？得出：在国家危难的时候，他们挺身而出，将国家民族利益看的远远重于个人利益。进一步指出，作为一代青年应该肩负时代使命，将自己个人的命运与祖国家乡的命运联系在一起，要以天下为己任，立志振兴中华的爱国精神，无私无畏、忠贞奉献的精神，不断追求真理、锲而不舍的革命精神。

总之，进一步落实立德树人是教育的根本目标，教师就应该积极地采取有效方式来培养学生的核心素养，延伸历史知识、构建合理的历史教学情境，激发学生的学习兴趣，进一步改变教育领域内依然大量存在的"唯分数论"的现象，从而提高教学质量。

参考文献：

[1]《普通高中历史课程标准（2017年版》，人民教育出版社，2017年8月。

[2] 徐蓝《高中历史课程标准研制的几个问题》（讲座），北京，1917年7月。

[3] 毛泽东《新民主主义论》《毛泽东选集（第三卷)》，人民出版社，1991年6月第二版。

[4] 周靖、罗明《核心素养中学历史学科育人机制研究》，复旦大学出版社，2019年12月。

[5] 何成刚：《历史核心素养的提炼与培养》《历史教学》，2016年第11期。

新高考背景下历史选择题提升策略

重庆市涪陵第五中学校　冉英杰

【摘　要】新一轮的课程改革理念已经转化，新的课程标准已经颁布，重庆的新高考方案已经开始实施。但是，教与学的载体在当前仍然是旧教材，基于历史学科核心素养下的历史学科教学备考却必须发生翻天覆地的变化。高考试题"素养立意"渐成常态，试题基本上是以时空观念定位、唯物史观指导，着力考查学生的史料实证、历史解释及家国情怀。新高考对学生的综合能力、问题分析能力、知识组合能力有了新的考核要求，并且因此对老师的历史教学方式方法提出了新的要求。

【关键词】新高考；历史核心素养；选择题；提升策略

　　2014 年以来，为了体现深化教育改革的决心，我国的高考制度开始了大刀阔斧的改革。通过不分文科理科和考核综合能力等措施，优化改进高考的人才选拔制度，不断的为国家培育创新性的专业人次和综合能力的突出全才。2014 年 3 月，教育部印发了"关于全面深化课程改革，落实立德树人根本任务"的意见，"核心素养"这个崭新的概念首次出现在了国家的顶层设计中，并被置于"未来基础教育改革之灵魂"的地位。2017 年 8 月，教育部发布了 2017 年新版课程标准实施指导意见，指出学科核心素养是学科育人价值的集中体现，是通过某学科学习而逐步形成的关键能力、必备品格与价值观念，高考试题"素养立意"渐成常态。试题基本上是以时空观念定位、唯物史观指导，着力考查学生的史料实证、历史解释及家国情怀。试题都有明确的时间提示，或为直接的数字提醒、或为历史概念呈现、或以历史事件告知，将试题置于特定历史背景之下，考查其时代特征。新一轮的课程改革理念已经转化，新的课程标准已经颁布，重庆的新高考方案已经开始实施，但是，教与学的载体在当前仍然是旧教材。基于历史学科核心素养下的历史学科教学备考却必须发生翻天覆地的变化。新高考对学生的综合能力、问题分析能力、知识组合能力有了新的考核要求，并且因此对老师的历史教学方式方法提出了新的要求。笔者根据前人的理论研究并结合自己的教学实践，总结了一套历史选择题的答题策略，分享如下。

一、通晓学科素养，把握备考主线

历史学科核心素养是学生在学习历史过程中逐步形成的具有历史学科特征的必备品格和关键能力，是历史知识、能力和方法、情感态度和价值观等方面的综合表现，包括唯物史观、时空观念、史料实证、历史解释、家国情怀五个方面。唯物史现是揭示人类社会历史客观基础及发展规律的科学历史观和方法论。 时空观念是在特定的时间联系和空间联系中对事物进行观察、分析的意识和思维方式。任何历史事物都是在特定的、具体的时间和空间条件下发生的，只有在特定的时空框架当中，才可能对史事有准确的理解。史料实证是指对获取的史料进行辨析，并运用可信的史料努力重现历史真实的态度与方法。历史过程是不可逆的，认识历史只能通过现存的史料。要形成对历史的正确、客观的认识，必须重视史料的搜集、整理和辨析，去伪存真，去粗取精，这是历史学的重要方法。历史解释是指以史料为依据，以历史理解为基础，对历史事物进行理性分析和客观评判的态度、能力与方法。家国情环是学习和探究历史应具有的社会责任与人文追求。学习和探究历史应具有价值关怀，要充满人文情怀并关注现实问题，以服务于国家强盛、民族自强和人类社会的进步为使命。五大核心素养的关系如下图所示：

核心素养五个方面

唯物史观	→	用科学史观的立场观点和方法对历史全面客观认识	←	理论保证
时空观念	→	要将所认识的史实置于具体的时空条件下进行考查	←	本质体现
史料实证	→	对史事的推理和论证必须依据可靠的史料作为证据	←	必要途径
历史解释	→	所有的历史叙述在本质上是一种对过去事情的解释	←	能力要求
家国情怀	→	任何历史阐释都蕴含着一定的思想观念和价值判断	←	目标追求

二、熟悉答题步骤，排除干扰选项

1. 定时空：阅读题目，找出对应的时空（时代、国家、地域等）

选择题的题干中一般都有明确的或者隐含的时空点（时代、国家、地域等），首先要把这些基本的信息弄清楚，这些信息往往是确定正确选项的必要条件。当然，通过时期来联系这一时期的阶段特征（特定历史时期的政治、经济、文化所特有的历史印记），也很重要，这些阶段特征是对某一时期历史规律的认识总结，对于解题具有理论指导意义。

例题：据史书记载，西晋文学家王沈"少有俊才，出于寒素……为时豪所抑"，升官无望，感叹生不逢时，王沈所处时代的选官制度最有可能是

A．禅让制　　　B．九品中正制　　　C．察举制　　　D．科举制

这道题主要考查学生的时空观念与基础知识的结合。题目中"西晋文学家"可知属于"魏晋南北朝时期""为时豪所抑"说明选拔官员注重出身门第，可以正确的选出九品中正制，B项。其他选项"禅让制属于部落时代""察举制属于汉朝""科举制属于隋唐以来"，很明显的时空错位。

2. 审题意：仔细揣摩题意，尽可能概括归纳出题目中心思想

仔细阅读题干，抓住题干中考查的知识点（历史事件、历史现象、历史概念等）和考查的方向（因果、性质、特点、影响等）等关键信息，在此基础上尽可能概括出题意，然后根据题意做选择，成功率会大大增加。

例题：山东素有"齐鲁之邦"之称，这与西周的分封制有关，但山东的简称是鲁，而不是齐。关于是鲁不是齐的原因，下列解释最合理的是

A．鲁国的历史更为悠久　　　B．受宗法制正统观念影响

C．因孔子受到历代推崇　　　D．由分封制等级体系决定

这道题考查的时间为"西周"，考查的知识点是"分封制和宗法制"。题意：山东的简称是鲁，而不是齐的原因。说明鲁国的地位比齐国的地位更突出重要，它们都是西周的诸侯国，等级是一样的，所以排除 D 项；那么是什么原因造成鲁国的地位比齐国的地位更突出呢？只有从"鲁国是同姓诸侯（姬姓），齐国是异姓诸侯（姜姓）"这一角度来解释比较合理。由此可见，山东的简称是鲁，而不是齐是受到了宗法观念的影响，所以选择 B 项。

3. 析选项：找出与题意最为符合的选项（论从史出），注意排除其他干扰选项

分析选项通常的做法是先排除错误选项（容易的错误明显的），再辨析疑难选项，最后确定正确选项。干扰选项一般错在"时空错位""表述绝对（错误）""不符题意""以偏概全""因果倒置"等几个方面。其中时空错位、表述绝对相对容易排除，表述错误和不符题意相对较难，而以偏概全和因果倒置所设置的陷阱较深，需要花费一番功夫。记住一个原则：正确选项表述的观点或结论肯定与题干的信息相一致，具有严密的逻辑关系。与题干因果关系错误或者表述不一致的选项，往往就是错误选项。

例题：《吕氏春秋·上农》在描述农耕之利时不无夸张地说：一个农夫耕种肥沃的土地可以养活九口人，耕种一般的土地也能养活五口人。战国时期农业收益的增加。

A．促进了个体小农经济的形成　　B．抑制了手工业和商业的发展

C．导致畜力与铁制农具的使用　　D．阻碍了大土地所有制的成长

这道题考查的时间为"战国时期"，题意：战国时期农业收益增加（一个农民耕种一般的土地就可以养活一家人）会怎样？B 选项表述错误（农业的发展可以促进手工业和商业的发展），C 选项因果关系错误（是畜力与铁制农具的使用使得农业收益增加），D 选项与题意无关，不符合题意。所以选择 A 项，农业收益的增加促进了小农经济的形成发展。

三、坚持积累错题，不断反思复习

现在的历史学科考试除了考查对主干历史知识的掌握程度，还要考查学科素养和学习潜力，特别注重考查在唯物史观指导下运用学科思维和学

科方法发现问题、分析问题、解决问题的能力。对学生"获取和解读信息""调动和运用知识""描述和阐释事物""论证和探讨问题"等相关能力要求较高，所以通过对历史选择题的方法训练，只能提高学生的正确率，并不能代表历史选择题都能做对。因此，反思错题尤其重要。我让学生反思错题的做法具体如下：1.用便签纸将错题抄录一遍，加深对错题的印象。2.试着将自己选错的原因找出来，并且用精炼的语言在选项旁边注明，提醒自己注意。3.归纳错题所考查的知识点，回归到教材相应的知识点，以便复习到这个知识点时又通过相关错题加深印象。

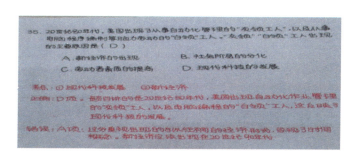

最后，附上一张学生反思的错题图片，仅供大家参考，希望大家按照历史选择题的答题步骤，遵循历史选择题的答题规律，认真作答、认真反思，在历史选择题上不断进步、不断突破。

关注家国 塑造人格

——浅谈初中历史教学中如何渗透家国情怀教育

重庆市涪陵第五中学校 何建华

【摘 要】家国情怀概指人们对国家、民族具有高度的认同感、归属感和责任感，是人类共同的价值取向。人民有家国情怀，民族才有强大的凝聚力，这也是我们国家在多次风雨中仍能够屹立不倒的重要原因。新课程标准背景下，教育活动的开展越来越注重对学生进行核心素养的培育，而国家情怀便是核心素养的重要培养内容。初中历史教学中，教师应深入挖掘史料素材，结合时代的新特点，培育学生公民意识，充分发挥历史课程塑造人格、涵养人性的人文作用。

【关键词】家国情怀；初中历史；渗透；教学策略

在中国传统文化中，家国情怀是基本内涵之一，是一种强调对国家的认同并能够促进国家发展的思想与理念。就初中学生而言，正处于价值观念形成的重要时期，也是可塑性极强的重要阶段。而历史学科是承担立德树人重要使命的人文学科，历史课程中含有众多传统文化与民族情感的素材。因此，在开展初中历史教学活动时，要利用历史素材，做到以史育人，要突出立德树人主题，增强四个自信，鲜明地培养学生家国情怀。

一、家国情怀教育渗透到初中历史教学中的重要意义

1. 价值引领，凸显学科教育目的

国家教育发展纲要明确指出，教育的目的是培养合格的公民。何为合格公民？首当其冲的便是公民具有强烈的家国情怀。而历史学科作为人文基础学科，理应承担此重任，在历史课堂教学中充分培育学生家国情怀。在具体的初中历史教学中，笔者常对历史事件和人物以及背后的发展意义进行深入分析，在带领学生了解历史事件的基础上，领略优秀的历史文化，以国家和民族的发展历程为依托，激发学生对国家和民族的认同感与热爱。

2. 以史育人，增加历史课堂温度

当前初中历史课堂出现了偏重知识教育、忽视人格教育的倾向，普遍存在只注重知识框架构建、忽视人的发展的现象。苏格拉底有言："教育的本质是唤醒，是开发你的内心"。显然，当前的初中历史课堂只见骨架、不见血肉，没有完全做到唤醒和开发，是没有温度的课堂，也违背了教育的本质。

在初中历史的教学活动，应通过对伟人志士案例的学习，使学生能够在精神层面上得到感染和熏陶，树立优秀的行为榜样，更深刻地去理解国情怀与爱国精神的意义和价值。这样不仅能够帮助学生正确分析历史事件，还能够引发心灵共鸣，让学生从中受益匪浅，产生强烈的社会责任感。这样有"人"的课堂，也是温度的历史课堂。

二、家国情怀教育渗透到初中历史教学中的有效策略

1. 深挖历史素材，培育家国情怀素养

在历史上有许多爱国的英雄人物和英雄事迹，将其应用到历史教学当中，可以作为家国情怀教育的渗透点。带领学生去对这些历史事件进行了解和深入分析，从而能够感受历史人物与事件中饱含的家国情怀，在带领学生认识家国情怀的同时，能够有效实现爱国之情的激发与培养。比如文天祥在抗原斗争中不幸被俘，但它能够抵挡诱惑，至死不渝的为中华民族留下伟大气节，他的爱国精神与守身取义的文人气节，都是爱国情怀的重要体现。

教师还要从历史教材中做好历史素材的挖掘。历史教材中有着丰富的英雄事迹与人物描写，教师可以带领学生在对这些事实进行了解和分析时，从中提炼出家国情怀素养的生成内容。对此，教师要坚持唯物主义观，将正确的价值思维与判断融入教学当中。通过对教材中的历史史实进行叙述，有效开展国土意识与爱国意识的教育活动，充分的发挥出历史教育与家国情怀教育的价值。

2. 传承传统文化，提升家国情怀素养

优良传统文化的传承，是家国情怀教育的重要载体。在历史的长河中，我国有许多伟大的爱国人物，他们留下许多优秀的文化作品，是国家昌盛的见证，他们所拥有的爱国情怀是感染学生的重要素材。比如岳飞所作的《满江红》给我们描绘出了一副奋勇杀敌的壮阔画面，能够激起中华儿女的报国情和爱国心。比如在南宋这个动荡漂泊的王朝中，陆游留下了许多悲凉壮阔的诗词，都表现出了作者内心对战士的关心，充满渴望报国的精神。诸如此类的作品还有很多，都是中华最宝贵的精神财富，也是历史教学中开展家国情怀教育的优秀素材。对此，在历史教学活动中，可以将这些优秀的文化作品作为拓展内容，在带领学生了解历史事件时，将这些作为拓展，带领学生了解诗人创作时的历史背景与情感，将诗词所描绘的历史社会现象进行分析，这样能够带领学生更深刻地去了解历史，更深层地体会到作者的爱国情怀。在对学生进行历史核心素养的培育时，这些优秀的文化作品也是重要的教育素材，恰当的利用这些文化作品，同样也能够达到家国情怀教育有效渗透的目的。

3. 融入乡土文化，深化家国情怀素养

对历史教学来说，生活化的教学活动是对历史教学的一种深度拓展，对历史教师的综合素养与专业能力有着更高的要求，同时也是渗透家国情怀的有效教学策略。乡土文化是学生身边的历史，是教材以外的历史，具有贴近学生生活、学生相对熟悉的特点。将乡土文化融入教学，能够将教学内容丰富化和生活化，有利于培养学生爱国主义情感，增进学生的乡土观念和对家乡的归属感。

在历史教学中，笔者曾将家乡丰都的历史资源融入教学。列举曾在我们这块土地上为民族解放而战斗或牺牲的英雄人物的事迹，对学生进行爱

国主义教育。如革命志士余政德，在抗战爆发后，受延安精神的的鼓舞，奔赴革命圣地延安，由于没有路费，悄悄将家里的三块水田卖了 80 块银元，后为革命作出巨大贡献。通过对家乡革命文化的介绍，学生感觉这些事仿佛发生在昨天，发生在身边，具有强烈的真实感和亲切感，对学生的爱国主义教育具体生动、行之有效。

总之，在中华传统文化当中，家国情怀作为文化精髓，对历史教学来说是非常重要的教学内容。通过开展积极有效的历史教学活动，对家国情怀进行弘扬，从中实现爱国之情的培养目的，帮助学生树立团结友爱的社会责任意识。对此，历史教师要注重对教学方法进行创新，通过为学生提供生活化的教学素材，来吸引学生注意和加深学生理解。同时还要做好教学内容的拓展，让学生在了解历史事件和背景内容的基础上，加深对历史事件与人物的感悟，明确我国发展的曲折和艰辛，能够更加珍惜如今的美好生活。

参考文献：

[1] 何勇 . 历史教学中对学生家国情怀教育的刍议 [M]. 科学咨询（科技、管理），2016 '11(01)：34。

[2] 梁佳斌 . 高中历史教学中的家国情怀教育 [D]. 四川师范大学，2017，10（28）：34。

[3] 汪惠民 . 别有伤心无数——从南宋词夜景描写中看南宋作家的家国情怀 [J]. 云南：思茅师范高等专科学校学报，2017,10(05)：9-10。

[4] 陈大斌 . 历史教学中基于乡土文化的家国情怀教育，教学月刊 . 中学版，2017,12。

白鹤梁的科学之证

重庆市涪陵第五中学校　周玉杰

【摘　要】在白鹤梁上，非理性题刻只占其中的极少数，更多的内容是对枯水情况的观察记录。观察之中有理性的坚持，记录之时也有准确性的追求。"瑞鳞古迹""送子观音像"等题刻同样是涪州先民精神文化的反映，无损于白鹤梁题刻的科学价值。从古代到现代，白鹤梁经历了诸多风雨，其本身就是古代科学与现代科学的见证。

【关键词】白鹤梁、迷信、科学

白鹤梁是涪州先民进行观测、记录水文情况的工具。其梁体记载了从唐广德元年以来的七十四个枯水年份的水位情况，其水文价值享誉世界，被誉为"世界第一古代水文站"，并为三峡工程和葛洲坝工程的建设提供了数据参考。但在白鹤梁的题刻中，同样存在"瑞鳞古迹""送子观音像""神仙福慧，山水因缘"等题刻内容，那么，白鹤梁题刻究竟是科学还是迷信呢？

一、迷信与科学之辨

从题刻内容来看，白鹤梁上共有"题刻 165 段，涉及水文价值的有 108 段"。"送子观音""瑞鳞古迹""神仙福慧，山水因缘"，只是白鹤梁题刻的冰山一角。除此之外，还有明正德庚午（公元 1510 年）黄寿所题："时乎鸾凤见，石没亦是丰。时乎鸱鸮见，石出亦是凶。丰凶良有自，奚关水石踪？节用爱人心，胡为有不同。"以及"鱼出不节用，年丰难为丰；鱼没知节用，年凶未必凶。造化存乎人，丰凶岂无踪。神官俭且廉，小子心当同。"这些内容的题刻者认为，石鱼可预报丰凶，但年岁的丰歉最终取决于人的作为。这属于理性思考的观点，而非迷信思维。

从题刻时间来看，根据宋代的文献记载，白鹤梁题刻上溯至广德元年（763 年），题刻持续了 1200 多年，"瑞鳞古迹"题于南宋宝庆二年（公元 1226 年），"送子观音"刻于清光绪二年（公元 1876 年），"神仙福慧，山水因缘"刻于 1931 年。此三者只是特定时期的观念反映，代表先民对生活的美好期许，并没有形成规模发展，也没有演变成盲目崇拜的信条，不能完全等同于迷信。

由此观之，白鹤梁上的"观音像"等题刻，并不妨碍白鹤梁题刻的科学价值。时而理性，时而非理性，理性与非理性并存于白鹤梁上，这才是历史的真实写照。科学与迷信的争论从未停止，并且，科学与迷信并非皆是是泾渭分明的。某些"迷信"的背后，甚至带着一些合乎逻辑的分析。正如"石鱼出水兆丰年"，其本质是古代先民在进行持久的水文观测后总结出的宝贵经验，却在口耳相传中带上了非理性的色彩。

二、理性选择与记实追求

在白鹤梁 108 段涉及水文资料的题刻中，以唐代的石鱼和清代的石鱼最具代表性。唐代的石鱼已经模糊不清的，仔细观察，仍能发现唐鱼和清鱼之间的细微差异——清鱼的位置高于唐鱼。那么，当涪州牧萧星拱命人重刻石鱼之时，为何没有按照唐鱼的高度重刻，而是以新高度刻之？最直接的原因是，清人观测到的最低水位与唐人观测到的最低水位不同。对此，萧星拱没有盲目照搬唐人的数据，而是选择坚信自己的判断！正是这种理性，让白鹤梁保留了大量真实可靠的水文数据。在白鹤梁上，其他石鱼也多似此举。例如元顺至二年（公元 1331 年）张八歹刻单石鱼（副编号 7），鱼眼中心高程 138.711 米；又如明正德元年（1506 年）李宽主刻双石鱼（副编号 5），鱼眼中心高程 138.780 米；再如清康熙四年（公元 1695 年）徐上升等主刻双石鱼（副编号 81），鱼眼中心高程 137.919 米白鹤梁上的石鱼共计 14 组，其中 10 组皆可测得准确数据。理性的坚持为后人留下了一份珍贵的资料。

除了石鱼，还有水文记载。在涉及水文资料的 108 段记载之中，不仅有枯水年份的时间记载，还有确切的水位记载。例如熙宁水位题记记载："熙宁七年，水齐至此。"又如庞恭孙题记记载："大观元年正月壬辰，水去鱼下七尺……"再如杨谔等题记记载："绍兴乙丑仲春上休日，石鱼出水四尺……"这些确切的水位信息表明，题刻者是在有意识的记录，而非盲目的附和前人观点。

科学不会凭空产生，古代科学建立在对现实的客观记录、分析之上。正确的记录、理性的分析是古代科学发挥效用的原因，而白鹤梁题刻是其中的代表之一。经理性选择与记实追求产生的白鹤梁题刻，其真伪可以经受实践的检验。

三、古代科学与现代科学的交流

白鹤梁是古代科学的见证。古代社会是农业社会，农业的发展和水息息相关，农业需要用水灌溉。古埃及被称之为"尼罗河的赠礼"，古中国也被称之为"黄河文明"，水是生命之源。可是，西方的"诺亚方舟"、东方的"大禹治水"，也从不同的角度反映洪水给人类社会造成的危害。出于利弊两方面的考虑，为了尽可能的趋利避害，涪州地区的先民借助江间的石梁观察水势、标注水位，以备不时之需。值得一提的是，这一观测行为持续了一千两百多年，并且在长时间的观察中，总结出了"石鱼出水兆丰年"宝贵经验。现在，虽已不再需要借助白鹤梁进行水文观测，但梁上保存的水文资料凝聚着先辈的智慧，回响着古代科学的余音。

白鹤梁是现代科技的成果。由于三峡工程的修建，白鹤梁的保护工作被提上了日程。为了更好的保护白鹤梁，许多专家都提出了自己的构想："双层壳式"方案、"蜂巢拱顶壳"方案、"高围堰"方案……最终，中国工程院葛修润院士提出的"无压容器"方案得到一致认可。在 2003 年以前，想在水下四十米深的地方修建展馆，更像是天方夜谭。但是，葛修润院士的"无压容器"方案，让"不可能"变成了现实。当我们乘着长达 91 米的扶梯走到现实版的"龙宫"，之所以安枕无忧，是因为现代科学在为我们保驾护航。

可以说，白鹤梁水下博物馆就是现代科学的智慧结晶。

白鹤梁是古代科学与现代科学跨时空交流的典范。在交流的过程中，古代科学焕发了生命力，现代科学创造了奇迹。没有白鹤梁，可能我们看到的将是另一个三峡工程；没有三峡工程，白鹤梁也绝不是今天看到的这个样子。简单地说，白鹤梁成就了今天的三峡工程，三峡工程也成就了今天的白鹤梁。

四、小结

千年之前，白鹤梁只是江间一道普通的石梁；由于涪州人民的勤劳与智慧，它成为了世界一绝的水文载体。作为一个载体，其本身并不具备科学与否的社会属性，是涪州地区的人民成就了它。人类的活动让它从一块普普通通的石头，变成了天下无双的文物；人类的活动也让它成为了信仰的载体，寄托着对未来的希望。当人们以理性的态度对待白鹤梁，它就成了理性的载体；当人们以迷信的态度对待白鹤梁，它便成了迷信的化身。

继唐人刻石鱼为水标之后，直到元顺至二年（公元 1331 年）才有人重测水标、重刻石鱼。六百多年，人们依据的是一直是唐人的标准。不能否认宋人依据唐鱼观测记录的水文价值，但若是唐人错了，错误就延续了六百多年。白鹤梁是没有对错之分的，它只是一块石梁；人才有对错之分，才有科学与迷信之别。虽无法借助科学解释所有问题，但至少应该持有理性的观念，科学的生活！历史需要传承，科技需要创造，白鹤梁是历史与科技的见证者。

参考文献：

[1] 重庆中国三峡博物馆，重庆白鹤梁水下博物馆 编：《白鹤梁：世界第一古代水文站》，重庆：重庆大学出版社，2019 年 8 月第 1 版，第 7 页。

[2] 王晓辉：《白鹤梁题刻文献 集校注》，天津古籍出版社，2015 年 12 月第 1 版，第 140 页。

[3] 王晓辉：《白鹤梁题刻文献 集校注》，天津古籍出版社，2015 年 12 月第 1 版，第 142 页。

[4] 重庆中国三峡博物馆，重庆白鹤梁水下博物馆 编：《白鹤梁：世界第一古代水文站》，重庆：重庆大学出版社，2014 年 11 月第 1 版，第 35 页。

[5] 重庆中国三峡博物馆，重庆白鹤梁水下博物馆 编：《白鹤梁：世界第一古代水文站》，重庆：重庆大学出版社，2014 年 11 月第 1 版，第 84 页。

[6] 重庆中国三峡博物馆，重庆白鹤梁水下博物馆 编：《白鹤梁：世界第一古代水文站》，重庆：重庆大学出版社，2014 年 11 月第 1 版，第 82 页。

[7] 重庆市文物局、重庆市移民局编：《重庆市文化遗产书系：涪陵白鹤梁（长江三峡工程文物保护项目报告丙种 6 号)》，文物出版社，2014 年 11 月第 1 版，第 23 页。

[8] 重庆市文物局、重庆市移民局编：《重庆市文化遗产书系：涪陵白鹤梁（长江三峡工程文物保护项目报告丙种 6 号)》，文物出版社，2014 年 11 月第 1 版，第 23 页。

[9] 重庆市文物局、重庆市移民局编：《重庆市文化遗产书系：涪陵白鹤梁（长江三峡工程文物保护项目报告丙种 6 号)》，文物出版社，2014 年 11 月第 1 版，第 23 页。

[10] 王晓辉：《白鹤梁题刻文献彙集校注》，天津古籍出版社，2015 年 12 月第 1 版，第 28 页。

[11] 王晓辉：《白鹤梁题刻文献彙集校注》，天津古籍出版社，2015 年 12 月第 1 版，第 40 页。

三课：教师必备教学基本功

重庆市黔江中学校　庞友海

"三课"，指"上课"、"评课"和"说课"。近年来，不少省市中小学职称评定淡化论文，注重教学基本功的考核，即加大对评职教师"上课""评课"和"说课"基本功的考核。这无疑是符合中小学实际又值得称道的职称改革导向。我曾多次接受邀请，作为考评专家参与教师教学水平测试考核工作，发现存在不少共通性的问题，就是一些比较优秀的教师，都不知道怎么评课，上课、说课不分。下面结合我当评委过程中所发现的问题谈一谈看法，希望能对大家有所启迪和帮助。

一、上课

上课，一般是由参评者事先录一堂课，提供给评委老师看，如果是一线老师，这项的比重较大，大约占50%。教研员参与评职这项分值要少一点，占20%或30%。我这里不是谈怎么上课，而是说作为评委，如何审视一堂课质量的高低？换句话说，按什么标准给分？当然，主办方事先都会准备一个比较详细而全面的量化标准，但内容太多、太细、太具体，评委根本无法操作。评价项目常有:教学目标、教材处理、教学过程、教学方法、学生活动、教学效果、版书设计等，每个项目又有若干具体要求，相当于一个小型调研报告了，评委在短时间内不可能得出准确的判断。若一堂课真是按这个量化标准面面俱到，分数即便可观，但绝不是一堂好课，而是一堂没有特色的标准化生产的"工业课"（按模子生产）。因此，评委一般不会拘泥于主办方的"标准"去给分，而是根据自己内心的标准去判断。"内心标准"是什么？我认为主要看课堂的内涵，当然形式也要，但不是主要的，因是教学基本功考核，不是带有表演性质的竞赛。评委也多是熟悉该学科的专业老师，内行看门道嘛。何为内涵？或者说内涵表现在哪些方面？

首先，看执教者的专业功底。执教者的专业功底在一堂课里如何反映？以我们历史学科为例，主要看能否对历史概念的准确把握。特别是相关概念之间的区别与联系，要借助史料引导学生去分析辨别，不能想当然。这也是学好历史的前提和基本要求。我常讲，高中学生学习历史有三个层次，第一层次，知道是什么，即准确把握历史概念的内涵和外诞；第二层次，知道为什么，即不仅要知其然，更要知其所以然；第三层次，还有什么，即发挥历史学科所特有的史鉴功能，从中得到感悟或启迪。学生达到学习历史的层次，要通过教师准确而巧妙的引导，润物细无声地内化为学生的认知结构。如世官制、察举制和科学制三个选官制度，就可以用列表对比的方法让学生全面掌握其区别及内在联系，在准确理解的基础上，让学生用自己的语言表达出来，不要机械背诵教材定义。同样，对概念的评论也必须是在准确理解基础上的理性分析。从我当评委的经历看，不少老师对历史概念不是很重视，有部分老师对历史概念的提法及解释是模糊的、混淆的，甚至是错误的，可想而知，学生岂能形成清晰而准确的概念理解？！如有个教师在分析科举制的局限时指出：考试科目及内容，大都不出儒家经义的范围，被选拔的多是缺乏进取精神和创新意识的人。我不知这一结论是出自那本资料，还是他的原创？如果准确理解了科举制的内涵，就不难看出这个结论是不够准确的。大家知道，科举制的科目较多，其中最重要的是明经和进士，内容不出儒家经义范围主要指明经科，笼统答成科举制的局限是不恰当的。"缺乏进取精神和创新意识"更是违背事实，从某种意义上说，参加科举考试本身就是一种进取精神的表现。历史上很多杰出人士，大多是科举出身，如唐宋八大家，北宋著名科学家沈括，明末宋应星等，他们的创新意识、创新能力都很强。那么科举制的局限是什么？一是加剧了整个封建时代重人文、轻自然（科学）的倾向，因自然科学方面的才能得不到社会的认可；二是选拔人才的方式比较单一，忽视对实用性知识的考察，可能出现"高分低能"现象。因分数高未必就一定能力强，未必一定会做官。

其次，看执教者的研究能力。专业功底与研究能力相互联系、密不可分，但专业功底并不等于研究能力。研究能力建立在扎实的专业功底之上，但专业功底好研究能力未必就强。专业功底主要反映执教者所拥有的专业知识，更多表现为执教者对历史概念、历史事件等的理解、记忆力。研究能力主要反映执教者运用知识的能力，表现执教者的创造力。那么研究能力在一堂课里怎么反映出来？我认为，主要从三个方面去判断，一是看执教者对本课内容是否有自己独到的理解和分析，而不是背教参；二是看能否引导学生把握概念（事件）之间的内在联系，并作出合理的解释。也就是上面所说的让学生"知其所以然"；三是看能否自然而恰当地解决课堂上的"生成"问题。即不是引导学生去迎合教师心目中的标准答案，而是提供背景让学生自由思考回答，并对学生的答案（特别是与自己标准答案不同时）做出合理而赋予鼓励性的评判。

最后，看执教者的理论修养。理论修养如何体现？主要看课标、学科素养在课堂上的落实情况，看教学设计及教学行为是否符合现代教育规律、是否符合学生的年龄特征，看教师是在教教材呢，还是在用教材教等，历史教师的理论修养更多体现在教师的史学素养方面。历史教师应有怎样的史学素养？唐朝刘知几把史学家的素养概括为"史才、史学、史识"三个方面。"史才"指搜集、鉴别及组织史料的能力，"史学"指掌控丰富的史料和历史知识，"史识"指独到的见解和观点。作为历史教师，虽然不能像对待历史学家哪样的高要求，但基本素养还是应该具备。章学诚在刘知几的"三才"说基础上，进一步提出"史德"说，即追求历史真理的忠实心，也就是说，历史教学要求真、求实。就今天来讲，应该成为历史教学的底线，也是历史教师必须具备的基本史学素养。

此外，执教者若在设计技巧方面很有特色，能巧妙结合时代特点引导学生学以致用，肯定会给评委深刻的印象，会得到加分，因这反映了执教者的创新之处。学以致用是人文学科的特点，也是高考改革的方向。我曾听一个参评老师讲"新文化运动"，教学过程中曾给学生布置这么一道题：选择你最喜欢的一个新文化运动时的大师，并为他撰写颁奖词。学生非常活跃，有效激发了孩子们的知识储备和灵感，有几个学生还写得不错。所以，好多时候不是学生不行，而是我们老师没有给学生提供展示能力的平台和机会。

附：抄录两篇颁奖词于后

学生一：蔡元培：他虽身居要职，却自始至终两袖清风；他一身正气，道德文章垂范人间；他提倡思想自由、兼容并包，促进了新思潮的传播和学术繁荣，使北大成为革新人物和学术大师云集之地，成为中国第一所真正意义上的现代大学。

学生二：鲁迅：在那个风云变幻、黑暗混乱的时代，你是一颗闪耀的明星，照耀人们前进的路；面对吃人的社会，你是一位呐喊的斗士，一把把匕首，扎向反动派的心脏；面对麻木的同胞，一剂剂猛药，医治国人的顽疾，唤起整个民族的觉醒，铸就了中国人的精神脊梁。

二、评课

前面谈了上课，现在谈一谈"评课"。教学水平测试的评课常常是提供一堂录制好的优质课，评委与参评人员一起看，然后撰写一篇评课稿，时间一般是一个小时。从我当评委所见到的评课稿看，都存在一定问题，主要表现在：面面俱到撒大网式罗列要点，而无具体的事实论证，显得空洞无说服力，更缺乏深层次的问题分析；对所听内容及优劣缺乏个性化认识，空话连篇，写得不少，但说不到点子上；逻辑混乱，东一句西一句，文章缺乏中心和灵魂；建议缺乏建设性，或者将根本不是问题当成问题。只有少数老师的评课稿勉强分析到点子上，建议有一定的建设性。那么如何写评课稿？换一句说，如何评一堂课？

第一，评课讲求"实"论结合。论，即评课者的看法；实，即事实依据。你对这节课持肯定态度，不是光说出完事，还得说一说你肯定的理由。反之亦然。如常听评课者称赞说，符合新课改理念，实行启发式，激发学生思维，体现了以学生为主体、教师主导的思想。那么我们就要问，有哪些新课改理念在课堂上体现？是如何体现的？又是如何启发的？激发了学生什么思维？学生主体作用、教师主导作用是如何落实的？是否达到了教学的预期教学目标？等等。

第二，学生是课堂的主体，因此一堂课是否成功，应该是以学生的收获作为衡量标准。也就是说，评课者主要应站在学生的视角去审视这堂课。即学生学到多少新知识？能力是否得到锻炼和提升？思维是否得到新的启发？学生个性是否得到尊重并巧妙激发？而不是看执教者是否会表演，也不是看听课者是否满意等。根据这一标准，评课者就要围绕授课者是否熟练把握教材内容（概念准确），设计的问题是否符合学生"就近发展区"（太难，学生回答不了，白问了；太易，学生随口回答，思维得不到有效训练，是浪费时间），课堂上是否有真正的思想碰撞，课堂上的"生成"问题是否得到激励性的解决、而不是搪塞过去。

第三，评课稿应有一定的理论支撑。有思想的老师，不管是备课还是上课，都会有明确的目标和目的，并围绕这些目标和目的去设计教学内容，而不是漫无目的的随意行为。目标确立的依据是什么？课标，课改，教育学和心理学，学科能力要求，学科核心素养等。因此，评课者也应该用这些理论去衡量这节课的得失。当然，理论要与课堂内容自然结合进行有理有据的分析，不可实行"拉郎配"，也不可面面俱到。

第四，评课稿应有一个灵魂（中心）。有经验的优秀教师，一堂成功的课都会有"课魂"，他的一切设计和教学行为，都是围绕这个"课魂"展开。有时感觉他在课堂上游离教材而随心所欲，古今中外上下贯通，其实都紧紧围绕他所确定的"课魂"在进行，从而达到课堂教学之"通感"（李慧军老师语）。同样，评课稿也应该有一个"灵魂"（中心），所用材料及论证过程都应围绕这个灵魂展开并为之服务，相当于一篇论说文，与论说文不同的是，评课稿结尾应该有一个建设性的建议，因评课的目的是为了改进教学，优化课堂结构，促进大家共同进步。做得好的地方要学习借鉴，不好的地方及时改进。当然，建议未必都中肯，择其善者而从之。

第五，评课稿应有"从鸡蛋里挑骨头"的功夫。一堂形成定论的省级优质课，要从中挑出问题来，评课者需要有深厚的专业功底，独立思考的批判精神，开阔的视野和较强的研究能力。当然，也许挑出的不是骨头，这并不重要，因人文科学的答案并非唯一，只要能够自圆其说就行。十年前我评正高的时候，与评委一同看了一堂全国优质课，看后只有十分钟的准备，我不仅有条有理地指出其优点，还指出了一处"错误"，其实未必是错误，但在没有资料的情况下，根据大家熟悉的文学作品、史家看法及逻辑推理等，论证了我的观点，评委感到吃惊，给他们留下了非常深刻的印象。当年参加正高水平测评有不少大学老师，竞争激烈，我得了"全优"（上课、说课、评课）。又比如，在重庆市一次正高基本功测试中，看了一堂市级优课《民族工业的发展》，主要以重庆著名爱国实业家卢作孚的民生公司为线索，反映民族工业曲折发展的历程。授课者是一位年轻的美女老师，整节课线索清晰，过程流畅，如行云流水，师生一问一答配合默契，加之一口流利的普通话，确实给人美的享受。从参评人员的评课稿看，都对这节课给予充分的肯定，但在热闹的背后给人有缺乏"内功"的感觉，有花架子之嫌，甚至还存在一定的问题，遗憾的是，所有参加者都没有看出来。比如，堂课上设置的问题较多，但学生都是随口答上，根本不需要思考，如果不是事先演练，则是因为问题浅显，缺乏思维含量。且答案唯一，完全是让学生配合教师预设的"标准"答案，学生思维没有得到有效训练。课堂最后提供了一段有关卢作孚民生公司结局的视频，因图像小、声音又小，其实我并没有看清视频的具体内容（可以蒙混过关），但教师的补充总结却大煞风景！她说："新中国成立后民生公司顺应大势开始民主改革，由于基层运动的领导者执行政策有偏差，在运动中，公司的部分董事、高中层管理人员受到不应有的冲击。加之公司当时资金压力大，入不敷出，财务陷入困境，难以撑持。1952年卢作孚选择自杀结束了自己的生命！"前面用生动的事例再现卢作孚的企业在夹缝中求生存、在斗争中求发展，若有学生问：老师，在日本帝国主义和国民党反动派的高压下都没有屈服，为什么在取得独立后的共和国时期民生公司却难以生存？怎么苦苦追求国家独立、民族解放的进步民族资本家在共和国时期只有选择自杀？我们怎么给学生解释？这不是在无意中给学生的价值观一个误导！与立德树人的根本追求相违背？结束前还提供了一个问题讨论：当今民营企业怎样才能取得成功？这个问题实在太大，对学生来说要求太高，也没有必要，因中学生是打知识基础阶段，不是培养合格商人。要回答这个问题，需要有一定的阅历和政策水平等。如果换成：从民生公司的发展历程有何启示（或启迪）？或从卢作孚身上看到进步企业家的什么精神品质等就好了。

三、说课

"说课"是评委指定一篇课文（或参评者通过拈阄确定），给一个小时的准备时间，然后向评委展示自己对课文的理解和教学设想。从我当评委的经历看，说课比上课、评课都差，基本没有弄清楚什么叫说课，在我的印象中没有一位让我满意的说课（包括参加正高评选的优秀教师）。如在一次正高的水平测试中，抽的课题是《中国古代的发明与发现》，有好几位老师一上来就声明，我们不是用的这个教材，这个内容我没有教过。大概是博取评委老师的同情，手下留情吧。从说课的情况看，五花八门，有的把说课等同于上课，将评委当学生按上课程序讲10分钟准备的内容，准确地说是概括复述一下教材内容；有的大而空地罗列要点，缺乏结合教材内容的具体分析。什么说教材、说重点、说难点、说方法、说目标、说学科素养等一应俱全，但确立的依据是什么，是怎么来的，一概不知；说教学方法太过笼统，说学习方法有失规范，不少老师都说我运用了启发式、自主探究法、合作讨论法等，至于如何启发学生，怎样操作就没有下文了，甚至有部分老师将学法指导误解为答疑、习惯养成等；有的机械运用政治原理，张冠李戴、逻辑混乱。如有个老师这样确立的重难点。重点：培养学生科学兴趣和科学意识。难点：理解古代科技的双重作用。大概是从如何看待现代科技借用而来，培养学生的科学兴趣和科学意识还勉强说得过去，理解古代科技的双重作用就让人匪夷所思了！且科学兴趣和科学意识最多也只能当作教学的一个目标吧，与本课的重难点八杆子搭不着啊！

什么是说课？说课与上课的区别在哪？上课是授课者将自己对教材的理解、课标要求并结合学生实际等，用一定方法和技巧展示出来，达到传授知识、培养能力、渗透情感的作用；说课则是阐明为什么？即所教内容在教材中的地位并说明理由，重难点、教学目标、学科素养、教学方法等确立的依据。上课的对象是学生，或假想学生（评委）；说课的对象则是教师或评委，是阐述自己对教材的理解及重难点等确立的依据，是将自己的专业素养、教学能力、理论修养等展示给人（老师或评委）看。

如何说课？或说课有什么技巧没有？常有老师说，我知道怎么做，也知道该做什么，但要我说为什么（依据）就难了！说课的关键是找理论支撑，这恰恰是老师们最薄弱的环节。说课说什么？在一些考评的评分标准里常写着如下内容：说教材、说课标、说重难点、说方法、说过程等。其实，准确地说，是说确立这些内容的依据。那么，依据何来？下面简单谈一谈看法。

1. 说教材，即说明自己对教材的理解。说教材的目的有二，一是确定学习内容的范围与深度，明确"教什么"；二是揭示学习内容中各项知识与技能的相互关系，知道"如何教"。一般来讲，说教材一般包括以下内容：

（1）说教材的地位作用。即课标对所教内容的要求，脱离课标的说课那就是无本之木、无源之水，会给人一种虚无缥缈的感觉。要说明所教内容在本节、本单元、本书乃至整套教材中的地位、作用及意义，说明教材编写的思路与结构结点等。主要反映说课者对教材的把握情况。

（2）说教学目标。一是说出完整的教学目标，即知识与能力、过程与方法和情感态度价值观三个方面的目标；二说目标的可行性，即教学目标要符合课标和学科核心素养的要求，切合各种层次学生的实际；三是目标要有可操作性，即目标要具体、明确，能直接用来指导、评价和检查该课的教学工作。（注：也可用学科核心素养作为教学目标来阐释）

（3）说教材的重难点。重点是指有利于培养学生学科思维、学科核心素养的知识点，或为进一步深造奠定基础的知识。也就是说，重点确立的依据主要有三个方面：课标要求（有利于培养学科思维能力）；本学科核心素养要求；为进一步学习奠定基础（该内容在大学有深化）。难点是指比较抽象、远离学生生活，使学生难以理解和掌握的知识。远离学生生活可能有几种情况，一是年代久远、时代不同，学生难以理解古人（或前人）的想法或做法。如谭嗣同选择英勇就义的行为；二是不同国家、文化信仰不同，受思维定势的影响学生难以理解其特点或行为。如美国南北战争结束后，不仅没有战犯追究，而且南北战死者都作为烈士进行纪念；三是阅历浅、知识面窄，学生难以领会特定时期历史概念所蕴含的意义。如关于真理标准问题的讨论。还有概念抽象，学生也难以理解，如宋朝的理学、心学等。同时，还要具体分析教学难点与教学重点之间的关系。

2. 说学生。即分析教学对象，因为学生是学习的主体，是教学服务的对象，因此教师说课必须说清楚学生情况。只有准确了解并把握你的学生，才会制定出符合实际的教学策略。"知彼知己、百战不殆"嘛。这部分内容可以单列，也可以插在说教材部分一起说。说学生包括：学生的基础知识、生活经验、年龄特点、学习技能及态度等。

3. 说教法与手段。即选用什么样的教学方法和采取什么样的教学手段，以及采用这些教学方法和手段的理论依据是什么。教法一要考虑能否取得最佳效果，二要考虑教法组合的依据，要从教学目标、教材编排形式、学生知识基础、年龄特征、教师自身特点以及学校设备条件等方面说明。教学过程是教与学的统一过程，因此教师在说课时还要说明怎样教会学生学习的方法和规律。教学手段是指教学工具（含传统教具、课件、多媒体、计算机网络等）的选择及其使用方法，要尽可能使用现代化的教学手段。教具的选择一是忌多，使用过频，使课堂教学变成教具或课件的展览；二是忌教学手段过于简单，不能反映学科特点；三忌教学手段流于形式。还要说明是怎样依据教学目标、教材内容、学生的年龄特征、学校设备条件等来选择教学手段的。

4. 说教学程序。教学程序就是介绍教学过程设计，这是说课的重点部分。因为只有通过这一过程的分析才能看到说课者独具匠心的教学安排，它反映了说课者的教学思想、教学个性与风格。也只有通过对教学过程设计的阐述，才能看到教学安排是否合理、科学和艺术。教学过程通常要说清楚下面几个问题：

（1）说教学思路的设计及其依据。教学思路主要包括各教学环节的顺序安排及师生双边活动的安排。教学思路要层次分明，富有启发性，能体现教师的主导作用和学生的主体作用。还要说明教学思路设计的理论依据。说教学思路一般问题不大，但说到理论依据老师们就头痛。现举一些常见的在说课中可能用到的教育理论供老师们参考：

合作教育理念：兴起于 20 世纪后半期，代表人物有美国的罗杰斯、斯莱文等。强调在师生人际关系上摒弃权力与服从，主张建立平等、合作、健康的师生人际关系。把发挥人的潜能，重视发展学生的个性放在重要的地位。合作教育思想是国际教育改革的重要指导思想之一。

创新教育理念：旨在培养创新性人才或创造性人才的教育。创造教育起源于美国学者奥斯汀 1941 年开设的创造工程课及他撰写的《思考的方法》一书。20 世纪 60 年代后得到迅猛发展。

多元智能理论：美国哈佛大学心理学家和教育家霍华德·加德纳创立。他认为智力不是一种能力而是一组能力，智力不是以整合的方式存在而是以相互独立的方式存在的。每个人的智力都有独特的表现方式，每一种智力又都有多种表现方式，所以，我们很难找到一个适用于任何人的统一的评价标准，来评价一个人的聪明和成功与否。

发展性教学理论：创立者是前苏联教育家赞科夫。他认为要培养学生的独立性和首创精神，就必须提高学生的一般发展水平，就要在教学理论上打破传统的观念。所谓"一般发展"指的是学生个性所有方面，即不仅是指智力发展，而且还指发展学生智力、情感、意志品质、性格和集体主义思想等。

认知学习理论：主要代表有布鲁纳等，强调学习过程是一种积极的认知过程，学习的实质在于主动地形成认知结构。

建构主义学习理论：建构主义思想来源驳杂，流派纷呈。这一理论认为，知识不是被动吸收的，而是由认知主体主动建构的。学习活动不是由教师向学生传递知识，而是学生根据外在信息，通过自己的背景知识，建构自己知识的过程。

......

（2）说教学重点、难点的处理。教师高超的教学技艺体现在突出重点、突破难点上，这是教师在教学活动中投入的精力最大、付出劳动最多的方面，也是教师的教学深度和教学水平的标志。因此教师在说课时，必须有重点地说明如何突出教学重点、突破教学难点。要从知识结构、教学要素的优化、习题的选择和思维训练、教学方法和教学媒体的选用、反馈信息的处理等方面去说明突出重点、突破难点的步骤、方法及策略等。

（3）说各教学环节的时间分配。要从教材内容、学生实际和教学方法等说出各个教学环节的时间安排及依据。特别要说明一节课里的最佳时间（20—25分钟）和黄金时间（15分钟）是怎样充分利用的。

（4）说板书设计及其依据。说板书设计，主要介绍这堂课的板书类型是纲目式、表解式、还是图解式等？什么时候板书？板书的具体内容是什么？板书的展现形式是什么？等等。板书设计要注意知识的科学性、系统性与简洁性，文字要准确、简洁。说依据可联系教学内容、教学方法、教师本身特点等加以解释。

5．说教学效果的预测

教学效果是教学目标的归宿和体现。教学效果的预测，既是教师实现教学目标的期望，又是实现教学目标的自我把握程度。教师在说课时，要对学生的认知、智力开发、能力发展、思想品德的养成、身心发展等方面做出具体的、可能的预测。

以上内容并不是说都非要不可，只是提供方向性的参考，"说无定法"，具体要根据内容及自己的情况而定，提倡独立思考和创新，只要言之有理，持之以据，重点突出即可。

注：本文首发中文核心期刊、中国人文社会科学核心期刊、中文社会科学引文索引来源期刊（CSSCI）《历史教学》2019 年 4 期。中国人民大学生主办的复印报刊资料《中学历史、地理教与学》2019 年 8 期全文转载。

【作者简介】

庞友海，苗族，1963 年 1 月，本科学历，九三学社重庆黔江区副主委，黔江政协常委，重庆市历史教学研究会副理事长，重庆历史学会常务理事，重庆市首批教学专家工作室主持人，重庆市黔江中学人文历史创新基地主持人，西南大学特聘兼职教授。中学正高级（三级）教师，特级教师，重

庆市名师，全国优秀教师，重庆市教书育人楷模，中央统战部专家库成员。致力于教育教学研究，出版专著 5 本，发表教研文章 100 余篇，主编教辅图书 20 部（本），多家省级刊物及教研机构特约撰稿人或特聘专家。

浅谈儒家仁义困境下的抉择
——"仁先于义"

重庆市黔江中学校　向艳秋

【摘　要】孔子思想的核心之一为"仁"，关于"仁"的阐释众说不一。而孟子将"仁"的思想发展到了"仁义"。本文通过对儒家相关文献的钩沉及对学术界相关观点的对比，浅谈儒家处理仁义矛盾的原则：仁先于义。

【关键词】儒家思想　仁　义

一、何谓"仁"

"仁"字在甲骨文和金文中均有发现，是一个产生较早的古汉字。《说文解字》云："仁，亲也，从人二。"又有"古文仁，从千心"和"古文仁，或从尸"之解。《尚书》中有"予仁若考"；《诗经》中有"洵美且仁"和"其人美且仁"。但是，"仁"字出现最多使用最广并且被赋予明确含义的是在春秋时期，儒家学者孔子将"仁"字做出了多种不同的阐释。

在《论语》中，"仁"字共出现一百零九次，其中大多来自于孔子弟子问"仁"，并由此衍生出孔子针对不同对象不同问题对仁的内涵、表现和实践途径做出了不同的阐释。如：

"颜渊问仁，子曰：'克己复礼为仁。一日克己复礼，天下归仁焉。为仁由己，而由人乎哉？'"其表现和实践径照则被阐释为"非礼勿视，非礼勿听，非礼勿言，非礼勿动。"

"仲弓问仁，子曰：'出门如见大宾，使民如承大祭。己所不欲，勿施于人。在邦无怨，在家无怨。'"

而当司马牛问仁时，则答曰："仁者，其言也讱。"就是说仁者说话要谨慎。据此，司马牛不是很理解，又问"其言也讱，斯谓之仁已乎？"子曰"为之难，言之得无讱乎？"有此三问可看出，孔子对于不同的对象对仁做出的解释是不同的。这也说明了"仁"是一个很宽泛的概念，具有很强的延展性和灵活性。

当然，关于"仁"的解释最经典的就是"仁者，爱人"。

最近在给初一学生讲《活跃的学术思想》一课时，教材中有一句"统治者要做到体贴人民，人民要敬重和服从统治者，天下就会太平"作为对孔子"仁"的思想的概括。可是我觉得只有这样一句话呈现给学生太过简单。于是，我补充了如上几点。

后来，孟子将孔子"仁"的思想进行了发展，提出了"仁义"，即"仁者，人心也"，主张"居仁由义"。孟子说："仁，人之安宅也；义，人之正路也。"孟子以"安宅"喻仁，说仁是人心，是人的道德依据。在现今，以"宅"喻心之说仍有，比如常说的"宅心仁厚"。又以"正路"喻"义"，说义是规范，是人的行动原理。关于"路"与"义"，现今仍有相关的表述，如"路见不平，拔刀相助"就是"大义"的体现。"安宅"、"正路"之喻既道出了"仁"与"义"各自的内涵，又表明了二者相互依存的有机联系。由此，张岱年先生就曾总结"孔子哲学的中心观念是仁；孟子哲学的中心观念是仁义。"

二、何谓"义"

"义"是什么？这是一个很复杂的概念。"义"字在如今有很多意象。比如"主义"，诸如封建主义，资本主义，等；如"假"，有"义齿"；在表示没有血缘关系时又有"义子、义女、义父母"等；在日常用语中更是常用，比如"义无反顾、大义灭亲、英勇就义"等。但其最初的本意是什么呢？《说文解字》里有"义，宜也，从我从心"。西汉董仲舒也有"正其宜不谋其利，明其道不计其功"。

孔子也谈"义",但是往往紧扣"君子"。如"君子义以为质,礼以行之,义以出之,信以成之,君子哉!""君子之于天下也没,无适也,无莫也,义之与比。"当子路问"君子尚勇乎"时孔子答曰"君子义以为上。君子有勇而无义为乱,小人有勇而无义为盗。"即在孔子看来,"义"是君子的立身之本,是君子行为的最高标准。君子处事只有合于义时则作,不合于义则不作。

而到了孟子,他把"义"上升到了一定的高度,体现在两个方面。一是他将"义"上升到作为评判人之所以为人的标准。"人之所以异为禽兽者几希,庶民去之,君子存之。舜明于庶物,察于人伦,由仁于义,非行仁义也。"二是孟子明确的把"义"定性为善恶的标准。"鸡鸣而起,孜孜为善者,舜之徒也。鸡鸣而起,孜孜为利者,跖之徒也。欲知舜与跖之分,无他,利与善之间也。"纵观学术界的研究动态,关于"仁义"的内外之争倒是很激烈,应该说从孟子、告子到现今都有学者在论争这个问题。在现今,人们通常将"仁义"自然而然的看成是一个不可分割的主体。但是在阅读儒家经典的过程中,常常会有这样的感觉,即"仁"和"义"并不是天然的一体的,它们之间在很多时候会有矛盾。但是,鲜有人去探究当"仁"和"义"发生冲突面临抉择时,儒家学者是怎样选择的,或者儒家是怎样解决这个问题的呢?

三、在仁义困境下的抉择:仁先于义

关于"仁"与"义"的对立,儒家学者早就注意到了。《论语·里仁》有"唯仁者能好人,能恶人。"《礼记·丧服》有云:"门内之治,恩掩义;门外之治,义断恩。"这个说法引起了孟子和告子的一段关于"仁内义外"和"仁外义内"的公案。但是毋庸置疑的是,它也体现的是时人关于仁义之间对立的认识。董仲舒在其《春秋繁露》里也有"以仁安人,以义正我,故仁之为言人也,义之为言我也,言名以别矣。"即"仁"是用来抚慰他人的,而"义"是用来要求自己的。这里用"他人"和"自己"论证了仁义的功用,也体现了其对立。实际上,仁与义要做到统一是很难的。正如人们常说忠孝不能两全一样。当仁与义处理不好时,往往就会出现不能两全的境地。而此时,儒家是倾向于取"孝"而非"忠"的，对于仁与义来讲，儒家往往把立足于血缘联系的"仁"看的比维系社会关系的"义"更为重要，即出现了"仁先于义"的局面。

通过读《论语》与《孟子》及相关的儒家经典，会发现有两段辩论很有意思。《论语·子路第十三》有叶公与孔子的一段对话。

"叶公语孔子曰：'吾党有直恭者，其父攘羊，而子证之。'孔子曰：'吾党之直异于是：父为子隐，子为父隐，直在其中矣。'"

如果用现代文翻译过来很好理解，即叶公说：我的家乡有正直的人，他的父亲偷了别人的羊，他会出来指证他父亲。孔子则说：我的家乡不一样，父亲犯了罪，儿子为代为隐瞒；同样，儿子犯了罪，父亲也会代为隐瞒。"直"就在"父为子隐，子为父隐"中得到体现了。孔子所说的"直"可以理解为"直爽"，是出于父子亲情本能的情感。而叶公的"直"则更多的是"正直"，有很强烈的"义"或者"正义"的成分在里面了。在孔子看来，叶公所谓的"直"有诸多的理智思考的成分在，而显得有些作伪或者作秀之嫌。由此可以看出，在儒家的道德体系中，其实"仁"要比"义"有更多的优先性。

《孟子》里面也有着这样一段对话跟孔子与叶公的对话比较相似。

"桃应问曰：'舜为天子，皋陶为士，瞽瞍杀人，则如之何？'曰："执之而已矣。"'然则舜不禁与？'曰："夫舜恶得而禁之？夫有所受之也。"'然则舜如之何？'曰："舜视弃天下犹弃敝蹝也，窃负而逃，遵海滨而处，终身诉然，乐而忘天下。"

桃应是孟子的学生，他问孟子说：舜是天子，皋陶是法官，假如舜的父亲瞽瞍杀了人，这时应该怎样处理？众所周知，尧舜都是上古明君，作为圣君和孝子的舜应该怎样面对自己父亲犯法的困境呢？孟子回答到：作为法官，皋陶应该公正严明的执法，把瞽瞍抓起来进行审判。桃应又问：难道舜就听任自己的父亲被抓起来吗？孟子回答说：作为圣君，舜不应该干涉皋陶的执法，相反还应该奖励他。桃应再次发问：那作为孝子呢，舜应该怎样做？孟子这才答道：作为孝子，舜就应当抛弃天下，将父亲从狱中救出，背着他逃往海边，在蛮荒之地躲藏生活下来，享受天伦之乐。在这里，实际上仍然可以看出，孟子和孔子一样，着重强调的还是"直"和"窃负而逃"。但是无论是在古代还是在今天，"窃负而逃"显然都是不符合"义"的规范的。

然而,古代中国以儒家为止统,儒家的道德体系就是以"仁"为核心的,因此,父子的亲情就应该先于"义"了。

由此可以看出,在"仁"与"义"发生矛盾不能兼顾时,儒家学者自觉不自觉的偏向于"仁"先行。儒家通过强调"仁"的优先性来实现"仁"与"义"的统一,影响非常的深远。即使社会上一直都不提倡"父为子隐,子为父隐",但是无可否认,大家都的注意到了这一现象,只是不好说罢了。

参考文献:

[1] 李明阳译注 ,《论语》,黄山书社 ,2005 年版。

[2] 万丽华、蓝旭译注 ,《孟子》, 中国哲学宗教出版社 ,2006 年版。

[3] 杨伯峻,《孟子章句集注》, 中国哲学宗教出版社 ,2000 年版。

[4] 张岱年,《张岱年学术论著自选集》, 首都师范大学出版社 ,1993 年版。

[5] 庞朴,《中国文化十一讲》, 中华书局 , 2007 年版。

巧用数学图式解释抽象历史概念

重庆市黔江中学校　秦雪娇

准确理解历史概念的内涵、把握历史发展的阶段特征，是学好历史的基础和前提，也是历史学科课标的基本要求。但在教学实践中，学生往往对抽象而枯燥的历史概念深感头疼，不能准确把握，甚至张冠李戴。为此，我尝试用学生熟悉的数学图式表达抽象的历史概念，收到较好的效果，下面举例说明，供同行参考指正。

例一：用三角形解读隋唐"三省制"职能

关于三省职能及作用，我提供了如下材料：

中书省负责定旨出命，长官中书令二人，副长官为中书侍郎，其下有中书舍人，员额有七八人之多。唐制，中书舍人拟稿，中书令或中书侍郎选定或补充润色后，交皇帝画敕（签字）。门下省掌封驳（意为修改诏书送回中书重拟，又称涂归、封还）审议，长官侍中二人，副长官为侍郎，其下有给事中若干人……

尚书省职责为执行，长官尚书令一人，副长官左、右仆射各一人。尚书省下辖吏（官吏考核任免）、户（隋称民部，户口赋税）、礼（宗教教育）、兵（军事）、刑（司法）、工（建设）六部，长官尚书，六部分理各种行政事务，每部又领四司，计24司。

——据钱穆《中国历代政治得失·第二讲唐代》及教材相关内容整合而成

问题：依据材料，思考隋朝修建大运河的决策是如何做出的？试以示意图的形式加以说明。

根据材料，学生基本能够回答决策的过程：修建大运河的草案（草诏）由中书省有关官员提出（中书舍人到中书侍郎、中书令）；后交皇帝画敕；再送尚书省审核，若不同意，则驳回交中书省重新拟诏；若同意则交工部、户部等部门执行。

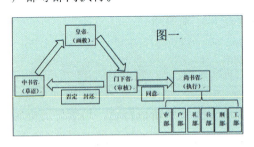

图一

但结合以往经验，学生难以准确记忆和理解三省的结构和作用。为此，我试着引导学生将这一决策过程整合为示意图（如图一所示）。

根据图一，我引导学生做如下思考：

①类似三角形的决策过程有何意义？图中所示三省制度有哪些作用？

②你如何看待在这一决策过程中皇帝的作用？（提示：制度与皇帝之间谁更具决策力？）

【图形解读】三角形的稳定性可与决策过程的科学性、中枢机构的成熟相联系；决策的循环往复也可联系程序繁琐的可能性，以此即可引出"政事堂"的设置——三省长官共议国事之处；相权机构一分为三，可分散相权，集中皇权；门下省可驳回皇帝同意的诏书，说明三省制对皇权有一定程度的限制作用。

图中皇帝所处地位表明专制体制下，皇帝个人素质是决定这一制度能否有效运作的核心因素，体现了浓厚的人治特点（对皇权的限制程度也因皇帝个人素质的不同而差异显著）。

对以上第二个结论，我选用了下列材料以加深学生的印象：

唐中宗时期，"从屠贩而践高位"者二百余人。其任命状是皇帝直接以墨笔敕书，斜封着交付执行，与经中书、门下省同意而以黄纸朱笔正封的敕命不一样，这些官员被称为"斜封官"（墨敕斜封官）。（据陈伶俐《唐工商子弟与科举及文学的关系探讨》及百度词条"斜封官"等内容整理而成。）

　　武则天时期，有人诬告凤阁侍郎刘祎之，则天特令肃州刺史王本立审问其事。本立向之宣敕时，祎之说："不经凤阁（中书省）鸾台（门下省），何名为敕？"则天大怒，乃赐死于家。

　　　　　　　　　　　　　　　　　　——《旧唐书·刘祎之传》

　　概括材料信息。并分析其实质。

　　从材料可见唐朝皇帝常不经三省同意任命或处置官吏（信息）。说明三省六部制从属于专制制度，门下省的封驳权力实际上只能限制开明皇帝，本质上反映了中国政治统治的人治特点（实质）。

　　在之后的一次考试中，涉及三省职能的题目基本能够达到 70% 以上的正确率。可见以三角形的性能对三省制加以解释，对学生加深理解这一概念是有一定帮助的。

　　在同一套试题中，有一个三省的变式题：

　　宋神宗元丰年间推行新政，以尚书令的副职左右仆射为宰相，左仆射兼门下长官，右仆射兼中书长官，"则三省互相兼矣"。这有助于

　　A. 裁汰官吏冗员　　　　　B. 促进科学决策

　　C. 推动政务统一　　　　　D. 规范行政流程

　　本题错误率极高。在了解学生答题情况后，我发现很大原因在于题干所涉及的概念和行为名词比较多，很多学生不能理顺题干本意。因此在讲评过程中，我引导学生利用已经熟悉的三角图形变式对题干加以图形化整理。

　　根据材料，左右仆射为尚书省长官，各兼门下与中书之事。因此图形中应着重强调"兼"字。（如图二所示）。

　　【图形解读】从图中可以清晰地看出，原本的三省结构合三为一，基本合并于尚书省下。

　　这表明三角形架构正在遭到破坏，B 项的"科学决策"也就无从谈起；行政流程遭到了"破坏"，而不是"规范"，D 项错误。三省长官原本皆为宰相，机构的合并不能解读为"裁汰冗官"，A 项错误。三省合并为一省，意味着不会存在机构间的相互掣肘，因

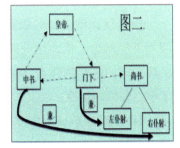

此有利于"政务统一"。

以上的阐释，学生结合图形基本上都能准确叙述出来。可见对历史概念加以图形化描述，便于学生准确把握其内涵和特点。面对复杂题干时，也能通过图形简化提供更为清晰的解题思路。

例二：反比例函数阐释近代中国"半殖民地化"的内涵与演进

"近代列强入侵"是课标明列的重点学习内容，半殖民化进程的演进直接反应了其侵略程度的不断加深。但学生往往对"半殖民化""殖民地"等概念的理解并不清晰，为此我利用反比例函数对极限的表达，对此加以解析（如图三所示）。

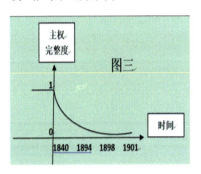

【图片解读：半殖民化程度的加深】半殖民化是就国家主权的不断丧失而言的。鸦片战争刚刚爆发时，中国尚且拥有完整主权，主权完整度可表示为"1"；《南京条约》等第一组不平等条约签订后，中国开始丧失部分主权，如部分领土主权、关税自主权、司法主权等，主权完整度开始下降，低于"1"；第二次鸦片战争后，总理衙门等清政府中央机构开始了半殖民化进程，甲午战后又丧失了财政的独立性，再加上此阶段领土主权、关税自主权等进一步的丧失，表明半殖民化程度大大加深，如图中所示这段时间内"主权完整度"下降速度很快；19世纪末的瓜分狂潮下，列强在华掀起划分势力范围的浪潮，这使中国陷入即将变为"殖民地"（主权完整度极限接近于"0"）的危险境地；经门户开放及义和团运动后，1901年《辛丑条约》签订后中国半殖民地社会定型——主权完整度接近于"0"但未完全丧失（中国中央政府仍旧被保留下来了）。

借用反比例函数的极限概念，同学们能够清晰理解半殖民化、势力范围等关键概念；借助这一图形，还可将"租界""租借地""割占地"等殖民地性质的内容解释为已越过"0"界范围。相较于单纯的文字阐释，降低了学生理解的难度。

【图形延伸解读：19世纪中后期列强侵略的阶段特征】在此图形中，还可以反映出以下阶段特点：19世纪中后期，中国民族危机逐渐加深；但在不同时期，国内矛盾和中外民族矛盾的主次关系并不一样：

甲午战前，列强侵华时间跨度较大，清政府自身尚可保持自身行政能力的独立性（财政），主权丧失程度并未至极限，民族危机尚未成为主要矛盾，这从太平天国运动爆发的主因分析中可以得到印证。甲午战后，列强侵华节奏加快，主权完整度极限接近于"0"，民族危机成为主流，义和团运动、戊戌变法、实业救国思潮的兴起等都是这一阶段特征的反映。利用反比例函数这一图形解析，19 世纪中后期中国半殖民化的概念及演进过程比较清晰地展现出来。学生在此基础上还可以进一步分析侵华的阶段特征、中国半殖民地半封建社会定型的原因等。

苏霍姆林斯基在《给教师的建议》中指出：（学科间）"最深刻的联系与其说在于实际教材内容上的联系，不如说在于脑力劳动性质上的联系。如果学生的脑力劳动建立在科学原理的基础上，那么数字也会有助于儿童掌握历史，历史也会促进数学才能的发展。"数学图形的合理利用，将学生熟悉的数学知识与陌生的历史概念相结合，有助于学生清晰明了地掌握抽象历史概念和复杂历史事件。但要明确：数学图示仅可作为理解抽象概念的手段，而不能直接用于历史"描述"和"阐释"，也并非放之四海而皆准的方法，很多特定的历史概念、现象是很难用图形呈现的。

把立德树人融入中学历史教学中

——以《新文化运动》为例

重庆市实验中学　何娟

【摘　要】立德树人即培养有德行的有用人才，它是教育的根本任务，探索立德树人与历史教学的一体化融合，才能回归历史教育的本质内涵。"新文化运动"在中国近代思想史上起着承上启下的作用，其地位及其重要。本文将以高中历史《新文化运动》一课为例，从感知历史，体验历史，反思历史三个层次论述"中学历史教学中的立德树人"。

【关键词】历史教学　立德树人　新文化运动

一、什么是"立德树人"

立德树人理念在中国已有几千年历史，立德树人就是要培养有德行的有用人才。中国古代有三立，即"立德""立功""立言"，这是古人所追求的不朽，是儒家文化的最高理想。其中"立德"排在第一位，而"立德"就是要树立良好的品行，如孔子的"仁者，爱人""己所不欲，勿施于人"；孟子："爱人者，人恒爱之；敬人者，人恒敬之。"西方在人文精神发展时期，亦非常重视德行，最典型的就是苏格拉底，"美德即知识"。所谓"树人"，就是要培养有用人才，《管子·权修》当中有这样一段话"一年之计，莫如树谷；十年之计，莫如树木；终身之计，莫如树人"，"树人"乃是百年大计。立德树人是教育的根本任务。

二、为什么要"立德树人"

苏霍姆林斯基指出："培养全面发展的、和谐的个性的过程，就在于教育者关心的每一个方面特征在完善的同时，任何时候也不要忽略这样一种情况，即人的所有各方面特征的和谐，都是由某种主导的，首要的东西所决定的。在这个和谐里起决定作用的、主导的成分就是道德。"我国教育改革在不断深化的同时，依然存在诸多弊端，高中教学始终离不开"高考"这根指挥棒，使得教育越来越功利化而忽视教育的本质内涵。历史是过去发生的史实，不能重现，离学生生活非常远，并且大部分认为历史无用，考试时背背就可以，很难引起学生的共鸣。"立德树人"是历史学习最核心的部分，高中历史课程标准就要求，"通过历史学习，进一步了解中国国情，热爱和继承中华民族的优秀文化传统，弘扬和培养民族精神，激发对祖国历史与文化的自豪感，逐步形成对国家、民族的历史使命感和社会责任感"，"确立积极进取的人生态度，塑造健全人格，培养坚强的意志和团结合作精神"。探索立德树人与历史教学的一体化融合，才能回归历史教育的本质含义。

三、怎样"立德树人"

"课程育人是立德树人的重要途径，是立德树人的前提"。课程育人一定要紧密关注学生的思想实际，从学生出发，发挥其主体性。《新文化运动》为人民版必修三，专题三第二节内容，在近代中国思想史上起着承上启下的作用，它从根本上动摇了封建统治的思想根基。根据课标要求，笔者将本课教学目标定义为三个层次：1. 了解新文化运动的背景，概况及其时代特征；2. 理解新文化运动的内容及其影响；3. 感受先进知识分子崇高的社会责任感，树立青年为社会，为国家承担的社会责任感、使命感。基于初中已经学习过"新文化运动"，所以对于基本知识的处理可以精简，更重要是放在第三个学习目标，这是最高层次也是最难达到的层次，需要老师深入挖掘教材，遴选核心史料，创设良好学习情境，把握好历史教学三部曲。

1. 感知历史

所谓感知历史就是让学生尽量回到当时的情境，"神入"历史，对新课内容有个大致了解，也就是老师所要做的新课导入，这是立德树人的基点，它可以奠定整堂课的感情基调。

如在《新文化运动》教学设计中，笔者以几张中国近代社会现状图片作为导入，图一：《南京条约》签订图，图二《马关条约》签订图，图三《辛丑条约》签订图，让学生感受近代中国所遭受的凌辱。接着出示一组人物：林则徐、魏源；张之洞、李鸿章；康有为、梁启超；孙中山，体会先进的国人所做的努力。但是大部分的国人现状是，出示材料：民国三年，戴季陶预见一个老农，因戴季陶身着日本服装，老农遂问其国籍。戴称"予中华民国人也。"老农"忽作惊状，似觉不解中华民国为何物"。当戴氏告诉老农，"你也是中华民国人"时，老农茫然惶然，连声说："我非革命党，我非中华民国人"。

通过一系列情景渲染，让学生产生悲愤、敬重、疑惑之感，从而让学生真真切切想了解那个时代，"到底接下来会发生什么，如果我生活在当时应该怎么做"。

2. 体验历史

所谓体验历史就是深入学习本课基本内容，了解历史事件发生发展的全过程。通过基本内容的学习，能让学生情感荡起波澜，这是立德树人的关键。历史事件中应该把握关键人物，以人物作为线索，这样更能引起学生共鸣。如对于《新文化运动》应紧紧抓住几位关键人物，新文化阵地的守护者——蔡元培，重点介绍蔡元培对北大的改造；新文化运动的旗手——陈独秀，重点突出其创办《新青年》的首创精神；白话文运动的先驱——胡适，介绍其对白话文的贡献；反对旧道德的斗士——鲁迅，通过《狂人日记》抨击封建"吃人"礼教。"记忆中的种种概念，是以这些概念的具体例子来表示的，而不是以某些抽象的规则或一组对以往遇到过的、存在记忆中的该概念的一些范例构成的。"所以人物介绍既可以让学生了解革命先辈的人生经历，感受其爱国热情，又可以通过人物不同的贡献导出"新文化运动"的内容，可谓一举两得。

3. 反思历史

"高一层次的知识一经获得和巩固则又构成了更高一层次知识的思维能力。"反思历史，即学习历史内容后的感悟，感想，是相比较基础知识的更高层次，是让学生"发声"的重要部分，也是立德树人的核心。如何评价新文化运动既是本课的重点也是难点，对于这部分知识处理，主要采取辩论形式，让学生主动参与进来。

首先请两位同学分别扮演辜鸿铭和陈独秀，展开辩论。

辜鸿铭：一个中国人，特别是一个受过教育的中国人，如果背叛了名誉法典，抛弃了忠君之道，即孔子国教中的名分大义，那么，这样就丧失了民族精神，种族精神的中国人，就不再是一个真正的中国人。

陈独秀：无论政治学术道德文章，西洋法子和中国的法子，绝对是两样，断不可调和迁就。若是决计革新，一切都应该采用西洋的新法子，不必拿什么国粹、国情的话捣乱。

辜鸿铭：纵观世界，哪个国家统治的精神，不是自己国家和文化所孕育出的思想。

陈独秀：要振兴国民，启发民智，就必须废除旧文化，普及新文化，如此变化，国家民族才有新生。

教师提问：以上两种观意哪种，为什么？

学生发言很积极，其中几位同学的回答得非常精彩：

学生甲：我更同意辜鸿铭的观点，一个国家确实该有自己的民族精神，而民族文化是民族精神非常重要的组成部分，我们的民族文化是什么，就是几千年来的儒家文化，我们走到哪都不能忘了自己的身份。

学生乙：你说的很对，但是你想过没有，儒家传统文化是封建统治的根基，儒家伦理道德与当时的时代发展是相悖的，陈独秀这样做是顺潮流而行，守着固有的东西不知进取，这是中华民族该有的吗？

学生丙：其实我觉得你们两个说的都很有道理，他们这样做的根本目的都是一样的，那就是爱国、救国。如果是百年前，我会同意陈独秀，泱泱中华，遭此凌辱，封建思想统治下的国人不知变革，不知革命，这是思想的落后，落后只能挨打，而陈独秀这样做未尝不是希望国人觉醒呢？今天，我会更同意辜鸿铭，这位老先生虽然身深受外国文化的影响，可他没有忘记自己的民族魂，不像今天很多国人，出国后就不回来，张口闭口就是外国好，我们应该走在那里都不要忘记自己是黄皮肤，黑头发的中国人。

通过发言，我们看到学生不仅道出了革命先辈的爱国，道出了中华民族的传统文化的精髓，并且值得鼓舞的是他们不再拘泥于教材，更多的是用理性的观点去评价这场运动，这才是教育的本质内涵，更是立德树人的最好体现。

四、"立德树人"的教学反思

"中等教育，上承大学，下接小学，为教育成败之中枢，为学生优劣之关键，为世运隆污之机纽，为文明兴衰之管轮，为国家治乱之权衡"中学是学生人生观、价值观形成的关键时期。迫于高考压力，作为教育工作者，很多时候我们更重视"教书"而忽略"育人"，大大削弱了对学生品德教育。在国际竞争激烈的今天，我们不仅需要"建设人才"，更需要"人性化人才"，即"智能"与"人格"和谐发展的人才。回归历史教育，"学生是否能够顺利完成所规定的历史课程任务，其检验标准应该是以'学生是否树立正确的情感态度和价值观'为核心标准。"笔者认为在中学历史教学活动中，通过"感知历史""体验历史""反思历史"，不仅可以帮助学生掌握基本的历史史实，更重要的是在这过程中渗透正确的价值观和人生观，增强学生的爱国主义情感，从而树立为社会，为国家承担的社会责任感、使命感。

参考文献：

[1] 苏霍姆林斯基．论德育和全面发展 [J]，国外教育资料．1980（1）。

[2] 骆郁廷，郭莉．"立德树人"的实现路径及有效机制 [J]，思想教育研究．2013．（7）。

[3] 施良方．学习论 [M] 北京：人民教育出版社，2001:428。

[4] 金相成．历史教育学 [M] 杭州：浙江教育出版社，1994:116。

[5] 刘永济．今日中等教育界之紧急问题 [J]，学衡．1923（20）。

[6] 赵亚夫．历史教育价值论 [M] 北京：高等教育出版社，2003:42。

刍议新高考背景下生涯教育与历史教学的有效融合

重庆市实验中学　曹阳

【摘　要】初高中阶段生涯教育对学生发展影响重大，将生涯规划教育融入学科教学中非常重要。本文结合历史学科教与学的组织活动，探究新高考背景下将生涯教育与历史学科教学有效融合，帮助学生完成学科学习同时，认识自我，理性定位自我，并在挖掘潜能的基础上，成长自我，超越自我，最终促进高中生在成长过程中良好心理品质的塑造、提升与完善。

【关键词】生涯教育　历史教学　课堂实践　高考改革

新一轮的高考改革下，打破文理科界线的选考模式让生涯教育成为高中生选课、选考的重要支持系统。教育部相关文件也提出"要加强学生生涯规划指导"。目前我国高中生涯教育还处在尝试和摸索阶段，缺乏专业性、系统性。生涯教育往往偏离初衷，被狭义化为选科指导，甚至沦为追求新高考利益最大化的技巧性辅导。仅凭学校开设的几节生涯规划课程已无法满足学生长远发展的需求。高中生最主要的人生经验仍然来自具体学科的学习，所以生涯教育目标的实现，离不开学科育人这一主阵地。

重庆高考改革的"3+1+2"模式中，凸显了必选学科——历史学科的重要性，如何在历史教学中融入生涯教育成为了新高考背景下历史学科教学方式改革的热点话题。

一、立足教师自身，转变教育观念，提高生涯教育的能力和素质

"教师即课程"是现代教育的重要理念，教师的人格、学识、眼界、经验、能力、行为习惯等对课程的丰富和创造是其他资源无法取代的。历史教师必须转变自身的观念，除了教授知识、立德树人，还要成为学生生涯规划的指导者。历史学科教师可以从关注自身的生涯发展开启生涯规划的探索之旅，积极参与生涯教育理论知识的培训学习，提高生涯教育专业水平。在培养学科能力的同时，带领学生去完成人生拼图，描绘人生蓝图，努力成为学生的"人生导师"。德国教育家第斯多惠曾说："凡是不能自我发展、自我培养和自我教育的人，同样不能发展、培养和教育别人"。教师不断提升自我、完善自我的过程本身也是对学生的一种生涯教育，发挥职业引领作用，通过自己的言行潜移默化的影响学生，给学生树立良好的职业模范。

二、挖掘教材资源，整合学科素材，拓宽生涯教育的视角与格局

历史学科研究的本质就是"人"，上承古今中外人类历史发展历程，下接学生整体发展的核心素养。紧扣学科内核，挖掘教材资源，整合学科素材是历史课堂教学的基本要求，也是生涯教育的新颖视角。

（一）立足历史时空脉络，探寻历史人物成长轨迹

人物教学是历史教学中的重点内容，通过探究历史名人的人生成长轨迹，寻找他们成功或是失败的人生经历，这对高中生正确规划自己职业人生有其理性引领和客观评估的重要作用。在部编版《中外历史纲要》上册第一单元第 4 课《西汉与东汉——大一统国家的巩固》一课中，学习拓展里特别指出：两汉人民创造了灿烂的历史与文化，其中许多杰出人物的激昂进取、不屈不挠的精神和斗志给后世留下了宝贵的文化遗产。司马迁"究天人之际，通古今之变，成一家之言"的志向，霍去病"匈奴未灭，无以家为也"的壮志，张骞"凿空"的勇气等等。可以对这一教材资源进行主题教学设计——"借助史料对话先贤"，要求学生查阅相关资料，进一步了解他们的事迹。再通过问题设计、学生讲述等环节，引导学生明白职业的选择不仅源于幼年的

梦想启蒙，还需以丰富的知识和广博的经验积累作支撑。职业选择必须在切实了解自身知识层面、技能与素质等诸多因素的前提下，全面、细致、客观、理性地进行个人职业发展规划。职业选择要注意职业兴趣与职业素养的统一融合，在强化兴趣的同时，不断强化素养的培养与提升，如：自强不息的精神、不被挫折摧毁的毅力、永不放弃的信念等。这让生涯教育与历史学科独特的人物教学巧妙且不生硬的融合在一起。

（二）追溯行业发展历程，剖析行业兴衰时代缘由

行业的兴衰解析，可以帮助学生认识行业、了解行业，帮助高中生建立在职业选择和确立上如何站位、如何定位、如何走位的理性法则。在中国近现代民族工业发展历史中有诸多行业可以作为生涯教育的视角，例如设计教学主题——"中国船舶发展史"。从近代洋务运动中第一批船舶工业的尝试，到民国时期重庆最大实业家卢作孚先生的民生船舶公司的起伏，再到新中国成立初期江南造船厂的现代化探索实践以及改革开放之后中国船舶行业走向世界。通过真实史料、历史视频、人物采访再现中国船舶发展历程。再与学校物理、通用技术课程协作，指导学生进行电动鱼雷艇、电动导弹驱逐舰、导弹护卫舰等不同船型的船模制作体验，借以通过这一气象、动力、机械、结构、材料等多学科领域的科技创新实践和试验活动，在充分发挥学生想象力和创造力的过程中，普及他们的船舶科技知识，培养他们的创新精神和实践能力。通过这一学习主题，让学生建立起个人发展与社会和谐发展的生涯发展观，让学生明白职业的选择与定位，其核心就在于要将个人的兴趣追求与祖国利益、民族需求联系在一起，只有每个人都将自己的梦想融入中国梦，我们才会让国家再展雄风，重振环宇。

（三）回望科学技术变革，把握未来社会发展趋势

科学技术是推动人类社会发展的第一生产力，每一次的科技革命都促进人类文明的巨大发展。通过对历次科技革命的学习，掌握人类文明发展的规律，预见未来社会发展的趋势，有助于学生拓宽眼界，将自我置于未来社会中进行生涯规划。例如对《中外历史纲要》下册中的三次科技革命进行教学素材重组，设计教学主题——"从时代浪潮中的科技革命窥探未来社会发展方向"。首先从基础知识巩固入手，让学生通过对三次科技革命的背景、过程及影响进行整理对比，去寻找科技革命中的共性。再进行延

展问题设计：科技革命对社会职业结构的影响、科技革命对人才类型需求的影响等。学生通过搜集资料整合结论，一方面对教材知识进行补充扩展，另一方面也引导学生利用社会史观把教材知识与生活相联系。最后结合国家人社部、国家统计局发布的未来职业需求指导，把握未来社会人才需求趋势，帮助学生对职业生涯进行初步规划。

生涯教育着眼于对个人未来规划的指导，而历史着眼于对过去人类发展的学习，表面上看二者相互矛盾，但是未来的预测离不开历史的经验教训，历史中的人类社会发展规律也必将影响未来社会的发展方向，所以在历史教学资源中去寻找和生活相关的素材并创新运用，可以帮助学生在历史浪潮中用更理性、更客观、更长远的眼光对自己的人生进行规划。

三、创新生本课堂，培养学科能力，助力学生自我认知和多元选择

生涯教育融入历史教学只是一种渗透，要注意适当性。不能为了融入而融入，这样可能导致喧宾夺主，影响历史教学的效率。所以在日常教学中创新生本课堂，适时的依托历史知识设计生涯教育主题，既可以丰富历史课堂形式，也能在潜移默化中渗透生涯教育，促进学生自我认知，有侧重的培养学生在生涯规划下的学科能力，实现学生多元发展目标。

（一）创设历史情境，依托生涯剧场增强职业体验

高中阶段的学生对自己"能干什么、想干什么"还存在认知盲区，教师可以结合课程目标和教学要求，开发课程资源，创设历史情境，让学生在角色扮演中演绎历史事件或历史现象，增强职业体验。比如，在讲到中国新时期外交成果中在联合国开展多边外交活动这一内容，可以创设生涯剧场——"联合国世界卫生组织关于新冠肺炎的交流会议"，学生扮演各国代表在会议上发言，就各国在应对世界性突发公共卫生事件的措施进行交流。这一角色扮演，既可以让学生对联合国内部的组织机构及组织形式有更深刻的认识，感悟中国在当今世界外交舞台的大国担当，也可以增强学生对外交官的职业体验。再如：在讲到罗马人的法律这一内容时，可以创设生涯剧场——"拍案说法"，让学生分别扮演法官、律师、陪审员等角色，围绕一个案件模拟古罗马法庭，然后再设计另一个环节——"生涯时空"穿越到当今中国的法庭现场，关注同一案件会有怎样不同的审理程序和审判结

果。通过这一生涯剧场，进一步落实学生对古代西方和现代中国的法制认识和对比，也让学生对与司法相关职业有了更深刻的认知。还可以在每次新课的小结阶段，尝试让学生作为教师来进行总结，既可以训练学生历史学科的归纳总结及表达能力，也让学生的职业体验在日常细微处得到落实。总之，为学生创设更多的角色体验机会，让学生在历史学习中体验职业规范、职业素养、职业精神。

（二）开展学科活动，依托生涯实践激发职业兴趣

开展学科活动，提供平台，达成"立德树人"目标，实现历史课堂的延伸，一方面激发学生对历史学习的热情，另一方面在活动中渗透生涯实践，激发学生的职业兴趣。比如定期开展"我是一名评论人"主题活动，学生可以对某一时事热点发表时评，可以对阅读的一本历史相关书籍发表书评，可以对某一历史题材的影视发表影评。然后再由学生组织编辑成刊，定期进行学生成果展览。活动中，学生的写作表达能力、审辨思维能力、问题洞察能力等都得到锻炼，也激发学生对记者、编辑、自由撰稿人等职业理想和兴趣。再如结合历史教学内容——《古代中国手工业成就》开展"鉴宝"主题活动。利用学校文物展览馆和当地博物馆资源，将历史教学和生涯教育融入中小学研学课程中。由学生撰写文物介绍词，充当导游和文物鉴赏人的角色，结合历史背景对历史文物进行解读和品鉴，提升学生的审美情趣，增强学生对于导游、博物馆管理、文物鉴赏师等职业的兴趣。

（三）优化学生评价，依托生涯测评培养职业素养

打破传统"唯分数"的单一评价体系，在历史学科评价中创新评价量表，以历史学科能力培养为导向，融入生涯测评要素，实现学生多元培养目标，帮助学生发现自我潜能与特长，助力其职业生涯的规划。比如笔者设计了与学科能力及素养紧密相关的《历史学科十大能力测评量表》：

学科能力	感知记忆	书面表达	演讲口才	逻辑思辨	协作沟通	审美鉴赏	分析评论	信息检索	创新实践	问题解决
强项										
中等										
欠佳										
职业方向建议：										

通过在日常教学、作业反馈、考试测评中教师对学生的评估及学生自评，来逐渐建立起学生学科能力的动态发展测评量表。当然这一量表的意义不在于对学生能力定性，因为学生的能力也是在学习中不断积累。量表的意义一方面是为学生历史学习、学科素养养成指明方向，另一方面是发现学生的优势能力，促进学生的自我认知以及对自己兴趣志向的规划。

综上所述，通过在历史学科教学中渗透生涯规划教育，不仅能激发学生的职业兴趣、提高学生理性生涯规划能力，而且可以帮助学生深入研读与思考教材内容，催化理解，加强记忆。在丰富历史生涯课程资源、促进历史学科教学与生涯技术教育融合过程中，培养高中生终身学习愿望与能力，最终达到促进历史教学改革和提高历史教学质量的目的。

参考文献：

[1] 熊丙奇．高中职业生涯规划八讲 [M]．上海：华东师范大学出版社，2010。

[2] 安婷．对高中生进行职业生涯规划的指导 [J]．内蒙古教育，2009(8)。

[3] 王燕飞．中学历史教育的功能和教学模式探讨．[J] 教学研究，2010(21)。

[4] 周国峰．历史人物教学与健全人格教育的实践探索 [J]．吉林省教育学院学报 2008(4)。

[5] 中华人民共和国教育部：教育部关于普通高中学业水平考试的实施意见 [M]．2018。

浅析文化自信融入中学历史教学途径

重庆市实验中学　黄嫄嫄

【摘　要】随着中国话语权的构建在教育领域逐步成为共识，培育具有中国文化自信的公民成为当今时代发展的要求。在中学基础教育中，历史学科肩负着传播传统社会道德和当代主流价值观的重要使命。在历史学科中落实中国的"文化自信"培育，从而帮助青少年在历史学习中树立正确的世界观和价值观。

【关键词】文化自信　中学历史教学

2020 年，新冠病毒席卷全球，我们可以把它看作是一场没有硝烟的世界大战，它使人类社会面临着前所未有的挑战，从历史发展的角度来看，每次世界范围的大瘟疫都势必改变人类历史的进程。在这场人类社会百年未有之大变局中，中国面临的不仅有挑战，更多的是机遇。作为最先从疫情当中走出来的世界大国，中国抗疫的模式取得了巨大的成功。可是纵观近期西方媒体对中国的报道，不难看出他们即使想要寻求中国的帮助，也仍旧对中国存在着一百多年来从未改变的傲慢与偏见。面对我们的成功，有的国人也是将信将疑，中国自明清以来就是落后的一方，什么时候中国模式开始领跑世界了呢？

通过了解来自国外和国内的质疑声，不难发现，虽然中国对此次新冠疫情防控的贡献如此之大，但掌握全球话语体系的西方国家利用媒体向公众散布妖魔化中国的报道，甚至公然宣称新冠病毒为"中国病毒"。"为了强势回应西方话语的挑战，我们的国家迫切需要建构中国话语，用中国人自己的话语来解读中国与世界，让国人与世人更加客观地了解中华民族源远流长的文化、认识中华民族作为文明型国家崛起的不争事实"。早在2016年，习近平总书记在中国共产党成立九十五周年大会上就提出了"四个自信"，即中国特色社会主义道路自信、理论自信、制度自信和文化自信。随着中国话语权的构建在教育领域逐步成为共识，培育具有中国文化自信的公民成为当今时代发展的要求。在中学基础教育中，历史学科肩负着传播传统社会道德和当代主流价值观的重要使命。在历史学科中落实中国的"文化自信"培育，从而帮助青少年在历史学习中树立正确的世界观和价值观。

一、文化自信融入中学历史学科的必要性

在历史学科教学中培育文化自信的必要性主要包含三个方面：首先，从历史学科教育的特点出发，人文主义关怀贯穿整个历史学科教学，决定了它在价值观教育中独具优势。"历史学科理应担负起社会的、智慧的和道德的价值熏陶任务"；第二，从历史学科教育的对象出发，当代青少年学生大量接受来自不同国家、地区的多元文化价值观的影响，容易出现对当代主流价值观认识的偏差和抵触情绪，历史学科恰恰可以做到润物细无声地传输正能量的价值观；第三，从历史学科教育的资源出发，审视人教版统编教材的合理诉求，在历史教学中培育文化自信是新课改、新课标乃至新高考的要求。中学历史教学可以帮助学生在潜移默化地学习中认同中华民族的优秀传统文化，坚定社会主义优越性，关注人类命运共同体，逐步树立适合时代发展的世界观和价值观。

二、文化自信融入中学历史学科的教学途径选择

（一）整合现行各版本高中历史教材，切入教材与文化自信的结合点

统编版教材在融入文化自信方面理念较其他版本先进。笔者以《中外历史纲要（下）》第23课举例，本课正文的内容有"构建人类命运共同体……

是中国为推动世界和平和可持续发展给出的一个可供选择的、理性可行的行动方案，是为了推动国际秩序和国际体系朝着更加公正合理的方向发展。"本课"历史纵横"模块里展示了亚洲文明对话大会中习近平发表《深化文明交流互鉴 共建亚洲命运共同体》的主旨演讲。本课问题探究中向学生提问"你对构建人类命运共同体的认识"。在一节课文中反复多次强调"人类命运共同体""一带一路"等惠及全球的治理方案，说明新教材非常重视新时期中国在世界舞台中话语权的构建。新教材在融入文化自信方面展示了更多与时俱进的新理念、新案例。这些内容在旧版本的高中历史教材当中是没有的。对还未投入使用统编版高中历史教材的地区来说，整合新旧版本教材的内容尤为迫切，所以教师在进行相关课时的讲解时需要及时关注并补充，如人教版必修二专题八关于经济全球化趋势的教学内容。同时教师对旧教材中可发挥文化自信的部分应着重讲解，如人教版必修三第一专题关于中国传统主流思想演变的教学内容。

（二）深入剖析历史概念，多层次理解文化自信

由于我们现在流行的史学理论方法大都舶来自西方，很多历史概念也是经西方话语体系翻译而来，它们是否能全面、准确的概括中国历史是存疑的。比如，大部分教师通常形容中国传统社会时会用到"专制主义"。笔者摘录了清华大学公共管理学院王绍光教授的观点："在西方政治思想史上，专制政体是专门用于'东方'国家的一种标签。现在中国人往往对'专制'与暴政'不加区分，而西方思想家一般会严格区别，'暴政'可以用来形容任何地方坏君主的个人行为，但是'专制'是专门形容东方政体的，叫作'东方专制主义'。他们想象的'东方'是由奴性十足的人民组成的，只有在这种社会里才适用专制。"而西方在"专制主义"概念的基础上推演出了诸如"极权主义""威权主义"的理论，并把其分析框架强加到中国政治中。从晚清时代开始一直到现在，中国的政治体制进行了深刻的变革，但是贴在中国政治上"威权主义"的标签却一成不变。与其说诸如此类的历史概念是学习历史的工具，不如说它们是西方以科学的名义强加给中国的紧箍咒。在历史教学中，教师首先应努力提高史学理论修养，钻研教材的同时完善相应的学科知识体系。其次，教师要慎重地解释相关历史概念，打破固有思维，对中国传统文化与政治制度有更深刻的认识。

（三）善于利用多元信息渠道，创建文化自信情境

笔者在这次疫情当中响应"停课不停学"进行了为期两个月的线上教学。总结经验，首先利用线上办公平台为学生创设文化自信情境。笔者每次都会提前十分钟左右创建线上课堂，为了利用等待学生进入课堂的这段时间，通常笔者都会播放一些和本节课相关的小视频来吸引同学们的兴趣。比如人教版必修二专题一《古代手工业的进步》一课，节选了《国家宝藏》系列节目中长沙窑和大唐观服两段视频，几分钟的时间里同学们在对话框中不停发出赞叹，课程结束后有位同学诚恳地询问笔者有关服装设计专业报考的学校情况。虽然疫情期间，无法和学生们面对面交流，但是屏幕前的大家在美好的事物面前都产生了共情。同时，线上办公平台提供的实时反馈沟通的对话框，让平时不善于口头表达的部分学生通过文字和表情输出，愉快地融入课堂，踊跃发言。

其次，频繁利用学生喜爱的视频网站播放历史教学相关内容，潜移默化地将他们的习惯性行为用于创设文化自信情境。笔者在与学生沟通中了解到学生们一般喜欢哔哩哔哩网站（以下简称"B站"）看视频，笔者所找的短视频内容也大多来自B站，学生们在观看视频的时候会有种亲切感，甚至会去相应的视频上留下弹幕，这会激发学生在课余时间利用该网站搜索相关历史内容的视频。那么，B站上的内容满足加强文化自信的需求吗？笔者摘录了《南风窗》公众号在2020年3月29日发表的数据："过去几年，包含民乐、舞蹈、华服等内容的国风兴趣圈层覆盖人群在B站的增长达到了20倍。数据显示，2019年B站国风爱好者人数达8347万人，其中83%年纪在24岁以下。2020年1月至3月，B站国风视频投稿量同比增长124%。"每年农历三月初三，B站与中国青少年新媒体协会共同举办"中国华服日"活动，吸引了大批青少年井喷式涌入直播，他们通过刷弹幕达到"实时互动"的效果。国风从小众走向大众，破圈崛起，得益于其内容蕴含着丰富的内涵和价值，B站成为了这一代年轻人追捧传统文化的阵地。笔者每次给学生们播放传统文化相关的视频时，学生们都会有热烈的互动，可见，这一批青年学生在对传统文化的热爱程度其实大大超过了很多成年人，这不仅仅是传统文化的复兴，背后更是我们的国家迅速崛起带给学生们由衷的自豪感和自信心。利用好视频网站不仅仅使教师了解到了当下的学生对

哪些内容感兴趣，同时也帮助教师学到了更多元的表达方式。

随着疫情的有效控制，各地区也相继恢复了正常的教学。笔者总结的两点经验可以过渡为教师督促检查学生完成相关学习任务和鼓励学生自学的方法。

三、总结

实现中华民族伟大复兴的"中国梦"时代主题下，将文化自信融入中学历史教学在当今时代已是大势所趋。历史教育应立足民族由面向世界，作为一名历史教师，首先应该做到把握时代的脉搏，勇于跟进潮流。其次，用长远的眼光看待学生的发展，这些年轻学生的历史使命是将我们伟大的祖国举向世界舞台的中心。激发学生了解人类社会多元文化、关注人类命运共同体的愿望，引导学生站在人类最高智慧的高度和全球范围的广度认识中国的作用和地位，认识他们所肩负的责任和义务是历史教师队伍任重道远的工作。

参考文献：

[1] 张维为．中国震撼 [M]．中信出版集团，2016：2-3。

[2] 李军．社会主义核心价值观融入中学历史学科研究评述 [J]．北京教育学院学报（基础教育版），2017，31（1）：39-44。

[3] 晏绍祥．张顺洪．中外历史纲要（下）[M]．人民教育出版社，2019(141)。

[4] 王绍光．中国·政道 [M]．中国人民大学出版社，2014：24-31。

家国情怀：历史教育的价值归旨及其实现路径

重庆巴蜀中学　周刘波

【摘　要】家国情怀具有重要的教育价值，但当前青少年的家国情怀现状不容乐观。历史教育是培育学生家国情怀的重要载体，家国情怀是历史学科核心素养的重要构成，因而家国情怀应是历史教育的价值归旨。基于历史学科的家国情怀教育实现路径主要有：以历史课堂教学为主渠道培育学生的家国情怀；以历史校本课程为途径培育学生的家国情怀；以历史类主题实践活动为方式培育学生的家国情怀；在教师人格涵养的潜移默化中培育学生的家国情怀。

【关键词】家国情怀；历史教育；价值归旨；实现路径

《大学》中说："古之欲明明德于天下者，先治其国；欲治其国者，先齐其家；欲齐其家者，先修其身。"这段经典论述将国家、家庭和个人串连成一个密不可分的整体，形成了由个人及家庭，由家庭到社会，由社会进而到国家的社会价值逻辑，也衍生出了以"家国一体""家国同构"等观念为思维方式的家国情怀。"家国"一词政治色彩较弱，含义具有从小到大的张力，强调一种归属的递推关系，更倾向于思想领域，是一种自家而国一脉相承的情感表达与人生理想。家国情怀是中华传统文化中珍贵的精神资源，从古至今一直激励着无数仁人志士上下求索、奋斗不已。

一、家国情怀：教育价值与现实境遇

（一）教育价值

1. 家国情怀是中华优秀传统文化的精髓

家国情怀构成了中华优秀传统文化的价值源流，它在不同的时代表现为不同的话语形式。从"修身齐家治国平天下"，到岳母刺字、"精忠报国"，从"安得广厦千万间，大庇天下寒士尽欢颜"，到"天下兴亡、匹夫有责"，从"为中华之崛起而读书"，再到"为实现中华民族伟大复兴"的中国梦而奋斗终生，家国情怀的内涵也随着时代发展而不断丰富完善。

2. 家国情怀有利于形成以爱国主义为核心的民族精神

爱家庭、爱家乡和爱祖国，是前后衔接，螺旋上升，形成一体的递进关系。家国情怀蕴含了一种共同体意识，使个人利益与国家利益融合在一起，既达到一种平衡，又服从于共同体利益。家乡的山川河流、衣食住行、风土人情，都可以引起人们的共鸣，加深人们的文化认同、民族认同和国家认同，进而有利于形成以爱国主义为核心的民族精神。

3. 家国情怀有利于提升青少年的责任感和参与意识

"兼济天下"的大同目标，是家国情怀的最终理想。家国情怀，强调的是一种责任感和参与意识。培育学生的家国情怀，有利于引导青少年学生深刻认识到"中国梦"是每个人的梦，进而勇于承担社会责任，积极参与公共事务。家国情怀承载了一种个人与国家紧密相连的命运共同体意识，它激励着青少年学生为实现中华民族伟大复兴的中国梦而不懈努力。

（二）现实境遇

当前，青少年的家国情怀现状不容乐观，具体表现在：一些青少年对国情现状漠不关心，不关注和不参与公共事务；缺乏对中华优秀传统文化的传承，文化认同、民族认同和国家认同不够；缺乏对家庭、社会与国家的责任感；缺乏人生规划和远大理想，没有明确的人生目标；对"国家""民族"概念模糊，把爱国曲解为狭隘的"抵制外货"等。

上述问题的出现有着诸多方面的原因：

首先，全球化和多元文化的巨大冲击。伴随着全球化的发展，不同文化之间存在着交流与融合，也出现了冲突和碰撞。多元的世界文化对学生造成了爆炸式冲击，价值观尚未稳固、判断力较弱的青少学生容易受到影响。

其次，中华传统文化教育的重视不够。中华优秀传统文化作为家国情怀的载体，是文化认同、民族认同和国家认同的重要标志。由于功利主义的偏差，中小学对中华传统文化教育往往缺乏足够认同与重视，其教育效果不容乐观。

第三，家国情怀教育的内容偏差。其内容往往呈现空洞说教、脱离学情等问题。有些教育工作者也未立足当下，没有及时更新知识系统，针对不同学生的特点采取相应的教育内容。

第四，家国情怀教育的方式滞后。家国情怀教育应注重学生的生活经验，引导学生感同身受地理解家国观念。但是，当下的家国情怀教育大多是单向灌输，以教师的教为主，缺乏学生的探究和体验，忽视了学生的自主性。

二、历史教育的价值归旨应是家国情怀

（一）历史教育是培育学生家国情怀的重要载体

从学科特征看，历史学科以史料的真实性、内容的综合性和功能的借鉴性为特征，在学生情感的培育中具有得天独厚的优势。这门"立足现实、探究过去、展望未来"的学科，强调在传授历史知识的同时，培养学生健全人格和思维品质，应把家国情怀教育贯穿于历史教育的各个环节。

从课程理念看，历史学科以其学科特点发挥着独特的育人功能，陶冶爱家乡、爱祖国的情操，成为这门学科的价值归宿。通过学习历史，使学生吸收中国和世界的优秀文明成果，增进爱家乡、爱祖国的情感，弘扬爱国主义精神，是历史学科的基本课程理念。

从学科资源看，历史学科蕴含了丰富的教学资源，这些资源成为激发学生自强不息的爱国精神、悲天悯人的忧患意识的良好素材。历史学习是一种情感体验和思想探究，教师深入挖掘历史学科中有关家国情怀教育的内容，结合时代特征和中学生的心理特点实施家国情怀教育，往往能达到事半功倍的教育效果。

（二）家国情怀是历史学科核心素养的重要构成

从文化传承看，学生发展核心素养应植根于中华优秀传统文化的土壤

之中，家国情怀是中华优秀传统文化的精髓，传承和重构中华传统文化中的家国思想，培育学生的家国情怀，是历史学科应有的职责与追求。

从价值取向看，学习历史离不开关注现实问题，关注民族复兴和社会进步应该是学习这门学科的追求。家国情怀是一个人对家庭、家乡和祖国所表现出来的深厚情感，也是其他国家和地区无法复制的文化基因。培育学生的家国情怀，使他们对自己的祖国形成高度认同感、归属感、责任感和使命感，是历史教育义不容辞的责任。

从社会功能看，培养学生的家国情怀，就是要帮助学生养成求真、求实的精神，以史为鉴；就是要培养学生能够从历史的角度认识中国的具体国情，形成对祖国和中华民族的认同感、建设祖国的责任感；就是要理解中华文明的历史价值和现实意义，形成传承和弘扬中华优秀传统文化的信念。

三、家国情怀在历史学科中的教育实现路径

（一）以历史课堂教学为主渠道培育学生的家国情怀

第一，强化育人功能，变"历史教学"为"历史教育"。当前的历史课堂存在着只关注学科知识的教学，而严重忽视学科教学中育人功能的问题。历史学科的价值不只是传授历史知识，更在于教会学生如何做人。变"历史教学"为"历史教育"有利于彰显历史学科的育人价值，实现由关注知识传授向关注学科育人的转变。引导学生树立"天下兴亡，匹夫有责"的观念，渗透家国情怀的教育，成为这门学科教学的重要使命。

第二，重视情境教育，在"神入"历史中渗透家国情怀。历史课堂教学如果陷入空洞的说教，那么其教育效果肯定会大打折扣。我们要重视设置历史情境，利用有情、有境、有趣的师生互动的教育方式，让学生"神入"具体的历史情境中架起与历史对话的桥梁，感受历史的脉搏，在情境中激活隐性教育价值，实施家国情怀教育。

第三，挖掘课堂的情感教育素材，培育学生的家国情怀。历史学科蕴藏着大量情感教育的素材，这些素材对于形成和发展学生的情感、态度与价值观发挥着重要作用。教师应深入挖掘历史事件、历史人物中闪现的有关家国情怀的情感教育素材，重新建构课堂内容，并通过合理的引导与激励，使学生真切体悟爱国主义情感，进而培育他们的家国情怀。

（二）以历史校本课程为途径培育学生的家国情怀

历史校本课程可以弥补国家课程的不足，也是培育学生家国情怀的重要途径。以重庆巴蜀中学的校本课程《巴渝文化探究》为例，我们在开发和实施旨在培育学生家国情怀的校本课程时，应注意以下问题：

第一，明确校本课程的价值追求与开发方向。《巴渝文化探究》的价值追求是让学生通过该门课程的学习，了解并热爱自己家乡的历史文化，培育他们的家国情怀。因此，这门课程以挖掘和利用能展现巴渝地区传统文化的课程资源为方向，开发贴近生活、贴近时代的历史校本课程。

第二，解决好课程资源开发的问题。传统文化离我们并不遥远，那些最让我们感到要珍惜的中华传统文化往往就在身边。《巴渝文化探究》从学生身边的家乡文化开发课程资源，更容易在学生中产生情感"共鸣"，从而提升传统文化教育的实效性，推进家国情怀教育。

第三，解决好课程评价的问题。我们应避免将家国情怀教育的评价狭隘地理解为"考试"，而应注重评价学生的实践性成果。例如，巴渝文化历史遗存考察报告、巴渝文化制作（如川剧脸谱、绘制寻访巴渝文化历史遗存地图等）、文物保护建议等。评价时，教师要从学生的知识习得、探究能力、思维方法与品质等方面进行考察，注重对学生进行激励性评价和个性化评价。评价关注学生的个体发展，尤其是关注学生在学习中的变化。例如，对所学巴渝文化内容的情感倾向、对巴渝文化认识上的变化等。评价结果及时反馈给学生，以便及时参照改进。

（三）以历史类主题实践活动为方式培育学生的家国情怀

历史学科渗透家国情怀教育，要解决"怎样教"的问题，也就是采取什么样教学方式的问题。历史类主题实践活动有着丰富的形式和内容，其中以活动型、体验型、探究型三种最为普遍。以感悟家国情怀为主旨的新颖、灵活、生动、有趣的社会实践活动，可以弥补历史课堂教学的局限。教师指导学生开展主题实践活动时，应选好实践活动主题，内容贴近学生的生活；还应整合各类教育资源，力求活动形式新颖。例如，教师可以利用寒假组织开展以"乡愁"为主题的教育实践活动，鼓励学生通过"贴春联、看年戏、猜灯谜、唱民谣、吃年饭、拜大年"等活动，参与家乡的民俗体验，感悟家乡的年味，让更多的"年"文化得到传承。这类主题实践活动有利于拓展学生知识视野，培养学生创新精神和探究能力，提升他们的家国情怀。

（四）在教师人格涵养的潜移默化中培育学生的家国情怀

教师人格的教育功能具有内隐性，对学生的成长往往起着润物无声、潜移默化的作用。因此，教师的人格涵养，也是渗透家国情怀教育的重要土壤。

第一，历史教师要具有正确的"家国观"。教师要认识到家是国的基础，国是家的延伸，个人、家庭与国家是相互依存的整体。基于此，教师应引导学生形成国家归属意识。一方面，教师要通过历史教育加深学生对国家历史、现状和未来的认识，激发他们的国家认同感和民族自豪感。另一方面，教师还应在教学中渗透爱国主义教育，激发学生的爱国情感和志向，增强他们实现"中国梦"的历史使命感。

第二，历史教师要增强教育的感染力。教师作为学生的"导师"，应以自己精湛的教学来感染学生。以历史人物教学为例，历史教师一定要避免概念化，要在生动逼真、淋漓尽致的历史形象中发掘人物的精神和性格，让历史人物"活"起来，给学生以浓厚兴趣，进而达到历史学科人文熏陶的教育功能。

第三，历史教师要提升自身的人格魅力。言传身教是家国情怀教育的最佳途径，要达到言传身教的目的，离不开教师自身的人格魅力。教师应具备责任感和担当精神，以自身的思想品质来感染学生，通过人格示范来体现家国情怀。

总而言之，我们在历史教育中重视家国情怀的培养，不仅能使学生领悟中华优秀传统文化历久弥新的魅力以及社会主义核心价值体系的价值，也可帮助学生正确看待社会问题与国家现状，激励学生努力学习，以史为鉴，承担建设家国的重任。

参考文献：

[1]杨清虎."家国情怀"的内涵与现代价值[J].兵团党校学报,2016,03:60-66。

[2]周刘波.扎根乡土的传统文化课程——巴蜀中学《巴渝文化探究》例谈[J].人民教育,2016,22:32-35。

读历史之沧桑品经典之深沉育学生于无声

重庆巴蜀中学　张娟

【摘　要】伴随着学习国学经典的热潮，国学的教育意义日益凸显。在弘扬传统美德、提高民族素质、传播国学经典方面，历史学科有着得天独厚的优势。本文将从国学经典与历史教育，中学历史教学中贯穿国学经典的功效，中学历史教学中进行国学经典教育要注意的问题三个方面论述中学历史教学中的国学教育与学生的培养问题，希望能以此为当前的历史教育提供既有理论性又有实效性的新思路和新方法。

随着现代生活节奏的快速发展，人们越来越关注功利，心态浮躁。这对于人生观、价值观、道德观正处于形成阶段的学生是非常不利的。国学经典是中华民族传统道德之根，它博大精深，能够启发学生、感化学生、教育学生、策勉学生。历史是文化的载体，它记录着一个民族发展的历程。历史教学肩负着传承文明，提升素质的使命。本文着眼于此，从历史课程出发，探讨历史教学中通过国学经典培养学生。希望能以此为当前的历史教育提供既有理论性又有实效性的新思路和新方法。

一、国学经典与历史教育

胡锦涛同志在党的十七大报告中指出，"要全面认识祖国传统文化，取其精华，去其糟粕，使之与当代社会相适应、与现代文明相协调，保持民族性，体现时代性。加强中华优秀文化传统教育，运用现代科技手段开发利用民族文化丰厚资源。"《国家"十一五"时期文化发展规划纲要》也指出，要"重视中华优秀传统文化教育和传统经典、技艺的传承""中小学各学科课程都要结合学科特点融入中华优秀传统文化内容"。民族的发展离不开对民族文化的传承，作为基础教育工作者，我们肩负重任。

国学是中华民族几千年生存和发展的智慧结晶，是中华文化的代表。国学经典是"传统的具有权威性的著作"，是中华民族优秀的传统文化的核心价值；是数千年来中国人思维方式、行为方式、生活方式的高度总结；是中华民族优秀道德品质、优良民族精神、崇高民族气节、高尚民族情感、良好民族礼仪的总和；同时也是我们民族精神的精髓。历史学科作为人文学科的核心之一，充满着丰富的资源，在陶冶人格、开阔视野、传承文化、继承创新上发挥着重要的作用。弘扬传统美德，提高民族素质，历史学科有着得天独厚的优势。我们应该充分重视历史学科的功能，寓思想、道德教育于历史教学之中，晓之以理，动之以情，导之以行，使中华民族传统美德得以继承、发扬、光大，并注以新的生命力。

二、中学历史教学中贯穿国学经典的功效

在具体的历史教学实践中融入国学经典，对于学生来说，可以增强民族自信心和自豪感，陶冶情操，丰富思想，加强修养。阅读、了解、走进经典，对于树立坚强意志、升华个人气质、掌握人生真谛，均会有很大的帮助。

（一）启发学生：诵国学经典 育爱国情怀

案例一：岳飞抗金

《金的建立与宋金的和战》一课中，在讲到南宋初年的抗金斗争时，学生想到了抗金英雄岳飞。从文学作品和影视作品中，他们对岳飞的生平有了基本的认识，也有了对岳飞的评价。我首先

请学生为大家介绍了他们所了解的岳飞，他们提到了"岳家军"，岳飞的军事才能和领导才能，岳飞最后被奸臣秦桧所害等内容。一位学生还想到了岳飞创作的《满江红》。但对于《满江红》的内容和表达的情怀，他们是模糊的。在出示原文之后，学生齐声诵读。"怒发冲冠，凭阑处，潇潇雨歇。抬望眼，仰天长啸，壮怀激烈。三十功名尘与土，八千里路云和月。莫等闲，白了少年头，空悲切！靖康耻，犹未雪；臣子恨，何时灭？驾长车，踏破贺兰山缺。壮志饥餐胡虏肉，笑谈渴饮匈奴血。待从头，收拾旧山河，朝天阙！"在学生慷慨激昂的诵读声中，这节课达到了高潮。

爱国主义教育，是一个亘古未变的话题。爱国是一个公民起码的道德，也是中华民族的优良传统。在儒家传统文化里强调"舍生取义"，其意义就是为了国家利益，捍卫国家主权，不惜牺牲个人生命。章太炎说："不读史书，则无从爱其国家。"和其他国家相比，中国拥有五千多年从未中断过的历史文化，培养学生的民族自豪感，胸怀祖国，引导学生思考"小我"与"大我"之间的关系也是实现爱国教育的一种手段。

（二）感化学生：赏千古名句 树坚强意志

对于一个人而言，除了基本的生理需求外，理想和意志无疑是最重要的。"每个人都有一定的理想，这种理想决定着他的努力和判断的方向。"一个没有理想的人是可怕的，一个有了理想但没有坚强意志的人是可悲的。最可怕的敌人，就是没有坚强的信念。苏轼在《晁错论》中讲到："古之立大事者，不惟有超世之才，亦必有坚忍不拔之志。"在日常教学中，我们要重视学生意志力的培养。而这种培养，要从心灵深处打动。

案例二：《洋务运动》中军事工业旗号"自强"的分析

"洋务运动"开启了中国近代化的第一步，它的意义可想而知。在讲到洋务运动中军事工业创办的旗号"自强"时，有的学生开始窃窃私语，觉得这个旗号相当俗气。我提问，"自强"这两个字来源于哪里？学生们开始在思索，几秒后，我听到了答案，"天行健，君子以自强不息。"回答得荡气回肠。我又问学生，这句话是什么意思？他们选择了沉默。以此为突破口，我给他们讲了有"群经之首，百科之源"之誉的《周易》，简要介绍了阴阳统一对立的《易经》文化。"天行健，君子以自强不息。"寓意"君子应该像宇宙一样运行不息，即使颠沛流离，也要不屈不挠。"讲完之后，我明显感觉到了氛围的凝重，这份重量来自于学生心中的那份衡量。在教学过程中，学生不知不觉接受了经典的熏陶，真正体会到了千古名句锤炼出的力量，达到对学生进行意志培养的目的。

（三）教育学生：品文化精髓 立正确观念

生活在这个功利、世俗的世界里。学生的人生观、价值观、道德观开始出现滑坡，鲜有正义感、同情心和爱心。他们把金钱和享受作为自己的人生追求目标，以个人为中心，对身边的弱者没有同情，内心冷漠、自私。纠正他们错误的价值评判标准，帮助他们树立正确的人生观、价值观、道德观势在必行。

案例三：武士道与中国传统文化

中国有儒家文化，欧洲有骑士精神，日本有武士道。在讲到日本明治维新的内容时，学生对武士道产生了浓厚的兴趣。对于什么是武士道，他们的理解多种多样，有人认为是忠诚，有人认为是对天皇的绝对服从。对于日本武士道的来源学生并不了解。我讲了武士道同中国儒家文化的关系，儒家文化是武士道的来源之一，武士道选择了儒家文化中的"忠"。同样的文化，不同的选择，造就了日本和中国不一样的价值评判标准。在中国的文化和道德中，"仁"居于核心地位，仁爱是中国儒学的主导价值取向，"夫仁者，己欲立而立人，己欲达而达人""己所不欲，勿施于人"。这也是现代社会的道德评判标准。学生重复说着"己所不欲，勿施于人"，他们心底多少有了些感触。

有人说："你不能延伸生命的长度，但是你可以拓展它的宽度。"在平常的教学中，用经典去打造学生深厚的文化底蕴，让他们在体验中去拓展生命的宽度，锻造生命的厚度，重塑他们的人生观、价值观、道德观。

（四）策勉学生：悟民族精神　继人文修养

人文精神是中华民族传统文化的特色，两千多年前的《易经》就提出了人文的概念："刚柔交错，天文也；文明以止，人文也。观乎天文，以察时变；观乎人文，以化成天下。"作为人文科学的历史教育，从根本上讲其实是一种人性化的教育，是通过授予学生以历史知识，让其感悟民族文化特色，通过历史的濡染与涵化，提高其自身修养与素质，使其一生都受益匪浅。

案例四：曾国藩的成功之道

为了便于学生了解曾国藩，我对其做了简要介绍。曾国藩，晚清重臣，清朝军事家、理学家、政治家、书法家、文学家。谥号文正，中国近代化的风云人物。在洋务运动中曾国藩创办了清末最早官办的新式兵工厂——安庆内军械所。著有167卷《曾文正公全集》，迄今依然被人们奉为修身齐家的经典。毛泽东这样评价他，"予于近人，独服曾文正。"蒋介石也曾说过，平生只服曾文正公。之后我提问："曾国藩家世代为农，他既没有过人天资，也没有强健体魄，为什么能成功？"听得津津有味的学生低下了头。"做好一件事情的基本前提是修身养性，曾国藩能成功有两个重要原因。一是他善于反省自己，每天坚持写日记；二是他生活非常简朴。有修养的人就是这样进行修养锻炼的，他们以静思反省来使自己尽善尽美，以俭朴节约来培养自己高尚的品德。不清心寡欲就不能使自己的志向明确坚定，不安定清静就不能长期刻苦学习实现远大理想。"随后出示"夫君子之行，静以修身，俭以养德，非淡泊无以明志，非宁静无以致远""心正而后身修，身修而后家齐，家齐而后国治，国治而后天下平""穷则独善其身，达则兼济天下"三则国学经典来鞭策勉励学生重视培养自己的人文修养。

蔡元培先生说过，教育是成就人格的事业。从儒家的观念来讲，教育的意义在于"成人"。子曰："若臧武仲之知，公绰之不欲，卞庄子之勇，冉求之艺，文之以礼乐，亦可以为成人矣。"历史知识的学习贯穿古今，穿越时空。阅读经典可以跨越时间与空间的鸿沟，可以吸取中华民族千百年来的文化精华，把历史知识同国学经典相结合，渗透内化于学生的思想之中，奠定他们的人生发展基础，促使他们形成良好的人文修养。

三、中学历史教学中进行国学经典教育要注意的问题

在历史教学中进行国学经典教育，对于历史教师来说是一项巨大的挑战。不仅要具备丰富的知识储备，还要找准时机，适可而止。教师应做到以下三点：

（一）身先士卒 提升素养 为人师表

国学经典文化蕴含着丰富的人生智慧，对人与自然、人与人、人与自我关系都有研究，教师应注意把握国学经典文化的核心内容。国学经典中有大量的名句，或蕴含深刻的哲理、或寄寓传统的美德、或彰显母语的魅力。对于这些名句，须有自身的感悟，才能动之以情，晓之以理。

（二）得体施教 浸润心灵 引导言行

国学经典大都晦涩难懂，选择时必须结合实际得体把握，更要结合当今的教育要求，贴近学生心灵，引导学生改善言行举止。如：以儒家的仁、孝、礼、信等精神逐渐引导学生形成正确的价值评判批准；以道家清静、淡泊、和谐自然等精神不断滋养学生的心灵，排除忧虑烦恼，提升人格修养。

（三）找准时机 适可而止 弘扬传承

历史教育还肩负着传承历史知识的重任，在历史教学中进行国学经典教育，一定要把握好时机和程度。有的课程本身就是国学经典的内容，比如先秦的文化史。正如任剑涛在《经典的替代及其条件》一文中指出"对于中国而言，先秦文献普遍的经典地位的获得，就是因为历史赋予了它们以源头性。缺少了这些典籍，我们就不可能理解中国的历史。"这类课程我们可以直接讲授国学经典。而近代史和现代史的课程没有大篇幅国学经典的内容，对于这类课程，就要找准时机，合理联系，适可而止，做到传承知识与学习经典并行不悖。

历史沉淀了经典，经典孕育了文化，文化培育了学生。文化的发展并非是单一的、孤立的，而是取决于多种因素、多种条件的相互结合、相互作用。

历史课程自身的学科优势，能把学习历史知识、感悟国学经典、培育学生能力三股力量融合于一体，在播下种子的同时改良土壤，培植出具有民族精神的坚强、爱国、智慧之果，定能超越时空的界限而亘古常青。

历史教学应回归、关注、超越"人"

——以统编版七年级下册"唐朝的中外文化交流"为例

重庆巴蜀常春藤学校　王莉敏

"历史教育的根本目的,乃帮助学习者成长、进步发展,健全人格和公民素养是其重点,'人'是目的,其他皆为手段。"历史学科要落实好"立德树人"根本任务,教师的教学设计应该回归、关注和超越历史进程中的"人"。笔者以统编版七年级下册"唐朝的中外文化交流"为例,谈一谈该课的教学设计如何从遣唐使、玄奘、鉴真等历史进程中的"人"出发,引领学生了解他们的历史境遇与心路历程,以此勾勒唐朝繁盛的文化交流景象,进而走进一个繁荣、开放的唐朝。

一、结合学情、剖析教材,回归"人"的历史时空

"唐朝的中外文化交流"一课教学重点在贯通东西的"中外文化交流"。就其内容而言,该课内容时空跨度较大,"文化交流"的理解也具有一定难度。

本课授课对象为初一年级学生,他们对历史充满好奇,但原有的知识储备往往来源于影视或文学作品,对历史事件、历史人物等多为标签化、抽象化的了解。深入剖析此课内容不难发现,在唐朝的中外文化交流之路上,往来着许多文化交流使者,如日本的阿倍仲麻吕、新罗的崔致远、唐朝的玄奘与鉴真等。他们均是唐朝中外文化交流的"桥梁"与"载体",也都是一个个有血有肉的"人"。因此,笔者设计本课教学时,选择了把历史进程中的"人"作为切入点。

朱尔澄先生说:"在分析、评论历史事件、历史人物以及历史上的制度、思想时,特别注意将之置于特定的历史条件下,脱离了特定的历史条件,是无法真正理解历史的。"历史进程中的"人"更是如此。历史教学,本就是一个回归历史时空的过程。因此,我们应深入剖析,挖掘背景,回归历史进程中的"人"所处的历史时空。

具体而言,本课是七年级下册第二单元第4课,单元标题"繁荣与开放"直接明了地交代了唐朝的"时代特征":经济繁荣、政治稳定、文化灿烂、中外交流频繁等。回望历史坐标,本课与"从贞观之治到开元盛世""盛唐气象"两课更是相辅相成。导入时,笔者就以"盛唐气象"中繁荣的长安城作为切入点,把考古发掘中往来于长安城的精美历史人物形象图制作成微视频,再结合相应史料与地图,引导学生认识初步唐朝中外文化交流"路上的历史""人",并不是一些孤立的"人",他们是生活在具体的历史时空之中的。这个历史时空里,经济繁荣、各民族间交往与交融、文学艺术多姿多彩、社会风气开放。这样的设计,带学生回归了"人"的历史时空,并能使其设身处地感悟历史,对历史中的"人"做到真正的理解,对培养学生的时空观念大有裨益。

二、挖掘史料、剖析细节,关注"人"的真实形象

孔繁刚老师曾说:"历史的精神源于它的情感,历史的魅力源于它的细节。"而历史的细节往往藏于史料之中,我们在探究历史进程中的"人"时,只有挖掘史料、关注细节,才能感悟有血有肉、有情有感、有思有想的历史。因此,在本课的教学设计中,笔者尤为关注史料与细节。

在唐朝的中外文化交流史上,玄奘西行的事迹已被人们熟知。因为《西游记》的广泛影响,学生对玄奘的了解几乎是文学作品中"唐僧"的模样,啰嗦、懦弱、心慈面善、胆怯懦弱、人妖不分、是非难辨、遇难束手无策等。但真实的玄奘是这样的吗?笔者带着学生从史料中寻找答案。

笔者在课堂上呈现了相关史料——玄奘西行路上"经途险阻,寒风惨烈,多暴龙(野兽)……飞沙雨石,遇者丧没,难以全生"从材料中不难看出,西行路上"寒风""暴龙""飞沙雨石"等自然环境给玄奘带来了巨大困难。西行路上的玄奘大部分时间都是独自承受着这些,并没有无所不能的徒弟

为他"保驾护航"。除此之外，西行路上玄奘还遇到无数人为困难，"弟子石盘陀的抛弃""劫匪的光顾"等，那么，玄奘是否一往无前地执着前行呢？课堂上学生异口同声地回答："是的。"这似乎是一个神奇的怪象，借助文学作品学生心中的玄奘似乎"一无是处""胆小怕事"。但是，透过部分史料，学生心中的玄奘又几乎"神化"，对历史进程中的"人"的了解，总是游走在两极。那么，真实的玄奘到底经历了怎样的纠结与徘徊呢？我们继续挖掘史料——"四夜五日，无一滴沾喉；口腹干熄，几将琐绝（死去），不能复进……遂向东折返"。走向史料深处，原来真实的玄奘，在面临重重困境时，也曾放弃并向东折返。但难能可贵的是，在折返的途中玄奘始终不忘自己当初的誓言——"宁可就西而死，岂能东归而生"，又坚定地向西而去。

这样，带领学生层层深入地剖析史料、挖掘细节，走近真实历史进程中的"人"，了解到西行路上的玄奘遭遇的种种困难，体会他内心的孤独与徘徊，他短暂放弃后的执着与坚持显得更可贵。玄奘只是无数"唐朝文化交流使者"的缩影，他们也是普通"人"，并非"神"，这样学生才能了解一个真实的历史"人"。

三、围绕主线、整合教材，超越"人"的教学立意

赵亚夫先生说："一节历史课失去了灵魂，内容再生动、丰富都是摆设。"其实，一堂课的"灵魂"，简而言之就是这堂课鲜明的教学立意。本课中，如果说唐朝的中外文化交流使者阿倍仲麻吕、玄奘、鉴真等历史进程中的"人"是一条"明线"的话，他们所承载的"路"则是"暗线"。本课的教学设计就是要通过挖掘这些历史人物在史书上的记载，反映出他们真实的一面，使得人物形象更加鲜活，人物故事更加丰满。通过将这些人物的经历有机串联起来，唐朝的中外文化交流概貌就被清晰地勾勒出来了。但是，本课的教学立意不能仅局限于"人"，更要以"人"为载体，超越"人"。

因此，笔者在反复研读课标、教科书以及相关论著后，最终确立了"开放包容、兼收并蓄的大国风范，坚持不懈、执着求真的个人姿态，使一条交流之路走向大国之路，更走向世界文明共同发展之路"的教学立意。具体实施中，笔者围绕主线将教学内容整合为三大板块：

第一板块——万国宾客，路至长安。以阿倍仲麻吕为代表，讲述无数

遣唐使来华前后的历史。他们在大唐走访名迹、拜师求学、入仕为官，可见当时大唐的包容与开放。"日本中古之制度，人皆以为多系日本自创，然一检唐史，则知多模仿唐制"。大量遣唐使来华，不仅给日本带去了"唐制"，唐朝的服饰、医学、算学等也传入日本，并对日本社会生活产生深远影响。

第二板块——无问西东，路在脚下。以鉴真为代表的唐朝文化使者不远千里东渡日本。教学设计中，笔者先通过微课形式讲授了鉴真六次东渡、五次失败的历史细节，并让学生在课堂上体验鉴真双目失明的感觉，体会他东渡过程中的艰难历程，再让学生进行角色扮演，模拟鉴真出发前与弟子对话的情境。弟子祥彦知前方路途遥远，希望渺茫，曾劝说道："彼国太远，性命难存，沧海森漫，百无一至。"鉴真却这样回答："是为法事也，何惜身命？诸人不去，我即去耳。"可见鉴真明知前路艰难，但为了弘扬佛法，仍执着前行。到达日本后，伤痕累累的鉴真坚持传播中国文化，为中日文化交流做出了卓越贡献。

第三板块——兼收并蓄，大国之路。回顾本课，既有新罗、日本使者的来华学习之路，也有玄奘、鉴真等人的求学传播之路。他们所留下的印迹呈现了唐朝中外文化交流"繁盛"的景象，更促进了世界文明的多元化发展。究其原因，唐朝制度完备、经济繁荣、文化昌盛吸引了世界各地的目光，而唐朝又以兼收并蓄的开放政策吸纳外来文化之精华。正是玄奘、鉴真这样一代又一代的文化交流使者，秉承兼收并蓄的文化精神，使他们脚下的中外文化交流之路，走向了中华民族大国之路，更走向了世界文明共同发展之路。

梁启超先生曾说"善为史者，以人物为历史之材料，不闻以历史为人物之画像；以人物为时代之代表，不闻以时代为人物之附属。"纵观历史长河，无论是帝王将相还是凡夫俗子，"人"才是历史的创造者，也是历史永远需要关注的主题。所以，历史教学中"人"不能也不应缺席，我们应密切关注"人"。理想的历史教学之道，就应在回归、关注与超越"人"的道路上，问"史"寻"人"，寻"人"问"路"。

参考文献：

[1] 任鹏杰. 历史教育必须走出上位不清下位糊涂窘境——《中学历史教学参考》深度服务教研的一些想法 [J]. 中学历史教学参考(上半月．综合)，2015（10）。

[2] 朱尔澄. 从清理交融到历史思维——我的教改之路 [M]. 北京：北京教育出版社，1993 ：49。

[3] 孔繁刚. 天时、地利、人和造就了我：四十余年教学生涯的回顾 [J]. 中学历史教学参考（上半月．综合），2008(12) 。

[4] 董志翘. 大唐西域记 [M]. 北京：中华书局，2011。

[5] 赵亚夫. 历史教学目标刍议三：怎样确定课堂教学目标 [J]. 历史教学（上半月刊），2007（7）。

[6] 木宫泰彦. 日中文化交流史 [M]. 胡锡年，译. 北京：商务印书馆，1980 。

[7] 唐大和上东征传校注 [M]. 扬州：广陵书社，2010。

[8] 梁启超. 中国历史研究法 [M]. 北京：中华书局，2009

【附记】本课参加 2018 年重庆市初中历史优质课大赛现场赛课，获得一等奖。

从高考试题看高中阶段史学理论考查的类型及教学策略

重庆市巴蜀中学　姜嘉红

【摘　要】史学理论对历史研究和历史学习都有重要意义。随着课程改革的深入发展，对学生的史学理论教学显得尤为重要。本文以近几年高考题为对象，通过对高考题涉及的史学理论试题进行分类，明确高中阶段史学理论教学的内容与方向，并初步探讨中学史学理论教学的策略与方法。

【关键词】高考试题 史学理论 课堂教学 历史学科素养

史学理论以历史学自身的理论问题为研究对象，如历史学的特点，历史学的功能（包括社会功能、科学功能、教育功能），史学发展与历史发展的关系，历史文献和史学方法问题，史学遗产的批判继承问题，历史研究成果的社会表现形式问题，史学家的素养与时代使命问题等，均为史学理论研究的范围。史学理论不仅对专门的史学研究有重要的指导作用，对于高中历史教学也有重要意义。有助于帮助学生科学认识和理解历史发展的与过程特点，掌握一定的学习方法和思维方式，揭示历史的本质与规律，从而形成正确的价值观，是达成历史学科核心素养的重要环节，对历史教学质量和历史学习的效果均有重要的价值。其实，史学理论在高中历史教育教学中无处不在，伴随课程改革越来越深入，对学生探究历史的思维能力、基本研究方法、技能等方面提出了更高要求，高中阶段的史学理论教学越发受到重视。

一、从高考试题看对史学理论考查的基本类型

随着课程改革明确朝着重能力、重视学科核心素养培养的方向发展，高考试题紧随其方向，在命题思路、命题方式、考察范围等方面发生了重大变化，对史学理论、史学方法的考察越来越突出，正如广大师生感受到的高考试题越来越"学术范"。纵观近些年高考题，对史学理论的考查主要有以下几种类型：

（一）史料学的基本原则与特点

史料是认识历史和史学研究的前提，傅斯年先生曾说过"史学就是史料学"，史料对历史研究的重要性不言而喻，高考试题通常从史料的辨伪、价值判断、与时代的关系等方面入手。如下题考查文字史料记载的来源与价值：

（2013 年全国卷 II）24．司马迁著《史记》时，文献关于黄帝的记述内容不一甚至荒诞，有人据以否定黄帝的真实性。司马迁游历各地，常常遇到人们传颂黄帝的事迹。有鉴于此，他从文献中"择其言尤雅者"，编成黄帝的事迹列于本纪之首。这一撰述过程表明（　　）

A．《史记》关于黄帝的记录准确可信

B．传说一定程度上可以反映历史真实

C．历史文献记录应当与口头传说相印证

D．最完整的历史文本记录的历史最真实

【答案】B

史料的类别（如一手史料、二手史料、实物史料、文献史料等）的判断在自主命题的各省试卷中经常考查。如 2016 年浙江卷：

《明太祖实录》有一段圣旨："今天下已定，而民数未核实，其命户部籍天下户口，每户给以户帖。"而中国第一历史档案馆藏明代户帖原件所录圣旨为："说与户部官知道，如今天下太平了也，止是户口不明白俚（哩）。教中书（省）置下天下户口的勘合文簿、户帖，你每（们）户部家出榜，去

教那有司官将他所管的应有百姓，都教入官，附名字，写着他家人口多少。写得真，着与那百姓一个户帖。"这说明（　　）

A．《实录》与《户帖》，都是第二手史料

B．官方原始记录与口述史料，需仔细甄别使用

C．第一则材料是文献史料，更具有历史的实录感

D．第二则材料是实物史料，更能反映历史的原貌

【答案】D

（二）史学理论运用

理论是史学研究的指导，是我们分析历史的工具。

1．唯物主义历史理论在史学研究中占主导地位，唯物史观也是高中历史课程五大核心素养之一，是指导高考命题的基本理论，高考试题中经常涉及到对唯物史观的理解和运用。如对唯物史观中基本原理的历史解释：

（2015年全国卷Ⅰ）有历史学者为说明近代以来科学技术在生产力发展中的作用，引用了如下公式：

生产力＝科学技术×（劳动力＋劳动工具＋劳动对象＋生产管理）

这一公式表明，科学技术有乘法效应，它能放大生产力诸要素。

——摘编自齐世荣总主编《世界史》

运用世界近现代史的史实，对上述公式进行探讨。

生产力与生产关系的相关理论是唯物史观中的基础原理，上题不但要掌握生产力诸多要素的基本概念，还要能够运用史实予以论证，对学生提出了较高要求。

2．大量高考试题虽不直接考察唯物史观的内容，但都需要用唯物史观来分析判断，是对史学理论运用的考查，如：

（2015全国Ⅱ卷）26．唐宋时期，江南经济迅猛发展，南宋时全国经济重心已移至江南。促成这一转变主要动力之一是（　　）

A．坊市制度瓦解　　　　　B．土地集中加剧

C．农业技术进步　　　　　D．海外贸易拓展

【答案】C

如果学生掌握唯物主义理论中"生产力的发展推动社会进步，其中生产工具和生产技术的改进又起到重要作用"，此题就很好做出判断。

3. 某些史观、史论自身的发展，既考查运用理论研究历史的方法，又探究理论形成的社会因素。如2015年广东39题以现代化理论为切入对象，（材料略，问题设置如下）：根据材料分析二战后美国政府为何重视现代化理论？为什么现代化理论能够在20世纪80年代被引进中国？运用这种理论进行历史研究时要注意什么？

（三）史学的功用

（2016全国卷I）26.史载,宋太祖某日闷闷不乐,有人问他原因,他说:"尔谓帝王可容易行事耶……偶有误失，史官必书之，我所以不乐也。"此事反映了（　）

A．重史传统影响君主个人行为　　B．宋代史官所撰史书全都真实可信

C．史官与君主间存在尖锐矛盾　　D．宋太祖不愿史书记录其真实言行

【答案】A

君主也会顾忌史官对其行为的记载，既体现中国古代的重史传统，又从本质上反映了史学的社会价值。

（四）史学史的考查

对历史学发展过程中重大成果的认识，如：

（2016上海）31.司马迁的《史记》和司马光的《资治通鉴》是中国史学的双璧，两者各有特色，其根本的不同点在于（　）

A．撰修宗旨　　B．语言风格　　C．求真求实　　D．编纂体例

【答案】A.3分,B.1分，D.1分，C.0分

此外还经常出现历史学自身的发展演变，以不同时代对同一历史问题、历史现象的再认识为主要考查方式。如2013年全国卷II选修"中外历史人物评说"考查了对王安石的评价史。

（五）历史自身的特点和人们认识历史的特点

例：（2011安徽）李大钊说："历史的真实，有二意义：一是说曾经遭遇过的事情的记录是正确的，一是说关于曾经遭遇过的事的解喻是正确的。前者比较的变动少，后者则时时变动。"这是因为（　）

A．历史学是人文学科，具有不确定性

B．历史学家阐述历史，难免主观因素

C．人类知识不断增长与历史观的变化

D．历史认识总是越来越接近历史真实

【答案】C

（六）史学研究的热点

学术观点进高考是近些年高考试题的一大显著变化，尤其是材料论述题经常涉及学术热点。2011 年新课标全国卷 41 题，关于西方的崛起的观点；2012 年 41 题，解释中国近代历史模式之一"冲击—反应模式"；2015 年全国 I 卷中 41 题关于中国假期数量的变化其实是史学研究热点社会史的具体表现。

综上可见，高考题对史学理论的考查涉及面广，切入材料丰富，问题设计新颖，整体难度不小，对学生提出了很大挑战。而在实际的教学过程中，由于高中历史教材中很少直接介绍和讲解史学理论，部分教师观念意识不到位，只注重了对历史知识的简单诠释，对史学理论的教学没有引起足够的重视，也欠缺运用史学理论指导历史教学的能力。备考过程中通过死记硬背的生硬方式来突击学生在史学理论方面的短板，过于功利与短视，效果也不尽人意。史学理论对学生学习历史的意义远不止应对高考，是学生能力发展的需要。所以在日常教学中要积极探索进行史学理论教学的方法与策略。

二、高中史学理论教学的方法与策略

（一）对教师自身专业素养的发展提出更高要求

一般来说，史学理论是一线教师的薄弱环节，教师要转变意识，改变只注重梳理史实的传统教学观念，认识到史学理论教学对高中历史课程的价值，从而激发教师主动的学习意识。教师在研究新课程吃透课程标准、树立学科核心素养培养意识的同时，积极了解学术动态，掌握和教学相关的基本史学理论，以便在教学中能够游刃有余灵活运用。

（二）研究教材，探究史学理论教学的突破口

1.研究教材本身所蕴含的史观、史论

新课标教材以专题体例编写教材，按历史发展时序，采取中外混编、中外对应的编写原则，围绕一个历史主题，将中外历史放在同一时段不同空间背景下去展现，从人类政治文明史、经济和社会生活发展史、思想文

化和科学技术发展史三个角度，反映人类文明的发展历程。教材中吸收了大量新的史学研究成果，教材编写在坚持唯物史观的前提下，又吸取了全球史观、文明史观等理论。这都是指导教学的重要理论依据。

2. 发掘教材中合适史学理论教学的知识点，把理论渗透到日常教学

不同的教材内容可以关联不同的史学理论知识，如在讲述必修一《夏商制度与西周封建》一课时可以通过甲骨文、青铜器、考古遗址等讲解史料分类、史料实证等史料学的相关知识。

3. 大胆选取相关史学理论整合教材内容

专题式的教材编排虽然主题突出，但在历史的时序性、整体性上有所欠缺，史观的运用也是近年教学与高考的热点，教师可以根据教学内容的特点选择合适的史观进行知识的整合。如以文明史观为指导对同一地区不同时期文明进行纵向整合，把中国政治文明发展演进从专制到民主，从人治到法治过程中相关史实加以整合，形成一个发展脉络清晰的知识结构。也可以以近代化史观整合近代中国政治、经济、文化、社会生活等方面的变迁。这样的整合，既有利于对主干知识的识记，也有利于学生对史观的准确认识。

4. 开发其他相关课程资源

历史教材虽然是重要的课程资源，但并不是唯一的课程资源。除了利用教材资源外，教师还可以开发利用其他课程资源进行更为有效和针对性的史学理论教学，如对当地的文物古迹、历史博物馆资源的利用，新近重大考古发掘的过程与成果，身边人物的口述历史资料整理等，可以更好地辅助教学。

（三）注重教法，落实史学理论教学的有效性

在教师实际的教学过程中，还应把握以下原则，以提高课堂教学的有效性。

1. 尊重学生的认知水平，尊重学生的主体地位

史学理论本身专业性强，比较抽象，在教学设计中要充分考虑学生的认知水平，尽量由易到难，循序渐进，注重在学生的已有经验和抽象理论之间架设认知桥梁。在教学过程中倡导转变教学方式，创设各种教学情境，让学生在开放的学习环境中，主动学习、积极参与、探究问题、独立思考、交流合作。

2．史论结合是进行理论教学的基本原则

"史论结合，论从史出"是历史研究的基本方法，也是中学历史教学应该遵循的基本原则。将理论知识程式化的呈现给学生基本抹煞了高中史学理论教学的意义。将具体理论和教材的具体史实融合、联系起来，以利于学生突破在理论理解方面的障碍，从而达到基础史实与理论认识的双重突破。

3．史观学习中以唯物史观为中心，注意多元史观的合理适度运用

由于研究者的立场不同，研究的方法、角度不同，时代局限性等影响，不同史观对历史现象的解释不尽相同。如文明史观着眼于人类的整个发展过程，而现代化史观和全球史观主要着眼于近现代史，在教学中运用新的史观时要有针对性。如对近现代史相关问题的解读可以侧重选择现代化史观和全球史观，而对中国古代史线索和整个人类历史的把握则应着眼于文明史观。而在众多史观中，马克思主义唯物史学是近代唯一系统而完整的具有科学性与人文性的史学流派，在当代的史学中，任何史学流派的整体史学观念及其史学研究，都难以达到马克思主义史学的高度，所以唯物史观列入高中历史学科核心素养是科学的选择，也指导我们在教学中应以其为中心史观，适当引入其他史观的研究方法和视角，避免呈现相互矛盾的观念，以免造成学生思维的混乱。

4．对学术观点的选择要与主流观点一致

在教学过程中，教师不宜在课堂中介绍史学理论学术新成果中尚未被主流意识所认同的学术观点，对于教学过程中明显带有学生个体倾向性的过激观点和错误认识，教师应给予个别性的引导和纠正。高中历史教学只有与主流学术观点相一致，才能构建历史教育与史学理论研究新成果之间的良性联系。

三、结语

史学理论的学习对高中生学习历史有重要的意义，既是历史学科核心素养的内容之一，也是达成核心素养的手段与方法，对促进学生全面发展的重要性不言而喻。史学理论在中学阶段的教与学，也得到越来越多教育工作者的重视，如何进一步将史学理论运用于高中历史教学中还需要我们做出更多的探究与尝试。

参考文献：

[1] 张庆海．中学历史教学中的史学理论问题 [M] 长春出版社，2012。
[2] 孙恭恂．历史学概说 [M] 北京师范大学出版社，1995。

我的课改逐梦之路

重庆市大渡口区教师进修学院　李恩泉

【摘　要】一个在第七次课改中起步的普通历史教师，为了实现自己的梦想，20多年来在课程改革的大潮中不断努力，从更新教学手段到优化教学过程再到深入研究有效教学。从一线教师到教研员，作为中学历史课改的见证者、参与者，其对历史教学本质的认识也在不断深入，如今，又开始了新的探索。

【关键词】课程改革；历史教学；教研工作；专业成长

　　小米科技的创始人雷军有一句名言"站在风口上，猪都可以飞起来"，意思是在风口上顺势而为就能实现自己的梦想。对于曾立志要教好历史的我来说，风口是什么呢？就是课程改革。回顾我的教学生涯，是在第七次课改中起步的。

一、雏燕展翅鸣新声——在第七次课改中起步

　　1992年，国家教委颁发了《九年义务教育全日制小学、初级中学课程计划（试行）》和24个学科的《教学大纲（试用）》，开启了我国第七次课程改革。1993年，我大学毕业，走上了初中历史教学岗位。教研组长告诉我，

现在初中各科都使用三新教材。何谓"三新"？即新大纲、新教材和新的课程计划。虽然懵懵懂懂的我并不知道，我刚踏上历史教学岗位，就有幸站在了"历史教学的新起点"，但是我暗暗下定决心，要站好讲台，要成为受学生欢迎的历史老师。我的专业成长之路由此起步。

（一）更新教学手段

怎样使学生喜爱我的历史课呢？我想鼓捣点新玩意，开始探索采用电教手段，通过播放录像和自制的幻灯来辅助历史教学，现在看来实在简陋，但这已是当时能够使用的"现代化"教学手段。它改变了历史课堂沉闷、单调的局面，在让学生新奇的同时，又收到了比较好的教学效果。我凭借电化教学的优势参加赛课，获得了区一等奖、市一等奖、四川省二等奖。这在学校甚至区里都产生了影响，带动了我区历史教师学习、使用电化教学的热潮。我也备受鼓舞，结合自己改进教学手段的一些粗浅体会，撰写了论文《充分利用电教手段优化历史教学》，获得了区优秀电教成果三等奖、市论文评选三等奖。

但是技术的进步是飞速的，1996年我还在论文中断言"电化教学应成为今后历史教学改革的重要方向"，没过几年，电视、幻灯就逐渐被多媒体教学取代，我也慢慢认识到教学手段的更新并不能解决一切问题，那么还应该从哪些方面来改进我的教学呢？

（二）优化教学过程

就在陷入迷茫的时候，我有幸于1998年加入了重庆市教科所历史教研员龚奇柱专家主持的重庆市人民政府"九五"重点课题的一级子课题组"全面优化中学历史教学研究"，我终于找到了自己下一步的研究方向——如何使教学过程更优化。

我积极投入到课题的实验，结合初中学生的实际，我主要研究了"角色扮演模式"。我指导学生查阅资料、编排历史短剧，使一个个历史人物活灵活现地出现在课堂上。前来观摩的老师们惊喜地看到，我的课堂体现了以学生为主体，充分调动了学生的兴趣，激发了学生自觉参与的意识，提高了学习质量。通过上示范课，我较好地发挥了课题实验的辐射、示范作用，促进了本区历史教学模式的改革。

我把课题实验的点滴体会撰写成论文，在"中学历史课堂教学模式优秀论文评比"活动中，获得了区一等奖、市三等奖，还获得了中国教育学会历史教学研究会举办的"历史教学征文"活动优秀奖，并在期刊上发表。在子课题组的结题评审会上，我作为实验教师代表发言，获得了评审专家们的赞赏。我的论文《中学历史"情趣教学"中如何激趣》，也收录进了西师出版社出版的课题成果集。

从更新教学手段，到优化教学过程，这就是我在第七次课改中的收获。

二、不待扬鞭自奋蹄——我的新岗位与新课改

2001 年 6 月，全国基础教育工作会议的召开和《基础教育课程改革纲要（试行）》的颁布实施，标志着我国启动了建国以来最为广泛和深刻的新一轮基础教育课程改革，即第八次课改。

同年 8 月，我调到了区进修校，担任历史教研员。"驽马自知征途远，不需扬鞭已奋蹄"，在新的岗位上，我清醒地认识到自己肩上的责任，决心着力抓好我区历史课改工作，努力打造有质量的历史课堂。

（一）扎实稳步推进课改

按照我区课改实验工作方案，我有目的有步骤地开展工作，取得了一些成绩，使全区历史教学发生了可喜的变化：历史教师的观念得到大幅度提升；教学方法和手段多样化，教学行为日趋优化；学生对历史学科的喜爱程度增加；学生的学习方式发生了明显的改变。在 2004 年重庆市教委组织的新课程实验区优质课竞赛中，我获得了中学历史学科指导教师奖。我的论文获得了区优秀教改成果及著述一等奖、市义务教育历史课程改革实验总结报告评选二等奖。

（二）深入研究有效教学

随着课改的推进，很多新问题也暴露出来，需要我们去研究、解决，如课堂教学的有效性等。新课程改革强调学生学习的自主性、合作性和探究性，在此大背景下，讨论式教学在初中历史学科开始使用，但是通过对我区师生的问卷调查，我们发现初中历史课堂讨论中存在着流于形式、收效甚微的严重弊端。要在课堂有限的空间和时间内，运用讨论式教学取得实质性效果，使学生真正做到质疑、深思、感悟、论辩，达到广泛交流、深层思考、理清思路、拓展提高的目的，就必须对课堂讨论的有效性做比较

深刻的思考和探讨。

怎么解决问题呢？我采取了课题研究的形式，希望藉此带动我区历史教师一起来深入研究，并促进我区历史教师的专业成长。2008年，我主持的课题"初中历史课堂'有效讨论'研究"申报为重庆市教育科学"十一五"规划课题，全区初中历史教师参与了课题的实践研究，经过几年的扎实研究，2013年圆满结题。本课题成果在我区中学普遍推广，与区域课改有机融合，推动了本区历史学科课改的深入。在本课题的结题评审意见表中，龚奇柱专家评价它"对于推动历史课堂教学改革有重要意义"，市教研员黄开红老师评价"课题研究提出的初中历史有效讨论的原则、特征、构成要素、目标体系、评价体系及实践操作模式，具有一定的创新性和推广价值"。2017年，该课题获得了大渡口区教委颁发的区教育教学成果二等奖；2019年，课题的研究报告获"重庆市第六届优秀教育科研成果"二等奖。

（三）指导开发校本课程

《基础教育课程改革纲要（试行）》中明确规定："改变课程管理过于集中的状况，实行国家、地方、学校三级课程管理，增强课程对地方、学校及学生的适应性。"并要求高中学校"在开设必修课的同时，设置丰富多样的选修课程。"研究适合学生个性发展需要的校本课程开发，是推进素质教育的一项重要工作。在这方面，我和本区的历史老师们也做出了有益的探索，取得了一些成果。

率先迈出第一步的是重庆市37中邓如刚老师，他开发了校本课程《中国古代历史文献选读》，这是一门学科拓展类校本课程。2007年，在市教科院举办的重庆市高中校本课程建设展示会上，该课程受到与会教师好评，得到了专家的高度评价。我对邓老师开发的课程进行了深入的研究，我在会上的点评发言稿后来登载在《今日教育》上；我撰写的论文《校本课程〈中国古代历史文献选读〉的实践与启示》获重庆市历史课改优秀论文评选一等奖、中国教育学会历史教学专委会论文竞赛一等奖。

2016年，我指导茄子溪中学开发的校本课程《统战文化的智慧与艺术》入选重庆市普通高中精品选修课程。目前该课程已有比较高的知名度，市区统战部领导、中央统战部培训班学员都前往参观。校本课程的开发也使我们的教师团队得到锻炼和成长，我们的研究不断深化。2018年，我指导茄中历史组研究的课题"基于高中历史校本课程提升学生传统文化修养的实践研究",成功立项为重庆市教育科学"十三五"规划 2018 年度重点课题。

（四）参与川教版教材系列的建设

回顾我的成长之路,还有一个重要的助推因素,那就是川教版初中历史教材。我自走上工作岗位,就开始了与川教版教材的不解之缘。

我先后三次参加川教版配套的历史教参编写,共撰写 15 万字。这三本教参由四川教育出版社正式出版,分别于 2002 年、2006 年、2019 年投入使用。我还担任了川教版历史教科书配套的《中国历史教学设计案例 八年级上册》的副主编,并撰写了八、九年级的教学案例,共 4 万多字,均已由四川教育出版社正式出版。

参加教参、教学案例的编写,对我来说是一个极好的学习和锻炼机会。为写好稿子,我必须准确把握课标和教材编写意图,要反复揣摩课标、《课标解读》和教材,要看专业书籍不断充电,下笔时还要字斟句酌,写教学案例也要精心设计。更重要的是,通过与教材编写专家们的接触,我深深感受到他们对历史教育事业的热爱,也激励着我要严格要求自己,学习老一辈教研人无私奉献的情怀。

三、老骥伏枥,课改再出发

当前,课程改革进入了攻坚克难的深水区,课改的艰巨性与复杂性前所未有。作为区域学科的领头羊,在总结已有经验的基础上,我开始了新的探索。

（一）以典型课例研究抓初中新教材教学

根据《义务教育历史课程标准（2011 年版）》编写的统编教材于 2017 秋季在我区七年级投入使用。如何帮助教师深入理解并用好新教材,发挥历史课程的育人功能? 我进行了一些探索。除了平时的答疑解惑外,我还组织了"历史统编教材教学案例观摩与研讨"系列活动,选择典型课例来打磨、展示、研讨。我指导李娟老师执教公开课《远古的传说》,收到了比较好的效果,我据此撰写的论文《把握课标要求 用好统编教材 培养家国情怀》发表在 2018 年 6 月的《教学月刊》。我指导葛新老师执教的录像课《辽、西夏与北宋的并立》获中国教育学会中学历史教学专委会组织的 2018 年赛课一等奖,并在 2018 年市级学术年会上现场展示,获得与会教师的一致好评,我据此与他人合作撰写的论文《认识多元一体趋势　强化中华民族认同——〈辽、西夏与北宋的并立〉一课的教学分析与设计》发表在 2019 年 11 月的《历史教学》。

同时，我还坚持动笔写教学设计、上示范课。我撰写八上《新文化运动》一课的教学设计，编入华东师大出版社 2020 年出版的《统编初中历史教科书教学设计与指导》。为贯彻国家要求，全面落实"十四年抗战"概念，我为全区老师执教示范课《全民族抗战的开始》，课后我对相关概念进行了深入的解读。这对历史教师如何将正确的价值判断融入对历史的叙述与评判中、引导学生树立正确的价值观，进行了较好的示范和引领。

（二）以课题研究为高中历史课改铺路

目前高中教研工作的重点是对新课标、新教材和新高考的研究。我采取以课题研究的形式带动我区高中新课改。一是指导 37 中历史组，扎实开展重庆市普通高中教育教学改革研究专项课题"新高考改革背景下学生提取和解读历史信息能力的探究"的研究工作。二是指导茄子溪中学"基于高中历史课程培养学生家国情怀的实践研究"课题，这是区规划重点课题、市级规划课题。这些课题的研究工作正按照计划稳步推进，并取得了一些阶段性成果。

（三）顺应时代发展，改进教研模式

新课改对教研工作也提出了新的要求。为改变过去"教研只是教师参与"的状况，2017 年以来，我主研了市规划课题"互为师理念下 X33 立体教研的实践研究"，尝试构建"X33"立体教研模式，这是一种有教师、学生、专家参与的立体教研。从目前的实践来看，这种教研模式能让参与者各有所获，教师的教学能力得到进一步提升。

作为中学历史课改的见证者、参与者，回顾我 27 年来的工作，其中的酸甜苦辣都成了人生宝贵的财富。一切过往，皆为序章。为了实现课改的理想，如今，我怀揣梦想再出发！

参考文献：

[1] 王宏志，臧嵘 . 历史教学的新起点——《九年义务教育全日制初级中学历史教学大纲》说明 [J]. 课程·教材·教法，1992（6）。

在中学历史教学中渗透家国情怀的实践与思考

重庆市第九十五初级中学校　葛　新

【摘　要】中学历史教学应渗透家国情怀，落实立德树人的根本任务。以《辽、西夏与北宋的并立》一课为例，在进行教学设计时应以家国情怀为立意，细化情感态度价值观目标并以此设计教学板块。在实施过程中，运用情境教学、材料研习、问题思辨与合作探究等多种途径进行细化，循序渐进渗透家国情怀。

【关键词】历史教学、民族关系、家国情怀

　　党的十八大提出把立德树人作为教育工作的根本任务，明确强调了教育的本质功能和真正价值，开始从国家层面更加深入系统地考虑"教育要立什么德、树什么人"或者说"教育要培养什么样的人"这一教育根本问题。《人民日报》曾发表评论称，"家国情怀"是一个人对自己国家和人民所表现出来的深情大爱，是对国家富强、人民幸福所展现出来的理想追求。它是对自己国家一种高度认同感和归属感、责任感和使命感的体现，是一种深层次的文化心理密码。

　　在有关民族关系的教学中又如何实现历史学科的育人功能，渗透家国情怀呢？笔者以统编教材七年级下册第七课《辽、西夏与北宋的并立》为例进行探讨。

（一）进行总体设计，全面把握

1. 以"家国情怀"为立意，赋予课的灵魂

初中历史课程标准指出，"从历史的角度认识中国的具体国情，认同中华民族的优秀文化传统，尊重和热爱祖国的历史和文化；认识在漫长的历史进程中，我国各族人民密切交往、相互依存、休戚与共，形成了中华民族多元一体的格局，共同推动了国家发展和社会进步，增强民族自信心和自豪感。"

中国自秦汉以来就是一个统一的多民族国家。在漫长的历史长河中，各族人民密切交往、相互依存、休戚与共，形成了中华民族多元一体的格局，共同推动了国家发展与社会进步。汉族与其他少数民族共同缔造了中华民族的历史与文化，促进了中华民族的形成和发展。历史教学应渗透正确的民族观，将汉族和少数民族的历史结合起来叙述，把中国历史讲成中华民族各族人民共同创造的历史，以此培养学生的家国情怀。

北宋、辽、西夏并立时期是我国从唐末藩镇割据和五代十国的战乱，到金与南宋的对峙，再到元朝统一这一分裂逐步走向统一的重要环节。这一时期，北方的契丹、党项等少数民族先后建立辽、西夏政权，与北宋并立。民族间有战争更有和平，以及经济、文化的交流，各民族推动了中华文明的发展和进步。本课的课标要求是知道辽、西夏与北宋的对峙局面，提到北宋的建立，结束了五代十国的分裂局面。与此同时，周边民族的相继崛起又在更大范围内形成了民族政权并立的格局。笔者认为本课不仅应让学生了解各政权建立的基本情况以及他们之间的战和关系，更应该从整个中华文明的发展和中华民族多元一体的角度来对学生进行家国情怀的渗透。根据对这段历史的理解，我确立本课的教学立意为"化干戈为玉帛是民族交往的智慧，聚多元为一体是历史发展的必然"。

2. 确定情感态度价值观目标，明确方向

"家国情怀"是历史学科在情感、态度、价值观这一目标育人功能的表达，也是学生未来发展所必备的责任担当和人文精神。教学目标是预期的学习结果，具有方向性价值，所以应以培育学生家国情怀为追求进行目标的设置。

在中国各民族发展的历程中，民族间的交往、交流与交融是历史上民族关系的主流。从历史的角度认识中国统一多民族国家的国情，有利于学生形成国家、民族的认同感，树立维护国家统一的意识。基于以上认识，我确定本堂课的情感、态度与价值观目标为认识到在漫长的历史进程中，我国各民族人民密切交往、相互依存，共同推动了国家的发展和社会的进步，中华民族的历史是各民族共同缔造的。

3. 合理设置教学板块，循序渐进渗透家国情怀

在教学立意和教学目标的引领下，结合本课的教学内容与学生的思维逻辑和多民族国家发展的历史逻辑，我把本课的教学板块确定为"民族政权并立""并立中的碰撞"和"碰撞中的交融"。

（二）细化过程实施，途径多样

培养家国情怀这一素养是历史课堂教学的重要内容之一，在教学过程中如何渗透家国情怀也是值得我们深入思考的。历史情境的设置是渗透家国情怀的重要载体，通过材料的选取与研习，对思辨性问题的深入思考，以及在合作探究中自发形成感悟也是重要的途径。

1. 情境教学，设身处地，在情境中整体感知

历史学习情境是一种以情感调节为手段，以学科实际为基础，以促进学生积极思考、自我发展为目标的、优化了的学习环境。教学情境对家国情怀的渗透非常重要，合理的情境设置可以达到"润物细无声"的效果。在本课导入时，教师播放视频《历史上的他们为何都是单眼皮》。视频从历史的角度非常有趣的说明了双眼皮出现的原因——唐朝时西域胡人大批来到中原地区，南方土著也混入了其他血统。教师指出，这还与北方游牧民族南下有直接关系。正如史学家黄仁宇所说，现在的汉族本来就是民族交融的结果。教师接着讲述，传统的单眼皮很美，交融的双眼皮也很美，各民族都有自己独特的魅力，共同为中华民族大家庭的发展做出了自己的贡献。在辽、西夏与北宋并立时期，各民族之间在更大的范围内交融，由此导入新课。视频使学生初步认识到我们每个人可能都是民族交融的结果，再加上历史学家的论断，引导学生从民族交融的角度去思考辽、西夏与北宋的关系。

学生感知了第一板块"民族政权并立"后，教师进行提升与渗透，使学生初步认识到古代中国既有以中原为中心的汉族文明，也有少数民族的

文明。他们共同构成了古代中国的历史。一部上下五千年中国的历史，就是一部中原与边疆、农耕民族与游牧民族互动的历史。在处理第二板块"并立中的碰撞"中，开始便出示了两则简短的史料，让学生感受到契丹族的华夏认同。

2. 材料研习，深刻体味，在历史理解中价值判断

在本课的难点澶渊之盟的教学上，教师介绍雄州榷场在当时宋辽贸易中的重要地位，结合今天雄安新区的情况，以雄州为例分析"澶渊之盟"的影响。教师出示材料《千年雄安：宋辽时代的榷场边贸》中的相关论述，引导学生得出以下结论：宋辽边贸增加了辽的财政收入；缓解了辽农产品供给压力；有利于辽吸纳中原先进文化。学生再观察（雄州榷场）宋辽输出商品对比图表，分析宋辽输出商品的种类、特点、技术含量等，得出北宋在宋辽贸易中获利的结论。教师总结升华：通过对雄州榷场的分析，可见和平的局面对宋辽双方都是有利的。边贸改变了宋辽的态度，宋辽之间由剑拔弩张变成称兄道弟；化干戈为玉帛是民族交往的智慧。借此渗透了本课民族交往的正确价值观。

在第三板块"碰撞中的交融"中，将学生分组合作学习。政治组学生观察辽、西夏境内民族构成表以及翦伯赞在《中国史纲要》里的文字材料，概括辽治境内各民族的措施，理解辽根据农耕民族与游牧民族不同的生产、生活方式与社会习俗进行分治的智慧。教师补充材料说明，这种政治制度上的创新，后来被有些政权所借鉴，比如金、元朝、清朝。它还为我们现代的民族区域自治提供了历史经验，也为一国两制提供了历史先例，从而认识到辽对政治制度的创新，为中华政治文明发展做出了卓越的贡献。经济组的学生则负责找出反映当时各民族间经济交流的史实，认识到经济上各民族相互交流、依存。寻找史实印证历史结论，可以使学生掌握论从史出的历史学习方法，同时也可以培养学生在实际生活中从家国情怀的角度出发思考问题。

3. 问题思辨，深入思考，在认知对比中思维拓展

通过思辨性问题探究，让学生在认知对比中实现价值判断，是家国情怀素养培育的重要途径。在本课的第二个板块"并立中的碰撞"的学习中，学生在问题引导下学习民族间的战与和后，教师引导学生对比，辽与北宋、

西夏与北宋关系的共同点都是先战后和。再出示两则材料如下：

官私庐舍被西夏军队焚毁，人民和牲畜被西夏军队屠掠的，不计其数。

——翦伯赞《中国史纲要》

（辽与宋）和好年深，蕃汉人户休养生息，人人安居，不乐战斗。

——苏辙《栾城集》

通过对比分析，引导学生得出结论：战争给人民带来了巨大的痛苦和灾难；和平促进社会经济发展和社会安定，从而得出"和是民心所向"的观点。这样设计可引导学生认识到民族间的斗争只是民族关系的一个方面，是支流；各民族间交流合作，共同开发祖国的疆域，共同创造中华民族历史，共同缔造了统一的多民族国家，推动了中国不断向前发展，这才是民族关系发展的总体趋势，即民族关系的主流。

4. 问题导向，合作探究，自发形成家国情怀

初中历史课程标准指出，在了解历史事实的基础上，逐步学会发现问题、提出问题，初步理解历史问题的价值和意义，并在探究历史的过程中尝试反思历史，汲取历史的经验教训。家国情怀的渗透和教育不应是灌输式的，应该是自发形成的，这样学生才能够认可。本堂课多次利用问题导向渗透家国情怀，并体现在了本课教学的多个环节中。

在第三板块中，学生分成政治、经济、文化三个大组进行合作探究，通过对史料的解读和对问题的探讨，自然形成家国情怀。例如，政治组学生结合教材和翦伯赞《中国史纲要》等史料，从总体上认识契丹与西夏通过学习中原汉族先进的政治制度、经济和文化，加快了封建化进程，推动了本民族的发展。另外，通过取自张岂之《中国历史·隋唐辽宋金卷》里的史料进行分析，使学生理解并立中孕育着统一的因素，体会这一时期的民族交融为元朝的统一准备了重要条件，统一是历史发展的必然趋势。再如文化组，教师设置了三个问题：观察契丹和西夏的文字（外形、笔画等），再对比唐朝的文字，你有什么推断？对比皮囊和鸡冠壶（外形、材质等），你有何结论？观察辽大明塔（外形、工艺等），你可以提取到哪些历史信息？通过对图片的观察，不仅使学生了解契丹与党项族通过学习中原汉族文化，促进了本民族的发展；也认识到契丹、党项等少数民族对我国北部、西北边疆的开发做出了重大贡献，理解中华民族的历史是各民族共同缔造的。

为了深化家国情怀的培养，汲取历史智慧，我在这堂课的最后，让学生谈一谈通过本课学习，他们有什么收获？学生们谈到，和是民心所向、民族交往应以和为贵、各民族都为中华民族发展做出了自己的贡献等。老师也分享自己学习这段历史的感触：化干戈为玉帛是民族交往的智慧，聚多元为一体是历史发展的必然。借此提升学生对本课家国情怀的深刻认知。

参考文献：

[1] 林崇德 . 21 世纪学生发展核心素养研究 · 序 [M]，北京：北京师范大学出版社，2016 年。

[2] 申亚欣 . 三句话读懂习近平的家国情怀 . 人民网。

[3] 陈梧桐 . 正确阐述中国古代的民族关系 [J]. 陕西师范大学学报，1979 年 04 期。

[4] 朱文琪 . 指向深度学习的核心素养校本评价——以历史学科蕴含的家国情怀为例 [J]. 历史教学，2017 年 11 期。

[5] 许纪霖 . 国家认同与家国天下 [J]. 华东师范大学学报 (哲学社会科学版)，2014 年 04 期。

[6] 章太长 . 正确解读历史教学中的民族关系 [J]. 教学与管理，2010 年 31 期。

在史料教学中培养学生历史核心素养的探究

重庆市茄子溪中学　黄　强

【摘　要】自从高中历史新课改开始以后，历史课从以往的史实记忆开始转向史料分析；高考历史也从传统的知识点记忆的考察开始转向为历史分析能力的考察。而高中历史核心素养的提出更是对新课改方向的一个强化和肯定。"史料"这个历史课堂上体现知识和能力的一个工具，在新的教学要求下成为了高中历史新课改和核心素养的培养的一个重要载体。

【关键词】高中历史、新课改、史料教学、核心素养

在历史课程改革的过程中，史料教学作为一种重要的教学方法，其地位愈发的重要。在传统的历史课中史料仅仅是对知识点的一个印证，而在现在史料则成为培养学生历史核心素养的载体。如今，要上好一趟历史课，不在史料的选取和分析上多费些工夫，那这堂课就很难说得上是成功。随着高考的指挥棒越来越指向史料的分析理解以及对历史学科核心素养的考查，史料教学是否成功则直接决定了这门学科的成败。

史料的分类主要有以下几种：一手史料与二手史料、记叙性史料、遗留性史料、文字史料、图片史料、影音史料等。根据高中历史教学的实际情况，

文字史料和图片史料是使用的最多的两种史料，除此之外在教学中教师还会根据不同情况增加其他史料，例如影音史料等。

历史学科的核心素养是：唯物史观、时空观念、史料实证、历史解释、家国情怀。史料教学则是将这五个素养联系起来的桥梁。本文预设高中统编版教材《中外历史纲要（下）》第六课《全球航路的开辟》的教学情景，以此来探讨史料教学中对核心素养的渗透。

一、时空观念

时间和空间是历史学习的一个基础，拥有良好的时间和空间观念是学好历史学科的一个前提条件。但由于历史学科的特殊性，时间和空间很难用语言来进行生动的描述，因此需要史料进行更为形象的展示。例如在《全球航路的开辟》这课开始，如何让学生准确的理解在新航路开辟之前，整个世界文明格局的特点？在课堂中可以通过地图进行展示：

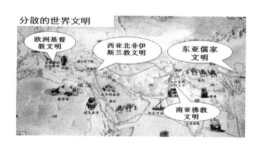

左边这幅图可以直观展示出各文明在当时的分布，之后可以设问："15世纪之前，世界上各文明之间体现出一个什么样的特点？"此时又给学生在时间上进行定位。让学生明白15世纪之前世界文明之间较为分散。接着，再展示下面两幅图：

设问："15世纪时期的世界地图准确吗？15世纪和16世纪欧洲人所绘的世界地图有什么不同？16世纪的世界地图多了哪个地方？原因是什么？"通过这两幅图明确了本课的时空线索：时间——15世纪至16世纪，空间——欧洲；并且引出了本课的主题——新航路开辟。

两张图片史料，第一幅属于再造性图片史料，是在现代世界地图上对原有文明进行标注；第二、三幅属于原始性图片史料，直观地反映了当时的历史，相对于第一幅图，后面两幅图的历史价值更大些，也更具说服力。

在空间展示中我们可以选择下面这张图来展示新航路开辟的过程。

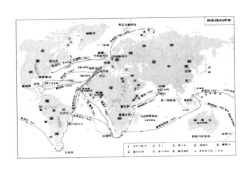

通过这张图我们可以选择让学生自己总结新航路开辟的过程，强化学生的空间观念，从宏观上掌握"西方"和"东方"的空间概念，这对于其他知识点的理解和记忆会有很好的辅助作用，有利于培养学生在历史学习过程中的时空观。

二、史料实证与历史解释

在传统历史教学中强调对史实的机械性记忆，这种方式现在看来不仅不符合新课改的要求，也不符合新时期高考以及历史学科素养的要求。在这种情况下就要求教师通过史料将史实的分析、论证和历史解释有机地结合在一起。

那么如何在本课中体现西欧国家商品经济的发展、资本主义萌芽的表现和新航路开辟之间的关系呢？新航路开辟还有没有其他的原因？这就需要教师通过史料对教材进行印证，引导学生对这些史料进行分析，并且让学生对这段时间的政治、经济、文化和科技等背景同新航路开辟之间的关联进行梳理和解释。

在这里，我们可以展示以下史料：

材料一：

1500 年左右，随着欧洲商品经济的日益发展和资本主义生产的萌芽，货币日益取代土地成为社会财富的主要标志，货币成为普遍的交换手段。

——斯塔夫里阿诺斯《全球通史》

15 世纪以后，西欧各国的商品经济发展迅速起来，对铸造货币的黄金需求量日益增大。"新兴的资产阶级要用黄金来扩充资本""社会上层用于奢华的生活享受"……

——恩格斯

两段史料都印证了教材中西欧资本主义萌芽和商品经济的发展，更进一步说明了商品经济的发展给西欧带来的变化。西欧资本主义发展后，对于黄金的需求量增大，一方面资产阶级需要原始积累，另一方面社会上层阶级需要黄金维持其奢华的生活。因此资本主义经济发展是新航路开辟的一个原因。

通过这样的分析，首先用史料来证明课本上的基本史实，即"14、15 世纪，西欧商品经济发展，并出现了资本主义萌芽"，并通过资本主义发展的几个要素和史料的具体内容，引导学生分析资本主义经济发展对于新航路开辟有何作用。

接着，我们可以再展示以下史料：

材料二：

东方黄金遍地，香料盈野……金瓦盖顶，金砖铺地……东方简直是一个灿烂辉煌的黄金世界，冒险家的乐园。

——马可·波罗

我们可以让学生首先结合教材上的内容对这个史料进行描述，史料表现出马可·波罗描述东方富庶，政治经济繁荣。他的描述是否准确呢？教师告诉学生，马可·波罗的描述肯定是不准确的，《马可·波罗游记》的谬误以及西欧对此著作的追捧，一方面体现了当时历史条件的限制，人们按照自己的需求来理解新的事物；另一方面也体现了西欧人对于黄金的追求，这和上面西欧经济的讲述相互呼应，进一步让学生理解这个时期的历史背景。

以上两个例子证明了史料教学对于史实的证明以及学生对历史的解释的重要性。通过史料，让学生更好地接受课本上的知识点，同时通过史料补充课本上没有的或叙述较为简略的知识点。让学生在理解历史发展基本脉络的情况下掌握基本史实。

通过对史料的分析，重现当时历史的客观环境，再通过对基本历史事实的分析和叙述，更为理性地看待这一段时期的历史。这就是通过史料教学让学生掌握史料实证和历史解释的基本素养。

三、家国情怀

立德树人是中国特色社会主义教育事业的根本任务。对历史事物和历史事件进行客观评价并提炼其价值取向，这本就是历史教学的应有之义。但在传统的历史教学中，这一部分的内容往往是教师直接给出，学生抄笔记回去背诵。最终，学生既没有掌握评价历史事物和历史事件的能力，同时培养学生家国情怀也成为了过场，学生并不能从历史学习中总结历史的意义和价值取向。在新时期的历史课中，如果依然以传统的历史教学方式进行，那么不仅达不到新课程标准的要求，也达不到高考对于学生能力考查的要求，更达不到国家对于立德树人这一教育根本任务的要求。

那么如何在教学过程中培养学生评价历史的能力，以及培养学生的家国情怀呢？我认为答案还是史料教学。

在对新航路开辟的评价中，我预设了左边这幅画作为一个史料让学生进行评价：

这是菲律宾马克坦岛上的一对纪念碑，远处的纪念碑是纪念著名的欧洲航海家麦哲伦，近处的纪念碑是纪念杀死麦哲伦的酋长拉普拉普。这两个对立的纪念碑恰好反映出新航路开辟对于不同文明所造成的影响。学生如果要全面地评价新航路开辟，则需要站在两个不同文明的角度思考。

新航路的开辟为欧洲带去了财富和进步，也给那些"被发现"的国家带去了无穷的苦难，但是从历史发展的角度来看这种苦难又何尝不是这些地区走向近代化的代价？麦哲伦等航海家们抓住了历史发展的时代大动脉，却无法预测这时代将会把他们带往何处，菲律宾等国家为了走向近代化付出了惨痛的代价，而这些代价则迫使现代的我们做出更深层次的思考。现代的我们应该如何抓住时代发展的主流，我们是否能够吸取500多年前历史发展的教训，做出明智的选择，在推动世界发展的过程中，不再重现历史的悲剧？

通过这幅照片，可以在教授学生通过历史辩证法客观评价某一历史事件的同时，也结合现代社会发展、世界发展的大环境，让学生以史为鉴，树立正确的发展观和世界观。

四、唯物史观

在历史学科的五个核心素养中，唯物史观排在第一位，可见其重要地位。唯物史观贯穿于整个历史课的教学中，要让学生在学习过程中了解人类历史发展的客观规律，透过现象认识本质。时空观念、史料实证、历史解释和家国情怀在课堂中的运用就是唯物史观的具体体现。但是在课堂中不结合具体史实地生硬灌输唯物史观内容，学生不仅不能理解，也不符合历史课堂教学的基本要求。

例如在分析新航路开辟背景时，我们可以将分析后的三则材料同时展示，引导学生思考，究竟新航路开辟的根本动力在哪里？

材料一：

1500 年左右，随着欧洲商品经济的日益发展和资本主义生产的萌芽，货币日益取代土地成为社会财富的主要标志，货币成为普遍的交换手段。

——《全球通史》斯塔夫里阿诺斯

材料二：

15 世纪以后，西欧各国的商品经济发展迅速起来，对铸造货币的黄金需求量日益增大。"新兴的资产阶级要用黄金来扩充资本""社会上层用于奢华的生活享受"……

——恩格斯

材料三：

东方黄金遍地，香料盈野……金瓦盖顶，金砖铺地……东方简直是一个灿烂辉煌的黄金世界，冒险家的乐园。

——马可·波罗

在这里我们可以运用反向分析法：东方遍地黄金的传言吸引着西方开辟一条到东方的航线，之所以西欧各国都想要黄金则是因为西欧新兴资产阶级需要黄金来扩充资本，而这一切都是源于西欧各国生产力不断发展，出现了新的生产关系——雇佣关系，产生了资本主义萌芽。这样学生就很容易理解到西欧资本主义发展和资本主义萌芽产生是新航路开辟的根本原因。通过这种方式，可以让学生真正理解到经济基础决定上层建筑这一唯物史观的重要原理。并通过唯物史观的基本原理理解资本主义经济发展的地位。

五、总结

综上所述，史料教学在高中历史教学中起到不可替代的作用，它既是新课改和高考对学生历史分析能力的要求，也是培养学生阅读能力、分析事物发展本质，树立正确的人生观、世界观和价值观的要求，更是新时期下国家历史教育对历史学科素养的要求。

史料教学在教学实践中的表现多种多样，本文只是我在《全球航路的开辟》这节课中的预设情景，以及平时教育教学过程中对于史料教学的理解。如要进一步弄清新课改下史料教学和学科素养之间的联系，还需要我们在一线教学中进一步的总结。

参考文献：

[1] 刘俊利．史学素养：历史教学的新视角 [J]. 教育研究与评论·中学教育教学，2011 年第 3 期。

[2] 何成刚．智慧课堂：史料教学中的方法与策略 [M]. 北京：北京师范大学出版社，2014 年。

[3] 何成刚．史料教学案例设计解析 [M]. 北京：北京师范大学出版社，2012 年。

[4] 张华中．基于实践的历史学科核心素养体系刍议——以普通高中为例 [J]. 历史教学（上半月刊），2015 年 09 期。

历史课堂中史料实证教学的探讨

——以《远古的传说》一课为例

重庆第九十五初级中学　李娟

【摘　要】新课标以培养和提高学生的历史素养为宗旨，尤其重视历史研究方法—史料实证素养的培养。历史课堂是培养学生历史素养的主阵地，历史教材是学生学习历史的主要材料，传说是一种特殊的史料。本文以《远古的传说》一课为例，浅谈在课堂教学中怎样培养学生史料实证的历史素养。

【关键词】课堂教学 史料实证 学习方法

一、缘起与设计思路

《义务教育历史课程标准（2011年版)》的课程基本理念是："充分体现育人为本的教育理念，发挥历史学科的教育功能，以培养和提高学生的历史素养为宗旨，引导学生正确地考察人类历史的发展进程，逐步学会全面、客观地认识历史问题。"历史素养包括时空观念、史料实证、历史理解、历史解释和历史价值观，是历史理论、思维、方法、能力、价值观的有机统一。新的课程标准在课程目标上尤其重视培养学生史料实证的历史素养，如要求学生具备"初步学会从多种渠道获取历史信息，了解以历史材料为依据来解释历史的重要性；初步形成重证据的历史意识和处理历史信息"的能力，其实就是要初步培养学生史料实证的历史素养。初中历史教育是培养学生历史素养的起步阶段，具有非常重要的作用。笔者就统编初中历史教材七年级上册第 3 课《远古的传说》一课为例，重点谈一谈在日常教学中如何培养学生史料实证这一历史素养。

长期以来，在《远古的传说》一课的教学中，多数教师认为这是一堂故事课，有趣即可。殊不知，这是一堂历史课，必须要有历史味。怎样突出本课的历史味？首先，教师对远古祖先的传说要有一个正确的认识：传说并不完全是神秘怪异的虚构故事，而是一种特殊的"史料"。正如樊树志在《国史概要》中所说："在文字发明以前，口耳相传的神话传说，是先民们对上古洪荒时代历史的一种夸张记述，只要加以科学的分析，便不难发现其中所蕴含的可靠历史资料。"[1] 其次，要认识到本课在第一单元中的地位：中国古代史第一单元"史前时期"共有三课：第 1 课《中国境内早期的人类代表—北京人》是通过化石等史料了解北京人的生活，从而了解中国境内远古人类活动；第 2 课《原始农耕生活》是以考古遗迹发现为依据，了解我国原始农业兴起和农耕时代早期的社会生活；第 3 课《远古的传说》是从传说中提取历史信息，再现我国原始农业兴起和农耕时代早期的一些情景。第 2 课和第 3 课依据不同史料讲述同一个阶段的历史，可以相互印证。通过第一单元的学习，要达到的历史素养目标是：学生能根据不同的历史材料合理想象历史场景，体验从多种途径感知史前时期历史，知道史料是通向历史认识的桥梁，了解史料的多种类型，掌握搜集史料的途径与方法。综上，第 3 课《远古的传说》教学显得尤为重要。

既然传说是一种特殊的"史料"，我就以"从传说学历史，以传说证历史"作为本课的总体设计思路。因此，我把本课的教学重点确定为"关于炎帝、黄帝发明的传说；从传说中提取历史信息、以相关传说佐证历史结论（或论断）"；教学难点确定为"'人文始祖'的含义；理解传说与史实的联系"。基于对这段历史的理解及教学目标的确定，我将整堂课设计为"探秘一：为何中华民族'人文始祖'是炎帝、黄帝？""探秘二：传说是真？是假？"和"总结提升"三个部分。这样既整合了教材的内容，又能培养学生论从史出、质疑、求证、再判断的历史思维。

二、教学过程

导入新课

简介中华文明的精神标识——黄帝陵,借2013年第九届世界华裔杰出青年寻根黄帝陵的报道,点明中华民族的"人文始祖"是炎黄二帝,以问题"炎帝、黄帝是谁？为什么中华民族尊称他们为'人文始祖'？"导入新课。

第一部分

探秘一：为何炎帝、黄帝是中华民族"人文始祖"？

【设计意图：这一部分主要学习传说中炎帝、黄帝对中华民族形成和中华农耕文明产生、发展的巨大贡献,感受祖先的伟大和中华文化的源远流长。学生通过自主学习,提取传说中的历史信息。在教师的启发引导下,分析得出结论：炎帝、黄帝等的发明对远古社会发展的影响,使学生感知炎帝、黄帝对中华文明的巨大贡献。从而培养学生从史料中提取有效信息,作为历史叙述的可靠证据,并据此提出结论的能力。】

1. 从传说寻民族之源

教师结合动态地图,讲述教材一、二子目中有关炎帝、黄帝部落的概况、黄炎联盟的形成与发展过程,梳理中华民族形成的脉络。然后,学生小组合作完成华夏族形成发展示意图,并引导学生从示意图找出中华民族之源。

2. 从传说找炎黄贡献

学生看书自主完成《远古祖先重大发明一览表》,教师引导学生逐项分析,通过合理想象、推测,从传说中得出相应结论。如：传说炎帝发明木耒、木耜、教民耕种,可得出炎帝发明了农业,农业兴起的结论。

远古祖先重大发明一览表

	传说（约四五千年前）	结论
炎帝的发明	木耒、木耜、教民耕种 陶器、医药	农业兴起、制陶起源 医药起源
黄帝的发明	车、船、弓箭、杵臼、陶甑	生产工具进步、生活条件改善
其他发明	仓颉造字、嫘祖养蚕缫丝	文字起源、养蚕、丝织兴起

3. 从传说悟民族精神

展示三张图片：神农尝百草、黄帝及部属的发明、大禹治水。

设问：图片分别反映了什么传说？从中体现了远古祖先什么精神品质？学生结合图片和相关传说可得出远古祖先具有创新、奉献精神。

教师总结：中华大地农耕文明的产生，中华民族的形成都起源于传说中的炎帝和黄帝，所以炎帝和黄帝被称为中华民族的"人文始祖"。

第二部分

探秘二：传说是真？是假？

【设计意图：渗透"大胆质疑，小心求证"的科学态度和史学方法。激发学生为自己的猜测寻找证据。通过把考古出土文物图片和传说相互印证的过程，辨析传说和历史之间的联系与区别，培养学生判断史料的真伪和价值的能力，并在此过程中体会实证精神。通过理性分析，使学生真正认识到传说的史料价值，体会多种途径感知历史。】

1. 脑洞大开疑传说

让学生畅谈自己对传说真实性的认识，鼓励他们大胆质疑，并渗透学习研究历史要有史料实证的意识。

2. 考古印证（小组合作）

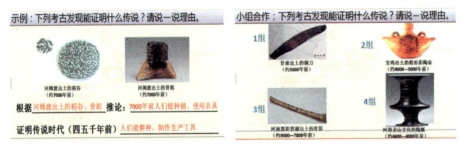

要求：学生根据教师示例，分组交流，用考古发现证明传说。

【设计意图：通过用考古发现证明传说，使学生体验传说和考古文物相互印证的过程，既直观形象，又能帮助学生理解传说与史实的联系和区别。】

3. 理性分析

引导学生把传说与考古出土文物对比分析，判断传说中哪些内容是真实的，哪些内容是虚构的。

教师总结：我们通过考古实物和传说相互印证的过程得出两个结论。第一，传说反映四五千年前我国社会的发展水平，这说明传说中有真实的历史信息，我们可以利用传说推

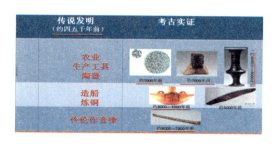

测当时的社会状况，传说是我们研究史前历史的重要资料。第二，传说有虚构夸大的成分，我们要拨开这些虚构夸张的迷雾寻找历史的真相。

第三部分

总结提升

设问：从时间上看，农业、陶器等，不是炎帝、黄帝发明的；从常识判断，神农尝百草，一日中毒几十次不死是不可能的，那这些东西会是谁发明的？

通过学生的回答，教师总结提升：炎帝、黄帝是农耕时期远古先民集体的象征，关于他们的各种发明的传说其实是指所有远古先民发明创造的艰辛过程，这些发明创造都是中华大地上所有远古先民集体艰辛劳动的成果。但是远古时期没有文字，无法记录这些历史，人们就把这些劳动人民集体智慧的结晶都记在炎帝、黄帝等杰出人物的头上，以传说的形式记录、传承历史。

【设计意图：这一部分主要让学生认识到远古祖先口耳相传的传说是记叙历史的一种方式，是原始农业兴起这一时期的"史影"，是研究史前时期历史的重要史料。我们可以用传说和考古发现相互印证，使史前时期历史更丰满、可信。】

三、教学反思

1. 教学立意与教学目标

《义务教育历史课程标准（2011年版）》对本课的要求是："知道炎帝、黄帝的传说故事，了解传说与神话中的历史信息。"《教师用书》对本课的教学建议是：要用传说印证第2课已获得的经考古发现实证的一些论断、结论。教学过程中，我发现学生对传说非常感兴趣且有一定的积累。因此，我将本课的教学立意之一确定为"从传说学历史，以传说证历史"，凭借传说这

种特殊的史料来了解史前时期的历史。实践证明，这样处理能较好地完成教学目标，能初步渗透史料实证的意识。

2.材料的选取与运用

怎样选择材料、选取多少材料、如何基于材料设置问题才能实现教学目标，是本课要重点解决的问题。通过教学，有以下体会：首先，材料的选取要准确、精炼、直观。在初次教学设计与实施时，我选取了黄帝、炎帝发明的传说，《女娲补天》《嫦娥奔月》《后羿射日》《阪泉之战》《涿鹿之战》等传说，材料多而杂，传说与神话混为一谈；还选取了一部分教材以外的考古文物图片。初一学生无法阅读大量文字材料，对课本以外的知识并不了解，课堂气氛和教学效果不好。经过反思，我紧扣课题《远古的传说》，充分利用教材上有关黄帝、炎帝发明的传说和考古文物图片。事实证明，教材是最好的材料，学生兴趣浓厚、讨论热烈、得出结论也水到渠成。第二，基于材料设置问题要恰当、细化，学生解决问题有困难时教师要先做示范。这样才符合初一学生的认知特点，学生才能从材料中提取历史信息，达到教学目标。第三，以多种形式呈现历史材料，除文字材料外，还可选取图片、图表材料等。在"以传说证历史"环节，初次教学尝试时，选择文字表述，显得抽象，不易理解。后改为用考古出土文物图片与传说相互印证，直观生动，易于理解。

3.课堂教学与专业素养

通过本课教学，我深感自身存在很多不足，无论是材料的选取、问题的设置、课堂教学的开展都暴露出自己知识面狭窄、格局不大，实质就是史学素养和史学功底薄弱。我认识到要培养学生的历史素养，教师必须先多读书、多思考、多借鉴，不断提高自身史学素养和史学功底，才能更好地培养学生的历史素养。

参考文献：

[1] 樊树志《国史概要》（复旦大学出版社，2000 年版，第 11 页）。

"以学论教"——让历史课堂充满活力

重庆市第十八中学校　刘野　李红波

【摘　要】"以学论教"是现代课堂教学评价的指导思想。它的核心理念是关注每一个学生的发展，说得通俗一点，就是以人为本。学生是课堂中的活生生的人，我们必须重视学生的主体地位，以学生在历史课堂呈现出来的一系列状态来评价历史教学的质量。

【关键词】历史课堂　以学论教　学生主体

伴随着新世纪历史新课程改革的不断深入和发展，中学历史的教学环境发生了很大的变化，集中表现在教育教学理念、教学策略、教学模式和教学手段等方面。在教学改革中教师不断积累的教学经验促使着教师教学理念的不断更新。中学历史教师的教学理念已经开始从"以教材为中心"向"以学生为中心"转变，从"以教师为主导"到"以学生为主体"的方向转变，此刻我们正是在逐步的改变过程之中，通过各种教学方法来引导学生发挥出他们本该在课堂中扮演的重要的作用是我们历史教师应该思考的问题和探寻的价值追求。

一、亲其师，信其道——让学生从喜欢你开始喜欢历史课堂

作为一名年轻的历史老师，新学期第一堂历史课程即将面临的第一个问题是如何让一群处于天真烂漫年华的学生们喜欢上你的历史课？首先就是让他们喜欢你，如何让他们喜欢上你呢？那就是要知道学生们喜欢什么样的历史老师，讲课风趣幽默、耐心亲切等是加分项，除了在衣着打扮、满足他们对于历史的兴趣需要等之外，最重要也是最首要的是要把他们当作与自己处于平等地位的人来看待，以平等、真诚的态度，用心去对待他们。你生活的样子就是你课堂的样子，要提高自己的魅力，无论是内在的还是外在的，都不能忽视。只有让学生们感受到你内外兼修的魅力，而且你是真心地在关心爱护他们，在为他们着想，他才会逐渐亲近你，慢慢喜欢你，这样才会有利于你的课堂的开展，也有利于培养学生对历史学科的兴趣，最重要的是有助于历史课堂一系列教学活动的开展。

二、"以学论教"在中学历史教学中的实施步骤

（一）课前——以学定教

在开始一节课的新课教学之前，毫无疑问的是我们要充分的备课，众所周知，备课要做到备学生、备教材、备教法，也就是要在备课时明确好：教谁？教什么？怎么教？解决好关于教学对象、教学内容以及教学方法及策略三个大方面的问题。然而这三个问题的解决都需要我们在符合和满足学生需求和认知规律的前提下来确定最终的课程实施。备学生是备课中最关键的一点，在备新知识和课堂中的教学方法时都必须结合备学生，也就是结合学生对历史知识掌握的真实情况，以学定教。

首先，我们要根据学生的学习实际情况，制定切实可行的教学目标，无论是以前的教学大纲还是现在的课程标准，他们能够被有效实施的前提都需要老师结合学生的实际情况来加以实施，这其中老师需要解决和克服的问题主要就是根据不同校区、不同知识接受水平、不同学习状态和氛围的不同班级学生来确定课程标准与教学目标之间的有效结合点，在制定好切实可行的教学目标之后，才能继续之后的教学。反之，教学目标制定不符合学生实际学习情况的话，教学就会变成空架子，知识和思维的训练也

就做不到，教学目标就不可能达成。

此外我们还需要根据学生的发展水平和特点，制定能够促进学生发展的历史教学内容。在制定了教学目标之后，还要根据不同阶段学生的智力发展程度和水平以及智力发展的不平衡性等各种特点，综合考虑来安排历史教学内容的先后顺序以及对历史知识点挖掘的深度和知识点发散的广度。

（二）以学施教——让学生"在状态"

第一，让学生在主动的参与状态中学习。在历史课堂上，学生情绪饱满，可以根据学生在日常生活中感兴趣的点来导入课堂，可以是历史剧或者历史纪念日或者有趣的历史人物等让学生的兴趣和参与度充分的调动起来，在授课中要让学生在愉快、兴奋中学习，努力创造活跃的课堂气氛，使学生对老师的新课学习兴趣浓，产生主动的求知欲，期待老师的讲解。此外，最重要的便是让学生在历史课堂学习中积极主动参与，老师根据不同的学生的知识水平，通过与学生的平等对话和不断的引导让学生自己一步一步进行积极的思考，动脑筋想问题，有充分参与的时间与空间，从而建立起学生对于历史学科的自信和兴趣。要让学生感受到他们是历史课堂的主体，他们每一个人都在被老师或者其他同学充分的关注着，他们在历史课堂上可以充分的展现自己的魅力。因此，在每一次课堂上，让学生感受到自己的存在，处在"参与"状态是非常必要的。

第二，让学生在与教师的双向交往中学习和与同学多向交往中成长。历史课堂上的交往主要就是教师与学生之间的，还有同学之间的，同一小组不同同学之间的、不同小组之间的交往和互动，主要形式就是教师提问、学生组内合作探究、学生组外互助。学生在班、组内能够进行有效的合作，生生互动，师生互动，平等的交流，课堂气氛民主和谐，这样的课堂氛围有利于课堂活动的充分展开，一定程度上可以保障小组合作的效果。比如说关于孙中山为什么会产生民生主义的思想？老师可以给出几则史料，最好是不同角度和不同方面的，一则可以是关于孙中山个人的农民家庭出身的，和在英美留学的一些经历见闻的，还应该有反应出民生主义是中国革命在经济领域反封建的客观要求的材料，在历史课堂上就可以让不同的小组进行组内讨论不同的材料之后再由小组代表来跟全班分享小组的意见。老师要注意给学生留足恰当的谈论时间，通过对组内讨论的指导，让学生在不断的与同学和老师的交往中学习到知识，建立起自信，最终获得身心的成长。

第三，让学生在不断的问题思考中建构历史思维，学生在参与课堂活动中注意力集中，思维活跃，能够结合旧的知识点思考问题，不局限于固定的思维模式，紧跟老师的思维不断进行思考，每次思考和每个结论都经过独立思考且表现出一定的创新意识与能力，这样就表明学生的思维得到了启发和锻炼。思维是高级的心理活动形式，包括分析、概括、综合、对比等多种形式,思维和学习并不是彼此分离的两件事。学生应该在思维活动中学习。历史思维则是我们在历史课堂和教学中需要通过各种途径和方法来培养学生的一样必不可少的历史素养。在《普通高中历史课程标准》中将历史学科核心素养确立为五个方面的内容:唯物史观、时空观念、史料实证、历史解释、家国情怀。通过以上素养的培育，最终达到立德树人的要求。而历史思维又包涵各种各样的能力，对于学生来说，无论是促进个人深入的思考还是以后成为社会的合格有素质公民，都具有至关重要的作用，通过史料教学、提问教学、小组探究教学、情境教学、自主学习等各种教学方法，都是学生在历史教学活动中生成思维的过程，培养和锻炼学生的历史思维能力。

（三）以学评教，从学生的知识或情感的生成检验学生在历史课堂的学习效果

学生的反应和获得是最重要的评价依据之一，学生能否主动表现、自由行动，能否在学习中获得情感的满足都是评价中学历史教学有效性的重要标准。只有学生的智能、情感得到了某种程度或一定程度的发展，学生的疑问和困惑得到了解决才算是学有所得，教学有效。我们在课堂上通过不断的观察学生的表情、眼神、小动作、情感状态就可以看到学生是否充分理解了老师的讲解，是否赞同其他学生的观点或看法，是否在课堂上感受到了思想的洗礼和文化的熏陶。在课后也应该多多跟学生进行交流和互动，在稀松平常的聊天中获得学生对课堂的感受，耐心倾听他们在历史课堂上有何所得，或者还有什么样的新问题产生。

（四）以学思教，从学生的学习效果不断反思和提升历史教学

一堂历史课并不是下课铃声响后就结束，课堂上的历史教学虽然结束了，但对于历史教师来讲，对课堂的反思却需要不断的进行，我们在课后

反思中最不能忽视的就是学生的学习效果，通过授课老师和听课教师对学生课堂的基本表现的观察，学生在五大核心素养哪一层面比较欠缺，哪一方面达成比较好，授课教师其实心里是大概有数的。在欠缺的方面进行反思，并寻找更佳的解决方法，在下次课堂教学中进行弥补。这样"实践—反思—再实践"不断地循环，教师的专业素养在此过程中自然而然地就得到了提高。我们不仅仅需要通过课堂小测验来检测学生对本堂课的知识点的掌握和理解，更多的是以开放性作业来了解学生对历史人物或历史事件或者历史问题的看法和感受，我们可以从这些开放性作业中更好的知道学生的真实理解和感受，有独到见解和批判眼光的开放性作业就证明我们的历史教学达到了较好的教学效果。

三、"以学论教"——让历史课堂充满活力

由此可见，在课堂上老师需要调动学生以下五个方面的积极性，要让学生在课堂上处于以下五个状态，分别是：注意状态、参与状态、交往状态、思维状态、生成状态。总的来说，要从学生是否学得轻松、是否学得自主、是否学的积极，学生有没有学会、有没有会学的角度出发来评价一节课成功与否。我们需要注意的是，没有情绪状态、参与状态，就不能激活课堂；单有情绪状态、参与状态，容易形成课堂教学中的"泡沫现象，表面繁荣"；实质上却没有引起学生任何真正有效的思考，只有做到五大状态的协调统一，才可能在一定程度上保证历史课堂的教学效果。

四、小结

总之，历史作为一门人文学科，历史课堂教学的目标是授课和育人，因此发挥学生主体性作用，在讲授历史知识的同时培养学生的综合能力是重中之重。尊重和注意发挥学生在备课、教学、反思课堂中最重要的主体作用，基于"以学论教"优化历史课堂教学，有利于实现学生学的独立性和差异性，实现教的针对性和发展性，激发学生对于历史知识的学习兴趣，促进学生独立自主学习能力、合作探究能力的成长，以学生为本，让学生在历史课堂上更具活力和魅力，促进学生综合素质的提高。有了学生喜爱的老师，还有学生喜爱的历史课堂，这样的历史教学才是有效的，才能让学生感受

到历史课程的魅力，才能给学生带来更多的获得感，只有调动了学生的学习状态，历史课堂才会更加充满活力。

参考文献：

[1] 徐赐成，赵亚夫，张汉林．初中历史有效教学 [M]．北京：北京师范大学出版社，2015.5。

[2] 张汉林．初中历史有效学习评价 [M]．北京：北京师范大学出版社，2015.7。

[3] 赵利剑．历史：一堂人文课 [M]．北京：教育科学出版社，2012.8。

[4] 吕金波．初中思想品德课"以学论教"研究 [D]．2015.10。

[5] 张汉林．提问之道：历史思维养成路径的探讨 [J]．教育学报，2018，（3）：48-54。

地方史在家国情怀教育中的实践与探索

重庆市第十八中学 王晓霞

【摘 要】家国情怀是人文学科的共同价值取向，也是历史学科核心素养的价值目标。要培养家国情怀，就要把认识和热爱家乡作为基石。地方史可以让学生感受到地方历史特色和地方精神，拉近历史与现实的距离，增强学生对家乡、祖国和和平的热爱。如果能够巧妙、合理地利用地方历史资源，激发学生学习历史的兴趣，对学生家国情怀的培养将事半功倍。

【关键词】地方史 家国情怀 历史核心素养 国家认同 民族认同 文化认同价值观认同

家国情怀是中学生学习和探究历史应具有的社会责任与人文追求，是具有历史学科特点的思维品格和关键能力的体现。所谓家国情怀，既有家又有国，在具体历史实践中就体现为把个人、家族和国家之事相联系。历史教学中家国情怀的教育，要求以辩证的思想和发展的眼光来理解家国情怀的深刻内涵，做到在历史教学中贯彻家国情怀教育。将地方史融入历史教学中的家国情怀教育，能够拓宽历史教学的视野，有利于宏观层面理解"国"和微观层面理解"家"，让学生更能体会家国情怀的内涵和意义，也为历史教学和家国情怀教育提供了一种新的教学思路。

一、家国情怀的内涵

家国情怀既有时代性，又受社会主流观念和价值观等多种因素的影响。历史教学中的家国情怀是基于"立德树人"的教育主旨下培养学生历史核心素养提出的针对学生，与历史核心素养密切相关价值观。家国情怀的内涵既涉及对国家的情感维度，又要与历史核心素养紧密相连，至少包含四个层面的内容。

首先是时空观念的国家认同。钱穆先生曾经讲过，要使一个国家的人民爱国，首先要让他们认同这个国家的历史，所以历史教育对国家认同非常重要。它的重要性主要体现在一个国家的历史可以帮助国民记住历史，进而产生国家认同感，所以历史教育对国家认同具有特殊的意义。作为历史初期民族诞生地的核心区域，它构成了国家认同的基础。国家认同在历史时空观念中随着时间不断建构和强化。

第二层含义是民族认同。民族是在一定历史发展阶段形成的稳定的共同体。民族认同是个人信仰、态度和身份的确认，是亲属和血缘关系在一定程度上的延伸。中华民族不是一个名称，而是一个实体，形成多元一体格局。这是一个从分散中组合多个元素的过程。在这一过程中，汉族作为基层的一个单位，起着凝聚作用，将多元性凝聚成一个整体。

第三层含义是文化认同。文化认同是民族认同的心理和思想基础，是民族凝聚力和国家向心力的精神源泉。文化认同是基于并超越民族认同的，是不同民族的传统记忆、符号等文化基因的共享与凝聚。只有文化习惯和群体一致才能生存和发展。在中国历史中讲的不是血缘说，而是文化信仰论。不同历史时期"中国"的文化身份特征需要不断的历史解读。

第四层含义是价值观认同。国家政权的建立和维持，在一定程度上是与其相应的社会、历史、文化相适应的，特别是在适应历史条件方面。当代中国价值观的认同，需要尊重历史事实，从历史维度判断近代中国贫弱的历史状况，理解近代中国资本主义的"先天缺陷"和社会主义制度的历史选择。认同社会主义价值观，树立道路自信，理论自信，制度自信和文化自信。

历史学科是学生家国情怀教育的立足点。家国情怀是一种个体对国家、民族、文化和价值观高度认同的情感，也是历史学科应有的追求。但学生家国情怀的教育不能依赖空泛说教和强硬的灌输，需要在平时的教学中一点一滴的渗透,通过一系列历史课堂教学活动"润物细无声"地达到教育功能。

二、合理利用地方史

我国历史悠久，不同地方的历史文化各具特色，地方史的运用为历史教学注入了新鲜血液。在历史教学中，地方史的合理运用是历史教学的有益补充。但地方史纷繁复杂，数据量巨大，如果运用得好，对历史教学将起到非常积极的作用。这就需要教师对地方史充分开发与利用，结合教学需要，因时因地使用好地方史。如何运用地方史教学需根据历史教学要求而定，教学形式可多样化。

（一）素材搜集，感知家国情怀

地方史资源的分散性和时空性，使得地方史素材在搜集与整理上需要一定的方法，而搜集与整理的过程也是学生感知家国情怀的过程。比如抗日战争的历史，可以先让学生搜集整理重庆作为抗战时期的陪都的各种历史资料，参观重庆大轰炸遗址等。学生在搜集整理资料和参观遗址过程中可以在特定的历史情境中感受到"国家兴亡，匹夫有责"的家国情怀，通过近距离接触这些历史遗迹，让学生产生真实的历史感受。这种将历史的文字内容与实物场景链接起来的方式可以带给学生直观的冲击和感受，让学生切身感知到浓浓的家国情怀。

（二）融入课堂，渗透家国情怀

地方史的零碎性使得其在课堂教学中显得很零散。教师需要将零碎的地方史片段对应某一部分教材内容，融入教材体系，通过主题教学的方式渗透家国情怀。这种片段融入式主题教学将地方史与教材内容建立对应关系，尤其是教学内容中涉及本地发生的重要历史人物和事件时，可利用地方史加以充实，通过与相关的历史人物和历史事件联系，增进学生的熟悉感。比如抗战时期历史融入中共重庆代表处的介绍，蒋介石官邸介绍等，让学生把实际生活中可以接触的场景与历史联系起来，体会国家艰难时刻共御外辱，保家卫国的情怀，增强国家的认同感。

通过重新整合地方史资料，按照不同的情怀内涵还可以形成不同的专题进行系统教学。比如在有关中国历史文化发展的教学时，进行有关重庆地区历史文化发展变化的专题。通过整理编辑的校本课程《巴国的历史》介绍神秘的巴国文化，三峡悬棺，巴国的历史变迁和兴衰，讲述重庆的由来。利用这些与学生贴近又显得神秘的历史内容，极大的提高学生学习的兴趣和强烈的探索欲。在这个过程中重点强调不管是神秘的巴国还是后来重庆的名称由来，都是中华文化的一部分，与中华文化是不可分割的有机组成，让学生在了解中国历史文化发展变化的整体脉络时，通过对地方亲近的历史文化的了解，大大增强文化认同感。

（三）实地教学，激发家国情怀

地方史总是与当地周边环境和人文氛围紧密相连的。带领学生亲身去感受熟知的地方史，使其感同身受，容易引起感情共鸣，并形成深刻的认知。比如参观渣滓洞现场，更能体会不屈不饶，坚守自己心中的信仰，无谓生死，舍生取义的革命精神。站在江北城的街头，两面临江，赖两江之会，得舟楫之利，让学生切身体会江北城的巨大发展和深刻变化，感受改革开放和政府为提高人民生活水平，促进经济发展所作的巨大努力。通过学生亲身的体会，激发他们的国家认同，增强民族自豪感，提高价值观上的认同。

（四）探究学习，提升家国情怀

探究学习是课堂教学的延展，以身临其境的方式，引导学生去体验、探索。课堂学习一般没有直接的体验，探究学习的活动能帮助学生开阔眼界，沉淀家国情怀。教师可指导学生开展以地方史为主题的历史探究学习活动，提升学科素养。

历史学科是对家国情怀教育的主阵地，也可以借鉴其它学科的知识，尝试将地理、政治、语文等进行学科交叉整合进行探究学习。比如三峡的峻险雄奇，作为历史上扼守进入巴蜀的重要地理位置，李白的《早发白帝城》的文学描述，《红岩》文学作品与渣滓洞实地史实的联系和对比，重庆地理特性对历史文化的影响和繁荣经济发展民生的优劣。探究学习活动能让学生在调查研究中领略本地风土人情，增强对家乡的认同感、自豪感，进而培养爱家、爱乡、爱国的情感。

（五）引导展示，活化家国情怀

家国情怀作为一种情感，要与学生的心理活动进行关联。通过引导学生展示，触发学生积极的心理变化，引起某种感情上的共鸣，从而推动家国情怀素养在学生内心的活化。学生在活动过程中展示自我，心理上带来的自信和成就感，可以加深对地方史的了解，活化对家国情怀的理解。当然在学生的展示活动中教师要对学生做正确的引导。比如在反抗外族入侵，保家卫国的历史展示中，关于合川钓鱼城反抗蒙古入侵的历史，要展示钓鱼城的地理优势，反映当时历史时期军民的民族气节，同时也要引导学生正确理解中华民族的内涵，要用辩证和发展的眼光去理解民族融合和民族认同感，活化家国情怀国家认同、民族认同、文化认同和价值观认同的理解。

三、地方史应用的进一步思考

将地方史运用到家国情怀教育中，既符合教育改革的精神，又能提高学生学习历史的积极性。中学历史教学也越来越注重地方史与教材内容的结合，但在实际操作中还存在一些问题，在具体的应用过程中要正确处理。

（一）对地方史资源开发利用不够，课堂利用率不高

近年来家国情怀教育逐渐成为教育的热门话题，但大多还是宏观层面的研究，针对性的课堂教学案例分析并不多见，针对地方史与家国情怀教育两者的融合研究和实践应用更少。教师作为课程资源开发的主体，就现状来看，对地方史资源开发关注度及其不够。一是对本地历史文化资源的了解匮乏，二是对于开发利用地方史意识淡薄。本身家国情怀教育就对历史教师提出了更高的要求，再要结合地方史开发利用来促进家国情怀教育，就要求教师主动参与，积极搜集整理地方史资料，把地方史真正融入到历史教学的家国情怀教育中去。

长期以来历史课堂中课程资源运用效率不高，课堂活动单调，教师对地方史资源的运用片面并且教学方法太过单一。这种沉闷的课堂气氛不利于提高学生的积极性，极大的降低了课堂利用率。这就要求教师采用灵活多样的教学手段，寻找历史与现实的切合点，合理切入融合地方史内容，发挥出学生的主观能动性，充分激发学生的家国情怀。

（二）正确处理地方史与教材的关系

当下利用特有的地方史资源辅助历史教学成为一个热点，但教材的知识更能反映整个世界和中国历史发展的全貌，体现历史发展的规律，符合

学生的认知水平。虽然地方史选修优点很多，但必须明确其辅助定位，运用地方史教学要注重其与历史教材的关系。对地方史不应漫无目的地挖掘。在挑选素材、文献时，教师要加以鉴别和合理利用，要注重其与教材的匹配程度，不能落入夸大地方史、弱化中国通史的陷阱。因此，教师要以教学大纲、考纲为依据，熟悉和掌握地方史的具体内容，选择具有典型性、形象性和教育意义的资源，寻找与教科书的结合点，避免盲目性。

上所述，利用地方史培养学生的家国情怀素养是切实可行的，它不仅可以达到"立德树人"的教育目的，也可活跃学生思维，培养学生自主学习，锻炼独立思考与鉴别史料的能力，进一步增强学生学习历史的兴趣，还能让家国情怀浸润学生心灵。当然，在历史教学中合理运用地方史进行家国情怀教育的策略、方法很多，仍需要历史教师加强专业素养，谨言慎行，合理审慎地运用。

参考文献：

[1] 葛茂升 . 家国情怀素养的内涵与价值 [J]. 科教文汇 ,2018,2。

[2] 王文霞 . 历史教育与家国情怀 [J]. 中文信息 ,2019(4)。

[3] 温先发 . 乡土史资源在家国情怀教育中的运用 [J]. 江西教育 ,2020(8)。

[4] 刘清华 ."乡土历史"增色历史家国情怀教育功能 [J]. 新课程导学 ,2018,2。

[5] 陈大斌 . 历史教学中基于乡土文化的家国情怀教育 [J]. 教学月刊 . 中学版 ,2017,12。

史学前沿与高中历史教学

——评《中外历史纲要学习精要与史学导读》

重庆市第十八中学　王晓

《中外历史纲要:学习精要与史学导读》(简称《导读》,下同)一书以《普通高中历史课程标准（2017 年版)》为指导,以重庆市普通高中历史课程创新基地为核心,由重庆市历史学科带头人、正高级教师周刘波主编并集结全国各地一线教师以及教研员等共同编写的,由西南师范大学出版的 79.3 万字的煌煌巨著。《导读》分为上下两篇共计 52 单元,其中上篇共十单元 29 课,下篇共九单元 23 课,章节分布与统编版高中历史教材《中外历史纲要》完全一致。《导读》具体到每一课的的谋篇布局主要从"学习精要""学术动态""史学导读"三个维度切入,对历史课程内容的关键问题进行精讲,呈现了 52 个历史主题的教学思考和学习建议。具体内容如下:

一、内容简介

学习精要:以精粹切要的语言,"凸显中外历史发展进程中的重难点问题,注重历史问题讲解的拓展性、加深性和实用性,引导师生理解教科书的主旨"。编者主要依据徐蓝、朱汉国先生的《普通高中历史课程标准（2017 年版）解读》梳理出了单元学习要点:1. 认识中华文明起源的多元性特点。2. 了解中国早期国家特征。3. 理解战国时期变法运动的必然性。4. 了解老子、孔子学说和"百家争鸣"的局面及其意义,并将其置于春秋战国时期经济发展和政治变动的大背景下去认识。5. 认识大一统国家的建立及巩固在中国历史上的意义。6. 认识秦朝崩溃和两汉衰亡的原因。除了单元精要之外，每课也都有学习精要。如第一单元第一课《中华文明的起源与早期国家》，编者首先梳理了新石器时代文化遗存的时间阶段和主要特征，并从时空定位及其主要成就两个方面介绍了新石器时代的重要文化遗存：仰韶文化、大汶口文化、河姆渡文化、红山文化、龙山文化和良渚文化。其次，编者指出中华文明起源如同满天星斗，分布广泛，形成不同的文化区，体现了文明起源的多元性。各个文化区域相互影响、融合，呈现多元一体的特点。再次，关于私有制、阶级与国家的产生的问题。编者指出随着生产力发展，产品有了剩余，为阶级分化产生了可能性，掌握财富的剥削阶级为了维护权利，建立了强有力的国家机器以压迫剥削阶级。最后，关于分封制和宗法制。编者指出分封制或"封建制"，分别从纵向和横向两个维度加强了周天子对诸侯的统属关系和诸侯国之间的横向联系。宗法制则是用父系血缘亲疏远近来维系政治统治。该制度的核心是嫡长子继承制，是家和国的统一。

学术动态：针对每课，围绕不同主题，引入两至三篇学术文章或著作，至于本课，则以精炼的语言共介绍了八篇学术文章和著作的主要观点。如关于新石器时代的文化遗存问题，引用了陈星灿的观点："仰韶文化是中国古代文明主根，是生命力最强、影响力最大的中国史前文化之一"；另介绍了张超华的观点即："在大汶口文化时期的'礼'具有重丧葬、重饮食、重音乐的特征，这些方面正是商周礼制的主要表现形式，故从制度和器物层面已能见到礼制因素，中华礼制可能在该时期已经萌生"。再如就中华文明起源的多元性问题，编者引入了费孝通先生"多元一体格局是中华民族的显著特征"的学术观点以及陈连开的"中华文明起源及其早期发展的基本特点是：多元起源，多区域不平衡发展，发展连续未中断等特点"，针对私有制、阶级与国家的产生则采纳了张景贤的《从我国的考古材料看私有制的产生和原始社会的解体》："认为中国原始社会经历了原始人群、母系氏族社会、父系氏族社会三个阶段。"就国家的产生问题引入了张荣明的"五帝时期是中国上古国家的形成阶段"观点。关于分封制和宗法制则引入了梁颖的《试论西周春秋时代宗法制和分封制的结合》和黄仁宇的《放宽历史的视界》的观点之一："中国的'封建社会'不同于欧洲的 feudal system"。

史学导读：编者以问题的形式抛出每课的重难点，然后选取有针对性的史料。如针对新石器时代文化遗存问题，为帮助读者更好的把握文化遗存与早期国家的关系。编者提出了"原始文化中的神权与早期国家形成有什么关系"这一问题。针对这个问题，摘编了王震中的《重建中国上古史的探索》的一段材料，并对史料进行解读，每则史料都从概括材料中心思想、阅读注意事项和内容升华点题三部分设置"导读提示"。再如为了更好的帮助读者理解什么是"多元一体"，编者引用了张清俐的《探索多远一体的文明起源进程》，通过阅读该材料以及编者对材料的解读，使读者能够清楚的了解什么是"多元一体"。编者精选了非常多的历史材料，突出"史料实证"素养，提升教师和学生获取和解读历史信息的能力、分析历史问题的能力和探究历史的能力，有助于"史料实证"核心素养的落地。

二、特色与建树

《导读》一书可视为第一部从"学习精要""学术动态""史学导读"的角度切入研究《中外历史纲要》的学术著作，非常具有开拓性和重要的示范意义。拜读此书，可知该书特色鲜明且建树颇多，概言之，主要有以下几点：

史料翔实和丰富。《普通高中历史课程标准（2017 年版)》，提出了历史教学要"以培养和提高学生的历史学科核心素养为目标"而"史料实证是诸素养得以达成的必要途径"，因为"历史过程是不可逆的，认识历史只能通过现存的史料。要形成对历史的正确、客观的认识，必须重视史料的搜集、整理和辨析"。故史学大家梁启超先生认为史料是"史之组织细胞，史料不具或不确，则无复史之可言"。纵览《导读》全文，编者在每一课每一个历史主题的研究中，详细参考了古今中外的诸多学术论著，选用一至三则史料，纵观本书编者引入了 1000 余则与重难点密切相关的史料，且每则史料都从中心思想、阅读注意事项和内容升华三部分解读，有助于读者历史证据意识的培养，有利于史料实证的核心素养在教学实践中落地生根，使历史学向着"是一门实证的科学"的方向发展。值得一提的是，编者还引入了许多国外学者的研究资料，有利于拓宽读者的国际视野，"进而培养出具有国际视野的学生，树立正确的世界观、人生观、价值观和历史观，为未来的学习、工作与生活打下基础"。

体现史学动态和前沿。统编高中历史教材的一个新特点就是学术性的增强。但是遗憾的是，由于种种原因导致中学历史教师与史学研究新动态隔离，史学观念略显滞后，而《导读》的问世则很好的弥补了此方面的缺憾。《导读》大量的吸收了学界研究的新成果和新动态，诚如本书《前言》所说"学术动态：梳理相关历史主题的研究动态，了解学术争鸣，凸显中学生所需要的"问题论证"思维逻辑"。纵观本书，编者引入了1000余篇精心挑选的学术论文和专著的重要观点，最大限度的呈现了与教材相关主题相关的高品质的史学前沿，为一线教师把握学术前沿和和动态，了解学术争鸣，及时更新教学内容和话语体系提供了依据。同时注重引导教师对历史问题的探究，顺应了新课改发展的趋势，为高中历史教学注入了新鲜的血液和理论依据，有利于"提升课程思想性、科学性、时代性、系统性、指导性，推动人才培养模式的改革创新，培养德智体美劳全面发展的社会主义建设者和接班人"。

三、不足之处

诚然，《导读》凝聚了以周刘波老师为首的60余位教师的心血和汗水，在较短的时间内能够完成这样一部与统编高中历史教材配套的，学术容量巨大的，内容丰厚的著作，无疑体现了团队较强的专业性素养和厚重的史学积淀。尽管编者殚尽竭虑地专研，使《导读》拥有颇多贡献和建树，但"智者千虑，必有一失"，该书也有一些值得商榷的地方。

1. 史料虽然丰富，但形式过于单一。《导读》一书引入了大量的史料，但史料形式过于单一，主要来源于学术论文和古今著作等文献史料，至于图片史料、文物史料、口述史料（日记、回忆录等）等几乎没有涉及。假如编者能够引用多种形式的史料，不仅可以丰富史料的内容，更重要的是可以印证和补充文献资料的不足。

2. 在引用部分文章和观点时，未能进行考证，出现不妥的情况。如在论述"九品中正制的施行是当时的时代必然选择"时，编者采纳的是石欣民的《浅析九品中正制》中的观点："即九品中正制的实行原因之一是出于抑制地方大族，加强中央集权的考虑，之二是基于战乱时代的权宜之计。因此，九品中正制的施行是时代的必然选择"。这个观点我并不否认，但是此观点学界早有结论，而非是石欣民先生的原创学术成果。早在1971年，沈任远先生在《魏晋南北朝政治制度研究》已有相关论断："汉末察举弊端丛生，且大乱之后，人口迁移，难以考核，因而创立九品中正制"。无独有偶，吴慧莲《曹魏的考课法与魏晋革命》一书提出"陈群制定九品官人法，也有裁抑各级地方长官的人事权，加强中央的目的"。

尽管《导读》有一些不足，但瑕不掩瑜。《导读》对指导统编新教材的使用和提高一线教师的学术水平以及学科核心素养的落地生根意义重大，是一部集开拓性、专业性、学术性、针对性、实用性于一体的高水准著作。

参考文献：

[1]《导读》在每一章节和每一课的体系编排是一致的，故为方便广大读者具体了解该书，内容简介部分以第一单元和第一课为例。

[2] 周刘波主编：《中外历史纲要：学习精要与史学导读》，重庆：西南师范大学出版社，2020 年。

[3]《普通高中历史课程标准·前言(2017 年版)》，北京：人民教育出版社，2018 年。

[4]《普通高中历史课程标准（2017 年版)》，北京：人民教育出版社，2018 年。

[5] 梁启超：《中国历史研究法》，上海：上海古籍出版社，2006 年，第 39 页。

[6]《普通高中历史课程标准（2017 年版)》，北京：人民教育出版社，2018 年。

[7] 周刘波主编：《中外历史纲要：学习精要与史学导读》，重庆：西南师范大学出版社，2020 年。

[8]《普通高中历史课程标准（2017 年版)》，北京：人民教育出版社，2018 年。

[9] 石欣民：《浅析九品中正制》，《黑龙江史志》，2010 年第 15 期。

[10] 沈任远：《魏晋南北朝政治制度研究》，台北：台湾商务印书馆，1971 年。

[11] 吴慧莲：《曹魏的考课法与魏晋革命》，《台大历史学报》，1993 年第 21 期。

初中历史教学中时空观念的培养策略探析

——以近年重庆中考历史试卷填图题为例

重庆十八中　何臣坤

【摘　要】时空观念作为五大核心素养之一在初中历史教学中如何培养既是课标要求，也是现实所需。本文以近年重庆中考历史试卷填图题为例，从时空观念在初中的重要性、培养策略等方面进行分析，以期对初中历史教学中时空观念的落地有所帮助。

【关键词】时空观念 初中历史 重庆中考

时空观念与唯物史观、史料实证、历史解释、家国情怀共同构成2017版高中历史课程标准中的历史学科五大核心素养，其中时空观念是五大核心素养中最前置部分，是涵养其余四大核心素养的基础素养。

2011版义务教育历史课程标准（以下简称课标）并无时空观念这一概念，但其思想渗透在课标的方方面面。在课标的第一部分课程设计思路、第二部分课程目标中都有对时序、年代、地图及图表等进行掌握的要求。纵观初中课标，初中历史时空观念具体来说主要包含以下几个方面：一是通过"点—线"结合的方式理清历史时序，了解历史发展基本脉络；二是掌握计算历史年代，识别并运用历史地图的方法；三是学生能够立足当时历史条件认识和理解历史；四是学生能从历史角度认识中国国情，正确评价历史，树立正确的价值观。这四个层次是层层递进的关系，先是要通过时序掌握历史史实，再是学会基本时空识别和计算方法，最后是运用所掌握史实和方法回到当时历史条件下正确理解和评价历史。

一、初中历史教学中时空观念培养的重要性

1. 课标、教材的要求

在初中课标中有大量篇幅对历史的时空进行了要求，其重要性不言而喻。我们的初中历史教材包括教科书和历史教学图册。教科书分为中国古代史、中国近代史、中国现代史、世界古代史、世界近代史、世界现代史六个学习板块，各板块也正是按照"点—线"结合的历史时序来编排的。在课标第三部分实施建议里写道，历史教学图册属于辅助性的学习材料，主要作用是向学生提供准确、清晰的历史地图，使学生了解所学史事的地理位置、范围，掌握历史地理概念，提高识图、用图的技能。这更是帮助学生掌握时空观念的重要工具书。

2. 初高中历史教学衔接的需要

无论是初中还是高中，国家都关注到了初高中历史的衔接问题。在课标第一部分课程设计思路中提到，在突出义务教育阶段历史教学特点的基础上，注意与高中历史教学的衔接，为学生在高中阶段的历史学习打好基础。在 2017 版高中历史课程标准中第三部分课程结构中，明确提及普通高中历史课程结构的设计和内容的编排都与义务教育阶段历史课程相关联。从 2017 年统编版初中历史教材在重庆开始使用，到 2020 年统编版高中历史新教材在重庆的推行，高中教师在进行教学时甚至要求学生把初中教材也带到课堂上作为教学参考书，初高中的联系日显紧密。在高中阶段进一步将时空观念细分为四个水平，其中初中阶段学生的能力要求主要是水平1，极少数时候达到水平2。这种水平划分必须是在初中对时空观念落地的基础之上进行。

3. 中考的必然要求

重庆的中考题型一向很重视时空观念的考察。从每年重庆教科院下发的命题指要中就可见端倪。如 2020 年的命题指要中第四部分考试内容与要求里面明确说到包括"与本次考试内容相关的历史地图（参见中国地图出

版社出版的《中国历史地图册》和《世界历史地图册》"。在基本要求中又提到掌握基本的、重要的历史技能，包括正确计算历史年代，识别和运用历史地图和图表，同时还需具有古今贯通和中外关联的意识，初步学会综合运用所学知识和方法对历史和社会进行全面的认识。在重庆中考五大主要题型中便有 5 分的填图题，除此外在选择题、判断题等题型上都有涉及，如 2020 年重庆中考历史 A 卷判断题着重考察的也是学生的时空素养。学生如果要考出高分，不掌握时空素养是不行的。

在初中阶段具体如何对学生时空观念进行培养是一项复杂的工程，本文仅以近年重庆中考历史试卷填图题为例进行分析。

二、初中学生时空观念培养策略——以近年重庆中考历史试卷填图题为例

2017 年以来重庆中考填图题主要可分为以下几类：

1. 考察空间位置

这是中考填图题最为常见的考法，几乎每一年的填图题都会涉及。考察的方式之一是直接在地图上填写相关位置。如 2017 年 A 卷深圳经济特区、上海浦东新区和世界贸易组织总部所在城市的名称的填写，2017 年 B 卷阿古柏占据的地区和 1871 年俄军占领的地区的地图位置的考察。这种考察方式比较简单，在应考时利用好教材地图和配套地图册，试卷中出现的地图都是来源于这两个地方。

第二种考察方式是根据地图观察空间分布特点。相较于前一种考察方式来说此种方式难度明显加大，需要对整幅地图的方位有定位。如 2017 年 A 卷 21 题要求仔细观察该图并结合设置时间，指出上述三区设置的特点；又如 2018 年 A 卷 22 题要求据图指出世界反法西斯同盟的特点。

2. 考察图例

图例是初中学生学习历史地图中最容易忽视的部分，但图例又是一幅历史地图中最为重要部分。如果看不懂图例，学生便无法理解整幅地图的内容。在图例的考察中按照教材或者历史图册直接填写图例是最基本的考察方式。如 2017 年 B 卷第 22 题要求在答题卡图中图例栏内的横线上写出图例的含义，再如 2019 年 B 卷第 22 题要求在相应的答题横线上，写出图

例的含义和2020年B卷第22题要求在图例栏中对应的横线上写出"柏林墙"。

图例考察中更进一步是利用图例来深入理解地图背后更多潜藏的历史信息，此类考法对学生的综合能力要求较高。如2020年A卷21题要求仔细观察地图，指出上述图例所示路线所反映的中国革命的发展方向；如2017年B卷22题要求仔细观察加注横线的图例，据此概括它所反映出的左宗棠能够收复新疆的原因；又如2018年B卷22题要求观察"人民抗日战争"的图例，据图指出人民抗日战争的特点。

3. 考察地理路线

地理路线是一个动态的过程，在近年中考考察中一是要求用笔画出路线，如2018年A卷21题要求用黑色签字笔画出戚家军反击倭寇的路线。二是根据路线来看特点，如2018年B卷21题要求观察图中鉴真第五次和第六次东渡日本的路线，据此指出鉴真东渡的特点；又如2020年A卷21题要求仔细观察地图，指出上述图例所示路线所反映的中国革命的发展方向。

根据以上三种考察类型，在教学中对学生进行时空观念的培养可以从以下几个方面入手：

1. 善用地图进行教学

图像更能帮助学生直观学习和理解历史知识。教师教学应尽量立足历史地图，首先帮助学生明确时间和空间。比如在进行春秋战国内容教学时教师可以利用春秋和战国形势图进行教学，能更好帮助学生理清春秋争霸和战国七雄以及春秋到战国的变化。

2. 增强历史学科与地理学科的学科融合

历史地图首先应明确它是地图的一种，要想理解地图就需要基本的地理学科知识。帮助学生掌握识别地图的基本方法，首先帮助学生掌握地图东南西北等各个地理方位的划分以及河流、山川、海洋、大洲的基本分布，其次引导学生观察图例，通过图例去认识和理解地图。在教学中还要注意历史地图的变化性，它在历史上是在不断变迁的，比如古今地名的变化、地理环境的变化、疆域的变化及其行政区域的变化等，要用历史的眼光回到当时的历史条件下去看地图。

3. 重视图例的解读

图例是理解地图的钥匙。拿到地图要看清图例的所代表的含义，根据图例去理解整幅地图，尽可能挖掘更多隐藏信息。比如根据《罗马帝国扩张示意图》的图例我们可以挖掘出其扩张的时间较长等信息。在一幅地图上主要给师生呈现的是空间位置，而图例刚好能呈现出历史事件的时间变化，这能帮助我们深入理解历史地图，挖掘更多历史信息。

4. 提高动手能力

时空观念的培养不仅需要学生养成回到当时历史条件下理解历史的意识，还需要提高其动手能力。比如可以让学生自行绘制从夏朝到清朝各个朝代的历史地图，自行绘制郑和下西洋路线图、红军长征路线图、新航开辟路线图和三角贸易示意图等。

5. 善用情境教学法

教师在了解透彻教材的基础上，依据学情有针对性地选择合适的教学素材创设符合当时社会条件和学生心理的情境进行历史教学，这让学生能够站在当时的历史条件下去思考和理解历史，这种在建构主义理论下的情境构建应符合学生学情，是培养学生时空观念的重要方法。比如在进行百家争鸣内容教学时创建孔子讲学的情境来帮助学生理解孔子思想，又如在进行郑和下西洋内容教学时，让学生化身为郑和船队的船员去体会当时条件下去航海的艰难，进而认识以郑和为代表的这批早期航海家的精神品质。

初中历史教学中虽无明确关于时空观念的概念但是内涵其早已渗透进初中历史课标中。无论是从课标、教材还是初高中教学的衔接和中考的现实需要上看，时空观念的培养日益重要。本文以近年重庆中考历史试卷填图题为例分析了时空观念在填图题中的考察形式，为此在初中教学中我们应该善用地图，注重与地理学科的融合和对图例的解读，强化学生的动手能力，教学中合理利用情境教学法进行教学。在初中阶段时空观念的培养还有待进一步的研究，希望本文能对时空观念在初中历史教学中的落地有所裨益。

参考文献：

[1] 中华人民共和国教育部制定 . 义务教育历史课程标准 (2011 年版)[M]. 北京 : 北京师范大学出版社 ,2012.。

[2] 中华人民共和国教育部制定 . 普通高中历史课程标准 (2017 年版)

[M].北京：人民教育出版社，2018。

[3]教育部组织编写.义务教育教科书 中国历史[M]. 北京：人民教育出版社 ，2018。

[4]教育部组织编写.义务教育教科书 世界历史[M]. 北京：人民教育出版社 ，2018。

[5]王红欣.初中历史教学中基于时空观念素养的情境教学法应用探究——以统编版七年级上册为例[D].河北师范大学 ，2020。

[6]余晓红.初中历史教学培养学生的时空观念研究[D].四川师范大学 ，2020。

核心素养视角下中学历史社团创建探究

——以重庆市第十八中学新声历史社为例

重庆市第十八中学　李剑

【摘　要】在历史学科聚焦核心素养的背景下，中学历史社团不仅是学生激发历史兴趣、学习历史知识的一种途径，更是培育学生历史核心素养的重要方式。本文将以重庆市第十八中学新声历史社为例从社团创立、课程与活动开展、反馈与评价三个方面对核心素养视角下中学历史社团的创建做简要探究。

【关键词】核心素养、历史社团、新声历史社

随着基础教育改革的深入发展，历史核心素养成为中学历史教育中的新方向。2017 年教育部新修订的《普通高中历史课程标准》中将唯物史观、时空观念、史料实证、历史解释、家国情怀并列为历史学科五大核心素养，明确要求"历史课程要将培养和提高学生的历史学科核心素养作为目标"，要"改进教学方式、学习方式和评价机制……促进学生的自主学习、合作学习和探究学习，提高实践能力，培养创新精神。"历史社团活动是学校历史课堂教学的延伸性活动，是改进教学方式，培育学生历史核心素养的重要途径之一。

结合具体情况，本文就以重庆市第十八中学新声历史社（以下简称新

声历史社）为例从以下三个方面对其做一简要探究。

一、历史社团创立要以培养核心素养为目标

学生社团是指不分年级、系科甚至是学校的界限，由学生在自愿的基础上形成的各种群众性团体。历史社团是学生社团概念的子集，是指以历史学科为学术指引的学生社团。新声历史社是指受重庆市第十八中学团委管理，由学生遵循一定的章程自主组成，并在历史教师的指导下开展活动的学生群体组织。它是学校所有爱好历史的同学增强自身历史核心素养的重要平台，所以在新声历史社招新宣传中确指出两点：第一，所有学生都可以参加，不分年级、科类（文、理科或历史类、物理类）。第二，不以考试为目的，以历史核心素养的提高为目标，并写入社团章程。

把核心素养的培育落实到社团人员的招纳和社团章程当中，旗帜鲜明地强调社团的要求和目标，既可以防止部分学生产生错误理解，又可以吸引真正有志于历史探索的学生加入社团，为后期社团课程、活动紧紧围绕核心素养去开展奠定坚实基础。

二、历史社团课程与活动的开展要紧紧围绕核心素养

1. 社团课程的教材和指导教师要以核心素养为引领。首先，一本以历史核心素养为指导的校本教材是历史社团课程有效开展的基础。《普通高中历史课程标准（2017 年版）》明确指出："普通高中历史课程由必修、选择性必修、选修三类课程构成"，其中"历史选修课程是学生自主选择修习的课程"，学校可以"自主开发其他校本课程"。由此可知，校本教材的开发不仅是历史社团培育核心素养的必然要求，也是新课程改革的重要趋势之一。

在开发校本教材的过程当中，课程编排、史料选取等都必须以历史核心素养为引领，五大核心素养分五个板块重点阐述。新声历史社也在积极探索校本教材的开发，比如时空观念，新声历史社将以"重庆城门的前世今生"为题，以重庆城门的历史沿革为基础，以知识讲解和实地考察相结合，培养学生的历史核心素养，尤其是时空观念这一核心素养。再比如家国情怀，可以从本土历史上的名人佳事着手，让学生从爱家乡到爱祖国，唤起他们为家乡、社会贡献自身力量的使命感和责任感。由此，家国情怀的核心素

养也就自然而然了，所以经常有中学一线教师呼吁"将本土化历史资源融入历史教学刻不容缓。"

其次，具备核心素养的历史教师指导团队是历史社团课程有效开展的重要保障。"学校对社团的组织建立及未来的走向缺少一定的建设性指导，社团的活动管理缺乏指导，新颖的东西不多"，这些都是现阶段学生社团的重要困境，也是新声历史社创建过程中面临的两大问题之一。毕竟中学历史社团指导教师都是一线历史教师兼任，他们都有正常的教学任务，甚至有的还有班主任任务，时间和精力都极为有限，因此社团课程开设与核心素养落地经常受其他事务干扰，量与质都有待提高。

针对这种困境，就必须整合学校的历史教师队伍，组建社团课程指导教师团队。以新声历史社为例，指导教师由以前的 2 人发展到本学期的 12 人，计划是每 2 人为一小组，按核心素养五要素分版块负责，专人专题专责，以期达到既能缓解教师压力又能提高社团课程质量的效果。

2. 社团活动的开展要紧扣历史核心素养，首先历史社团活动要在历史核心素养的引领下与社团课程紧密联系。历史社团是以历史学科为学术指引的学生社团，其活动的形式可以丰富多样，可以是知识分享、知识竞赛、专题讲座，也可以是实地考察等，但切忌多而杂，以免脱离"历史核心素养培育"这一根本目标，必须要根据社团课程进行整体规划。还以前文中"重庆城门的前世今生"为例，社团课程中可以概述重庆城门的整体布局，并对一两个城门做重点讲解，在激发学生对重庆城门历史兴趣，提供研究方法的基础上，再布置活动任务，让学生区自主探究、合作分享。如此，不仅有效实现了活动于课程的结合，同时又培养了学生史料实证等历史核心素养。

其次，社团活动可以与研学旅行结合起来。我国有着五千年的璀璨文化，历史文化古迹的不胜枚举，为社团实践活动开展提供了得天独厚的条件。如果能通过实地考察，切身感受等方式去感悟历史，对于培养学生唯物史观、家国情怀等历史核心素养有着直接影响，但是由于经费、安全等问题，很多时候又只能望洋兴叹。

研学旅行是教育改革实践不断深入的新型教学模式。国家发展改革委、教育部等 11 个部委在 2016 年颁发的《关于推进中小学生研学旅行的意见》

指出，"开展研学旅行，有利于推动全面实施素质教育"，要求"各中小学要结合当地实际，把研学旅行纳入学校教育教学计划，与综合实践活动课程统筹考虑。"

由上可知，将社团实践活动与研学结合起来不仅是解决经费、安全等问题的有效途径，也可以充分发挥文化古迹的教育意义，培育历史核心素养。同时也是国家全面推行教育改革，发展素质教育的重要要求。

三、历史社团的反馈与评价要以核心素养为依据

《基础教育课程改革纲要（试行）》明确指出："建立促进学生全面发展的评价体系……要发现和发展学生多方面的潜能，了解学生发展中的需求，帮助学生认识自我，建立自信。"所以社团内部评价是一个社团健康发展的内在驱动力，反馈是社团课程与活动有效落地的保障，也是进行社团评价的依据。

要做好历史社团的反馈与评价工作，必须注意以下几点：第一，社团课程和活动开展过程中，要根据学生学生意愿和特性进行分组，这是后期反馈和评价的基础。第二，要根据社团章程和历史核心素养的培育目标制定明确的评价标准，尤其是过程性标准和成果性标准之间的比例的关系，以作为后期评价的依据。第三，成果反馈可以多元化，比如小论文写作、手抄报展示、知识分享、视频录制、专题报告等。这样既可以充分发挥学生特长、激发兴趣，促进历史核心素养的提高，又可以丰富社团文化，扩大社团影响力。第四，激励机制，在严格按照评价标准的基础上，按比例评选出"优秀社员"，并颁发荣誉证书。另外，对于学生优秀作品，可以推荐相关刊物发表或者参与市、区、校级相关比赛。比如2020年4月份新声历史社联合学校团委就开展了"历史记'疫'小论文撰写比赛"，并将众多优秀作品推送到市、区组织的"抗疫有我""巴渝好少年 防疫小先锋"等征文比赛并获奖。

总而言之，社团作为中学阶段的"第二课堂"，是联系国家课程和学校校本课程的纽带，在深化基础教育改革，全面推进素质教育中起着至关重要作用。历史社团作为历史学科指引的学生社团，是激发学生历史兴趣、培育历史核心素养的一个重要平台，因此在核心素养视角下去探究历史社

团的创建必将成为中学历史教学一个重要的新课题、新方向。

参考文献：

[1] 中华人民共和国教育部制定：《普通高中历史课程标准（2017 年版）》[M]. 北京：人民教育出版社，2018 年版。

[2] 中国大百科全书总编辑委员会：《中国大百科全书》[M]. 北京：教育中国大百科全书出版社，1993 年版。

[3] 段晓东：《SL 中学历史社团建设的实践研究》[D]. 华中师范大学硕士论文，2019 年。

[4] 中华人民共和国教育部制定：《普通高中历史课程标准（2017 年版）》[M]. 北京：人民教育出版社，2018 年版。

[5] 童枫：《基于核心素养的本土化历史校本课程开发与运用》[J].《基础教育论坛》，2020 年第 6 期。

[6] 王芳：《高中历史学生社团活动中存在的问题及对策———以民勤县第一中学历史社团"史鉴学社"为例》[J].《新课程》，2008 年 02 期。

[7] 读万卷书也要行万里路——教育部等 11 部门印发《关于推进中小学生研学旅行的意见》[S]. 中华人民共和国教育部，2016-12-18。

[8] 教育部关于印发《基础教育课程改革纲要（试行）》的通知（教基〔2001〕17 号）[S]. 中华人民共和国教育部，2001-06-08。

"三层构建"策略与《中外历史纲要》教学内容例析

重庆师范大学　古佳根

【摘　要】"三层构建"策略是针对当前中学历史教学所面临的一系列问题提出的，任何教学策略的确立都离不开教学理论的支撑。本文对"三层构建"策略的概念进行界定，详细介绍不同层面之间各自的定义，并例举部分教学案例，提供教学示范作用。

【关键词】三层构建，历史教学，教学策略

一、何为"三层构建"策略

"三层构建"策略是对新高中历史教材的教学内容在设计和教学时进行"宏观定位、中观建构，微观透析"，从三个层面来考量、设计和教学的策略。第一层为"宏观定位"，即紧扣"中外历史纲要"的视角特质，总揽全课内容，从全人类历史发展的时间、空间和程度维度对本课内容的历史方位（如发展阶段、地域方位、历史地位、价值方向等）进行审视和准确把握，并在此基础上形成本课的教学立意，明确教学的主旨；第二层为"中观建构"，即针对课堂教学内容容量太大的问题，形成本课内容的总体结构，理顺各个教学内容之间的内在联系，形成符合历史发展本身的逻辑关系；第三层是"微观建构"，即在"宏观定位""中观建构"的前提下，围绕教学主旨、教学重点和难点问题，选择其中二至三个切入点，以史料实证的方式进行深入探究和透彻分析，达到以点带面、以点连线的目的。值得强调的是，三个层面都共同具有对学生进行唯物史观、时空观念、历史解释和家国情怀素养的培养，并将这些素养有机地融为了一体。

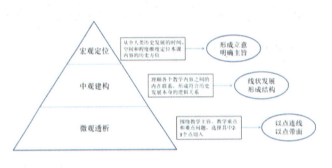

"三层构建"策略的提出是具有现实意义与前瞻作用的。从长远来看，我们当前正处于中华民族伟大复兴实现最为接近的中国特色社会主义建设新时代，我们当前所培养的学生在二十到三十年后将会成为国家建设、社会发展的主力军，他们所面临的问题及所需要的知识、能力、价值观应该是崭新的，应该是有别于过去站在西方或者苏联角度看待历史的角度。因此建立中国特色的历史话语体系，是实现中华民族伟大复兴的迫切需要与重要标志之一。而以学科核心素养为目标的高中历史教学，则是建立中国特色的历史话语体系厚植肥沃土壤的关键环节。

从当前的历史教学发展实际来看，随着《普通高中历史课程标准（2017年版）》的颁布出台，全新的课程内容结构以及五大素养的培养，给全国高中历史教学带来了极大的挑战：许多历史教师仍未脱离对《普通高中课程标准（实验）》中提出的三维目标的惯性思考，并将五大核心素养割裂开来，对各素养的学业质量水平要求的理解也停留在表层，教学创新流于形式，传统的教学方式大行其道。《中外历史纲要》分为上下两册，选择性必修分为《国家制度与社会治理》《经济与社会生活》《文化交流与传播》，选修分为《史学入门》和《史料研读》。新的教材从结构上看，原有政治史、经济史、文化史并行辅以改革、战争、人物等的专题式课程转变为以时间为发展脉络的综合性通史课程，要求教学思路发生重大变化，教师需花费大量时间对涉及的史实进行理解，备课难度加大；从内容上看，原来教学时间为两年的内容几乎全部压缩到一年完成，单课教学容量大大增加，同时还增加了许多实验版课标教材所未涉及的专有名词、史料、图片等，如何在有限的课堂教学时间完成大容量的教学，是目前广大高中历史教师面临的最大困惑和最大难题。

《2017 版高中历史课程标准》明确提出了核心素养的构成要素，最根本且总领一切的毋庸置疑是唯物史观。"唯物史观是揭示人类社会历史客观基础及发展规律的科学的历史观和方法论"唯物史观既是"三层构建"策略的理论基础，也是我们在进行第一层"宏观定位"时最直接的判断标准。过去我们提倡在进行教学设计时的"宏观"是将某一课放在其所处的单元中，分析其与前后的联系，形成该单元所反应的历史的内在联系，或者是更大的将其放在一整本教材中进行考量。但值得注意的是，这比较适用于现行专题式教材必修一政治史、必修二经济史、必修三文化史如此划分清晰的情况，当融会了这三方面甚至是更多内容的通史教材《中外历史纲要》投入使用时，我们如今要面对的一课从时间上来看可能是过去一单元所跨越的历史时段，其内容也是单一政治史或者经济史所远不能及的。因此，"宏观定位"的宏观是要跳出教材本身的，应基于教师个人的历史素养及唯物史观理论指导对人类历史的整个过程做出全面的认识，关注历史的阶段变动和发展规律，将一课所包含的历史置之其中，做出以下一些思考：此人、此事对于人类的历史进程产生了怎样作用？在这段历史时段中发生的种种变化是否反映了客观的历史规律，对于未来社会的发展方向有怎样的指导？我们可以从中汲取怎样的历史智慧？如此一来一堂课的立意就呼之欲出了。这里有一个很好的例子：习近平总书记在学习"五四运动的历史意义和时代价值时"认为"要坚持大历史观，把五四运动放到中华民族 5000 多年文明史、中国人民近代以来 170 多年斗争、中国共产党 90 多年奋斗史中来认识和把握。"五四运动是近代以来，各阶级不断奋斗，以民族工商业发展为代表的生产力进步带来的必然结果，开启了中国的新民主主义革命，而中国不论从人口、土地面积、历史底蕴都是世界具有影响力的国家，五四运动奠定了中国进步的开端，中国的进步对于世界的发展而言是有着举足轻重的作用的。

"三层构建"策略归根结底是指向于历史智慧的传递的，"历史教学给学生的，不应仅仅是历史知识，更重要的是做人的智慧。"这种智慧是通过教学的立意实现的，因而"三层构建"策略除了是上文所讲对教学设计结构的把握之外，也是历史教学立意的一种价值取向和方法指导。当前，高中历史教学在理论上已经完成了从三维目标到历史学科核心素养的转变，在具体实践上还在不断探索之中，而历史教学立意也应该秉承历史学科核心素养，完成新的转变，"三层构建"策略对于历史教学立意的发展也应该是三方面的，从人类历史发展、国家历史发展、个人历史发展进行思考。例如"丝绸之路"这一历史概念的教学立意，随着历史进程的推进，不断迸发出新的涵义。以往我们对"丝绸之路"的认识，集中体现在对于古代中国与古代世界的相互交流融汇上，然而随着"一带一路""人类命运共同体"这样全新理念的提出，"丝绸之路"的立意也可以从三个方面去诠释：从人类历史发展上，"丝绸之路"在近景影响上推动了古代世界的沟通与交流，远景影响上为"一带一路"的提出提供了深厚的历史土壤，推动了整个人类命运的前进。根据世界银行研究报告指出"一带一路倡议的全面实施可帮助 3200 万人摆脱中度贫困（日均生活费低于 3.2 美元），使全球和一带一路经济体的贸易额增幅分别达到 6.2% 和 9.7%，使全球收入增加达 2.9%。对于沿线低收入国家来说，外国直接投资增幅达到 7.6%。"，我们可以直观地看出"丝绸之路"的一个全新的、深远的影响；从国家历史发展上，古代中国通过"丝绸之路"打开了一个认识世界的窗口，也打开了外界了解中国的大门，"使欧洲人开始了解中国，也使中国人开阔了眼界。"，在中西方的交流中古代中国社会得以不断进步，在思想文化、经济产物、科学技术等方面吸纳了部分先进的外来物，丰富了中华文明的多样性内涵；从个人历史发展方面，感知张骞、班超以及汉武帝等人物开拓进取的大智慧、大勇气，从身边可接触的日常事物体会古今丝路为我们个人生活带来的变化，学生第一次接触到"丝绸之路"是在七年级上册第 14 课 沟通之外的"丝绸之路"，然而许多学生通过笔者的讲述才知道课外所学习的一些乐器、生活中的蔬果并非是中国原产。通过这样一种结合"三层构建"策略进行教学立意的方式，既不失历史学科核心素养的本意，也不拘泥于五大方面以致重现割裂的局面。

二、教师如何认识和使用

历史教学面临着理论上限很高，实践底限较低的问题，为什么会这样说呢？史实上教育作为人类社会诞生之初就出现的概念，直到近代以来才逐步形成系统的科学理论体系，而其种类繁多且部分相对抽象，基层历史教师往往认为自身教学触及不到使用或形成理论的高度，会陷入对讲科学、讲理论的惧怕感。而历史作为每个人核心素养形成最基本的学科，大部分人，包括教师和学生都会对历史有一个基础的认识，从建构主义学习的角度出发，学生可以根据自己已有的知识经验，在教师的帮助下得出对历史的正确认识，历史教师完成教学任务还是比较轻松的，然而对于学生人生发展的长效影响是比较难以达成的。广西师范大学陈志刚教授在《历史课程与教学论》一书中指出"作为中学教师，如果不知道什么是课程，什么是教学论，也不知道一些课程理论，仅凭经验进行教学，以此推进课程改革是很困难的。""三层构建"教学策略只有得到广大中学教师的认识和使用，才能发挥出在新一轮历史教育改革中的作用。

首先，教师应该正确认识到"三层构建"教学策略是以解决实际教学问题为指向的教学策略的一种，并非是教条主义的要求诸如按照三个层次书面的写出一堂课的教学目标、立意或者设计结构等。

青年教师可在学校学习、入职培训所掌握的教育学、课程论、历史教学论等的基础上，结合"三层构建"策略以提升自身理论素养；教学经验丰富的教师可根据自身教学的具体情况以及课程改革带来的问题，结合"三层构建"策略以寻求自身教学水平的突破。历史教师需整体全面的把握"宏观定位""中观建构""微观透析"这三者的内涵与构成整体相互间的关系，理解"三层构建"的理论基础来源，围绕历史学科核心素养的达成来进行教学设计。

其次，教师应该科学并有针对性地使用"三层构建"策略，核心素养的落地需要教师引导学生在已掌握初中历史知识的基础上，结合微观问题进行重点突破，在教师贯彻"三层构建"策略的同时也使学生潜移默化地掌握这一认知人类历史并思考自身发展的方法。具体而言，"三层构建"策略的使用应包含以下几个方面：

第一，根据学生具体的学习情况，制定前测学情量表。《普通高中历史课程标准（2017年版）》在教学与评价建议中指出"所制订的教学目标要结合教学内容和学生的实际水平，使教学目标具有可操作性，通过教学能够达成",强调教学达成的关键在于根据学生已掌握的知识水平程度来处理教学内容。史实上,不管高中或是初中历史教学,在学生首次接触历史课时,都应该通过一堂导言课的方式对学生当前的历史知识水平进行初步的了解,再在具体每一单元通过问卷调查的形式,具体分析学情以制定量表。特别是在高中教学中面临着教学任务重的难题,通过这一形式可以使学生重新回忆巩固部分在初中已经学习过的历史知识,还能为下一阶段有针对性的整合教材提供可靠依据。

第二,结合具体教学内容,运用"三层构建"策略,在课前进行完善的教学设计。《普通高中历史课程标准(2017年版)》在内容实施与方法设计中指出"教师要结合教科书对学习专题的内容进行梳理,明确该专题所涉及的范围及重要史事;在此基础上,概括和确定该专题中的关键问题,并将这些关键问题的解决与历史学科核心素养的发展建立起联系,围绕关键问题对教学内容进行整合。"在通过前测学情量表对学生初中所学的历史知识进行了解之后,根据历史学科核心素养的培养取向特别是唯物史观对本课的教学内容进行"宏观定位",以历史智慧的传递作为一切的出发点,确定通过本课教学所需要达成的"人类历史发展""国家历史发展""个人历史发展"三个层面,也就是传统意义上的"教学目标"。深入阅读本课内容要求及教材,发掘各子目间的内在逻辑联系和主次层级关系,理清知识脉络线索,以历史整体发展的思维确定本课的知识设计结构。在此基础上广泛查找备选史料,以一手文字、图片、视频、实物教具为主,为教师的史料教学以及学生史料实证能力的培养打下坚实的基础。最后,选取关键问题进行突破,将新出现的问题与学生已掌握的知识搭建起桥梁,注重培养学生解决实际问题的方法。

第三,在课堂教学的过程中注意引导学生理解"三层构建"策略对于自身学习的助益,掌握以此分析历史知识的方法。初中历史教学注重知识的传授,学生对于历史的理解主要停留在"是什么"的层次,而高中历史教学强调学生通过自主学习、合作学习、探究学习等方式主动解决在历史学习、日常生活中遇到的问题。可在高中第一堂导言课时,向学生介绍"三层构建"策略,通过这样一种方式将"教师的教法"转化为"学生的学法",激发学生对于历史学科科学性的认知,理解历史与现实社会、国家历史与人类历史、历史与个人发展的有机联系，从而全面地实现历史学科核心素养立德树人的培养导向。

第四，在课堂教学完成之后，通过课堂练习、练习册、撰写历史小论文或手抄报等形式，了解学生通过本堂课的学习之后解决了哪些问题，掌握了哪些方法，还存在有何可突破的难点，根据学业质量水平要求，制定后测量表或报告。《普通高中历史课程标准（2017 年版）》在教学与评价建议部分中指出"三是教学目标要有可检测性，能够衡量出学生通过学习所表现出来的进步程度。"2017 版课程标准添加了"学业质量水平"这一新概念，将学生历史学科核心素养达到的层次做了具体的量化，将每个核心素养划分为 4 个水平，从水平 1 到水平 4 层层递进,结合课程内容要求部分提出"知道""了解""认识""理解""学会""掌握"等，有针对性地选择知识点进行进一步的巩固。

三、教学示例

通过前文我们初步了解了教师该如何认识和使用"三层构建"策略，随着新课改的进行，许多学者、教师也已经对新教材的理解和使用做出了新的尝试。笔者在此以《中外历史纲要（上）》第 1 课 中华文明的起源与早期国家 为例，具体探讨我们在面临实际新教材带来的实际问题时该如何解决。

首先我们应做的是对本课涉及的历史形成整体全面的认识，这种认识一方面是要基于历史学科本身的研究观点，另一方面也要基于当前所使用的初中历史教材。文明是一个国家、地区社会发展相对进步，在政治、经济、文化等方面取得一定成就的状态，中国作为四大文明古国，也是人类起源的重要发源地，在整个人类历史早期有着举足轻重的作用，同时根据课标内容要求"通过了解石器时代中国境内有代表性的文化遗存，认识它们与中华文明起源以及私有制、阶级和国家产生的关系；通过甲骨文、青铜铭文及其他文献记载，了解私有制、阶级和早期国家的起源特征。"因而这一课实际上所要探明的是两个问题"文明起源的多元一体""早期国家的治理模式"，从而得出中华民族、中国文明对于整个人类历史发展做出的积极贡献与有益探索。参见初中历史七年级上册相关内容，我们可以发现第一单元的史前时期：中国境内早期人类与文明的起源 、第二单元的夏商周时期：

早期国家与社会变革，我们可以发现本课实际上是脱胎于初中历史七年级上册教材第1节、第2节、第3节、第4节、第5节课的内容，从时间跨度上来说，上至200万年前古人类旧石器时代，下至公元前771年平王东迁，包含的内容既有考古学上人类的起源，也有国家政治制度，同时有青铜器、甲骨文等，时间跨度大，内容范围广。

基于此，我们再进一步根据初中历史教材及初中历史课程标准要求，以学业质量水平1作为判断依据，对学情进行调查。例如根据水平1-2"能够了解所学内容的历史分期方式，理解历史时期是按时序划分的；能够知道认识史事要考虑到历史地理的状况；能够识别历史地图中的相关信息，知道古今地名的区别。"我们可以设置以下一些问题：

问题一：结合所学知识，在中国存在哪些古人类遗址，他们各有何地位？

问题二：我们常说的"旧石器时代""新石器时代"是怎样划分的？

问题三：根据初中学习的历史朝代歌中的"夏商与西周"和所学知识，谈一谈你对它们的了解。

在问题的编制时注意密切初高中历史课程的衔接，以测量学生已有知识经验水平为标准，尽量不超出学生通过初中历史所获得的对历史的认识。问题设置的形式可以多样，可以有选择题、判断题、主观题，但题目数量不宜过多，否则会加重教师和学生双发的负担。根据问卷调查的结果，我们可以制定出前测量表，大致示意图如下：

xx 中学 xx 年级 x 班高中历史学业质量水平前测量表	
课题名称	第1课 中华文明的起源与早期国家
测量时间	

	学业质量水平1情况（人数百分比）
问题一	未达到： 基本达到： 超越：
问题二	
问题三	
……	

根据学业质量水平要求，水平 2 是学生学习完《中外历史纲要》后所达到的水平，对于刚接触高中历史的学生而言，我们基本上应当以水平 1 作为测量标准。当然，不排除学生经过一段时间的学习之后，对于历史的认识有了进一步的提高，初步掌握了解决历史问题的方法，或者是该班学生在初中阶段知识掌握的比较牢固，可根据具体情况灵活调整问题设置与量表。

通过前测量表得出的数据，并根据"中观建构"得出的"文明起源的多元一体""早期国家的治理模式"两大主题，我们再在各主题中挑选两到三个微观问题进行进一步透析：

文明起源的多元一体
1. 旧石器时代人类遗址
2. 新时期时代人类遗址
3. 对中华文明起源的认识

早期国家的治理模式
1. 从部落到国家
2. 早期国家治理模式
3. 对早期国家的认识

将时间跨度大、内容涵盖广的教材内容，通过几个问题并结合各类史料、地图的形式，抓住重难点进行突破搭建起整堂课的教学设计框架。在完成本课的教学内容之后，以学业质量水平 2 作为基本评价标准，制定后测量表，以此作为教学改进的依据。

四、结语

"我们是中国人，要在中国史里来认识我们自己。不仅要认识我们的以往，并要认识我们的将来。若非研究历史，即无从得此认识。"历史学科发展是支撑中华民族伟大复兴的基础之一，归根到底是建立起中国人自己对于中国历史、世界历史、人类历史的话语体系，落到实地就是中学历史教学的改革与发展。"三层构建"策略为当前中学历史教师面临的挑战提供一定助益，能够有效解决当前高中历史教学所面临的两大难题：一是历史学科核心素养在课堂教学中的割裂，二是教学内容无限性与课堂教学时间有限性的矛盾。同时，它不仅是教师在进行课堂教学时所凭籍的指导性策略，也是学生对人类历史进行连贯性、综合性、规律性地学习的有效保障。

近代日本三次教育改革

重庆市巴南中学校　陈忠卿

【摘　要】日本自明治维新踏入近代社会以来，一共进行了三次教育改革。第一次教育改革由于资产阶级改革并不彻底，在推动教育近代化的同时保留了大量封建主义和军国主义的残余，将日本拖入了第二次世界大战的深渊。二战后日本在美国的授意下进行改革，这次改革彻底清除了军国主义和国家主义余毒，为教育现代化铺平了道路，使日本在战后迅速崛起。进入 80 年代，日本谋求政治大国的地位，开始了面向 21 世纪的第三次教育改革。

【关键词】日本；近代；教育

引言

日本是一个崇尚美学的国家，有着系统完整的美学思想，富士山和樱花都是日本代表性的美学符号，给人以宁静美好之感。现代的日本也是一个教育水平普遍较高、礼貌、自律的国家。也是这样一个国家，曾在中国犯下了滔天罪行，制造了南京大屠杀，杀人竞赛、731 部队等骇人听闻的事件。我们不禁要问，日本人为什么会存在如此极端的两面性？要探讨这个问题，必然要了解一下这个国家的教育。

一、明治维新时期的教育改革

（一）改革背景

丰臣秀吉死后，1603年德川家康被任命为征夷大将军，在江户建立幕府，并逐渐完成了日本的再次统一，开始了长达两百多年的德川幕府统治。17世纪时，为了阻止天主教在日本的传播，幕府颁布锁国令，仅允许同中国人、荷兰人通商。随着工业革命的完成，资本主义国家需要寻找新的销售市场和原料产地，美国于1853年撬开了日本两百多年紧闭的国门，要求与之通商。此时幕府的统治已腐朽不堪，中下级武士经济条件急剧恶化，倒幕派趁机推翻了幕府统治，建立了新的明治政府，内患虽以解除，外忧尤甚，为避免沦为殖民地，新上台的明治政府进行了一次自上而下的改革，史称"明治维新"。

（二）改革精神指导

这一时期的教育改革主要是在《教育敕语》的引领之下。《教育敕语》具有强烈的封建主义和军国主义的色彩，开篇即：朕惟我皇祖皇宗肇国宏远，树德深厚，我臣民克忠克孝亿兆一心，世济其美，此我国体之精华，而教育之渊源亦实存乎此。这一部分提纲携领地阐明了日本"国体之精华"乃忠孝二字，国家道德之本就是教育之本，也即教育以培养忠臣孝子为出发点。因此，在《教育敕语》精神培养下的日本国民是忠于天皇的，将天皇视为最高的道德标准，加上《大日本帝国宪法》把天皇规定为统治权的主体，天皇政治上和道德上的都是至高无上的。

（三）改革内容

明治维新在教育方面的改革可由四字概括，即"文明开化"。具体有以下表现：

1. 大力普及初等教育

1872年，日本文部省颁布《学制》，规定：全国分为八大区，称为大学区。每区设一所大学。每一大学区分为32个中区，称为中学区。每中学区设中学一所，全国八大区公设256所。每一中学区分为210个小区，称为小学区。每一小学区设小学一所，每大区为6720所，全国共设56760所。《学制》颁布第二年，小学入学率达28%，到1883年就已超过50%。1886年颁布的

《学校令》明确规定实行小学四年义务教育制。1907年又把小学义务教育的年限延长为六年。到1905年男生入学率增至97.7%，女生增至93.3%，初等教育就学率已达99%。

2．充实中等教育，发展实业教育

主要文件是《中学教育大纲》《农学校通则》《商业学校通则》《实业救国国库补助法》等。在普通中等教育方面，小升初难度提高，必须达到中等科水平，

课程设置和教学要求都比较高，中学生每升一级都要进行考试，不合格者不得进行下一学年学习，这是针对升学来讲。在实业教育方面主要是颁布各种法规鼓励实业教育的发展。

3．发展高等教育

1877年，作为日本最高学府的东京大学成立，学校重金聘请外国教师任教，为国家培养高级人才。各区也在自己的需要之下设立各种高等教育机构。后来还逐渐取消高等教育的入学身份限制，使平民子弟也能进入高等学府学习。

4．发展师范教育

主要文件是1886年颁布的《师范教育令》。文件规定：师范学校分为寻常和高等两种。寻常师范学校由地方设立，主要用来培养公立小学的教师和校长；高等师范学校就由国家设立，主要培养寻常师范学校教师和校长，同时也可以担任其他学校的教师或校长。

二、二战战后的教育改革

（一）改革背景

由于明治维新的不彻底性加之日本国土面积狭小资源匮乏人口密集，使之未能安然度过1929年的经济危机，最终军部在日本掌握政权，使日本加入了法西斯主义阵营。1945年8月，日本投降，经过几年战争，日本已是千疮百孔，人口锐减，资源匮乏。战后美国入主日本，授意日本进行了近代以来第二次教育改革。

（二）改革精神指导

此次改革的文件主要在1947年颁布的《教育基本法》，其前言部分写

到："我们已表示决心，首先制定日本国宪法，建设既有民主又有文化的国家，为世界和平和人类福利事业作出贡献……我们期望培养注重个人尊严并追求真理和爱好和平的人才……"。总体来说，这次改革彻底清除了军国主义和国家主义余毒，为教育现代化铺平了道路。《教育基本法》自1947年颁布以来，一直到2006年才被修改。教育基本法的修改是安倍内阁掌权后，企图将自二战后在日本被视为禁忌的培养狭隘"爱国心"作为教育目标，把"爱国思想"和"集体精神"纳入教育教学内容。明确将"热爱祖国和乡土""尊重传统和文化"等表述写入其中，颠覆了《教育基本法》尊重个性和自由的教育理念，使其民族主义成为核心价值。战后，在日本强调"道德心"和"爱国心"并不简单意味着要"讲道德""爱自己的国家"，而是要唤起日本国民对军国主义时代日本《教育敕语》的印象。但是二战战后的教育改革是在完全秉承《教育基本法》的精神之下进行的。

（三）改革措施

1. 确立民主主义教育方针

美国派出教育使节团和日本教育家委员会共同制定了《美国教育使节团报告书》。报告书对战前的日本教育提出批评，指出日本教育应该遵循民主主义和自由主义的宗旨，秉承教育应该最大限度地激发个人能力的原则，承认"个人价值和尊严"。可以说，报告书描绘了1946年4月以后日本教育改革的基本蓝图。

2. 摒弃战前"双轨制"，实行"六三三制"

实行小学六年，初中三年，高中三年的学制。义务教育方面将年限延长至九年免费教育，中等教育方面对全国学生进行普及。这一时期日本急需恢复经济，故尤其重视普及教育，教育方面的经费支出最高时高达国家财政支出的60%。

3. 高等教育方面打破帝国大学的特权，给予高等教育更多的自主权，确保其学术自由、独立自治。

三、面向21世纪的教育改革

（一）改革背景

战后日本的教育改革取得巨大成功，使日本经济创造了飞速发展的"奇迹"，70年代末，80年代初，日本GDP超过苏联，位居全球第二；1986年，日本的黄金储备达到421亿美元，位居世界第二。成为经济大国的日本开始谋求政治大国的地位，希望改变经济"巨人"、政治"侏儒"的面貌。同时，由于前一时期过于注重智育和普及教育，学历之风盛行，高等教育质量下降，道德教育缺失，导致80年代日本青年犯罪率高涨。针对这一情形，日本开启了面向21世纪的第三次教育改革。

（二）改革精神指导

日本第三次教育改革从60年代后期开始着手准备，70年代正式开启。此后不断调整至今日。这次改革的主要目的是培养具有创新精神、创造能力以及适应信息化社会的具有国际视野的人才。

（三）改革措施

1. 道德教育

针对青少年犯罪率上升、学历之风盛行以及考试中心主义等问题，日本临教审提出把"智德体"三育的顺序改为"德智体"，突出德育的重要地位。并根据不同年龄阶段的学生安排不同的德育内容。

2. 终身教育

"终身教育"是在1965年在联合国教科文组织主持召开的成人教育促进国际会议期间，由联合国教科文组织成人教育局局长法国的保罗·朗格朗正式提出。它在纵向上强调人学习时间的持续性，在横向上强调人在家庭、学校、社会接受的教育的总和。日本临时教育审议会提出建立以向终生学习体系过渡为主轴的新教育体系，要求克服以学校为中心的观点，使学校成为终生教育的一环。日本政府认为，在科学技术突飞猛进和知识爆炸的时代，完全依赖学校教育根本不可能。为此，把文部省下属的"社会教育局"改为"终生学习局"，以加强对终生学习的行政管理，扩充社会教育设施，设置"公民馆"（日本特有的市镇村内以地区居民为对象的综合文化教育设施）、资助图书馆、整建博物馆、设立青少年教育设施、妇女教育设施、社会体育设施等，以此贯彻"终身教育"政策。

3. 信息化教育

1999年，为了顺应信息化社会的发展，使人们掌握电脑、网络技术，在信息社会中掌握主动权，文部省开展"教育信息化开发计划"，重点开展信息化教育，2008 年日本电脑普及率达 55%，居世界第二位，其联网速度为世界第一。

4．国际化教育

教育国际化就是将一国的教育放在国际社会的大环境中，用国际的视角来看待问题，培养国际化的人才。为了解国际间文化、思维的差异，理解不同国度的特点，增强异文化间的沟通能力，日本在中小学普及国际理解教育、加强外语教学、确立国际化教育理念。在大学设国际关系学科，实行大学间学分互换、创建新型国际大学。

五、总结

总的来说，近代日本三次教育改革都是在不同背景下，为了解决不同问题进行的，其改革措施适顺应了时代的要求，为日本教育近代化起到了重要作用。但是由于历史的原因和时代的发展暴露出的新问题。也需要日本政府进一步调整，以期建立起健康、规范的教育体系。

参考文献：

[1] 文天植 . 谈明治维新时期日本的教育改革 [J]. 成功（教育），2012(18)。

[2] 曾媛媛 . 日本第二次教育改革探析 [J]. 海峡教育研究 ,2013(3)。

[3] 何屹 . 浅析日本第三次教育改革 [J]. 河北农业大学学报 ,2009,11(1)。

[4] 于洪波，刘智勇 ."战后政治总决算"与日本第三次教育改革的提出及其特征 [J]. 中国高教研究 ,2003(5)。

[5] 杨红军 . 面向 21 世纪的日本第三次教育改革 [J]. 中南林业科技大学学报（社会科学版），2008(05)。

[6] 李海燕 . 日本第三次教育改革与借鉴研究 [D]. 河北大学 ,2004。

[7] 梁忠义 . 日本教育发展战略 [M]. 吉林教育出版社 ,1993。

中法历史课程设置对比研究

重庆市梁平区红旗中学校　　胡　男

【摘　要】对外国的历史教育进行探讨，借鉴别国的历史课程设置的经验，对于我国的历史课程改革来说有着重要的理论意义与深刻的实践意义。法国具有悠久的历史，也是一个非常注重历史教育的国家，其历史课程的设置由来已久，发展至今已经成为人文学科的核心课程。本文从法国的历史课程设置沿革以及课程管理、课程类型的选择以及课时量几个方面与中国进行介绍和对比，从而帮助我们了解法国历史课程发展的特殊规律，进而对本国的历史课程发展能够有更加深刻的认识。

【关键词】法国，中国，历史课程，课程设置

法国的历史课程设置起于文艺复兴，宗教改革各教派对教育的重视使得历史教育的发展大大地向前迈进。法国大革命以后，法国建立起资产阶级统治，教育朝着近代化的方向推进。拿破仑设立帝国大学以后，帝国大学又重新安排课程，在国立中学、市立中学开设历史。从此历史课程在法国全境以法定形式正式设立，延续至今。

一、法国历史课程设置及其沿革

在漫长的中世纪的欧洲，"七艺"，即文法、修辞、哲学、天文、音乐、几何、算数七门课程，仅作为神学的奴仆存在。直到文艺复兴时期，经许多人文主义教育思想家的艰苦努力才促使"七艺"转为人文学科，并新增了历史和道德哲学课，"七艺"中的文法科分化为文法、文学和历史。从此历史课程作为一门新兴的具有进步意义的人文学科出现，成为人文思想的一面旗帜。

正当文艺复兴运动的高潮阶段，宗教改革运动爆发了。为了争夺教民，天主教、新教都空前重视教育，在争夺教育权的过程中围绕教育目标、内容、方法等方面展开了激烈的斗争，大大地促进了历史教学和历史课程的发展。

17、18世纪，欧洲社会风起云涌、变革不断、自然科学迅速兴起，各种新的社会文化涌现，国际竞争不断加剧。在这种背景下，欧洲世俗教育风行宫廷教育方式来培养资产阶级需要的人才。而法国宫廷教育堪称其典型。这种宫廷教育重视史地、法律、政治及一些自然学科。但是这种宫廷教育只是上层贵族的教育，对当时一般的下层百姓影响甚微。

1789年法国大革命爆发后，革命政府取缔了所有社会团体（包括教会团体），否认所有社会团体所办学校的合法性，改由政府重新建立新的教育制度、创办新学校。大革命前期（前10年）的历届政府都对教育充满热情，曾提出过不少于25个教育法案和教育计划，虽由于种种原因未能完全贯彻执行，却为法国由封建教育制度向近代教育制度的转变铺平了道路。应当注意到历史等人文学科受到重视是符合培养资产阶级接班人的目标的。如1792年孔多塞法案将本国历史置于突出地位。革命政府还根据1795年10月通过的多诺法创立了中心学校，分为三级，其中第一级（12—14岁）开设了自然历史课，但由于这种学校的课程深度更偏向高等学校课程，不适合12岁小学刚毕业的学生水平。这引发了1806年拿破仑改革教育，设立帝国大学（最高教育行政机构），下辖各级学校。1808年帝国大学又重新安排课程，在国立中学、市立中学开设历史，一些私立学校也开设此课。从此历史课程在法国全境以法定形式正式设立，延续至今。在其以后的发展中还经历了多次变革。由于1802年拿破仑将天主教改造成为资产阶级统治的精神工具，教会重新参与教育，继续着争夺教育权的斗争。

1833 年基佐教育法规定在高等小学开设历史。1881、1882 年费里主持制定教育法规定在初等小学开设史地课。从此法国的中小学都开设了历史课。

19 世纪末，法国教育逐渐实现世俗化，并向普及化发展。

二、课程管理

在课堂管理方面，法国采用全国统一的课程，中国则实行中央、地方、学校三级管理的体制。

（一）法国的课程管理

法国历来都采用全国统一的课程。1989 年 7 月 10 日，法国颁布了《教育指导法》。根据这个教育法令，1990 年，法国成立了"国家课程委员会"，同时这个委员会被确定为全国教学大纲的编写机构。1992 年 2 月，国家课程委员会公布了法国《课程宪章》这令人瞩目的纲领性文件。《课程宪章》明确规定："课程大纲是在《政府公报》中颁布的规定性文件，是为在各学科和各年级建立'教学公约'，服务于全国的官方文件，即是说，在此框架中，教师或教学组在教学上作适用于学生选择，而学生对这种选择也负有责任。由此可见，在新的课程改革过程中，法国的课程管理一步步走向法规化、统一化。

（二）中国的课程管理

新中国成立以后，我国学习苏联，对课程进行集中管理。1996 年，国家教委颁布《全日制普通高级中学课程计划（实验）》，第一次将"课程管理"部分单列，明确提出"普通高中课程由中央、地方、学校三级管理"。2001 年，全国基础教育工作会议正式提出实行国家、地方、学校三级课程管理，采用"自上而下"和"自下而上"的双向管理机制，把课程权力逐步、部分从中央一级下放到地方一级和学校一级。

三、课程类型的选择

法国和中国对历史课程类型的选择都比较重视，但法国采用综合课程的模式，中国则采用以分科课程为主、分科与综合并行的课程类型。

（一）法国课程类型的选择

法国从上个世纪 70 年代开始就在分科和综合之间进行着调整。

1. 20 世纪 70 年代的哈比改革

在长期实行分科课程之后，法国于 20 世纪 70 年代进行了"哈比改革"，废除分科设置，推行综合课程，以此来淡化"百科全书式"的传统学科。改革包括在初中阶段取消原有的历史、地理、公民等分科课程，将之合并为综合社会科。如在六年级的地理和历史教学中，学生要继续研习国家的周围环境，以便掌握季节、地形和风光的概念，然后接触主要的气候类型，古代地中海地区的伟大文明，农业的演变或文字的演变等，以加强历史、地理、经济、公民等这些传统学科与当代问题的联系。在综合社会科中，用主题式课程取代过去以年代为顺序的历史课程。构成课程内容的主题有农业、人类与城市、人类的生存环境、运输业以及人类的发展等问题。

2. 由分科再到综合

然而，这样的课程编订，使法国初中的历史教学时间跳跃性很大，年代界标消失，学生的历史时间概念容易产生混乱。法国高中阶段仍采用分科开设的历史和地理课程，但为了加大职业技术教育课程的比重，削减了普通文化知识的课程，其中当然包括历史、地理课程，结果知识被肢解得支离破碎，学生学不到完整的历史知识。这种情况引起了法国教育界乃至法国政府的高度重视。1983 年，法国总统密特朗宣称"对于教学实践中所导致的青年一代的共同记忆的丧失非常震惊和痛苦"，认为"轻史误国"。由于教育质量下降，20 世纪 80 年代中期，法国颁布了新的中小学课程计划，恢复了以往的分科课程，小学阶段设置了史地、公民课程，初中阶段开设了历史、地理、经济、公民课程，高中阶段设有史地—公民和哲学。进入 20 世纪 90 年代，法国课程再次出现综合趋势。1992 年颁布的《课程宪章》开篇第句话就是："将小学至高中毕业年级的课程融为一体是一个浩泛的工程，它不仅需要教学的必要衔接，还依赖对学生培养目标、学科知识选择标准、知识传授目的和社会化目的不可分割的联结的深刻思考。"目前法国也是综合设置历史课，但注意吸取 20 世纪"哈比改革"（课程综合化）失败的教训，目前法国在新一轮的课程改革中重视历史学科的作用，将历史学科作为人文学科的核心课程，历史课程的核心地位得以法规化。

（二）中国课程类型的选择

在中国，1992 年正式实施九年义务教育。伴随着义务教育的实施，国家教委颁布了《九年义务教育全日制小学、初级中学课程方案（试行）》。在这次课程改革中，浙江省开始了综合课程的实验。其初级中学的历史、地理、政治合称为"社会"。其中，初一开设地理课，初二年级开设历史课，初三年级开设政治课。这是一种"组合型"的综合课程设置。2001年，在新一轮基础教育课程改革中，义务教育七至九年级采用了两种课程类型，即分科课程和综合课程。其中"历史与社会"是一种"混合型"的综合课程，在这一课程中，力图将历史、地理、政治的内容混合在一起，从而构建一个新的学科课程体系。高中以分科课程为主。

四、法国的历史课程设置与课时量

（一）法国的历史课程设置与课时量

法国实行五四三学制，小学五年，初中四年，高中三年，高中又分为一般高中与职业高中。从小学三年级开始，法国的儿童就要学习历史，内容以法国史为主，注重人物史和建筑史。初中则是一个完整的历史教学阶段，历史课程分为必修课和限定选修课，学习法国史和世界史，按年代顺序叙述，从史前直至现代。高中课程包括必修课、限定选修课和自选课，历史课程设置的内容较复杂，基本范围是深入学习世界近现代史。在初中阶段，历史、地理与经济的周学时是 2.5 小时。高中必修课的历史课程与地理、公民教育周学时则为 4 小时。法国初中历史课时量在法语、数学、第一外语之下，居于第四位。法国高一、高二历史课时量仅次于法语，居第二位，高三历史课时量仅次于哲学，也居第二位。可见法国对历史课程的重视。

（二）我国的历史课程设置与课时量

我国则实行六三三学制，小学、初中、高中分别是六年、三年、三年。我国的儿童从初中开始学习历史，学习中国通史和世界通史。课时量分别为每周一小时、每周两小时、每周三小时。目前我国大部分地区高中阶段则设置了三个必修模块，分别从政治、经济和思想文化以及科学技术等方面介绍中国以及外国的历史，另外还设置了六个选修模块，包括历史上重大改革回眸、近代社会的民主思想与实践、20 世纪的战争与和平、中外历史人物评说、探索历史的奥秘以及世界文化遗产荟萃。必修课每个模块为36 学时，共 108 学时。选修课每个模块为 36 学时；学生可根据自己的兴趣，任选若干个模块；并建议在人文社会科学方向发展的学生，应至少选修 3 个模块。在 2017 年新的高中历史课程标准指导下、2019 年开始实施的高中新课程，设《中外历史纲要》模块。课程内容分为中国古代史、中国近现代史和世界史三个部分，选择性必修课程是学生根据个人兴趣、升学需求而选择修习的课程，设《国家制度与社会治理》《经济与社会生活》和《文化交流与传播》三个模块；历史选修课程是学生自主选择修习的课程，包桥在必修与选择性必修国家课程基础上设置的拓展、提高、整合性课程。高中历史课程标准提供的《史学入门》和《史料研读》两个模块可作为选修课程的参考，学校可选用、改编或新编。

五、结语

中法历史课程设置的不同，是由两个国家不同的国情所决定的。历史课程是学校历史教育的核心环节，而课程编订和设置则是历史课程改革的关键问题。两国应继续紧跟时代潮流，根据本国的历史与现实的具体情况，根据自身的条件对历史课程进行调整、改革，以促进教育的发展。中法两国也可互相借鉴历史课程改革的经验，多进行交流合作，在保留自身特色的基础上，吸收对方课程设置的特长。

参考文献：

[1]唐阳平，刘传德．法国的历史教学[J]．史学史研究，1997(4):67-75。

[2]刘汝明．我看到的法国历史教育和初中历史教科书[J]．中学历史教学参考，2011(9):29-32。

[3]朱伟明，法国高中历史教育与历史会考观察[J]．历史教学问题，2013(5):137-141。

[4]庄金秋，陈勇．法国小学课程设置与发展对中国教育的启示[J]．外国中小学教育，2011(12):47-51。

[5]任俊蕾．新世纪以来法国基础教育课程改革及其启示[J]．吉林省教育学院学报，2016（5）:136-138。

[6] 马卫东 . 历史比较教育 [M]. 广西教育出版社 ， 2007：78–126。

[7] 中华人民共和国教育部 . 普通高中历史课程标准（2017 年版）[S]. 人民教育出版社 ， 2017。

浅谈中学历史教学中的史料教学

达州市第一中学　王沐

【摘　要】随着中学历史教学改革的深入推进，史料教学日益受到中学历史教师的重视。但目前中学历史教学与史料教学尚未实现深度融合，还存在不少误区。基于此，本文试从史料教学概念，重要性，存在误区及相关对策等方面浅谈中学历史教学中的史料教学研究。

【关键词】中学历史；史料教学；误区对策

史料教学是一种最能凸显历史学科个性本质的教学方式，其重要性变得越来越突出。在国家教育部制定的《普通高中历史课程标准（2017 年版）》中，对史料教学理念与实践给予了充分的肯定。最显著的就是在课程目标中的阐述："知道史料是通向历史认识的桥梁，了解史料的多种类型，掌握集史料的途径与方法；能够通过对史料的辨析和对史料作者意图的认知，判断史料的真伪和价值，并在此过程中增强实证意识；能够从史料中提取有效信息，作为历史叙述的可靠证据，并据此提出自己的历史认识；能够以实证精神对待历史与现实问题。"由此可见，史料教学之力量与魅力。历史学最本质的特点是过去性，而在中学历史课堂联结"过去"与"现实"甚至"未来"的桥梁则是史料教学。可以说，"史料教学运用水平的高低直接决定着历史课堂教学效率的高低"。

一、史料与史料教学

欲谈史料教学，必先明其概念。首先是弄清"史料"的含义，史料亦称历史资料，指人们编纂历史和研究历史所采用的一切资料。从广义来说，它的主要来源有三个方面：实物的，如古迹、文物、地下发现的遗物等；文字的，即记录史事的载籍，如各种著作、文献、铭刻等，是史料研究的主要对象；口传的，如民间传说、访问资料、民间歌谣等。史料是研讨历史问题的根本和依据，是历史学的基础。将史料融入中学历史教学，培养学生的史料实证和历史解释能力，弘扬学生大胆质疑与小心求证的史学精神，并促进学生掌握为适应未来生活做准备的能力，是谓史料教学。

二、史料教学重要性

（一）凸显学科本质，增强历史真实感

历史是人类社会发展的过程，具有一去不复返的性质。我们所谈论的历史事件、历史人物、历史现象都是过去发生发展的，这种过去从本质上讲都是历史的陈迹。历史不可能重演，不可能采取任何方式对历史事件、历史现象、历史人物进行直接观察，只能通过先前留下的各种材料和遗迹进行间接认识。而先前留下的各种材料和遗迹即是我们所说的史料。既然历史不能重演，那么中学历史教学中何以呈现"历史"（过去发生的史实）。这就要求中学历史教学应尽可能具备直观性的特点。而直观性的呈现离不开史料的充分运用。往事不可追，但当时的痕迹遗存，当时人以及后世人的记载，依然可以帮助我们尽可能地还原历史的本来面目，增强历史的真实感。在中学历史教学中，借助史料教学，在充分的史料证据的基础上，展开合理的历史推理和想象，我们可以回到"历史现场"，去感知千万年间所发生的过往，去获取更多有价值的历史知识。

（二）培养和提高批判性思维能力

"批判"作为一种思维过程，具有积极思考、自主分析，提出新见解的特质。它关乎探究精神，多以调查为手段，使学生养成合理的质疑态度；它还关乎行动能力，以学生的好奇心为基础，指导他们掌握解决问题的诸

种高明的方法。它对一个学生的健全人格的成长和综合素质的全面提升有着至关重要的作用。赵亚夫先生曾言："历史教学若缺失了批判性思维将大打折扣。批判性思维充当的角色，就是以质疑为起点，摒弃琐碎的、不重要的历史知识和历史意识或观念，促使历史教学沿着有效的、意义化的方向发展。简言之，批判性思维就是面对相信什么或者做什么而做出合理决定的思维能力。"而从事历史教学不钻进史料中去，不能教好历史；从史料中跑不出来，也不能懂得历史。抽掉了史料，摒弃了批判性思维，历史学随之消亡。因此高质量的史料教学也必然具备批判性思维，着眼于史料的历史教学，不仅大大提升了历史教学的专业化水平，而且也让批判性思维大放光彩。历史教学需要创新和坚守，不介入"批判性"，历史教学就难得个性，没有个性也丧失了专业性[4]。批判性思维在历史教学中的渗透，有赖于历史教学与史料教学的深度融合。

（三）充实教材内容，塑造正确史观

一般我们所说的历史教材指历史教科书，随着课改的推进，中学历史教科书渐趋统一。通读中学历史新教材，我们可得知其内容翔实，图文并茂，史料丰富。但由于历史知识的广博性以及综合性的特点，加之教材面对的群体是广大中学生即基础性特点。因此尽管新教材已大为增添内容，但其更多仍是历史结论。其内容皆是经过教育部专家严格过滤的"共识性"知识，已经充分保证了它的真实性和常识性。这些"基本知识"学生理当记忆，他们不需要直面史料"钻进去""跳出来"。但这样必然存在问题，学生的学习仅局限于教材课堂，其思考仅停留于浅层表面，未加深化，没有深度。而要解决这个问题，这就要求教师在中学历史课堂贯彻史料教学，以丰富多样的史料弥补教材内容之不足，拓展教材内涵的深度广度。

同时历史不是简单的过去，它是我们走过的道路，在规定制约着我们前行的路。历史也不能人为地被扔在角落，它会以自己独特的方式参与到现在的社会中运行，影响我们的生活。历史是一门让人明智的学问，社会的沧桑巨变，朝代的兴亡更替，在今时今日，仍能找到相似的影子。历史不是任由他人打扮的小姑娘，它是今人与古人沟通的渠道。不管人们怎么涂改历史，它都能通过过去的事件给你以启迪和解决问题的办法。历史没有假设，时光不能倒流，但我们可以根据广博多样的史料，去架构历史与现实的桥梁。从扑朔迷离的史料中，去找寻历史的真相，构筑属于自己的历史观，形成自己对历史的一套看法，这才是历史的作用所在。时过境迁，有的历史真相渐趋模糊，那些具体的数字和名字意义并不大。但我们依然可以从史料教学中，给学生以启发深思，塑造他们正确的历史观，做一个有思想的人。这既是发挥历史学的真正功效，也是历史教学的真谛所在。

三、史料教学误区及对策

史料教学以其特有的重要性受到了广大中学历史教师的青睐，历史课堂大有无史料不成课的趋势。但在具体教学实践中，依然存在着不少误区。譬如对史料的搜集择取不当，"眉毛胡子一把抓"；对史料的解读追问有限，未展开深层次的实证剖析；对史料的应用欠妥，未明白史料教学的本义，等等，这些都有悖于史料教学的精神。

（一）史料的搜集择取

中国有着五千年的文明历史，世界历史更为久远，历史涵盖了人类社会生活的各个方面。而我们对历史的认识则主要依赖于各个时期遗留下来的各种史料。随着网络技术在历史教学中的应用使历史教师拥有了浩如烟海的史料。网络技术给历史教学带来便利的同时，也滋生了部分历史教师的惰性。例如史料搜集的常规做法是在网络复制拷贝粘贴，史料同质性现象特别明显，这种做法作用于教学弊端实属良多。首先是所选用史料可能信度比较低，和原文有出入、错误。梁启超在《中国历史研究法》中提到："史料为史之组织细胞，史料不具或不确，则无复史之可言。"史料不准确，就没有真正的史料教学，更谈不上"论从史出"；其次是未考证史料出处，使用片面孤立的史料，脱离史料的具体语境，容易断章取义，将历史教学引向歧途；最后在中学历史教学实际过程中，还存在一种比较典型的趋向。中学历史教师囿于教学条件，课堂实际等，往往根据历史结论带有目的性搜集择取符合"条件"的史料，甚至曲解记载者的主观意图，片面忽视不同记载，不符"条件"的史料。

针对于此，笔者以为可从多个角度进行解决。首先教师应注重史料搜集的全面性和差异性。一般来说，多渠道搜集的史料越丰富，就越有代表性和启发性。同时围绕同一历史问题，应从多视角、多立场搜集史料；其次必须考辨史料的真实性和出处，许多老师搜集资源的能力突出，却忽视对史料的考辨，甚至以讹传讹。同时部分老师在史料教学中容易忽略史料出处，"出处也是史料的重要组成部分，同样承载着历史信息，准确标明出处既可以让学生了解该段史料的来源、作者，有助于学习者深入理解，更可以传递科学而严谨的历史学治学精神"；再次教师应当增强自身史料阅读能力，注重核心阅读，切忌通俗阅读；注重群文阅读，切忌碎片阅读；注重比较阅读，切忌粗泛阅。在广泛史料阅读中提高史料搜集择取能力。最后教师应注重平日的点滴积累，凡是对教学能有帮助的史料都应留意。再紧密围绕教学目标的落实，选取贴近学生生活实际及思想认知，有价值的、典型的对教材拓展深化的重要史料，这样的方式可以有效减少片面、有缺陷、带有偏见的史料，避免将学生引向歧途的历史教学。总之只有充分积累积淀，才能在史料教学中做到游刃有余。

（二）史料的解读追问

史料的解读即《普通高中历史课程标准（2017 年版）》中提出的"历史解释""它是指以史料为依据，对历史事物进行理性分析和客观评判的态度、能力与方法。"应该明确，历史（过去发生的史实）的客观的，但针对同一历史事件，人们可以有多种方式进行记载和解读。尽管优秀的史学家们以"秉笔直书，著成信史"为自己的著史信条。但太史公司马迁也言《史记》是"究天人之际，通古今之变，成一家之言"，这表明史料（主要指历史载籍）必然带着记载者的主观判断。具体在中学历史教学中，还有不少教师依然示教科书的观点为金科玉律，对教材的观点结论顶礼膜拜，而学生得出结论的过程往往是按教师"预设"的史料得出，未放在史料"冲突对立"之间。同时教师对史料的解读仅停留于表面，未展开深层次的连环追问。这些做法都不是真正意义上的史料教学。

那么针对于此，笔者以为教师可从两方面加以解决。一方面教师应在精选史料的基础上，尽量提供"冲突对立"的史料，选用的史料既要有当事人的记载，也应包含时人以及后人的记录。在综合比较中，形成完整的史料链，才能做到论从史出，史论结合，对历史做出符合逻辑的解释和阐述。这样既可提高学生史料实证能力，又可培养历史解释核心素养。另一方面是教师要通过层层追问的形式，深入挖掘史料的价值。在解读史料的时候要连续追问：谁创作了该史料，为什么会创作该史料，作者的动机是什么，该史料的目的是什么，史料的语气如何，史料是什么时候创造的，在什么情况下创作了该史料，史料的可信度如何，是否有内容的遗漏等。如此，通过层层追问了解史料产生时间、史料语境、史料指向等，才得以挖掘史料的深层价值，也有助于增强学生驾驭史料的能力。

（三）史料的践行运用

目前中学历史教师大都具备较高的史学素养，也知道史料教学的重要性。但具体贯彻落实在课堂还存在不少误区，譬如还存在对史料原文"断章取义"的"曲解式"史料教学；将教材内容"变相复述"的"注解式"史料教学，引述大容量史料的"冗长式"史料教学，为彰显"教学水平"的"高难度"史料教学等现象。

史料教学的真正目的是为了促进学生对历史的理解，提高学生认识历史的能力和方法，培养学生的历史学科核心素养。针对此问题，笔者以为可从以下角度进行思考。首先对史料的运用应当准确了解语境，忠实原文，对史料谨慎节录，合理引用；其次是根据教学目标、教材内容以及学生实际，运用史料应尽可能具有针对性；最后是依据教学需要、学生水平以及课堂时间，所运用史料的难度应适宜，数量应适中，不能过犹不及。

四、结论

总之，史料教学作为中学历史教学的一种重要形式与手段，既是对传统教学方法的弥补和改进，也是对新提出的历史核心素养的促进深化。作用于中学历史课堂的史料教学，应使"论从史出，史论结合"的学科观念贯穿于整个教学过程；围绕教学内容主题，对史料进行精心搜集择取、准确解读追问、合理践行运用，注意史料与教学的高度融合，确保历史教学的有效性，为培养未来公民必备能力做准备。如此方是中学历史史料教学之根本。

参考文献：

[1] 普通高中历史课程标准 [M]. 人民教育出版社，中华人民共和国教育部，2018。

[2] 何成刚. 史学阅读与微课设计，史料教学的理论与实践 [M]. 北京师范大学出版社.2015.10。

[3] 严昌洪. 中国近代史史料教学 [M]. 北京大学出版社，2011.4。

[4] 赵亚夫. 批判性思维决定历史教学的质量 [J]. 课程·教材·教法，2013,33(02):71−77。

[5] 曹猛. 当我们读历史时，我们能读到什么 [M]. 吉林出版集团有限责任公司，2012.4。

[6] 梁启超. 中国历史研究法 [M]. 北京：中华书局，2009。

[6] 何成刚. 史学阅读与微课设计，史料教学的理论与实践 [M]. 北京师范大学出版社.2015.10。

[7] 刘晓兵，苗颖. 浅谈史料引用应注意的三个问题 [J]. 中学历史教学，2009（7）。

[8] 陈德运. 国外史料教学连环追问探究及启示 [J]. 岭南师范学院学报，2018,39(04):12−23。

历史教学设计

第三单元

《从"师夷长技"到维新变法》教学设计

重庆市江津中学校　黄莉妃

第一部分　课标要求

了解鸦片战争后中国人学习西方，寻求变革的思想历程；理解维新变法思想在近代中国社会发展进程中所起的作用。

第二部分　课标解读

一、唯物史观

利用表格对"师夷长技""中体西学""维新变法"等思想主张的对比分析，使学生认识到近代中国人向西方学习经历了由器物到制度的渐进历程。运用唯物史观、文明史观、近代化史观等观点分析三种思想主张在不同历史阶段的影响，使学生掌握对历史事物和历史人物的评价的历史观和方法论。

二、时空观念

认识近代向西方学习的过程与民族危机、救亡图存紧密相连，培育学生建构特定的史实与特定的时间和空间联系的意识，能够按照时、空要素建构历史事件、历史人物、历史现象之间的相互关联。

三、史料实证

通过多样性的史料养成学生对史料进行科学的辨析、判断、推理的意识，体会实证精神，并据此提出自己的历史认识，能够以史料实证的意识对待历史与现实问题。

四、历史解释

通过史料对"师夷长技以制夷""中体西用""维新变法"等思想主张进行解释，使学生在历史解释中掌握知识点的内涵，学会以全面、客观、辩证、发展的眼光加以看待和评判。

五、家国情怀

结合民族危机的不断加深、甲午战争的失败、瓜分中国的狂潮，通过史料和视频，渲染历史人物为国家、为民族复兴的努力和牺牲。激发学生的爱国思想和民族精神，认识中华民族的觉醒历程，逐步形成对国家和民族的历史使命感和责任感。最终实现让学生认识到百年思潮百年强国梦，凝聚了中国力量、中国道路、中国精神。

第三部分 教材分析

一、知识结构

1. 技术强国梦——从"师夷长技"到"中学为体，西学为用"

2. 制度强国梦——维新变法思想

二、教学重点

"中学为体，西学为用"思想，维新变法思想的特点及对中国社会的影响。

三、教学难点

分析每个历史阶段中国人向西方学习内容的异同和特点，认识近代思想发展的过程及其所处的历史背景。

本课教材虽然在内容设计上比较简单，然而课程涉及的历史时间跨度较大，大量历史结论需要史料进行实证，所以要学会取舍和组合，有效围绕思想主张的重难点，引入学术新观点，实现教学目标和情感态度价值观的升华。

第四部分 学情分析

一、本课内容承接必修一第10课《鸦片战争》、第12课《甲午中日战争和八国联军侵华》、第13课《辛亥革命》三节课和必修二第9课《近代中国经济结构的变动》，需要一定的基础知识，鉴于学生知识的系统和连贯性，所以在课前或过渡衔接环节需要有一定的铺垫。

二、本课时间跨度大、思想理论较多、易讲成政治理论课、学生学习较困难、易乏味。所以要牢牢以思想发展史为教学核心，特别注意问题的设计、师生互动，探究启发，充分调动学生学习的兴趣和探究欲。

第五部分 设计思路

一、课程立意——"百年思潮·强国梦"

近代社会思潮奔腾百年，曾提出过无数治国与救国的方案，而推动近代社会思潮汹涌向前的是近代"强国梦"。本课设计以"百年思潮·强国梦"立意，以强国梦讲述近代百年（本课特制前半个世纪——从"师夷长技"到维新变法）救国思潮的变化。

二、课程结构——技术强国梦、制度强国梦和人民强国梦

依循近代社会思潮产生、形成、嬗变和发展的轨迹，以贯穿各大思潮之间技术强国梦、制度强国梦和人民强国梦（思想强国梦）为主线，其中技术强国

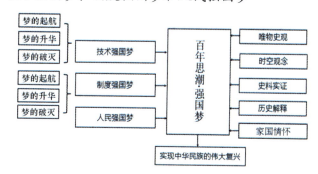

梦、制度强国梦分别以梦的起航、梦的升华、梦的破灭为历程。

三、课程主旨——学生历史学科核心素养

课程设计以历史学科核心素养为宗旨来解释课程标准，以唯物史观、时空观念、史料实证、历史解释、家国情怀的落实承接课程标准的落实。以思维导图的方式实现对"中体西用"的历史解释，以史料实证实现对"师夷长技"和维新变法的历史解释，以近代向西方学习的过程与民族危机、救亡图存紧密相连彰显家国情怀，体现时空观念。

第六部分 教学过程

【导入】

教师：百年前，梁启超先生对未来中国有过几则预言，我们来一起看看：

（PPT《新中国未来记》）。

设计意图：呼应百年思潮强国梦的立意，以梁启超的预言展示其强国的梦想，以梁启超的政治幻想引发学生的兴趣，导入新课。

教师：神奇吧？这反映的是先进中国人追求强国的梦想，但当时的中国是个落后、贫穷、屈辱的国家。从鸦片战争开始，一批批先进的中国人在苦难中奋起逐梦，今天我们就来品味那一段辛酸的历程。《百年思潮·强国梦》——从"师夷长技"到维新变法。首先，让我们一起来了解一下课程标准的要求（PPT展示课标要求）。

【第一篇章】技术强国梦

教师：据著名近代史学家陈旭麓统计，鸦片战争两年多的时间里，中国调动了十多万大军，损失数千人，但英国远征军战死人数不足百人，从来都是朦胧一团的"泰西"展现在近代中国人眼前的第一个形象就是坚船利炮，先进的中国人开启了近代技术强国梦的起航，他们是谁呢？（展示林则徐、魏源的图片）

一、梦的起航

教师问学生对林则徐的认识，学生普遍回答林则徐是民族英雄，领导了禁烟运动，这里就要引导学生根据教材得出：林则徐被称为开眼看世界的第一人。接着再问为什么林则徐被称为开眼看世界的第一人？通过逆向推理让学生通过教材找出答案，凸显史料实证意识的培养。

教师直接指出1841年林则徐被贬新疆前将自己负责编译的《四洲志》交给好友魏源，在此基础上，魏源编写出《海国图志》（出示《海国图志》的目录）

设计意图：高中历史教学设计应该基于问题的有效解决的设计，这样，简单的知识会让学生学起来更有意思、更有收获，有利于培训学生的史料实证意识。

接着展示《海国图志》的目录，问学生《海国图志》这本书涉及哪些方面，并总结它是一本系统地介绍西方的百科全书式的书籍。那当时为什么要介绍西方呢？请同学们迅速地阅读材料找出这本书的目的。

设计意图：使学生围绕《海国图志》的核心主张来思考。

材料一：是书何以作？曰：为以夷攻夷而制，为以夷款夷而作，为师夷长技以制夷而作。

夷之长技有三：一战舰，二火器，三养兵练兵之法。

——《海国图志·议战》

引导学生解释"师夷长技以制夷"的思想含义，即："学习西方的先进技术来抵制西方的侵略。"并通过材料启发学生得出主要学习西方的军事技术。从而生成"师夷长技以制夷"的思想主张启迪了近代中国人"向西方学习，寻求强国御侮之道"。然而，结果如何？我们来看这样的对比。(PPT 出示《海国图志》在中日两国的当时的出版情况)

同样的一本《海国图志》在国内少有问津，在日本如获至宝，使学生思考两种不同的命运，进一步说明了什么？

设计意图：通过《海国图志》这本书在国内和在日本的不同，引发学生通过对比的方法激发学生探究学习的欲望，彰显"师夷"思想在当时顽固势力阻力之下提出的可贵性。

教师总结：尽管林则徐、魏源等人的主张由于时代和阶级的局限，未能付诸实践，但他们表现出的御侮的民族勇气，和接纳新知的气度，两者具有同样的光彩。直到十多年后，太平天国运动爆发，建立了一个与清政府对峙的政权；第二次鸦片战争，英法联军逼近北京，火烧皇家离宫圆明园；在这内忧外患之下，以李鸿章为首的洋务派小心翼翼地重申"师夷"的主张，推动了技术强国梦的升华。

设计意图：以过渡衔接语言实现时空观念的呈现，使学生的思路跳转至第二次鸦片战争之后。

二、梦的升华

教师：请同学们阅读1864年李鸿章的一封函，并概括李鸿章的思想主张。

材料二：鸿章以为中国欲自强，则莫如学习外国利器（技术）；欲学习外国利器，则莫如觅制器之器，师其法（方法）而不必尽用其人。欲觅制器之器，与制器之人，则或专设一科取士（人才）。……以备威天下、御外侮之用。

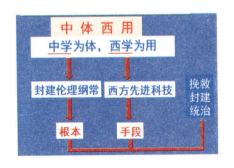

据材料，分析与林则徐魏源相比，李鸿章为代表的洋务派有哪些进步之处呢，并指出洋务派开展了长达 30 年的洋务运动。通过洋务运动成就图，引出指导思想："中体西用"，出示"中体西用"思维导图式解释。解释中学（中国的文化和制度）、西学（西方的文化和制度）、体和用分别是什么。最后引导学生一起梳理读出：中体西用即以中国的封建伦理纲常为根本，以西方先进科技为手段，来达到挽救清王朝的封建统治的目的。

设计意图：通过思维导图，显性化、可视化学生的思维过程，呈现历史解释的要求，使学生能够理解"中学"和"西学"含义的全面性和在"中体西用"中的特殊性。

这一思想的提出，在当时和后世都引起了许多争鸣。清政府内部有不同的声音：中体西用是洋务派的主流思想，顽固派坚决反对，而另一些人如早期维新派去认为学习程度还不够，表示要深入学习。后人也有不同的声音。同学们，我也想听一听你们的看法。

探究思考一：请同学们结合教材的 69 页第二子目，谈一谈你对中体西用这一思想的认识。

设计意图与教师总结：根据学生的回答与点评，我们分析问题要学会辩证的方法，既要看到其合理性，也要认识其局限性，指导学生运用唯物史观、文明史观、近代化史观等观点分析三种思想主张在不同历史阶段的影响，使学生掌握对历史事物和历史人物的评价的历史观和方法论。

三、梦的破灭（PPT 出示图片：《马关条约》签订）

教师：甲午中日战争，洋务运动引以为傲的北洋舰队全军覆没，标志着技术强国梦破灭了，用事实说明了中体西用的不足，也应证了早期维新派思想的远见。这些维新思想构成了新的梦的起航。提出变革制度的主张。

我们来看第二篇章。

【第二篇章】制度强国梦

一、梦的起航

教师：最早提出这一梦想的人有如王韬郑观应，可惜早期维新派的主张并未形成完整的理论也并未付诸实践，但它对康梁维新派的思想产生了重大影响。

教师：19 世纪末，随甲午中日战争而来，中国又将面临怎样的形势？(PPT 视频播放)

设计意图：通过视频的方式，以康有为的语言："吾中国四万万人，无贵无贱，当今日在覆屋之下，漏舟之中，薪火之上，如笼中之鸟，釜底之鱼，牢中之囚，为奴隶，为牛马，为犬羊，听人驱使，听人割宰，此四千年中二十朝未有之奇变。"显示甲午战后民族危机的不断加深，急待救亡图存。调动了课堂情绪，彰显了家国情怀，顺利的过渡到下个环节——维新变法思想。

教师：从视频中我们看到帝国主义列强掀起了瓜分中国的狂潮，中华民族已经到了亡国灭种的时刻。在这一背景下，康梁维新派以变为主题大声疾呼"变亦变，不变亦变"变法才能图存，将制度强国梦推向一个新的高潮。

二、梦的升华

教师：此时整个维新思想的领导者有这些人物，康有为、梁启超、严复，他们以"变"为核心表达自己的观点。康有为——借；梁启超——变；严复——进。

请同学们结合课本的第69—70页了解这些人物的思想特点，找找这3个字的依据。

设计意图：先告知学生维新派每个代表人物一个字的特点，由学生合作学习结合教材和材料找出证据，养成学生史料实证的精神和素养。

补探究材料（材料三）:"物竞天择，适者生存""天不可独任，要贵以人持天""世道必进，后胜于今"

——严复《天演论》

教师通过学生回答互动再梳理：康有为有哪些著作？《新学伪经考》将封建统治者奉为正统的经典斥为伪书，动摇了封建统治的理论基础。它是怎么"借"的？《孔子改制考》把孔子当成改革的先师，来宣传变法的必要性和合理性。托古改制的特点就是将中国的儒家思想与西方的政治学说相结合，是一种政治策略，但他不敢与封建主义彻底决裂。不可避免地，这种理论具有一定的保守性。强调变法才能图存，"法律是治安天下的武器，变通是天下不变的道理"。并为变法提供了更为细化和完善的政权设计。严复翻译的这本书《天演论》，天—自然，演—演变，用自然演变来论证变法的必要性和合理性，给当时青年一种全新的世界观，刺激了国人强烈的忧患意识和竞争意识。

在他们的推动下，很快，上至通邑大都，下至僻壤穷巷，掀起了一股变法才能图存的维新思潮，给当时中国带来很大的变化。

探究思考二：同学们根据以下材料思考维新思想对近代社会的作用？

材料四：一批一批的中国人接受了进化论；一批一批的传统士人在洗了脑子之后转化为或多或少具有近代意识的知识分子。就其历史意义而言，这种场面，要比千军万马的厮杀更加惊心动魄。

——陈旭麓《近代中国社会的新陈代谢》

"这些年来中国国民觉些甚么呢？第一，觉得凡不是中国人都没有权来管中国的事。第二，觉得凡是中国人都有权来管中国的事。"

———1923 年，梁启超《五十年中国进化概论》

维新派提倡西学，批判封建思想，着重宣传"兴民权"，大大地提高了全社会的民主意识和参政意识。

——郑大华《晚清思想史》

结合材料解读和教师引导梳理总结：

结合上述材料中国社会发生了很大的变化，"洗了脑子之后转化为或多或少具有近代意识的知识分子"说明了这一思想发挥着近代思想启蒙的作用。凡不是中国人都没有权来管中国的事。说明了近代中国人的爱国和民族意识的觉醒。批判封建思想，着重宣传"兴民权"，宣传了西方天赋人权、自由平等观念推动了中国思想的进步。因此，这一思想启蒙了人们的思想，激发了人们的爱国和进步意识，这是中国近代第一次思想解放潮流。

设计意图：通过不同时期的历史人物评价维新思想的影响，使学生了解史料的多样性，以形成正确、客观、全面的历史认识，体现史料实证、唯物史观。

过渡：这不仅是思想上的进步，康梁维新派更用行动诠释了制度之变。1898 年，在维新思想的推动下，光绪帝颁布"明定国是"诏实行变法，史称戊戌变法。（出示 PPT：光绪帝下诏变法）

三、梦的破灭（出示 PPT：戊戌六君子）

教师：百日维新轰轰烈烈，君子喋血菜市口，君主立宪的制度强国梦最终破灭了。唉——大家看这幅图有什么感受？

教师：虽然他们的梦破灭了，但是在民族危难之际，总有那么一群先进中国人，从林则徐"苟利国家生死以，岂因祸福避趋之"到李鸿章"秋风宝剑孤臣泪，落日旌旗大将坛"，再到谭嗣同"我自横刀向天笑，去留肝胆两昆仑。"他们敢于挺身而出，担当民族大义。这种精神值得我们学习。虽然我现在心情有点苍凉，但我更与鲁迅先生有同感：请同学们跟我一起朗读下面这段话，更深刻地感悟中国人的精神。

PPT 引用：我们从古以来，就有埋头苦干的人，就有拼命硬干的人，就有为民请命的人，就有舍身求法的人，这就是中国的脊梁。

——鲁迅

设计意图：通过林则徐、李鸿章、谭嗣同的语言和戊戌六君子的图片，渲染他们的爱国思想和民族精神，彰显了他们的强国梦想，体现了家国情怀。

	背景	派别	代表人物	主张	
					器物
强国御侮	鸦片战争	抵抗派	林、魏	师夷长技	
	二次鸦战	洋务派	曾左李张	中体西用	
	甲午战争	维新派	康梁严谭	君主立宪	制度

小结

为什么以上派别学习西方先进技术和政治制度失败了？

教师：今天我们学习了从师夷长技到维新变法这一向西方学习的

历程，我们大家一起来总结一下本课的内容。你能从中发现哪些历史的趋势？

设计意图：利用表格三个思想主张的对比分析，使学生认识到近代中国人对西方的认识是由表及里、逐渐深化的，向西方学习经历了由器物到制度的渐进历程。

教师：每个思潮都有其诞生的时代背景；强国御侮是先进中国人共同的追求；近代中国向西方学习历程由浅入深，有器物上升到制度。

探究思考三：为什么以上派别学习西方先进技术和政治制度都失败了呢，谈一谈你的认识？

教师：的确他们提出的技术强国、制度强国给古老的中国注入了新生的活力，但这只是一部分先进中国人的强国梦想，中国要想真正强国，必须有更广泛的中国人参与，有更进步的思想引领，有更坚定的政权建立。

【第三篇章】人民强国梦

教师：1949 年中华人民共和国的成立，给了中国人一种集体的自尊和自信，在中共的领导下团结奋斗，经历 68 年的风风雨雨，我们取得了举世瞩目的成就。今天我们已经远远超越了梁启超 100 多年前的预言。（出示 PPT 图片）

教师：但是同学们，从此我们就止步了吗？当今我们的强国梦被赋予了新的时代内涵，那就是实现中华民族的伟大复兴！

教师：何为复兴？唯有自身文明曾经繁荣昌盛过的民族，才有资格提出复兴的目标；何为复兴？唯有承受过艰难困苦而始终不曾放弃梦想的民族，才有力量提出复兴的目标。何为复兴？唯有真正伟大的民族才不会在苦难中沉沦，反而会从苦难中奋起。百年思潮百年强国梦，凝聚了中国力量、中国道路、中国精神。

第七部分　作业布置

思考题：

陈旭麓先生在其《近代中国社会的新陈代谢》一书中指出：80 年来，中国人从"师夷长技以制夷"开始，进而"中体西用"，进而自由平等博爱，进而民主和科学。在这一过程中，中国人认识世界同时又认识自身，其中每一步都伴随着古今中西新旧之争。

请同学们根据所学,静思,判断,写作。要求:方向,择取近代一个阶级(派别、主要代表人物）的思想主张、精神、人文情怀等；观点，提出一个观点或自拟一个标题；论证，可引用相关史实予以论证。

对外开放格局的初步形成

重庆市江津中学校　刘理衡

第一部分　课标要求

《普通高中历史课程标准（实验）》要求："概述我国创办经济特区、兴办经济技术开发区、开辟沿海经济开放区和开发开放上海浦东的史实，分析我国对外开放格局形成的特点。"

《普通高中历史课程标准（2017年版）》要求："认识改革开放以来中国在各个领域取得的成就、综合国力及国际影响力的不断提高。"

第二部分　课标解读

一、唯物史观

通过选择、坚定、引领，突出开放是中国适应国内经济发展和全球形势的必然要求，使学生感受到生产关系的调整有利于推动生产力的发展，感受运用唯物史观的立场、观点和方法，对当时的历史背景进行全面、客观的认识，培养学生的唯物史观。

二、时空观念

认识对外开放格局的初步形成是中国特色社会主义建设的重要战略，通过构建对外开放的时空格局，引导学生在特定的时间联系和空间联系中对事物进行观察、分析，培养学生的时空观念。

三、史料实证

通过梳理中国不同时期开放的证据，使学生拥有实证意识；通过多样性的史料，养成学生对史料进行科学的辨析、判断、推理的意识。使学生在课程中体会实证精神，并据此提出自己的历史认识，能够以史料实证的意识对待历史与现实问题。

四、历史解释

通过史料对"经济特区""上海浦东"的"特"和"对外开放格局初步形成的特点"进行解释，使学生深化知识点的内涵，学会以全面、客观、辩证、发展的眼光加以看待和评判。

五、家国情怀

对外开放是我国长期坚持的一项基本国策，以开放促发展，是我国综合国力和国际地位不断提升，推动了社会主义现代化建设。通过开放过程中的危机，展现我国开放过程中的艰辛，让学生体会到今天的成就来之不易。进一步树立公民意识、世界意识，拥有开放意志和家国情怀。

第三部分 教材分析

一、知识结构

1. 知开放之因　　2. 晓开放之路　　3. 探开放之"特"

4. 破开放之困　　5. 继开放之志

二、教学重点

对外开放格局初步形成的特点、突破开放过程中的困难等。

三、教学难点

经济特区、上海浦东的特点，及其在推动社会主义现代化建设中的作用和影响。从现代化视角理解开放与全球化的关系、开放与改革的关系、开放与国际经济新格局的关系，实现教学目标和情感态度价值观的升华。

第四部分 学情分析

一、本课内容是人教版必修二第四单元"中国特色社会主义建设的道路"最后一课，是在计划经济体制束缚中国现代化进程的背景下，与12课经济体制改革同步进行的积极参与全球化进程的对外开放。

二、本课历史距离比较近，学生正在享受改革开放的成果，对鲜活生动的事物有兴趣。但对中国为什么选择开放，对外开放格局的特点，中国今天开放中的角色和担当缺乏策略思考，希望通过层层设问有效激发学生的独立思考和探究意识。

第五部分 设计思路

1978 年以来的对外开放历程，经历了经济特区、沿海开放城市、沿海经济开放区、内地的一个逐渐发展的过程，课程本名为《对外开放格局的初步形成》，但是如果只讲解对外开放格局的初步形成，不去阐释我国再 1978 年为什么选择对外开放，不去阐释我国今天我国在推动全球化的现实，那么就不能给学生一个宏观的时空观，就不能有效培养学生的公民意识。

设置五个内容：知开放之因、晓开放之路、探开放之"特"、破开放之困、继开放之志，既凸显了课程的核心内容，又联系选择开放的原因、新时代对外开放成就，使学生对整个对外开放四十年的大时代有一个整体认识。习总书记说："大时代需要大格局，大格局需要大智慧"。大时代下选择开放，是理性的回归，中国因开放而强大、而自信；大格局下坚定开放，是胸怀和姿态，历数中国在开放过程中的种种困难，让学生体会过程的艰辛、意志的坚定；大智慧下引领开放，是责任与担当，习总书记在庆祝改革开放四十周年大会上指出：必须坚持扩大开放，不断推进共建人类命运共同体。这就是适应当今时代的大格局、大智慧，是兼济天下的情怀，是中国文化的自信、道路自信、理论自信和制度自信的表现。

第六部分 课程结构

【导入】显示"开放"的篆文字，请同学们认识这两个字，分析"开"字像门打开一样，引导学生思考什么是"开放"，介绍词典对"开放"的基本解释：开放就是解除封锁、禁令、限制等、允许进入。

带领学生回顾中国古代令人骄傲的开放事件、中国近代屈辱的被迫开放，并要求学生指出史实证据，得出"开放带来进步，封闭导致落后"的结论。开放已经成为当代中国的基本国策，那我们走出了一条怎样的对外开放道路，以此进入本课学习。

【设计意图】：以古文字引发学生兴趣，以回忆历史知识使学生对中国古代和近代的对外开放有一个宏观的认识，使学生认识到开放的重要性，同时培养史料实证的意识。

一、知开放之因

> 材料一：谷牧同志访欧期间，在看到我国与欧洲在经济、科技等方面的巨大差距的同时，也感受到了所到各国官员和企业界人士同中国发展经贸关系的强烈愿望……目前国际形势对我们有利，……我们决不能错过这个非常难得的时机。
>
> ——摘自：李岚清《突围——国门初开的岁月》

以此材料引导学生思考:20世纪70年代末,我们为什么要选择对外开放。

分析我国经济情况和当时前国际形势,国内:经济落后、人民生活困难,希望发展经济。国际形势:对我们有利,欧洲等国家经济发达,有向中国投资愿望,引导学生结合所学知识思考还有哪些有利的国际形势（如外交突破、二战以来经济全球化的发展等）。1978年谷牧等国家领导人认识到,在当时的国内外形势下,我们绝不能错过这个非常难得的时机。

得出结论:对外开放是当时国内外背景下,进行现代化建设的必然选择。

【设计意图】使学生感受到生产关系的调整有利于推动生产力的发展,感受运用唯物史观的立场、观点和方法,对当时的历史背景进行全面、客观的认识,培养学生的唯物史观。

二、晓开放之路

请同学们参考教材和完成的学案,和教师一起,配合地图梳理我国对外开放的道路。1980年,设置了经济特区（1988年设置了海南经济特区）;1984年,开放了14个沿海开放城市;1985年,开辟了沿海经济开放区（从北到南有:环渤海、长三角、闽东南、珠三角）,并逐渐形成了沿海开放地带。1990年,开发开放上海浦东,以浦东带动了长江流域的开放。

经过二十多年的改革开放,我国形成了经济特区—沿海开放城市—沿海开放区—沿江开放港口城市—沿边开放城镇、内地省会开放城市的开放体系。这就构建了一个对外开放的时空格局。

【设置意图】通过构建了对外开放的时空格局，引导学生在特定的时间联系和空间联系中对事物进行观察、分析，培养学生的时空观念。

三、探开放之"特"

【探究一】：经济特区之"特"

> 材料二：特区的经济发展，主要靠吸收和利用外资…… 特区经济是在社会主义经济领导下，以中外合资和合作经营企业、外资独资经营企业为主，多种经济并存的综合体。……特区内的经济活动，以市场调节为主……对于来特区投资的外商，在税收、出入境等方面给以特殊的优惠和方便……经济特区内实行不同于内地的管理体制，有更大的自主权。
>
> ——谷牧为老干部介绍对外开放政策（1984 年 4 月）

通过材料分析经济特区主要有四个特点：吸引外资为主，多种经济所有制，以市场调节为主，特殊的优惠和方便，有更大的自主权。跟当时国内其他地方单一的公有制、计划经济调节手段明显是不一样的。由此可见，经济特区"特"在采用特殊的经济政策，引进外资、技术，以此来撬动中国旧体制的巨石，打开对外开放的大门。展示深圳发展变化图，体会开放带来的进步、繁荣。

深圳等四个经济特区的建立，为全面对外开放积累了丰富经验，随后经过 14 个沿海港口城市和海南岛的开发的开放，特别是国家批准在这些开放城市建立一批经济技术开发区，从而形成对外开放的"黄金海岸"。十四个沿海开放城市中有上海。1990 年，国家决定开发开放上海浦东又有什么特殊的战略考虑呢，以此来探究上海浦东之"特"。

探究二：上海浦东之"特"

> 材料三：浦东开发的目标定位必须从中国进一步扩大开放和社会主义市场经济发展需要出发，肩负起党中央赋予的推动上海成为国际经济、金融、贸易中心之一，带动长江流域经济腾飞的重要使命。

——朱晓明《邓小平关于开发开放上海浦东的战略思考》

材料四：浦东面对的是太平洋，是欧美，是全世界。

——《邓小平文选》第三卷

引导学生从上海浦东的目标定位、重要使命、战略位置等角度思考。

上海浦东的目标定位是从中国进一步扩大开放和社会主义市场经济发展需要出发。这体现了将对外开放和经济体制改革相结合。

立足上海、推动上海成为国际经济、金融、贸易中心之一的重要使命，凸显上海的地理位置、经济基础、社会会文化基础和人才优势，带动影响力非常明显。

引导学生进行分析，之前我们开放的城市无论是经济特区还是沿海开放城市，都在沿海地区，方向是南北纵向发展，而上海浦东新区是要带动长江流域，呈东西横向延伸，逐渐辐射到内地，最终带动内地的对外开放。

邓小平说，1980年确立的四个经济特区，主要是从地理位置条件考虑的，深圳等首批经济特区是临近港澳、广东福建两省侨胞众多。浦东面向的是太平洋、欧美、全世界，有更高的战略考虑！联系二十世纪六七十年代，世界经济中心逐渐从大西洋沿岸向环太平洋沿岸转移。体现浦东开发开放的意义，有利于提升中国在世界经济格局中的重要作用。

浦东开发成为20世纪90年代初国家经济发展的重大战略步骤。播放浦东"生长"动态画面（国家博物馆在庆祝改革开放40周年大型展览活动中展出的），使学生体会对外开放的伟大成就。浦东是中国90年代改革开放的重点和标志，使上海成为国际经济、金融、贸易中心城市。俄罗斯前总统叶利钦说：（浦东开发）决策高明，规划周密，做法聪明，这是中国的一大奇迹，美国前国务卿基辛格说：浦东是我去过的地方中最令人钦佩的地方之一，想象不到的成功。

我们正是以上海浦东为龙头，带动长江流域和沿边开放城镇、内地省会城市逐渐开放，对外开放体系初步形成。

思考：对外开放格局初步形成的特点。

通过我们对外开放的对象是不是仅是欧美发达资本主义国家、回忆对外开放层层递进的过程、对外开放的领域是不是仅在经济领域三个问题，配

合中国与世界各类国家交流的图片、对外开放过程梳理表、在经济、政治、文化、体育、教育等领域的图片

【设置意图】通过史料论证经济特区的"特"和上海浦东特殊的战略考虑，培养学生史料实证的意识；通过深圳的发展变化，上海浦东的战略选择、"生长"动态画面和举世瞩目的成就，使学生体会改革开放带来的国家富强、人民自信，增强学生对改革开放的认同，对国家的高度认同感、归属感、责任感和使命感，培养学生的家国情怀。

四、破开放之困

> 材料五：1982 年，深圳特区遭遇了改革开放以来第一次严峻考验，一些老干部到特区走了一趟后痛哭流涕，说深圳除了五星红旗还在飘扬之外，遍地都是资本主义，千百万人抛头颅，洒热血打下来的江山已经被"断送"了。
>
> ——彭森、陈立《中国经济体制改革重大事件》

引导学生从材料中"老干部""痛哭流涕""遍地"分析当时国内一些人思想比较僵化、受到束缚。

面对僵化的思想观念，1984 年，邓小平视察深圳并题词：深圳的发展和经验证明，我们建立特区的政策是正确的。随后，我们加快了对外开放的步伐，1984 年开放沿海 14 个城市，使外媒惊讶："开放整个海岸，实际上开放半个中国"。

到了 20 世纪 80 年代末 90 年代初，还遇到一些困难。

> 材料六：20 世纪 80 年代末 90 年代初，国际国内形势相当严峻……西方国家对中国实行制裁、封锁和孤立的政策，外商投资止步观望，有些外商甚至抽掉资金以及将"三来一补"及"三资"企业转移到东南亚等地区。
>
> ——《百年潮》2002 第 3 期
>
> 材料七：20 世纪 80 年代末 90 年代初，国内关于阶级斗争的提法和姓资姓社的争论再次被渲染。民间传言透出凶险和不祥，"听

说改革开放要收一收，该抓抓阶级斗争了"。

——马立诚《当代中国八种社会思潮》（摘编）

引导学生分析面临的困难：西方国家对中国实行制裁、封锁和孤立的政策，外商投资止步观望、国内对改革开放的坚定性依然不足，引导学生分析当时的国际背景，东欧剧变、苏联解体，国际社会主义运动遭到沉重打击。对中国产生了震撼性的影响。此时，改革开放到了关键时刻，可能有被逆转的危险。

在风口浪尖，1990 年，开发开放上海浦东。1992 年，邓小平南方谈话，果断停止了姓资姓社的讨论，并指出：不改革开放，只能是死路一条。此后，对外开放不可逆转，并取得巨大成功。

【设置意图】通过对外开放过程中面临的困难和进行的突破，让学生更加意识到改革开放的艰辛，更加坚定改革开放的意志。培养学生的唯物史观和家国情怀。

讨论：在对外开放格局初步形成的时期，我国取得巨大成功的原因。

引导学生从坚持中国特色社会主义道路、坚持改革开放、坚持以人民为中心、顺应时代发展潮流等角度进行思考，进行同学间的互评。

我们融入世界经济全球化的最好证明就是 2001 年加入了 WTO，中国经济加速发展，2010 年超越日本，跃居世界第二。

五、继开放之志

进入新时代，面对国际经济格局的深刻调整，面对贸易保护主义、逆全球化思潮不断涌现，经济全球化进程遭遇严峻挑战。特别是 2017 年以来，美国频频挥舞贸易保护主义大棒，发动对华贸易战，表现出明显的逆全球化倾向。人们不禁担心，经济全球化会不会发生逆转？此时，世界需要中国智慧，期待中国方案。引导学生分析，在新时代我们对外开放的态度是什么。

播放视频：《辉煌中国》片段。

就像视频所说，中国在对外开放道路上更加自信、坚定、从容。在惠及世界的开放版图上，正传递着中国温度。一个全方位的对外开放新格局正在形成。

选择开放，是理性的回归。放眼中国大历史，开放才是中国的历史发展的主流，中国因开放而强大、而自信。坚定开放，是胸怀和姿态。在内外阻力下中国始终坚定开放，今天，中国人民张开双臂欢迎各国人民搭乘中国发展的快车、便车。引领开放，是责任和担当。就像习近平总书记在庆祝改革开放四十周年大会上指出的：必须坚持扩大开放、不断推进共建人类命运共同体，这就是大时代下的大格局、大智慧，是兼济天下的情怀，是中国文化的自信、道路自信、理论自信和制度自信的表现。

同学们，习总书记说：大时代需要大格局，大格局需要大智慧。让我们顺应大时代，融入大格局，拥有大智慧。

思考：如果说80年代改革开放的主战场在深圳，90年代在上海浦东，那么今天我们对外开放的前沿阵地在哪里？

设置意图：学生可能会答雄安新区、重庆、合川等，教师不需直接回答，相信同学们都会为自己的观点找到很多证据。在这里与同学们分享华南理工大学焦建利教授的观点——他说今天改革开放的前沿阵地在一根网线！一根网线不管你在哪里都可以联通世界。所以，今天我们对外开放的前沿阵地在你我心里。一个国家对外开放，必须首先推进人的对外开放。如果思想禁锢，心胸封闭，那就不可能有真正的对外开放。

第七部分 教学反思

在设计《对外开放格局的初步形成》这节课时，为了有效落实学科核心素养，让学生于无声处体会生成，我注重课程主题立意的设计、课程结构的重建、学法指导的有效性。

1. 课程主题立意的思考

1978年以来中国的对外开放，经历了经济特区——沿海开放城市——沿海经济开放区——内地的一个逐渐发展的过程。如果按照教材中的本课内容，只讲解对外开放格局的初步形成，不阐释为什么选择对外开放，以及今天我国对外开放在推动全球化进程中的重要表现和作用，就不能帮助学生构建宏观的历史观，不能形成学生独立的解释历史和认识历史的能力，不能有效培养学生的公民意识，更不能体现富强、文明、爱国、敬业的社会主义核心价值观。

因此，我将本课的主题设计立意为：大时代需要大格局，大格局需要大智慧。大时代下选择开放，是理性的回归，大格局下坚定开放，是胸怀和姿态，历数中国在开放过程中的层层阻力，让学生体会改革开放过程的艰辛、领导人意志的坚定；大智慧下引领开放，是责任与担当，中国在改革开放取得显著成效后，并不是独善其身，而是主动承担起兼济天下的使命和担当。2013年以来，人类命运共同体、亚投行、"一带一路"战略的提出就是适应这个大时代的大格局、大智慧，是中国文化自信、道路自信、理论自信和制度自信的表现。

2. 课程结构的梳理

根据课程设计的立意，我将课程结构进行了重新构建。首先将课程原来的子目名称修改为：知开放之因、晓开放之路、探开放之"特"、破开放之困、继开放之志。"知开放之因"引导学生分析在20世纪70年代末的国内外形势下，为了国家富强、文明、和谐，中国选择对外开放的必要性和可行性。"晓开放之路"带领学生按照导学案、结合地图进行知识的梳理和归纳，构建了对外开放的时空格局，引导学生在特定的时间联系和空间联系中对事物进行观察、分析，培养学生的时空观念。探开放之"特"，通过史料论证经济特区的"特"和上海浦东特殊的战略考虑，培养学生史料实证的意识；通过深圳的发展变化，上海浦东的战略选择、"生长"动态画面和举世瞩目的成就，使学生体会改革开放带来的国家富强、人民自信，增强学生对改革开放的认同，对国家的高度认同感、归属感、责任感和使命感，培养学生的家国情怀。"破开放之困"，引导学生分析中国对外开放格局初步形成时期，遇到的三次严峻考验。一是1982年，深圳特区遭遇了改革开放以来第一次国内质疑的严峻考验；二是20世纪80年代末90年代初，苏东剧变后，国际格局重大调整对我国对外开放的冲击。在两次重大考验中我国始终坚定地走对外开放之路。通过对外开放过程中面临的困难和进行的突破，让学生更加意识到改革开放的艰辛，更加坚定改革开放的意志。培养学生的唯物史观和家国情怀。继开放之志。今天面对世界经济格局的重新调整，面对逆全球化思潮的的背景，中国的态度是鲜明的，中国的回答是响亮的，正如习近平总书记在2017年达沃斯论坛说："中国的大门对世界始终是打开的，不会关上。开着门，世界能够进入中国，中国也才能走向世界"。

其次，重视结构与知识的衔接。在处理本课具体内容时，我选择以引导学生通过解析史料来解释和认识历史的方式，目的在于培养学生史料实证和历史解释的素养。每一个子目都选取符合主题的史料两值三则，通过设问，引导学生对主题进行探究，最终形成自己独立的历史认识，在整个过程中尽可能引导学生从当时的时间、空间上思考分析问题，间接地培养学生形成正确的时空观念。

三是简约化知识难点。在处理"经济特区""上海浦东"两个内容时，避免直白的讲解结论而忽视实证，特设计了探究问题使学生深化理解知识内涵，从国内外形势分析，引导学生以全面、客观、辩证、发展的眼光看待和评判历史史实。

3. 落实学科核心素养

通过对外开放是中国适应国内经济发展和全球形势的必然需要的分析，落实唯物史观、史料实证素养。通过对外开放格局逐步展开的推演，培育学生建构特定的史实与特定的时空联系的意识，落实时空观念素养的培养。通过对外开放与国内经济体制改革与之间的关系，强化学生对改革、开放辩证统一关系的认识，提升学生历史解释素养。通过引导学生学生认识对外开放是我国长期坚持的一项基本国策，为社会主义现代化建设作出了重要贡献，落实家国情怀。通过突破开放过程中的困难，展现我国开放过程中的艰辛，让学生体会到今天的繁荣富强、文明幸福的来之不易，体现与祖国命运的紧密相联，进一步坚定对外开放的意志，体现家国情怀。

4. 进一步反思

在准备赛课的两周多时间里，我在课程设计方面一直谋求突破，希望能呈现出一节主题立意较高、知识结构简约、思维引导较强、学生获得感十足的课程。进行了多次调整，不断进行突破，也不断遇到困惑，同时不断进行反思。

一是课程结构设计需要继续突破。知开放之因、晓开放之路、探开放之"特"、破开放之困、继开放之志，五重结构虽然直接明了、开门见山、简单易懂，但是此设计没有明确"赏（品）开放之果"，有些不完整的印象。在教学设计中特别将对外开放的成果融入到知识点的讲解中，在深圳、浦东、21 世纪以来等多个地方进行了展示。赛课结束后，我通过与多名老师交流，计划继续沿着"大时代下选择开放""大格局下坚定开放""大智慧下引领开放"等三个角度进行梳理，从人民群众、社会生活、国家发展等多个角度展示"大时代""大格局""大智慧"，让学生体会到对外开放关乎民族的命运、家庭的命运和个人的命运。二是开放过程的处理需要继续思考。由于本节课教材的知识点难度不大，难点在于对知识的深刻挖掘，故以"晓开放之路"一个子目、一张PPT，通过学生预习、导学案结合地图梳理此过程，并且呈现大的时空格局，培养学生核心素养。在此之前，我是将"探开放之'特'""破开放之困"融入开放过程之中。如何处理，各有利弊，我将继续尝试调整，以达到培养学生学科核心素养的目的。三是学生活动价值体认的效果需要提升。通过赛课，认识到在问题设置、激发学生上需要更多的思考和提升。

最后，感谢重庆市教科院提供的机会和平台，感谢黄开红老师的鼓励和指导，通过赛课的过程，极大的提升了教育教学能力，使我对历史教学有了进一步的认识，在接下来的历史教学中，将按照黄开红老师"宏观定位、中观建构、微观透析"的指导，设计历史课程，以亲和氛围活跃学生，以思维引导点燃学生，以主题立意激发学生，以问题解决成就学生。

第八部分 教师点评

点评人：基础教育课程教材中心研究员　何成刚

点评标题：主题立意，在历史教学中进行社会主义核心价值观教育

点评内容：中学历史作为一门人文色彩浓重的学科，担负着传播传统社会道德和当代主流价值观的任务。面对国内外复杂的形势和各种不良价值观的干扰，学校如何有效帮助学生树立社会主义的核心价值观，把学生培养成品学兼优、德才兼备的栋梁之材，已成为突出的时代性课题。

刘理衡老师执教的《对外开放格局的初步形成》一课，为我们做了一个很好的示范。他精心研究了课程内容的主题，根据内容特点，巧妙地将社会主义核心价值观中国家层面的"富强""文明"、公民个人层面的"爱国"适时恰当地渗透于教学之中，以"大时代需要大格局，大格局需要大智慧"为课程主题立意，以《对外开放的大时代、大格局与大智慧——＜对外开放格局的初步形成＞教学设计》为主题，通过引导学生解析一则则详实、典型的史料，在将历史学科的"唯物史观""时空观念""史料实证""历史

解释""家国情怀"等核心素养一一落实的同时，很好地实现了社会主义核心价值观的教育，取得了相当好的效果。

刘老师的教学设计主线明确，教学资源丰富。从当初中国做出对外开放决策的迫切性与正确性，到后来逐渐实施的由点（四个经济特区）到线（十四个沿海开放城市）再到面（沿海经济开放区）的对外开放格局的渐次展开，刘老师引用了大量的文字史料、视频资源、地图、时政新闻等素材，借助于精准的设问，通过引导学生分析、对比、探究、讨论等方式实现学生学习的主体性与主动性。所有的教学素材、问题设计均围绕主题进行。如同中国对外开放格局的逐步形成一般，教学内容的展开也如抽丝剥茧一样，层层推进。

刘老师的教学设计主次分明，重点突出。对于中国对外开放的时代背景和国际影响，属于本课内容的延伸，刘老师采取了淡化处理，但又不是完全省略。如同教学反思中所说，如果不交代前因后果，不仅不利于学生形成系统的知识体系，而且会影响学生对本课内容的理解。刘老师通过探究"经济特区之特、上海浦东之特"的"特"，着力强化学生对于中国对外开放的重要步骤的理解，并最终通过探究这"两特"归纳出对外开放格局的"特点"。对这"四特"的重点处理，很好地帮助学生全面了解了中国对外开放的格局。

刘老师的教学设计大胆创新，与时俱进。历史学科除了知识的传授之外，还有一个很重要的德育功能，历史知识虽然都是过去的，但历史的德育功能却是与时俱进的。作为新时代的中国公民，都应该具备社会主义核心价值观，但价值观的培养不是靠空虚的说教或者硬性的规定，而是需要在课堂上潜移默化地完成。刘老师本节课的教学设计大胆创新，直接以社会主义核心价值观作为主题立意，时代感非常强。

总之，刘老师为广大历史教育工作者开辟了一个全新的教学尝试的领域，同时又为我们做了一个很好的示范和展示。

《神权下的自我之文艺复兴》教学设计

重庆市字水中学　夏银春

一、解读课标

课程标准要求：知道薄伽丘等人的主要作品和主要思想，认识文艺复兴时期人文主义的含义。

二、分析教材地位

本课是在高中历史人民版必修三专题六第二节，专题六围绕的是西方人文精神起源与发展这个主题，设置了三条线索：首先是古希腊的智者以人的眼光去考察一切，也就是"人是万物的尺度"，揭开了人文精神的起源；苏格拉底"认识你自己""知德合一"，重视人的理性，是人文精神的升华；接着文艺复兴之人文主义，即形成了一个以人为中心的反宗教迷信和神学的专制统治并提出资产阶级要求的一个思想体系，是人文精神的复苏、发展；宗教改革蔑视权威，信仰自由使人文主义平民化；最后启蒙运动之理性主义，即是希望通过建立一个合理的社会保护个人的利益和各种权利，使人文精神得到进一步发展并走向成熟。

本课围绕14—17世纪欧洲人文精神发展这个主题，重点是向学生介绍了欧洲的两大运动：文艺复兴和宗教改革运动。文艺复兴运动继承了古代希腊罗马的人文主义精神，并赋予了它新的含义，首先在思想领域掀起了解放潮流；而宗教改革运动是继文艺复兴之后，也是在文艺复兴运动的影响下，借助宗教外衣掀起的反教会反封建的思想政治运动，它们为启蒙运动的到来做了思想上的准备。所以本课在本专题的线索中处于承上启下的地位，在西方思想史的发展里程中占据十分重要的位置。

三、整理教学目标

1. 通过探源文艺复兴，了解 14、15 世纪文艺复兴的历史背景，掌握"文艺复兴三杰"及其代表作，引导学生用唯物史观分析问题。（唯物史观，时空观念）

2. 通过以史料为载体，理解文艺复兴运动的性质，并借助文艺复兴的成就和薄伽丘等人的思想的阐释，深入本质思考问题，透过现象看本质。（史料实证，历史解释）

3. 通过感悟文艺复兴的影响，加深理解文艺复兴时期人文主义的内涵；认同人文主义价值观的精华，肯定人的价值和尊严。培养学生尊重人和人性的人文情怀；辩证评价西方人文主义，培养坚持信仰的顽强意志。（历史解释，家国情怀）

三、确定教学重、难点

【教学重点】：认识文艺复兴时期人文主义的含义。

【教学难点】：理解文艺复兴运动的实质：并非古典文化的简单再现，而是一场新兴的资产阶级文化运动；

四、分析学情、准备教法

学生世界历史的知识储备有限，对于 14—17 世纪欧洲历史发展线索不明确，对于人文主义抽象概念的理解及其深远影响的体会会存在一定的困难，因此在教法上我准备采用引导启发式教学，运用学生解说、阅读史料、问题探究、图片赏析、情景再现、对比分析、讨论谈话的方法，来逐步实现我的教学目标。

五、构想教学过程

【新课导入】：

导入贴近学生的现实生活更易于学生理解教材，同时体现历史借鉴的功能，所以我选择了现在综艺节目中热衷于玩的一个猜词游戏，并在玩中激发学生学习的兴趣。给学生四个提示：提示一：强调人，而不是神；提示二：强调文，而不是武；提示三：是我们现实生活中的一种精神；提示四：科学发展观中有所体现。四则提示指向以人为本的人文主义精神，从而思考人文主义精神是如何注入我们的生活中的，进入本节课的学习。

【新课教学】：

（一）探源文艺复兴

1. 探历史之源——人文主义之束缚篇

由学生扮演情景剧，展现中世纪的神权世界和意大利的社会状况，通过情景再现帮助学生理解文艺复兴运动产生的时代背景。

过渡：思考视频和课本展现中世纪的状况，从给出的词汇：随心所欲、禁欲苦行、无拘无束、人性压抑、张扬个性、思想禁锢、思想开放、愚昧迷信、以人为本、言论自由、神为中心、追求享乐，指导学生找出反映中世纪人们的生活和思想状况的词汇：禁欲苦行、人性压抑、思想禁锢、愚昧迷信、神为中心。

2. 探现实之源——独具优势的意大利

补充相关视频与材料，指导学生自主探究分析文艺复兴最早出现在意大利的原因。

材料一：基督教的原始教义含有明显的反商意识，也连带禁止商业文化带来的世俗享乐和追求物质的倾向。14世纪时，意大利中、北部出现了资本主义萌芽，崛起的商人阶级由于拥有财富而创造了为财富服务的新思维，提出了关照人的生命与尊严的价值观。

材料二：在基督教时代，古希腊、古罗马文化的传统更多地保留在意大利。一些意大利学者开始研究本土上的古代罗马的建筑遗址和文化手稿，…… 而且意大利各城市同拜占庭、阿拉伯一直有着经济和文化上的联系。因此意大利人更容易接触古希腊手稿和艺术古迹。

通过阅读，并结合所学请思考：文艺复兴运动首先兴起于意大利，主要有哪些原因？（经济、阶级、文化等方面）

3. 探思想之源——人文主义之内容篇

指导学生通过与中世纪时期对应的词汇：禁欲苦行、人性压抑、思想禁锢、愚昧迷信、神为中心，找出文艺复兴时期对应的词汇：张扬个性、解放人性、思想解放、追求真理，人为中心，深入浅出地理解文艺复兴时期人文主义的含义。

问题探究：通过文艺复兴运动是复生，还是新生的讨论，帮助学生思考文艺复兴的性质：是正在形成的资产阶级借助复兴希腊罗马古典文化所发起的弘扬资产阶级思想和文化的运动。文艺复兴的概况如何呢？

学生自主学习：列表概括。

过渡：通过走进意大利的乌菲兹博物馆参观，寻访感受文艺复兴的概况，理解新兴的资产阶级是通过什么样的文艺形式，表达什么样的精神诉求来冲破神学的束缚。

（二）寻访感受文艺复兴——人文主义之复苏篇

安排学生作为导游带领大家参观乌菲齐博物馆的文学馆和美术馆两个展厅，以问题探究和学生合作、师生互动的形式突破本课重点。

1. 人文主义之诗歌——从盲从盲信到个性觉醒

（学生讲解）：欢迎大家来到文学馆，文学馆主要展出的是意大利文艺复兴的"初期三杰"——但丁、彼特拉克和薄伽丘及其作品。

但丁是文艺复兴初期最早的代表人物之一，被称为是文艺复兴的先驱，他的代表作是《神曲》，主要讲述的是但丁做了一个梦，梦中自己游历了地狱、炼狱和天堂三界，发现地狱中有教皇的位置。

（学生讲解）：彼特拉克生于1304年，猝1374年。他有一句名言："我不想变成上帝，或者居住在永恒中，或者把天地抱在怀抱里。属于人的那种光荣对我就够了。这是我祈求的一切。我自己是凡人，我只要求凡人的幸福"。请哪位游客说说看这句名言反映了彼特拉克什么样的思想感情？

游客：追求现世生活的幸福。

2. 人文主义之小说——从禁欲苦行到顺从人性

（学生讲解）：薄伽丘的代表作是《十日谈》，它主要叙述了3名男青年和 7 名女青年为了躲避黑死病，在乡间一个别墅里住了 10 天，讲了 100 个故事，故名《十日谈》，这些故事取材广泛，反映的是 14 世纪意大利的生活场景和各阶层人物。比如有这样一个故事：一位父亲将儿子从小带至深山中隐修，以杜绝人欲横流的尘世生活的诱惑。儿子到了 18 岁，随父亲下山到佛罗伦萨，迎面碰上一群健康美丽的少女。头一次见到女性的儿子问父亲这是些什么东西，虔诚的父亲把女子看作洪水猛兽，要儿子赶快低下头，说这是些名叫"绿鹅"的"祸水"。岂料一路上对任何事物都不感兴趣的儿子却说："爸爸，让我带一只回去喂养吧！"

问题探究：在这个故事中父亲将女人形容为"祸水""绿鹅"是受到什么观念的束缚？儿子在五光十色的世界里独独看中了"绿鹅"（女人），这说明什么问题？

帮助学生理解人性无所不在，无从回避。

3．人文主义之戏剧——从神权至上到人性至美

（学生讲解）：文艺复兴从意大利兴起，在 16 世纪时已扩大至欧洲各国，其影响遍及文学、哲学、艺术、政治、科学、宗教知识探索的各个方面，在诸多领域里出现了很多名家，例如大家熟悉的被誉为戏剧天才的莎士比亚。莎士比亚创作了许多脍炙人口的悲剧喜剧作品。他当过剧院演员，后来写剧本。一生共写了 37 个剧本。他的作品赞美友谊和爱情，主张自由平等，反对封建束缚和神权桎梏，深刻反映了人文主义思想。《哈姆雷特》就是莎士比亚最杰出的悲剧作品。

播放"哈姆雷特·宇宙精华"视频，欣赏著名的哈姆雷特经典独白。（详见附件6）

独白："人是一件多么了不起的杰作！在理性上多么高贵！在才能上多么无限！多么文雅的举动！在行为上多么像一个天使！在智慧上多么像一个天神！宇宙的精华！万物的灵长！"

思考剧作的思想感情：赞美人，肯定人，肯定人性；从神权至上到人性至上。

问题探究：莎士比亚对人的赞美与薄伽丘对人性的肯定有什么不同？

帮助学生理解薄伽丘的《十日谈》主要集中在人性中的本能方面，而莎士比亚的作品刻画了复杂的人类内心世界，提升了人性的高尚与尊严！

文艺复兴运动从质朴走向高雅。

4．人文主义之美术——从压抑人性到回归人性

（学生讲解）：欢迎来到美术馆，我们这个美术馆以拉斐尔的圣母像而著称，拉斐尔、达芬奇、米开朗其诺被誉为意大利文艺复兴时期的美术三杰。

大家请看，这幅是《绿野圣母》，圣母像民间普通的母亲一样照顾两个嬉戏的圣子。这一幅是《纱罩圣母》，画中圣母慈祥的照看着熟睡的圣子。这幅是《西斯廷圣母》，它是拉斐尔"圣母像"中的代表作。画面中圣母抱着圣子从云端降下，身穿金色锦袍的教皇，向她们做出欢迎的姿态。右边年轻的女信徒，虔心垂目，表示了对圣母圣子的崇敬和恭顺。位于中心的圣母体态丰满优美，端庄安详，秀丽文静，眉宇间洋溢着母性的慈爱和幸福，像是一位民间普通的母亲。大家请看，这是中世纪的圣母像，它和西斯廷圣母像有什么不同呢？

问题探究：中世纪的圣母像和西斯廷圣母像有什么不同？

帮助学生理解中世纪圣母表情呆滞，缺少情感，西斯廷圣母眉宇间流露的是母性的慈祥与仁爱，像民间一位普通的母亲，这也体现了文艺复兴时期绘画"把神人化"的特点。

（教师讲解）：这是大家都非常熟悉的达·芬奇的《蒙娜丽莎》，真迹藏于法国卢浮宫。正是这神秘的微笑，展示了人性的觉醒。

问题探究：思考蒙娜丽莎为什么没有眉毛？因为当时佛罗伦萨妇女多以剃净眉毛为美，这在当时是一件很流行的事，是世俗中一种美的体现。而达·芬奇将它放进自己的画作，意味着作者追求什么样的观点呢？通过这一细节帮助学生发现画家对现世生活，对人性回归的肯定。达·芬奇不仅是艺术家，还是工程师、科学家。可谓博学多才。达·芬奇的《最后的晚餐》，米开朗其诺的《大卫》雕像都是世间的珍品。

文艺复兴除了文学、美术，在其他领域还有哪些人物与成就体现了人文主义色彩呢？播放视频展现在自然科学、教育等方面的成就，进行拓展。

（三）感悟文艺复兴——文艺复兴之影响

头脑风暴合作探究：文艺复兴有何影响？

引导学生多角度多侧面讨论归纳概括，主要突出以下几点：

积极：促进了人们的思想解放和觉醒（主要作用）；为宗教改革和启蒙

运动奠定思想基础；创造了人类光辉灿烂的文化艺术；"文艺复兴催生并推动了自然科学的发展；"文艺复兴发现了人和世界"，推动了反封斗争，为新航路开辟及殖民扩张注入了精神活力；文艺复兴揭开了人类文明的新篇章，为资本主义制度的发展开辟了道路。

局限：对人文主义的过分推崇，造成运动后期个人私欲的膨胀、泛滥和社会混乱；文艺复兴局限于上流社会和知识阶层；

教学小结：通过文艺复兴背景、性质、核心思想、概况、影响的结构图示进行简洁小结，并用西方人文精神的起源及发展线索，展现本科承前启后的地位，夯实双基，加深学生对文艺复兴的印象。

【回归现实，学习延伸】如今我们应怎样发扬人文精神？应具备哪些人文品质？

（如：人文精神是人类的一笔宝贵财富，当今社会对提高人文素质非常重视，国家现在大力推行人文素质教育。所谓人文素质，是指一个人成其为人和发展为人才的内在品质，发展人文素质就是"学会做人"，做一个有良知的人，一个有智慧的人，一个有修养的人。（人文品质：独立、宽容、敬畏独立、、积极进取、创新、尊敬、感恩、和谐等等）

结束语：法国文豪雨果曾经说过：比大地更广阔的是海洋，比海洋更广阔的是天空，比天空更广阔的是人的心灵。大家记住，昔日文艺复兴运动解放了思想，使人性从宗教神学中解放出来，成为托起欧洲近代的重要力量，极大推动了人类文明的进程。今天，我们应该取其精华，弃其糟粕，牢固树立以人为本的科学发展观，为中华民族的伟大复兴而贡献力量。聆听历史是一种深远的智慧，让历史照亮我们未来的行程。

教学反思：本文立足学本视域，采用发现探索式的教学模式，注重材料的适切性，精选文字、图片、视频等材料，精心设计材料的呈现方式，设计新情景，从学生的认知实际出发，充分发挥学生的主体地位，师生互动，师导生演，以现实人文现象走进历史，探源文艺复兴的背景，寻访感受文艺复兴的成就，感悟文艺复兴的伟大影响，再从历史回归社会主义现代化建设的现实，树立以人为本的科学发展观，为中华民族的伟大复兴而贡献力量。使学生在丰富的材料教学中，自主学习，学会学习，在充满浓郁的人文主义的文化氛围中，提升了自己的人文素养，高效的达成了教学的五大历史核心素养目标。教学是不完美的艺术。这节课也不例外。由于设计环节较多，有些地方的过渡显得生硬。还有些问题的设置难度稍大，对学生的启发还不够等。这些都需要教师在以后的材料教学中更加深入研究材料的适切性，认真实践，不断完善。

《追寻生命的起源》教学设计

重庆市字水中学　邓波

【教学目标】

1. 知识与能力：

①了解植物分类法；细胞学说；达尔文、赫胥黎及进化论观点；②了解科学与宗教在人类起源问题上产生分歧的根源。

2. 过程与方法：

学习中要认真阅读教材和相关资料，要把学习过的生物学知识迁移到历史学习中来。通过合作学习，自主学习，探究学习，历史材料学习等方式参与教学，积极思考，仔细探究。体验科学进步的过程。感知科技发展的脚步。既能独立学习探究，又能交流合作。采用调查，讨论，合作，交流，习作，实验，等多种形式学习和感知、理解生物学发展的历史。

3. 情感态度与价值观：

通过学习理解生物的巨大进步，了解进步带来的世界性影响，树立继承和发展科学的信念。学习科学家献身科学的勇气，严谨的科学态度，锲而不舍的钻研精神。注重个人品质，修养的培养。

【教材分析】

本课介绍了人类探索生命起源的历程，重点介绍了近代生命科学的研究成果和达尔文的进化论。生物进化论的确立挑战了封建神学，否定了神创说，促进了人类认识的飞跃，对近代自然科学技术的发展起了重大推动作用。

细胞学说、进化论、能量守恒和转化定律被恩格斯誉为19世纪自然科学的三大发现。本课内容重点介绍生物进化论,上承第一课"近代物理学革命",下启第3、4课"近现代科技革命的成果和影响",在专题七的教学中占有重要地位。

【教学重点】进化论确立的历史条件、进化论的主要观点和影响。

【教学难点】分析科学与宗教在人类起源问题上产生分歧的根源。

【教学过程】

(一)导入新课

播放视频资料《女娲造人》

教师提问:视频讲述的是什么故事?它反映了生命来自于哪里?

学生回答后,教师总结提问:神创说。那么生命是不是来自的神创说呢?

(二)讲授新课

一、千年话题——谁创造了万物

1.神创说

生命来自于神的创造,不仅东方有,西方也有类似的说法。

出示图片油画《创世纪》,讲述《圣经》关于上帝创造万物和人类始祖亚当、夏娃偷吃禁果的故事。

教师提问:神创说的基本观点是?上帝造物,物种不变。

这种观点是不是正确的呢?(学生回答不正确。)那是因为你们心中有一种你们正确的观点,那就是生命的起源来自于生物的进化。

2.进化论

教师提问:进化论的创立者是谁?(学生回答达尔文)

教师出示达尔文照片,并简述达尔文的生平。重点介绍两个时期。

(1)大学时期

最初就读于爱丁堡大学,学医。是不是个"好"学生呢?

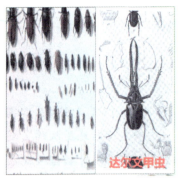

不是："不务正业"，是个"差生"。最喜欢干生命呢？观察昆虫、自然界的各种生物？介绍达尔文发现"达尔文甲虫"的故事。老达尔文怒而让其退学。

后来就读于剑桥大学，学神学。这次是不是个好学生呢？后来以优异的成绩毕业。但他准备去当一个受人尊敬的神父时，收到了一封信，改变了他的人生命运，也改变了世界科学的历史。

（2）环球考察时期

1831——1835年，在"贝格尔"号随船进行环球考察，重点介绍在加拉帕戈斯群岛考察的发现。为什么呢？

教师先出示左边图片并提问学生，这些地雀主要的不同是什么？再出示下面图片。

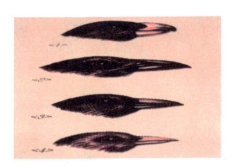

加拉帕戈斯群岛上的几种地雀

教师总结：由于生活环境和食物的不同，使地雀的喙有明显的差异。因此，达尔文开始对"上帝造物，物种不变"的说法产生了怀疑。所以加拉帕戈斯群岛又被称为"达尔文与上帝分手的地方"。

环球考察结束后，达尔文花了20多年的时间，研究整理考察笔记，最终，在1859年出版了那本震惊世界的科学巨著——《物种起源》，从而创立了进化论。

二、达尔文的进化论。

教师出示材料。

材料一：1859年11月24日清晨，雾霭中，伦敦几家书店的门口人声鼎沸，人们争先恐后地排队购买刚出版的新书——《物种起源》。初版1250本书在发行的当天就被抢购一空。……书中的观点震撼了整个世界。

——引自《科学简史》

《物种起源》一书为什么能引起人们极大的热情？

答案：提出了进化论。自然界中生物的物种是不断进化的，是不断从低级向高级发展的。自然界进化的规则是物竞天择，适者生存。

1．主要观点

（1）自然界中生物的物种是不断进化的，是不断从低级向高级发展的。

（2）自然界进化的规则是物竞天择，适者生存。

第一代　　　　　　　第二代　　　　　　　第三代

教师提问"物竞天择，适者生存"什么意思？请同学们根据下面图片，解释一下长颈鹿为什么成为"长颈鹿"？

学生回答。

教师总结：达尔文认为长颈鹿的进化原因是，长颈鹿产生的后代超过环境承受能力（过度繁殖）；它们都要吃树叶而树叶不够吃（生存斗争）；它们有颈长和颈短的差异，颈长的能吃到树叶生存下来，颈短的却因吃不到树叶而最终饿死了（适者生存）。

教师提问：达尔文为什么能创立进化论呢？

学生回答：达尔文的科学探索。教师继续追问：还有没有其他因素。学生思考。稍后，教师出示布鲁诺的图片，提问学生，这个人是谁？

教师提问：布鲁诺和达尔文在他们各自的时代，都可以说是挑战教会权威的"异端"，为什么？（学生回答后）教师继续提问：同

1600年2月17日，布鲁诺在罗马的百花广场上被烧死。

1882年4月19日，达尔文去世，根据20名国会议员提议，被厚葬于威斯敏斯特大教堂，睡在牛顿身旁。

为异端，那他们最后的命运相同吗？教师介绍二人最后命运的不同。

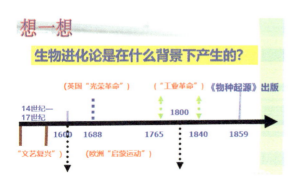

想一想

生物进化论是在什么背景下产生的？

教师提问：同为异端，为何二人的最终命运有如此大的不同？学生回答时代条件不同。教师继续追问：怎样的时代条件不同？布鲁诺生活是什么时代？达尔文生活在什么时代？能不能从政治、经济、思

想等方面分析二人所处时代条件的不同？教师出示图片，让学生填空，引导学生梳理14—19世纪政治、经济和思想方面的重大事件。

教师总结时代条件

2. 时代条件

（1）经济：工业革命推动了资本主义经济迅速发展。

（2）政治：资本主义民主制度的建立和完善。

（3）思想文化

思想解放：文艺复兴、宗教改革、启蒙运动解放了思想。

科学基础：科学技术的进步和生物学知识的积累。

教师提问：在达尔文创立进化论以前，近代生物学知识有哪些发展呢？请学生们阅读教材归纳概括。（林奈、施旺、施莱登、巴斯德、哈维等人，特别是拉马克的早期进化论思想。）

进化论的创立，有怎样的影响呢？

3. 历史影响

引导学生结合当时人们关于生命起源的普遍看法和进化论的主要观点得出结论：给上帝创造万物说以致命打击，将发展变化的思想引入生物界，促进了人类认识的飞跃。

所以有人说：

牛顿把造物主从无生命的研究领域中驱逐出去，

达尔文把造物主从有生命的研究领域驱逐出去。

进化论否定了宗教关于"上帝造物，物种不变"的说法，给教会以沉重打击。引起了教会的恐慌和忌恨。教会人士和守旧人士纷纷对达尔文和进化论进行污蔑和攻击。

教师出示相关材料

材料二：达尔文的《物种起源》出版后，宗教势力不甘心自己的失败，他们组织信徒出版刊物，不断集会大造声势，叫嚣"打倒进化论""拯救心灵""粉碎达尔文"。他们不准把《物种起源》放在剑桥大学的图书馆内。1864年，竟有30位皇家学会会员与40位医学博士，联名发表宣言反对达尔文。

——解恩泽《科学蒙难集》

材料三：教会丑化达尔文的图片

教师介绍"达尔文的忠实斗犬"赫胥黎和威斯敏斯

特大主教 1860 年 "牛津大论战" 的故事。

教师过渡，了解了两种关于生命起源的说法，总结一下。

三、科学和宗教关于生命起源的分歧

1. 根本分歧 :

（1）宗教 : 上帝造物，物种不变

（2）科学 : 生命是物质世界不断进化的结果

2. 分歧原因

教师提示学生，宗教的观点来自于哪里？《圣经》

（1）宗教 :《圣经》的记载和主观的臆测。

教师提示学生，达尔文是怎么创立进化论的？科学观测

（2）科学 : 证据和实验

根源在哪里？运用唯物史观的基本观点引导学生得出结论。

根源 : 生产力的不同。

古代，生产力水平低下，人们对自然界的认识有限，宗教迷信思想盛行，所以认为生命是上帝创造的，物种是不会发生变化的。到了近代，随着生产力的迅速发展，近代自然科学产生发展，进化论诞生。

教师提问并过渡，了解了关于生命起源的观点以及它们的主要分歧、产生分歧的原因。同学们，你认为哪种观点是正确的？同学们一定会回答，当然是进化论是正确的。果真如此吗？请同学们看一组材料《你相信吗？》。

> 材料四 : 美国的盖洛普公司在 1982、1993、1997、1999 年进行了 4 次民意调查，其结果均显示，坚信 "上帝造人" 的美国成年人的比例，不低于受访者的 44%。只有 12 的人相信人类是由其它动物进化而来的。
>
> ——人民版高中历史教材必修三

这是来自于当经世界的超级大国、科学技术和文化教育高度发达的美国的民意调查，怎么样，很意外吧。或许，你会说，这是普通人。那我们再来看美国一些精英人物、政治人物的看法。

材料五：（2007年5月）3日晚，美国共和党10名总统竞选人齐聚里根总统图书馆，举行首轮集体电视辩论。10人中有3人不认同进化论，而倾向于"智能设计论"。这种理论由宗教保守派推出，宣称生命由某种超级智慧设计，并非源于物种进化。

——人民版高中历史教材必修三

怎样吗，想不到吧。我们再来看一些科学家的观点。

材料六：搜狐网2005年的一组特别报道——《500科学家签署声明　质疑达尔文进化论》

教师提问：为什么会这么多的人质疑、反对进化论呢？这些人里既有普通民众，也有政治人物，还包括科学家。说明了进化论怎么样？进化论还不能完全让他们信服，也就是说进化论还不能完全解释生命的起源。科学是讲证据的，有没有证据呢？

材料七：（云南澄江生物化石群的生物）出现于寒武纪（约5.3亿年前）生物大爆发时期，除了低等植物藻类外，大量代表现生各个动物门类的动物同时突然出现。寒武纪在不到地球1%的年纪里，却出现了90%的物种。

——根据20世纪80年代云南澄江生物化石考古相关资料整理

我们知道，进化论认为自然界的生物是物质世界不断进化而来的，这是一个漫长的过程。这显然和云南澄江生物化石考古的发现是矛盾的，为什么呢？其实，关于这一点，达尔文自己也有预见，他曾说过："今后如果有人对我的理论提出挑战，那很可能来对自寒武纪动物突然大量出现的解释"。

所以，生命的起源到底来自于哪里呢？

古代：宗教，错误。

近代：科学，部分正确。

现代：继续追寻。因为科学的探索是没有止境的。

（三）复习小结

最后，我们再来看一段视频，《生物进化历程》，来复习本课知识和结束我们的新课。

【教学后记】

本课为必修三思想文化史中近代科学技术专题，主要涉及生物学知识，文科学生相关知识普遍基础薄弱，教学难度较大。因此在教学设计中，注重运用视频、图片和材料进行教学，调动学生学生的积极性，激发学生学习兴趣。同时，从历史学科的要求出发，忽略具体生物学知识的介绍，抓住进化论这一重点，精心设计问题，引导学生探求进化论产生的时代条件和历史影响，培养学生的科学精神和唯物史观意识，取得了较好的效果。

近代科学与文化

重庆市字水中学　刘朝东

课标要求：

通过牛顿、达尔文、巴尔扎克和贝多芬等人的成就，了解科学和文化在近代社会发展中的作用。

教学立意：

从近代科学文化成就中认识文化与时代的关系，初步建立社会存在决定社会意识，社会意识反作用社会存在的唯物史观。

教学目标：

一、知识和能力：

知道牛顿、达尔文、巴尔扎克、托尔斯泰、贝多芬等人在近代科学和文学，艺术上的主要成就。

通过材料阅读分析以牛顿为代表的近代科学对社会发展的作用，近代科学文化取得辉煌成就的原因，进一步培养材料解析能力。

二、过程和方法：

通过制作，填充近代科学，文学，艺术成就表，培养用表格归纳整理历史知识的学习方法。

通过探寻文学艺术作品背后体现的时代背景和时代特色，挖掘文学艺术作品蕴含的历史价值，初步培养学生的唯物史观意识以及鉴赏文学艺术作品的方法。

三、情感态度和价值观：

通过了解科学文化代表人物的卓越成就，树立继承和发展人类优秀文化成果的观念。

通过对科学文化巨匠们取得成就原因的分析，培养学生勇敢面对挫折，积极进取的人生态度，体会文学艺术家关心，关注现实社会问题的社会责任感。

尊重和欣赏不同民族所创造的文化成果，树立正确的国际意识和对中华民族文化的认同和自信。

教学重难点：

一、重点

科学文化巨人的成就

二、难点

1. 科学文化对社会发展的作用　　2. 文艺作品与时代的关系。

历史概念：

1. 科学：反映客观世界的本质联系及其运动规律的知识体系，具有客观性，真理性和系统性。

2. 文化：相对于政治，经济而言的人类全部精神活动及其产品。

教学设计：

导入新课：（图片展示）这是英国的威斯敏斯特大教堂，这里不仅是王公贵族的墓地，也是英国历史文化名人的墓地。2018 年 3 月去世的著名科学家霍金也被安葬在这里，与长眠于此的英国名人为邻，这些邻居包括牛顿，达尔文。在人类文明的星空中，群星闪耀，熠熠生辉，一个又一个丰富而有趣的灵魂用激情和梦想点亮了历史发展的方向，将人类文明延伸至久远。今天，就让我们走进群星中最耀眼，最夺目的几颗，透过他们从另一个角度去了解世界近代史。

新课教学：在中世纪，神学思想笼罩着欧洲，在这样的背景下，科学是神学的脚本，文学是神学的婢女，艺术是神学的工具，这无疑严重阻碍了社会的进步。随着文明内在衍生的发展和历史的沉淀，步入近代社会后，人类历史上的科学文艺盛宴逐渐形成了，在这期间，名家辈出，名作如云，接下来我们以科学文化领域 6 位杰出代表为例去了解这一时期在意识形态领域取得了那些成就，并分析这些成就取得的原因，影响作用等。本课的学习分为以下三个部分。一、自主学习，初识成就；二、步入辉煌，品鉴成就；三、成就之思，人生之问．

一、自主学习，初识成就

学生根据 PPT 中的图表提示，用 5 分钟时间阅读教材全部内容，完成对本课核心知识的自主学习，教师引导学生阅读时将重要信息做标注　刚才我们粗略了解了近代人类所取得的辉煌科学文化成就。接下来，我们从历史学科的角度详细品鉴一下这些辉煌的科学文化成就，探析成因，明晰影响。

类型	人物	国籍	成就或作品
科学			
文学			
音乐			
美术			

二、步入辉煌，品鉴成就

（一）牛顿的经典力学

1. 揭示自然规律，增强人类自信勇气

师：300 年前，人们看世界的心态是被动的，世界是唯上帝旨意运转的，人既不可能也不需要知道很多道理，直到牛顿的出现，人类才终于结束了这种状态．牛顿在哪些领域做出了杰出的贡献？（生答）

师：在牛顿的贡献中，力学成就是最经典的，牛顿通过自己伟大的著作《自然哲学的数学原理》宣告了科学时代的来临，在这本书中，牛顿提出了物体运动的三大定律以及万有引力定律，从而建立了经典力学体系。这一体系可以用来解释人类所能感知到的一切物体的运动，不仅仅是地球上物体运动的规律，包括宇宙间天体运动也可以用经典力学体系来解释。这在当时产生了震撼性的影响（出示材料：大自然和它的规律隐藏在黑暗之中，上帝说：让牛顿去吧，于是一切便灿然明朗——波普），牛顿破解了自然的规律，他的发现给人类带来了前所未有的自信，人类了解，认知，改造自然的信心倍增。曾经匍匐在上帝脚下的人类，终于大胆抬起头来，开始用自己理性的眼光打量世界。

2．启蒙了启蒙运动

师：牛顿告诉世人，自然界存在规律，而且规律是能够被认识的。有些欧洲学者认为，跟自然界对应的是人类社会，既然自然界有它的规律，那么人类社会也应该有规律，人类可以了解自然界的规律，为什么不可以去了解人类社会的规律呢？牛顿的经典力学体系为人类去了解社会规律提供了非常大的勇气，鼓舞了人类去了解自身社会规律。那牛顿是怎么破解自然规律的呢？牛顿建立经典力学体系的方法是以实验为基础，以数学为表达方式的。大家知道物理课本上牛顿的三大定律和万有引力定律都是以数学公式的形式出现的，这是非常规范和严谨的，而这种科学的方法和思路一旦应用到破解人类社会规律上，就是启蒙思想家们特别提倡的理性主义，这是启蒙运动的指导思想。所以牛顿的经典力学体系和启蒙运动有着密切的关系（出示材料：启蒙运动的多数思想根源于三个基本前提：（1）整个宇宙是可以得到充分认识的，它是由自然而非超自然力量支配的；（2）严格运用"科学方法"就可以解决所有研究领域的基本问题……——美．菲利普．李．拉尔夫等著《世界文明史》下卷），从种程度上说，牛顿启蒙了启蒙运动。或者说牛顿掀起了理性之风，为启蒙运动奠定了基础。

3．奠定工业革命的基础

（展示材料：牛顿，他准备了一把工业革命的钥匙，瓦特用这把钥匙打开了工业革命的大门——《大国崛起》解说词）

师：通过之前的学习，我们知道在第一次工业革命中，进行创造发明的多是能工巧匠，他们在生产中总结经验，从经验中提取技术。而瓦特在改造旧式蒸汽机的过程中，却使用了一种以前的工匠们根本不会想到的方式即瓦特曾钻研过力学，数学，化学，做过系统的实验，并仔细计算过气缸的热效能，为什么瓦特会这样做？这实际上与 17 世纪中期，以牛顿为代

表的近代科学诞生有密切关系。那请问同学们,材料中的"工业革命的钥匙"是指什么呢? (生答)

师:"工业革命的钥匙"实际上指的是牛顿建立经典力学体系的基本思路和方法,瓦特用这把钥匙打开了工业革命的大门是指瓦特运用科学的思路和方法改造了蒸汽机,而不是过去传统的凭经验,技术对生产精心改进的做法。改良蒸汽机的发明是第一次工业革命中最具科学味道的发明。所以,从某种程度说牛顿的经典力学为工业革命奠定了基础。

总之,牛顿的科学发现使人类对客观世界的探索向前迈进了一大步,他众多的杰出贡献,使他成为近代自然科学的奠基人之一。与此同时,牛顿的科学成就为启蒙运动,为工业革命都奠定了基础,他的科学成就也推动人类文明向前迈进了一大步。牛顿是人类历史上第一个死后采取国葬的科学家,这足以彰显他的历史地位。英国以这种方式来表达他们对科学家的尊重,对才能的尊重,。

(二)达尔文的生物进化论

师:在牛顿的墓旁,安葬了另外一个伟大的科学家。他就是达尔文(课件展示达尔文头像)人从哪里来,世间万物从哪里来?生命从低级向高级变化究竟是怎样的规律?在黑暗的中世纪,神造论者认为上帝造了万物,且万物永恒不变。在整个中世纪,人们笃信这一观点。但是达尔文却对这些观点提出了挑战

1.成就

1859年,英国生物学家达尔文出版了《物种起源》一书(课件展示),书中提出了生物进化论的观点。其具体内容包括包括哪些呢(生答),这些内容相信你们的生物老师在课堂上做出了最好的解释。达尔文的生物进化论被恩格斯称为"19世纪自然科学的三大发现之一"《物种起源》一书出版当天就被抢购一空,极大的震动了学术界。

2.影响

进化论的提出不仅在生物科学领域掀起了一场伟大的革命,而且这一观点的提出也是人类思想史上划时代的大事。如果说17世纪牛顿是把"神"从无生命现象的领域驱逐出去了,那么19世纪达尔文则把"神"从有生命现象的领域驱逐出去了。"物竞天择,适者生存"也成为广为传诵的名言,

并被赋予不同的寓意，或激励人的成长，或倡导社会变革。（课件展示这句名言）

提问：进化论思想对我国有什么影响呢？（引导学生联系中国近代史回答）

师：进化论思想在 19 世纪末由严复介绍到我国并加以改造，用来激励中国人民团结奋斗，救亡图存。这种思想在知识界引起巨大轰动，风靡一时，为维新变法运动提供了理论基础，严复也因此成为著名的资产阶级启蒙思想家。

（过渡）：我们既需要科学的理性主义，也需要文学的人文关怀，巴尔扎克和列夫·托尔斯泰是近代文学领域的杰出代表，他们以自己的作品，留下各自的人生思考。

（三）巴尔扎克的《人间喜剧》

（展示巴尔扎克的生平介绍及文学成就）

师：巴尔扎克是法国著名的作家，其代表作《人间喜剧》被誉为是资本主义社会的百科全书，这是一本小说集，共有 96 部小说，2400 多个人物展示了人间百态。其中最经典的形象就是守财奴葛朗台和高老头

（展示材料）对于金钱，葛朗台的反应是"像人一样是活的，会动的"，"会来，会去，会流汗，会繁殖"。对于储藏室的钥匙要贴身放着，还不时地用手抚摸。对于他的妻子去世，他逼迫他的女儿放弃继承权，说："孩子，你给了我生路，我有命啦，不过这是你把你欠我的还了我，这才叫作公平交易。"对于临死之前，神父为他做法事，他还想抢神父的镀金十字架，却因为用力过度而一命呜呼。——《欧也妮，葛朗台》节选

师：大家看了这段材料，你认为这些文字刻画了一个什么样的人物形象（生答）

师：文学是社会的镜子，它产生于社会发展的不同阶段，反映了不同时代的特征，也是反思和追问这一时期面临的社会问题。那么这一时期的社会问题时什么呢？

（展示材料）资产阶级已经取得统治的地方吧一切封建的，宗法的和田园诗般的关系都破坏了，它使人和人之间除了赤裸裸的厉害关系，除了冷酷无情的"金钱交易"就再也没有任何别的联系了。"——《共产党宣言》

师：资产阶级工业革命的进行，生产力大大提高，社会财富急剧增加，也带来了贫富分化，阶级对立，而此时金钱成为一切事物的准绳，这种冷酷的金钱关系腐化了社会，扭曲了人性，巴尔扎克把资产阶级的生活比作一部丑态百出的喜剧。他在书房放置了一座拿破仑的雕像，并刻下一句话：他用剑未未完成的事业，我要用笔完成。

（过渡）比巴尔扎克稍晚一些，俄国也出现了一位文学巨匠，他的作品又向我们展示了怎样独特的魅力呢?

（四）列夫 . 托尔斯泰

列夫托尔斯泰有三部巨著：《战争与和平》《安娜卡列尼娜》《复活》，他的作品展现出俄国的社会生活和历史运动的宏大画面。深刻揭露了俄国19世纪末20世纪初的社会基本矛盾，他的作品被列宁称为"俄国革命的镜子"。托尔斯泰倍受人尊敬，还因为他始终同情弱者，呼唤人与人之间无私的爱。他是一位伯爵，是一位拥有1200亩土地和300多名农奴的大庄园主，当他有一天骑马路过农民身边的时候，飞扬的泥土溅到了农民身上，他注意到了农民赤裸裸的双脚，一贫如洗，诚惶诚恐的看着他这个贵族老爷，于是他开始忏悔自己的贵族身份了。70多岁的托尔斯泰离开了生活优雅的家，在乡间盖了一间茅草屋居住，而且他不顾妻子的反对，把自己所有的财产全部分给了农民，把自己的著作权无偿献给了社会。我们之所以说他的作品伟大，正是由于他的这种博爱的精神。1910年，82岁的托尔斯泰在理想与现实的痛苦中离家出走，病逝在一个小火车站，结束了一个文学的时代。

（过渡）：当文学大师激扬文字时，艺术巨匠们挥洒音符和色彩创造出艺术新天地，接下来老师将带领大家去体验一场听觉的盛宴，闭眼聆听，边听边思考这段音乐带给你什么感觉（生答）

（五）贝多芬

师：大家刚刚听到的是第三交响曲，又叫英雄交响曲，这个曲子是贝多芬写给拿破仑的

（展示材料）：贝多芬曾把拿破仑视为摧毁专制制度，实现共和理想的英雄。为此，1802年他动手写作献给拿破仑的《第三交响曲》。1804年，正当他准备将《第三交响曲》献给拿破仑时，拿破仑称帝的消息传到了维也纳。得知这个消息后，贝多芬把写给拿破仑的献词撕各粉粹。多了许久，

贝多芬的气愤才渐渐平息,并允许把这部作品公之于世。1806 年总谱出版时,标题页上印着:英雄交响曲为纪念一位伟人而作。从此,《第三交响曲》就被称为"英雄交响曲"

师:请同学们结合材料思考贝多芬要表达怎样的思想感情(生答)

师总结:当时欧洲正处于资本主义制度确立时期,资产阶级开始在社会上展开各项活动,从政治、经济、军事、社会等各个方面正在进行变革,在艺术领域也不例外,艺术家们有感于当时社会上积极向上,追求民主自由的精神,也创作了许多不朽的反映时代主题的大量名作。贝多芬的几大交响曲就是典型的代表,贝多芬被后人誉为"交响乐之王""乐圣"

(过渡)接下来,我们再去感受一场视觉的盛宴

(六)梵高

(展示梵高作品)

师:这些作品出自荷兰画家梵高之手,梵高是印象主义流派的画家,什么是印象派呢?印象派注重以自然的光和色来描绘风景人物,他们醉心于光和色的研究,强调捕捉光和色之下世界万物的"瞬间印象"表现微妙的色彩变化,这样就引起了绘画上的重大变革。而印象主义这一新的美术流派产生是与当时资本主义经济的发展和第二次工业革命的开展密不可分的的。

(展示材料)19 世纪后期光学领域出现了新成就,光学揭示了色彩的物理学本质,光是一切色彩的来源,色彩是人对眼睛视网膜接收到的光作出反应,在大脑中产生的某种感觉——《光色原理》

师:艺术创作与时代背景密切相关,艺术是时代各方方面的反映,包括时代的精神风貌,时代的物质技术条件等。梵高的作品现已跻身全球最著名最珍贵的艺术作品行李,其价值不菲。然而他的作品在生前总共只卖出过 1 幅,在他短短的 37 年生命中,他经历了无数曲折和坎坷,始终在生前没有得到作为画家的认同和尊重,他一生穷困潦倒,但他的作品却明快,充满激情,表现出追求光明,热情,热爱生命的主题,《向日葵》这幅作品就表达了梵高的这种思想感情

(展示《向日葵》图片):在梵高眼里,向日葵象太阳一样有金黄色的色彩,这幅画色彩对比强烈,让人充满激情,梵高也被称为"扑向太阳的画家"

（过渡）：以上是我们对近代科学文化做的初略了解，有兴趣的同学还可以在课后做进一步的学习了解。总的来说，近代科学文化取得了辉煌的成就，作为全人类共同的努力，近代科学与文化增强了人类的自信勇气，突破了神话的解释，记录了人生的悲欢离合，喜怒哀乐，反映了人的生存状态，讴歌了真善美，揭露了假丑恶。那么接下来请同学们结合材料，思考为什么近代科学文化会取得如何辉煌的成就呢？文化与时代的关系是怎样的？

三. 成就之思，人生之问

（展示材料）：

材料一：十八和十九世纪是人类历史上的大变革时代，资产阶级革命横扫封建主义，将一顶顶王冠打落在地，工业革命铸造出机器轰鸣和动荡不安的工业社会，激荡的历史变革造就了世界文学艺术史上一个辉煌的时代……文学艺术时代的产物，是社会生活的折射，以各种艺术形式反映出时代的变化和时代的精神。——《世界通史》

材料二：牛顿——把简单的事情考虑得很复杂，可以发现新领域；把复杂的现象看得很简单，可以发现新定律。

达尔文——我在科学方面所作出的任何成绩，都只是由于长期思索，忍耐和勤奋而获得的。巴尔扎克——我唯一能信赖的，是我的狮子般的勇气和不可战胜的从事劳动的精力。

托尔斯泰——理想是指路明灯。没有理想，就没有坚定的方向，没有方向，就没有生活。

贝多芬——我要扼住命运的咽喉，决不能让命运使我屈服。

梵高——生活对我来说就是一次艰难的航行，但我将奋斗，我将生活得有价值，我将努力战胜，并赢得生活。

师总结：

1. 一定时期的科学文化是一定时期政治经济在意识形态的反映，文化反映时代特征。辉煌的近代科学文化成就，不仅与当时的时代脉搏一起跳动，同时也超越了时空，成为全人类永恒的文化财富，这笔财富应该被我们薪火相传，生生不息。

2. 科学文化作为人类最伟大的事业之一，它是社会存在的反映，科学探索的成果可能会被证伪，各种文学艺术流派可能会随时代发展而更迭，但对理想的追求，对事业的执着，对勤奋的坚持，对命运的抗争，这些优秀的人生品质却是永恒不变的。星光未远，梦想在前，让前行者以思想发声，让追梦者以信念相连。希望同学们养成积极健康的人生态度，热情认真地过好每一天，形成高度的责任感使命感，有担当地对待每一件事。

3. 优秀的文化是时代前进的号角，最能代表一个时代的风貌，最能引领一个时代的风气。随着时代的变迁，文化也需要与时俱进。然而，对于后进国家，如何处理传统与现代的关系始终是一个棘手的历史课题，毕竟拥有悠久传统的国家在现代化进程中，不能隔断历史，也不应该迷失自己的文化归属。因此，我们既应该尊重欣赏其他民族的文化，但也应该认同本民族的文化，中国近现代文化成就灿若星河，无一不显现中华民族的智慧。

（展示材料）中国近现代科学文化成就表

领域	代表人物	成就
科学	钱学森，邓稼先	候式制碱法，两弹一星，载人航天工程，杂交水稻，屠呦呦青蒿素提取
文学	鲁迅，郭沫若，矛盾，巴金，曹禺，老舍，莫言	《狂人日记》《屈原》《子夜》《家春秋》《雷雨》《骆驼祥子》莫言或诺贝尔文学奖
艺术	齐白石，徐悲鸿，聂耳，冼星海	《愚公移山》《八骏图》《义勇军进行曲》《黄河大合唱》"百花齐放，百家争鸣……

作为中华儿女，我们一定要有高度的文化自信，没有高度的文化自信，就没有文化艺术的繁荣兴盛，同样科技创新能力已经成为综合国力竞争的决定性因素，当今世界，科学技术渗透到人类和社会进步的各个领域，科学技术是第一生产力，我们除了要有文化自信，也要有科技自信。观察，质疑，

假设，求证，执着……先辈们的科学精神值得我们传承和发扬，沿着先辈的足迹，逐梦前行，用刻苦和坚持去续写今天的传奇，用智慧和汗水去浇筑新时代的辉煌。

小结：

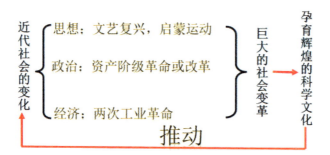

明暗交织　素养烛照

——初中"繁荣的宋代商业"一课教学设计

重庆市黔江中学校　向艳秋

一、引子

本课以教材作为基础学本，选用了大量文字史料、图片史料、出土文物等辅助读物。如《清明上河图》、宋墓壁画呈现直观的图像；引用《宋会要》《东京梦华录》《梦粱录》《武林旧事》等笔记呈现文字的记载，"图""史"互相印证；引用出土文物图片，让文物说话，增加史料的可信度；引用学者著述，解答学生问题的同时，启迪他们的思维。

本设计明暗交织：通过宋代商业形态和特征的了解（明），初步体会历史的延续和变迁（暗）；宋代商业繁荣的史实呈现（明），领会宋代丰富的人文精神内涵（暗）；引导学生分析宋代商业发展的原因（明），感悟中国为什么没进入工业文明（暗），以期达到知识、思维、情感的交互式发展和生成，初步培养学生的批判性思维，渗透历史学科核心素养。

二、教学过程

新课导入：

英国著名史学家汤因比说："如果让我选择，我愿意活在中国的宋朝。"我国著名史学家陈寅恪说："华夏民族之文化，历数千年之演进，造极于赵宋之世"。史学大师们为什么如此推崇宋朝？让我们通过一幅画来看看。

请同学们仔细观察教材上的《清明上河图》，你看到了什么？这些画面说明了什么？

（学生观察、发言）

信息解读：《清明上河图》是北宋宫廷画家张择端画的风俗画。详细描绘了北宋都城汴京城内及城郊的生活景象。在长 5.38 米，宽 25.2 厘米的画卷里，共有 814 人，各种牲畜 60 多匹，木船 28 只，房屋楼阁 30 栋，推车乘轿也有 20 多件，树木 170 多棵。它对我们了解宋代都城和宋代人生活具有很大的帮助。

设计意图：

用《清明上河图》吸引学生注意力，快速聚焦图片内容：繁华的都市、繁荣的商业，从而引出课题。

第一部分：盛世华章——繁荣的商业贸易

（一）宝马雕车香满路——都市商业

画家笔下的宋代都城美丽繁华，这些景象是画家的写实还是虚构？让我们借助文字史料去寻找答案吧。透过历史的时空，让画活起来。

> 材料一："市井经纪之家，往往只于市店旋买饮食，不置家蔬。""凡吉凶之事，自有所谓'茶酒厨子'专任饮食请客宴席之事，凡合用之物，一切赁至，不劳余力。"
>
> ——南宋 周密《武林旧事》卷 6

（注：赁，读 lin，意为租用。）

（1）哪里的人"不置家蔬"？"不置家蔬"有哪些解决办法？这些解决办法说明了什么？

信息点拨：《武林旧事》是南宋周密写的都市笔记，文章以详尽的细节白描南宋都城杭州的繁荣景象。从关键词句"只于市店旋买饮食，不置家蔬""一切赁至，不劳余力"可看出宋代城市市民很少自己种菜或者买菜做饭，而是去店里买。家里有红白喜事也是请专门的厨子团队来搞"一条龙"服务，而主家自己不用辛苦。这些都反映了宋代都城商品贸易和商品租赁经济的繁荣。《夫妻对坐图》是北宋末年河南禹县富翁赵大郎夫妇墓中的壁画。画面的色彩、画中人物的动作、表情都是我们观察的要点。从画面可以看出：赵大郎夫妇坐着椅子，就着暖炉，喝着小酒，吃着热汤锅，后面还有一批侍女端茶递水服侍，富足与闲适跃然纸上。

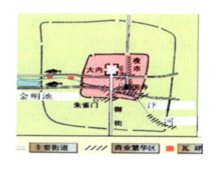

（答案预设：(1) 城市里的市民们大多"不置家蔬"；可以租赁，可以买，也可以让店家直接送外卖；说明宋代都城商业活动繁荣。）

　　　　材料二："自宣德门东去东角楼，乃皇城东南角也。……南通一巷，谓之界身，并是金银、彩帛交易之所，屋子雄壮，门面广阔，望之森然，每一交易，动辄千万，骇人见闻。"

　　　　　　　　　　　　　　　　——《东京梦华录》卷二

（注：北宋都城汴京，又称汴梁、东京）

（2）材料反映宋代商业什么特点？你能在图上找出商业区吗？城市分布有什么特点？

（答案预设：(2) 交易活动多、交易数额大。商业区（略）。分布特点：政治中心也是商业中心、商业区多。）

　　信息点拨：如何从图中找到有效信息：一是观察历史图例。如本图下面的方框。通过图例可以快速锁定材料所提的商业区。二是观察图中的名称。如从图中"大内"和"御街"可直接判断是皇宫。皇宫叫"大内""御街"是皇帝出行的街道。在两宋都城，处处都有商业活动。宋代民谚有云：

"欲得富，赶着行在卖酒醋"。"行在"即皇帝所在之地。同学们可以想象：在皇帝眼皮子底下，街上高楼大厦雕梁画栋，一排排的门店，各种商品琳琅满目，现金交易"动辄千万"。如此繁华的商业中心，堪比今天北京的王府井、上海的南京路了吧！而且，皇城、寺庙等地方原本是威严肃穆的地方，宋代也成了繁华的商业街。

那当时的商业街，除了贸易，还有没有其它活动吗？

材料三：（皇城东南）"其中大小勾栏五十余座……象棚最大，可容数千人。……瓦中多有货物、卖卦、喝故衣、探博、饮食、剃剪、纸画、令曲之类，终日居此，不觉抵暮。"

——《东京梦华录》

（3）从材料及图片可得出什么信息？

（学生看图回答：略）

信息点拨：在商业中心，勾栏瓦舍是宋人日常休闲的好去处。因为那里集饮食、娱乐等于一体，极其方便繁华。在勾栏里面，有很多知名艺人演出，场场爆满，跟今天大明星开演唱会差不多。韩城宋墓杂剧壁画反映的就是当时勾栏里舞台表演的精彩情况：演员们装扮各异、神态自然逼真，栩栩如生。勾栏瓦舍在《清明上河图》也有呈现哦，同学们再观察一下《清明上河图》，看看能不能找到著名的"桑家瓦子"。

设计意图：

立足市民生活，用贸易、娱乐、饮食等让学生从微观感受宋代都城商业的繁荣。通过引导学生对图文材料的辨析、思考，助力学生构建准确的时空观念。了解不同类型史料的长处，对所探究的问题进行互证，初步培养史料实证和历史解释素养。

（二）水村山郭酒旗风——镇市商业

都市固然是繁华便利的，那广大的乡镇呢？

南北朝中后期以来，在人烟较少、较为偏僻的乡村，乡民们约定时日在固定地方进行简单交易，称之为"赶墟""赶场""赶集"。这些"场"和"墟"就是草市。在没有草市的乡村，货郎们挑着担子走村串巷进行"流动贸易"，教材上的《货郎图》就是这样的"流动摊点"，它们也解决了一部分人的买卖需求。

从宋代开始，在人烟较为稠密、交通便利的乡村，随着商品经济的发展，一些草市逐渐升格为镇市，成为介于城市和村市之间的次级商业中心。比如北宋时齐州的新镇市（由草市升镇）、梓州的吴店镇（由村店升级为镇）、泰州的柴墟镇（由墟市升级为镇）等。南宋时随着镇市规模的不断扩大和功能的日趋完善，还出现了一些子镇市。这些镇市人来人往，繁华富庶，是宋代商业发展不容忽视的力量。

    材料四：澉浦镇是宋代江南的一个小镇。南宋人常棠在《澉水志》中记载，该镇大概有五千多人，但"主户少而客户多，往来不定，口尤难记。"虽然人少，但小镇上还设有专门的税场，最开始由镇官兼职收税，宋徽宗大观二年时设置专职人员收税。

注：（主户：有土地，有所在地户籍；客户：没有土地，没有所在地户籍）

（4）澉浦镇"主户少而客户多"反映了什么问题？"税场"的出现意味着什么？

（学生思考回答：略）

信息点拨：《澉水志》是南宋常棠所著，是澉浦镇的镇志，记录了南宋乡村集镇的发展情况。是我国详细记录乡村社会发展的著作，具有很高的史学价值。从《澉水志》可以看出，随着社会生产的发展和商业经济的繁荣，地理位置重要、相对便捷的乡村逐渐成为较为繁华的商业交易场所，政府还通过设置税场、税官等措施将它们纳入统一管理的范畴。"市井繁阜，商贾辐辏""主户少而客户多"等正好反映了宋代市镇商业贸易的繁荣景象。

设计意图：

地方志对史学研究具有重要价值。补充《澉水志》相关材料，以澉浦镇为窗口，让学生对宋代草市、镇市商业发展有所了解，同时领会商业的发展也有其内在的规律（魏晋时期的草市——唐宋的镇市——明清的市镇）。

（三）涨海声中万国商——海外贸易

"驼铃声声去，云帆片片来""与君远相知，不道云海深"等诗句形象地描绘了我国与周边国家的贸易情况。汉唐时期，对外贸易主要通过陆上丝绸之路，宋代则以海路为主，形成了一条著名的海上丝绸之路，又叫"瓷路"。宋朝政府在明州、广州、泉州等设有市舶司专职管理，并设置蕃坊供

南海一号古沉船模型

外商集中居住。每年往来的大商船很多，海船大的能装几百人，小的也能容纳一百多人。当时与宋朝进行海外贸易的国家和地区多达140多个。有一些外国商人长达几十年在中国居住、娶妻生子。宋朝政府还在番商集中居住的城市修建番学，供外请同学们观察教材"中国与海外各国贸易图"，找出著名的港口和城市，注意它们古今名字的变化。

接下来，我们来观看一段"南海一号"视频资料，近距离看一看宋代海船和海外贸易的情况。

（5）从视频中可提取哪些有效信息？

（学生回答：略）

信息点拨：1987年，在我国阳江海域发现了迄今为止世界海上沉船年代最早、船体最大、保存最完整的远洋贸易商船——南海一号。船上载有文物6万至8万件，有不少是价值连城的国宝级文物。南海一号就像一面镜子，让我们能直观、真实地了解宋代海外贸易的繁荣景象。

设计意图：

海外贸易是宋代商业发展的重要部分。通过"蕃坊"，让学生能够在具体的时空中了解宋代海外贸易的情况。借助"南海一号"相关材料，让学生对宋代海外贸易的繁荣有所认识，初步形成"时空观念"。通过图文材料的印证和教师的讲解，让学生对宋代海洋科技、造船技术、航海技术等有所了解，砥砺学生的"家国情怀"和民族自豪感。宋代海外贸易与今天的"一带一路"问题密切相关，通过本模块学习，起到历史学科所特有的"史鉴"功能的作用。

小结：

通过刚才的学习，宋代都市商业、镇市商业和海外贸易的繁荣景象立体、全面地展现在我们面前。让我们心生惊叹与向往。在纷繁复杂的商业行为背后，宋人丰富、灿烂的人文精神同样让人着迷。

第二部分：盛世底蕴——灿烂的人文精神

在宋代商业有关著述中，有这样一些故事。结合故事思考后面的问题：

材料五：北宋东京樊楼旁有个小茶肆，老板把多年来客人遗失在店里的财物全部收好记好，找机会送还给客人。有个顾客十多年前遗落金银在店，十多年后老板还将其原封归还。

——陶宗仪《说郛·摭青杂说》

材料六：南宋时真里富国（今柬埔寨）商人死在明州（宁波），留下巨额资产。知州赵伯圭让人备下棺椁，让其伙计护送回国。商人家属没想到能够将资产收回，大为感动，修建佛塔为大宋和赵伯圭祈福。

——楼钥《攻愧集》卷八

（6）从故事中可提取出宋人哪些精神品质？你如何评价这种品质？

（学习回答：略）

信息点拨：在宋代的商业活动中，商人是最活跃的群体。在宋代的笔记中，记录商人的事例比较多。有反映宋代商人诚信、质朴的，也有反映宋代人民友好对待外商的，也有反映商人们辛勤劳作发家致富的。这些形象反映了宋代商人群体的可敬可爱，同时也反映了中华文明礼仪的源远流长。这些品质对今天实现中国梦、建设"一带一路"等仍然有很好的示范作用。

那是不是商人地位一直都这么高呢？请看下面一则材料。

材料七：一位"专一在湖广江西地方做生意"的浙江商人蒋生，追求马少卿的女儿。自报家门道："小生原籍浙江，又是经商之人，不习儒业，只恐有玷门风。"马少卿则说："江浙名邦，原非异地。经商亦是善业，不是贱流。"

——《初刻拍案惊奇》

（学生归纳作答：略）

信息点拨：从先秦商鞅变法开始，商业被视为末业，商人及其子孙社会地位低下，对商人征收重税，商人子弟不得为官等，所以蒋生会担心自己的商人身份辱没马家的门风。然而，随着宋代商业的发展，商人的社会地位逐渐提高：商人及其子弟，只要有才学，也可以参加科考。在宋代杂剧和戏剧中，商人的形象逐渐正面。诸如马少卿等人也生出"经商亦是善业，不是贱流"的评语。这个故事从侧面反映了宋代商业发展后社会风气的世俗化、平民化色彩。同时，商业的繁荣也让百姓们变得自信。比如下面这则材料。

材料八：宋真宗的宰相王旦说："国家承平岁久，兼并之民，徭役不及，坐取厚利。京城资产，百万（贯）者至多，十万而上，比比皆是。"意即往汴京的大街上随便扔一块石头，便能砸着一个腰缠十万贯的土豪。

（学生归纳作答：略）

信息点拨：王旦的话，无疑是在炫富啊！唐代也有人炫富，比如贯休等诗人就写了一些炫富诗。然而唐代繁荣富庶在王旦等宋朝人眼里却不怎么样。比如宋人沈括评价唐代诗人的"炫富诗"乃"贫眼所惊耳"，意即没见过大世面的反映。这些都从侧面反映了宋代的富足和宋人的自信。宋人的自信随处可见，比如苏轼对自己的才气和帅气很自信，颇有些自恋地说："我见青山多妩媚，料青山，见我应如是"。又比如李清照，虽是女子身份，仍然大喊"生当作人杰，死亦为鬼雄"。那么，自信的宋人做了些什么呢？

材料九：马克思在《机器、自然力和科技的运用》一文中写道："火药、指南针、印刷术——这是预告资产阶级社会到来的三大发明。火药把骑士阶层炸得粉碎，指南针打开了世界市场并建立了殖民地，而印刷术则变成新教的工具……"而这三个发明都出现在北宋。

（学生归纳作答：略）

信息点拨：一个时代最重要的精神是什么？创新！宋代发达的经济和政治、文化如沃土，给宋人提供了丰厚的物质养料，也给他们提供了创新的舞台。他们勇于尝试，勇于创造，用时髦的话说，他们都是追梦人。这些追梦

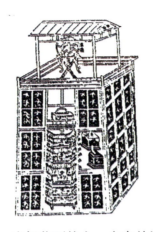

人有居庙堂之高的股肱之臣，比如苏颂等人；也有处江湖之远的平民百姓，比如毕昇。他们的创造有的"高大上"，在历史上有浓墨重彩的一笔；有的"接地气"，流于市井生活中。

设计意图：(1)"历史的大道蕴藏于历史故事的细节中。"用简短的故事，降低学生的阅读与理解的难度，易于学生接受。(2)增强"家国情怀"素养的渗透，让诚信、友好、平等、创造等品质浸润学生的心灵，提升他们的人文修养。(3)让学生学会从历史表象中发现问题，能运用唯物史观的基本观点理解问题，能对历史事物之间的因果关系作出解释，并能有理有据地表达自己的看法，为高中的深入学习奠定基础。

小结：

随着经济的发展，商业的繁荣，宋代社会风气和社会意识形态发生了很大的变化。明朝人陈邦瞻在《宋史纪事本末》中直接指出，宋代风气的变化十分剧烈，对后世产生了深远的影响。我们不禁会思考，为什么宋代商业会这么繁荣呢？

合作探究一：东风夜放花千树——两宋商业繁荣之因

材料十：唐代居民住的叫"坊"，贸易的地方叫"市"。坊和市是隔离的，有严格的时间空间限制。唐末以降，坊市制度逐渐变化。宋代的坊市突破了时空的限制，宋代商业由此更上高峰。据《东京梦华录》记载，无论春夏秋冬刮风下雨，城里都有夜市营业，卖粥饭点心、洗面水等等。"夜市直至三更尽，（早市）才

五更复又开张"。

——据《中国大通史》整理

材料十一：《宋会要》记载，宋高宗曾多次下令要求各地方官府要采取各种措施加强与外国通商。宋仁宗也曾多次"令本州与转运司招诱（外商）安存之。"

（7）根据材料信息说说宋代商业发展的原因？

（学生探究作答，教师对关键字句作提示、对学生观点作规范和补充）

信息点拨：通过材料，引导学生简单对比唐宋坊市制度的变化，感受唐宋经济的变革。同时，意识到宋代经济的发展的原因是多方面的：在空间上，商业贸易扩及整个城区、城郊和村镇；在时间上，打破了昼夜的限制；在政策上，政府实行一定政策鼓励。此外，还有百姓们勤劳与智慧都是促进宋代商业发展的原因。

材料十二：学者葛金芳在《中国经济通史》中说到：经济中心区域由于向东南方向移动而更靠近拥有优良海港的沿海地区，为封闭型的自然经济向开放型的商品经济过度提供了某种历史机遇。

（8）经济中心区域向东南移动，提供了哪些历史机遇？快速阅读教材，你还能找到哪些原因？

（方法指导：指导学生快速阅读，让学生先在教材上勾画落实，再抽学生发言；同时，教师对经济中心南移做简单的介绍和解读。）

信息点拨：安史之乱以后，由于北方长期的战乱，大量的北方人口逐渐往南迁移，先进的农耕技术、经验等也带到南方，促进了南方的发展。刚才同学们都看到了，教材上呈现的精美的宋代瓷器和丝绸就是例子。当这些遇上南方较为安定的社会环境、大片肥沃的土地时，"金风玉露一相逢，便胜却人间无数"，神奇的化学反应出现了：南方很多地方成为鱼米之乡，成为国家财富的中心、粮草的来源。宋代谚语有"苏湖熟，天下足""国家财富，仰给东南"等说法。需要说明的是，经济中心南移（在南宋完成），既是两宋经济发展的原因之一，也是两宋经济繁荣的表现。

设计意图：

通过阅读分析，培养学生历史解释的能力。让学生快速阅读教材，并借助教材认识到，发达的农业和手工业为商业提供了源源不断的优良商品，发达的宋代科技为商业提供了技术支撑等，以此培养学生史料阅读、提取信息的能力，同时培养学生的唯物史观。在此简单提及经济中心南移，为高中深入学习打基础。

小结：

促成两宋商业繁荣的因素很多。一言以蔽之，是封建小农经济和封建政治制度长期积累的结果。伴随着两宋繁荣的经济，其政治、科技、文化亦值得人们称道。然而，英国科学家李约瑟却这样问道："中国宋代对人类科技发展做出了很多重要贡献，但为什么科学和工业革命没有在中国发生？"是啊，为什么两宋时期中国如此繁荣发达却没能进入工业文明呢？为什么宋以后长达几百年的时间中国被淹没在近代的黎明里？

拓展探究二：零落成泥碾作尘——两宋时期中国为何没进入工业文明？

材料十三：宋代科举制度已趋成熟，向社会广泛开放，不重门第，只要文章和诗赋合格就可录取。同时，"万般皆下品，惟有读书高""书中自有颜如玉、书中自有黄金屋"等理念逐渐风行于世。这些似乎是好现象。然而学者葛金芳却指出："宋代已趋成熟的科举制度的整合功能，持续不断地消解着工商业阶层向更高一级文明迈进的动力。它不断地将包括农民、商人、手工业者在内的'精英'吸纳到官僚阶层中去。"

——根据《中国大通史》整理

(9) 你是否同意划线部分的说法？请说明理由。

学生回答：略（可赞同也可反对，只要言之有理即可）

信息点拨：我们很容易理解科举制度的好处：比如取材不论出身惟论才学，打破了世家大族的垄断，较为公平公正。然而，"横看成岭侧成峰"，多角度思考问题或许能给我们带来其他的启发。

宋代是文官社会，大力提倡科举，社会上逐渐形成"万般皆下品，惟有读书高"等思想，普通人家但凡有点能力，都愿意送子弟读书。因此，确如葛金芳老师所说，在科举制度的整合功能下，大多数优秀的人都步入"读书——做官"一途，一些优秀商人苗子就流失了，商业的持续发展会受到一定影响。另外，虽然宋代商人的地位与前代相比有所提高，但在中国古代大的历史格局中，商人的地位一直是低下的、是受压制的。

　　材料十四：牛肉、羊毛有税，农器、耕牛有税……空船往返，空身行旅之人也得纳税。时人说当时的税场："号为大小法场"，言其征收残酷如杀人。

　　　　　　　　　　　　　　　　　　　　——《宋会要辑稿》

　　材料十五：宋代富人们往往把赚得的钱财保存、积累起来，藏于府库之中，社会上"以积钱相尚"。南宋洪迈《夷坚志》中提到会稽一个叫詹抚平的人藏的钱堆满了十几间大仓库。

（10）上面两则材料分别反映了什么现象？有何消极影响？并分析这些现象产生的原因。

（学生探究作答，教师在解读时结合学生理解力作解释说明和补充说明）

信息点拨：买卖东西要交税，这是正常的事情。但税场像杀人的法场，那就说明征税太重太多了。商税重，打击谁的积极性？商人。而在商业活动中，货币最重要的职能是什么？流通手段。当人们藏钱成风以后，进入市场用于流通的货币就会大大减少，"多米诺骨牌"被推翻：商人在扩大再生产方面就会捉襟见肘，市场的灵活性也会降低，给国家的货币造成很大压力。

设计意图：

本探究是对第一个探究的深化、扩展与反思。如果说第一个探究是学生们稍微垫垫脚伸伸手就能够得着，本探究则希望他们能尝试打破思维定势，尽可能地跳得高一点想得深一点，产生一点批判性的意识。从而达到：物质表象（外在）到精神表象（内在）——内容全覆盖；从浅层次思考（发展之因）到深层次思考（遗憾之因）——思维有提升。让他们的思维有"一波三折"的跌宕感、层次感和批判性，让他们感受历史解释和历史思维的力量。虽然本探究对于学生们来说有些难度，但作为一种能力的扩展，笔者觉得可以尝试。

拓展延伸：

然而，重租税和藏钱等现象在中国古代十分常见。这是为什么呢？也与小农经济和专制主义中央集权制度有关。在由小农经济基础上产生的专制主义中央集权制度下，国家长期奉行"重农抑商"政策，对商业"重租税以困厄之"。即使偶尔政府出台一些鼓励商业发展的政策，更多地也是为了利用商业。商税重，商人贱，经商不易，赚钱不易，人们觉得还是把钱自己存着、藏着比较踏实，或者直接把赚到的钱用来买房买土地，变成不动产来留给子孙后代。所以，小农经济和专制主义中央集权制度既是宋代商业发展的原因，也是宋代商业不能继续深入发展的障碍。可谓"成也萧何败萧何"。因此我们可以看到：小农经济的土壤里很难兴起市场经济的思想，工业文明所需要的自由、开放、民主，是极难实现的。

繁荣的商业、灿烂的人文，宋代是迷人的，值得向往的。然而，宋代商业的繁荣并没有改变中国历史的走向，留下了"舞榭歌台，风流总被雨打风吹去"的遗憾，值得我们去反思和追问！

《中国民族资本主义的进一步发展》教学设计

重庆市江北区字水中学　于春江

一、教材地位：

（一）本节教材内容与中国史其他内容的联系：

就中国民族资本主义发展史而言，民族资本主义发展的"短暂春天"是其历史长河的一个重要里程碑。"短暂春天"的发展也为新文化运动奠定了经济基础。而中国资产阶级和无产阶级因"短暂春天"而壮大，这就为新文化运动兴起、五四运动中无产阶级登上中国的历史舞台以及中国共产党的诞生奠定了阶级基础。

就中国这一时期的"近代化"而言，该时期民族资本主义的发展就是经济工业化的推进，它同时也是这一时期政治民主化与思想科学化、理性化发展的基础。

（二）本节教材内容与世界史内容的联系：

"一战"期间欧洲列强暂时放松对华经济侵略是民族资本主义进一步发展的重要原因之一。

二、教学目标

（一）知识和技能

1. 知识方面：通过本节内容的教学，使学生了解和掌握中国民族资本主义进一步发展的原因、表现（概况）、特征、意义，中国无产阶级的壮大。

2. 能力方面：

（1）通过引导学生认识中国资本主义产生、发展的进程和各阶段的特点，培养学生运用辩证唯物主义和历史唯物主义观点从多角度、多层次分析历史问题的能力。

（2）通过对中民族资本主义短暂发展的原因及其特点的研究，培养学生分析问题的原因与结果、现象与本质的能力。

（二）过程和方法

1. 学习本节，应联系辛亥革命的意义，明确：中国民族资本主义发展是这一时期的特点之一。本节线索单一，知识结构简单，主要是围绕着民族工业"短暂的春天"来归纳其原因，简述其概况，分析其特征，认识其意义。

2. 对于中国民族资本主义发展的原因，要运用辩证唯物主义的内外因相结合的观点来进行分析，主要是抓住辛亥革命和第一次世界大战两大因素分析。关于"民族工业短暂的春天"我们既要抓住"发展"，又要抓住"短暂"。对于"发展"，可以从三个方面归纳：一是建厂数和资本的增加；二是以纺织业和面粉业为代表的轻工业的发展，三是掌握张謇等著名实业家正是"实业救国"的代表，他们在一战期间的辉煌成就正是"发展"的典型事例。对于"短暂"，要结合一战的进程来认识，一战四年后结束，战后列强卷土重来，民族工业重新受压。同时，一战期间，日、美并未放松对中国的经济侵略。

3. 对于民族工业的特征和意义，是本节的难点。关于"特征"，教材已从三个方面做了具体的概括，关键在理解。对于民族工业发展的意义，从生产力水平和生产关系的角度认识它是中国社会一种新的经济因素，其产生和发展一直在推动中国近代社会的进步。维新变法运动和辛亥革命即以其为经济基础，而此时期的发展更是促进无产阶级队伍的壮大，在资产阶级革命派领导的旧民主主义革命进入死胡同之际，自然为民主革命注入了新的活力和动力。

（三）情感、态度和价值观

1. 通过对中国民族资本主义曲折发展的教学，让学生认识到：帝国主义和封建主义的压迫、束缚是近代中国经济发展缓慢的主要原因；不改变中国半殖民地半封建社会的性质，中国民族资本主义不可能得到充分发展。

2、中国民族资本主义的进一步发展，促使无产阶级队伍的壮大，为以后中国由旧民主主义向新民主主义革命的转化，为中国共产党的成立，提供了阶段基础；同时也为无产阶级登上政治舞台准备了力量。

三、教学重点难点及突破重难点的方法

（一）重难点：1. 重点：中国民族资本主义发展的原因、特点、影响

2. 难点：中国民族资本主义发展的特点

（二）突破方法：采用材料教学法

三、课时安排：1课时

四、教学辅助手段：

相关的多媒体课件

五、教学过程设计

（一）、创设情景，导入新课：分两步进行。（时间：5分钟）

1. 多媒体展示如下有关荣氏家族的四幅图：

结合上面几幅图，简单向学生介绍荣氏家族史，以激发学生学习本节

荣毅仁　　　　　荣智健　　　　　荣宗敬　　　　　荣德生

内容的兴趣

2. 再回顾中国近代民族资本主义兴起、发生的历程，从而导入新课：

①中国近代民族企业产生于何时？主要分布于何地？其产生与什么因素有很大关系？（19世纪六七十年代；沿海和长江沿岸城市；外国资本主

义的经济侵略。）② 19 世纪末，中国民族资本主义有了初步的发展，表现在哪里？主要条件是什么？（出现了兴办工业的热潮。列强大规模的资本输出，进一步瓦解了中国封建经济，清政府放宽了对民间办厂的限制。）③ 20 世纪初，中国民族资本主义又有新发展，主要条件是什么？（清末"新政"；收回利权运动的推动；实业救国思潮的涌现。）④辛亥革命后，经历了短暂的孙中山领导的南京临时政府，中国历史很快进入北洋军阀统治时期，这时的民族资本主义怎么样了呢？其原因又是如何呢？

（二）中国民族资本主义进一步发展的原因：（时间：10 分钟）

首先，通过多媒体幻灯向学生展示以下材料，并要求、指导学生结合前五则材料讨论，归纳中国民族资本主义进一步发展的原因，并据材料六说明美日在"一战"期间对华经济侵略状况：

材料一：奖励和保护工商业，鼓励人民兴办实业，鼓励华侨在国内投资，设立实业部，废除清朝的苛捐杂税。

——摘自南京临时政府的法令和措施

材料二：解除对民间兴办工商业的限制：对新办企业予以优惠政策，实行保息制度，对民族工业品及其原料减免捐税；设立各种示范场所，推广技术，劝导人民创办实业，筹办国货展览会和组织参加外国展览会……

——摘自 1912—1916 年北京政府颁布的条例、章程、法规

材料三：（辛亥革命后）"实业救国"和民主共和成为当时并存的两大思潮。爱国心的驱使和利润的刺激，促使民族资产阶级投资新式工业。各种发展实业的团体如雨后春笋，纷纷涌现。较著名的有中华民国工业建设会等。

材料四：辛亥革命前后，群众性的反帝爱国斗争此起彼伏，有力地推动了民族资本主义的发展。特别是 1915 年因反对"二十一条"而掀起的抵制日货、提倡国货运动，作用尤大。

材料六：美、日输华商品总值变化表

材料五:

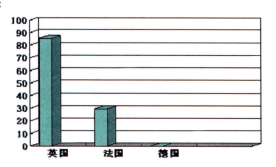

1918 年帝国主义国家对华资本和商品输出量（1913 年指数为 100）

在学生讨论，回答的基础上，用幻灯给学生呈现中国民族资本主义进

年份 \ 国家	日本	美国
1912	9000 万两	3500 万两
1919	24000 万两	11000 万两

一步发展的原因如下：

1. 辛亥革命推翻了封建专制制度，建立了中华民国，为中国民族资本主义的进一步发展扫除了一些障碍。

2. 群众性的反帝爱国斗争此起彼伏，有力地推动了民族资本主义的发展。

3. 一战期间，欧洲列强暂时放松了对中国的经济侵略，客观上为中国民族资本主义的发展提供了有力的外部条件。

4. "实业救国"和"民主共和"成为这一时期并存的两大思潮，推动了资本主义的发展。

5. 北洋军阀采取了一些有利于民族资本主义发展的措施接着教师强调以下两点：①上述五点原因中后两点要求学生补充在书上，一便集中掌握中国民族资本主义进一步发展的原因。②对中国民族资本主义进一步发展的原因中那一点是最主要的原因在史学界尚有争论，有人认为是辛亥革命的推动，也有人认为是欧洲列强暂时放松了对中国的经济侵略所致。对这一点，要求学生了解即可。但是，如考到，则以辛亥革命的推动为最主要原因为宜。要求学生具体分析"辛亥革命是怎样推动民族资本主义进一步发展的？"具体表现为：

政治上：辛亥革命推翻了封建君主专制，建立了中华民国。

经济上：采取了一些有利于资本主义发展的措施。

思想上：使"民主共和"的观念深入人心。

（三）民族工业发展概况：（时间：6分钟）

首先，让学生带着"民族工业发展概况是怎样的？"这一问题去看书上本目，2分钟后抽一学生归纳回答发展的表现。

然后，教师结合学生回答的情况要求学生结合幻灯内容在书上落实具体发展表现：1. 新建厂矿和新增资本超过过去半个世纪。（新建厂矿600多家，新增资本1.3亿多元）

2. 发展最快的是纺织业和面粉业，其他工业也有不同程度发展。

3. 出现一些著名的实家。如张謇、周学熙、荣宗敬、荣德生。

教师在介绍概况时还应结合以下两幅幻灯片内容：

接着，教师强调以下两点并要求学生掌握：（1）张謇是当时民族工商

名族工商业楷模

1912年荣宗敬、荣德生在上海创办的福新面粉厂

业的楷模；（2）民国初年，民族资产阶级乐于投资新式工业的主要原因是：爱国心的驱使和利润的刺激。

（四）中国民族资本主义进一步发展的特点：（时间：6分钟）

幻灯展示以下材料，要求学生据此分析中国民族资本主义进一步发展的特点：

材料一：（天津）1912—1920 年在工商部注册万元以上厂矿 23 家，其中轻工业 22 家，采矿业 1 家。……至于机器制造业，国内几乎是空白。机器设备完全依赖从国外进口。

材料二：辛亥革命后，外国资本控制了全国机器采矿的 75%，日本资本控制了全国钢铁生产能力的 94%；……民族资本主义经济仅占整个国民经济的 2%，而封建经济则占到 90%

——以上均摘自《民国社会经济史》

材料三：大战结束不久，列强卷土重来，中国民族工业很快萧条下去 。

——摘自课本 103 页

在学生回答特点表现的基础上：教师展示幻灯"中国民族资本主义进一步发展的特点"，并逐一分析形成这些特点的原因：

总体特点：半殖民地半封建性—帝国主义和封建主义的压迫（根本原因）：

1. 发展以轻工业为主，重工业基础极为薄弱，没有形成独立完整的工业系统。

2. 与外国资本相比，力量十分薄弱，在帝国主义的控制下，不可能独立发展。（因果关系）

3. 与封建经济相比，封建经济占绝对优势。

4. 时间短暂。一战结束后，列强卷土重来，民族工业很快萧条下去。

接下来，教师提问：中国民族资本主义怎样才能健康发展？

在学生回答的基础上教师归纳：中国民族资本主义要健康发展，必须完成民主革命的任务，结束中国半殖民地半封建的社会状况：（1）摆脱帝国主义的控制，实现民族独立；（2）推翻封建统治，实现民主政治。从而得出结论：在半殖民地半封建的中国，中国民族资本主义不可能走上健康发展的道路。

（五）中国民族资本主义进一步发展的影响：（时间：6分钟）

幻灯展示：

材料一：辛亥革命以前，中国产业工人有六十多万人，到第一次世界大战以后，产业工人已增加到二百多万人。

材料二：从1912年到1919年，中国工人先后爆发了一百三十多次罢工斗争，有的甚至是全行业的同盟罢工。如苏州丝业工人1915年的罢工，就是全行业的。

在学生据以上材料回答的基础上，教师归纳如下（幻灯呈现）：

(1) 民族资产阶级队伍的壮大，掀起新文化运动；

(2) 无产阶级队伍的壮大，为中国从旧民主主义革命向新民主主义革命的转化，为中共的成立提供阶级基础。

对影响（1），书上没有涉及，学生根据上面材料也归纳不出，如学生没有归纳出来，需教师从以前学生已有的一定经济发展推动相应阶级力量壮大的角度对学生加以引导，得出结论。

对影响（2），应结合已经讲了的旧民主主义革命和新民主主义革命的概念加以分析。

结合分析中国民族资本主义进一步发展的影响，教师适当提一下："短暂春天"的发展也为新文化运动奠定了经济基础。而中国资产阶级和无产阶级因"短暂春天"而壮大，这就为新文化运动兴起、五四运动中无产阶级登上中国的历史舞台以及中国共产党的诞生奠定了阶级基础。从而为下一章"新文化运动和中国共产党的诞生"的学习做铺垫。

（六）课堂小结：（时间：2分钟）

幻灯片打出本节知识体系，由学生自己在脑海里梳理本节知识：

（结合以上内容，让学生注意从内因和外因分析中国民族资本主义进一

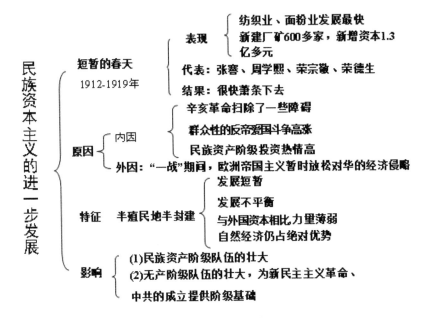

步发展的原因）

（七）课堂练习：（幻灯展示试题及答案）（时间：5分钟）

选择题部分：

1．（原创题）下列哪些是民国初年出现的著名实业团体

①保路同志会②中华民国工业建设会③中华实业团④共进会

A、①②　　　B、②③　　　C、③④　　　D、①④

[解析] 注意题干的时间和实业团体的限制。答案：B

2．（变式题）一战期间，中国民族经济发展的主观原因是

A、辛亥革命后实业救国成为一股思潮

B、 帝国主义暂放松了经济侵略

C、 政府大力扶植　　　　　　　　　　　D、新文化运动的推动

[解析] B、C是客观原因，D项是因果颠倒。答案：A

3．（原创题）辛亥革命后，成为当时并存的两大思潮是

①实业救国②西学东渐③君民共主④民主共和

A、①③　　　B、②④　　　C、②③　　　D、①④

[解析] 考察对历史知识的再认、再现能力。答案：D

4．（原创题）下列史实与张謇有关的是

①民族资产阶级上层代表②提倡引进外资

③一战期间，其事业达到高峰

④其政治倾向与革命派对立

A、①②③　　B、②③④　　C、①③④　　D、①②③④

[解析] 通过对书本小字内容的把握，可知四个选项全对，答案：D

5．（原创题）张謇、周学熙、荣宗敬、荣德生四人的共同特点是

A、封建军阀　　　　　　B、君主立宪派

C、民主革命派　　　　　D、爱国的民族实业家。

[解析] 注意题干要求的是四人的"共性"，由此不难选出，答案：D

6．（2004年高考天津卷）民国初年，我国民族工业进入了进一步发展阶段。以天津为例，在工商部注册资产达万元以上的企业有数十家，其中面粉、纺织、化工业生产水平居全国前列。我国民族工业在这期间得以迅速发展的主要原因是（D）

A、海外华侨竞相投资办厂　B、欧洲列强在一战期间暂放松经济侵略

C、各种实业团体，广泛建立　D、辛亥革命推翻了清王朝的专制统治。

[解析] 本题B项是外因，应排除。在A、C、D中，D项是废除了旧的封建生产关系，一定程度上解放生产力的关键因素，A、C是在D项影响下发展起来的。答案：D

7．（原创题）下列关于一战期间民族资本主义特征的表述，不正确的是（B）

A、带有半殖民地半封建的特征

B、轻工业发达，重工业薄弱，已形成独立完整的工业体系。

C、与外国资本正比，力量十分薄弱

D、与封建经济相比，处于绝对优势。

[解析] B项明显不对，当时我国的民族工业并没有形成完整的工业体系，答案：B

8．（变式题）民族资本主义的短暂春天，促使中国无产阶级队伍壮大，其最重要的影响是

A、标志着无产阶级登上政治舞台

B、为中国共产党的成立奠定了阶级基础

C、标志着新文化运动的出现

D、标志着中国旧民主主义革命的结束

[解析] A、D 项的标志是五四运动，C 项的标志是 1915 年陈独秀在上海创办《新青年》。答案：B

9.（变式题）费正清教授曾把"一战"期间中国民族工业的发展称为"没有前途的经济奇迹"。这主要是因为

A、工业结构不合理　　　　B、地区分布不平衡

C、社会环境未根本改变　　D、军阀割据混战

[解析] A、B 两项是其特点，之所以说它是"没有前途的经济奇迹"主要是因为中国的"两半"社会性质。答案：C

10.（变式题）1912 年至 1919 年的历史事实证明，阻碍中国民主资本主义发展的根本因素是

A、封建专制主义的压制　　B、帝国主义的侵略

C、官僚资本的排挤　　　　D、国民素质低下

[解析] 1912—1919 年，中国的民族工业出现了"短暂的春天"，一战后，帝国主义卷土重来，中国的民族工业很快萧条下去，从这可以充分地说明，阻碍中国资本主义发展的根本因素是帝国主义的侵略。

答案：B

中国民族资本主义的产生、发展简表（要求学生补充在笔记上，或落实在书上）：

阶段	时间	历史条件	主要表现	影响
产生				
初步发展				
新发展				
进一步发展				

六、板书设计：

民族资本主义的进一步发展

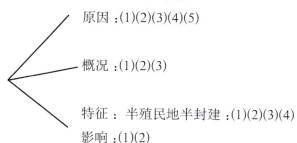

原因：(1)(2)(3)(4)(5)

概况：(1)(2)(3)

特征：半殖民地半封建：(1)(2)(3)(4)

影响：(1)(2)

（具体知识体系主要通过幻灯展示，因此板书较简单。）

七、教学反思：

1. 教学的各个环节怎样做到高效率地进行，以保证在 40 分钟里完成教学任务，这是教学中应注意思考的问题。

2. 限于我自身多媒体制作水平，所用课件过于单一。本节课件仍有挖掘空间，如利用电影《茶馆》的相关情景，以主人公"秦二爷"的创业经历来折射一战期间民族工商业者的命运，则会大大增强上课效果。